Comptabilité de management

Réjean Brault
Pierre Giguère

Comptabilité de management

TROISIÈME
ÉDITION

RECUEIL DE SOLUTIONS

Les Presses de l'Université Laval
Sainte-Foy, 1993

Données de catalogage avant publication

Brault, Réjean, 1935-

Comptabilité de management. Recueil de solutions.

3ᵉ éd.

  Publ. antérieurement sous le titre: De la comptabilité
  analytique à la comptabilité de management.

  ISBN 2-7637-7266-8

1. Comptabilité analytique - Problèmes et exercices.
I. Giguère, Pierre, 1946-   . II. Titre.
III. Titre: De la comptabilité analytique à la
comptabilité de management.

HF5642.B73 1993 Suppl.   657'.42   C93-096394-6

Couverture: Norman Dupuis

Materials from the Certified Management Accountant Examinations
(© 1972-1990 by the Institute of Management Accountants)
are reprinted and/or adapted with permission

Les Presses de l'Université Laval
Cité universitaire
Sainte-Foy (Québec)
Canada G1K 7P4

REMERCIEMENTS

Nous remercions d'abord les professeurs Fara Elikai, René Garneau, Ronald Hartley, Helen McDonough et Shane Moriarity, ainsi que les associations et organismes suivants qui nous ont autorisés à puiser dans leurs publications: la Société des comptables en management du Canada, l'Institut canadien des comptables agréés, l'Association des comptables généraux licenciés du Canada, l'Ordre des experts comptables et des comptables agréés de France, l'American Accounting Association, l'American Institute of Certified Public Accountants, l'Institute of Certified Management Accounting de la National Association of Accountants, *Management Accounting*, *The Accounting Review*, l'Institut français des experts-comptables et l'Union nationale des commissaires aux comptes, et l'École des hautes études commerciales de Montréal.

Nous sommes également redevables à tous les professeurs qui nous ont fait l'insigne honneur d'utiliser notre ouvrage, et particulièrement à Marcel Chaussé, Guy Cucumel, Jean-Raymond Ferdais, Raymond Gagnon, René Garneau, Chau Le Van et Helen McDonough qui nous ont signalé quelques erreurs dans l'édition de 1988 et fait des suggestions fort pertinentes pour la présente édition.

Les auteurs

TABLE DES MATIÈRES

Exercice 1-1

Stock de produits en cours au début		3 000$
Matières premières utilisées		
Stock au début	1 000$	
Achats	20 000	
Stock à la fin	(2 000)	19 000
Main-d'oeuvre directe		?
Frais généraux de fabrication		?
Stock de produits en cours à la fin		(4 000)
Coût des produits fabriqués		40 000$
		========

On en déduit que les coûts de conversion furent de   22 000$
                                                            ========

Exercice 1-2

Chiffre d'affaires		30 000$
Coût des produits vendus		18 000
Bénéfice brut		12 000$
		=======

Coût des produits fabriqués:		
Stock de produits en cours au début		3 000$
Matières premières utilisées		
Stock au début	1 000$	
Achats	8 000	
Stock à la fin	(2 000)	7 000
Main-d'oeuvre directe		4 000
Frais généraux de fabrication		6 000
Stock de produits en cours à la fin		(5 000)
Coût des produits fabriqués		15 000$
		========

Coût des produits vendus:

Stock de produits finis au début	7 000$
Achats	10 000
Coût des produits fabriqués	15 000
Stock de produits finis à la fin	(?)
	18 000$

D'où le stock de produits finis à la fin est de   14 000$

Exercice 1-3

1.
État du coût de fabrication
pour l'exercice terminé le 31 décembre 19X5

Stock de produits en cours au 1er janvier 19X5			4 000$
Matières premières utilisées			
Stock au 1er janvier 19X5	10 000$		
Achats	119 400		
Douanes et fret à l'achat	2 000	131 400$	
Stock au 31 décembre 19X5 (a)		8 000	123 400
Main-d'oeuvre directe			188 000
Frais généraux de fabrication			
Main-d'oeuvre indirecte	15 000		
Entretien de l'usine	3 800		
Réparations de l'outillage	2 800		
Assurances de l'usine	1 800		
Impôts fonciers de l'usine	1 200		
Dotations aux amortissements	12 000	36 600	
			352 000
Stock de produits en cours au 31 décembre 19X5			12 000
Coût des produits fabriqués			340 000$

(a) Stock de matières premières au 31 décembre: 131 400$ - 123 400$ = 8 000$

2. Ventes: 50 000 unités x 9,048$ =   452 400$
    Coût des produits vendus

           Stock de produits finis au
           1er janvier 19X5 (b)   6 100$
           Coût des produits fabriqués
           en 19X5   340 000   346 100$
           Stock de produits finis au 31
           décembre 19X5   6 800   339 300
    Bénéfice brut   113 100$
                                                                    ========

    Coût unitaire de fabrication en 19X4: 6 100$/1 000 unités) =   6,10$
                                                                      =====

    (b) Montant déterminé par différence.

Exercice 1-4

Coût de fabrication de 19X5:
Stock de produits en cours au 1er janvier 19X5   -0- $
Matières premières utilisées
         Stock au 1er janvier 19X5   60 000$
         Achats   575 000
                                                    635 000
         Stock au 31 décembre 19X5   40 000   595 000
Main-d'oeuvre directe   480 000
Frais généraux de fabrication   245 000
                                                             1 320 000
Stock de produits en cours au 31 décembre 19X5   20 000
Coût des produits fabriqués   1 300 000$
                                                            ==========

Stock de sécheuses au 31 décembre 19X5:

Calcul du nombre d'unités fabriquées

Ventes   =   Stock du début + fabrication - stock de la fin

6 300 u.   =   (57 000$/190$ = 300 u.) + x - 500 u.

  x   =   6 500 u.

Coût unitaire de fabrication: 1 300 000$/6 500 unités = 200$

Coût du stock de sécheuses au 31 décembre 19X5: 200$ x 500 = 100 000$

Exercice 1-5

1.   Société Auvent Ltée
                    État du coût de fabrication

Stock de produits en cours au début:			
6 000$ + 3 000$ + 5 000$			14 000$
Matières premières utilisées			
Stock au début		4 000$	
Achats		55 000	
		59 000	
Stock à la fin: 59 000$ - 51 000$	8 000	51 000$	
Main-d'oeuvre directe		47 000	
Frais généraux de fabrication		36 000	134 000
			148 000
Stock de produits en cours à la fin: 148 000$ - 134 000$ =			14 000
Coût des produits fabriqués			134 000$
			========

2.   Coût des produits vendus

Stock de produits finis au début	8 000$
Coût des produits fabriqués	134 000
	142 000
Stock de produits finis à la fin: 142 000$ - 131 000$ =	11 000
	131 000$
	========

Exercice 1-6

1.

Stock de produits en cours au début			2 000$
Matières premières utilisées			
Stock au début	5 000$		
Achats	90 000		
Stock à la fin	(4 000)	91 000	
Main-d'oeuvre directe		60 000	
Frais généraux de fabrication		30 000	
		183 000	
Stock de produits en cours à la fin		9 000	
Coût des produits fabriqués: 58%* x 300 000$ =		174 000$	

*

Stock de produits finis au début			4%
Coûts des produits fabriqués			
Stock de produits en cours au début		2/3%	
Matières premières utilisées			
Stock au début	1 2/3%		
Achats	30 %		
Stock à la fin	(1 1/3)%	30 1/3%	
Main-d'oeuvre directe		20 %	
Frais généraux de fabrication		10 %	
Stock de produits en cours à la fin		(3) %	58%
			62%
Stock de produits finis à la fin			2%
Coût des produits vendus: 100% − 40% =			60%

2.

On en déduit que les pourcentages fournis ont été établis par rapport au chiffre d'affaires.

Pourcentage du coût des matières premières et de la main-d'oeuvre directe utilisés: 30 1/3% + 20% = 50 1/3%

Exercice 1-7

État du coût de fabrication

Stock de produits en cours au début		6 000$
Matières premières utilisées		
Stock au début	-0- $	
Achats	10 800	
Stock à la fin	(800)	10 000
Main-d'oeuvre directe		18 000 (a)
Frais généraux de fabrication		23 000
		57 000
Stock de produits en cours à la fin		15 000
Coût des produits fabriqués		42 000$

(a)   15 000$ -   2 000$ +   5 000$ =   18 000$

Produits	En cours	En cours
fabriqués	au début	à la fin

Exercice 1-8

Litron Ltée
État du coût de fabrication
pour l'exercice terminé le 31 décembre 19X4

Stock de produits en cours au début				5 000$
Matières premières utilisées				
Stock au début		4 000$		
Achats		86 500 (a)		
Fret à l'achat		1 200		
		91 700		
moins: Rendus et rabais sur achats	2 500$			
Stock à la fin	5 000	7 500	84 200 (a)	

Main-d'oeuvre directe   20 000
Frais généraux de fabrication
      Main-d'oeuvre indirecte   10 800
      Redevances: 10 000 x 1$ 10 000
      Dotation à l'amortissement - bâtisse:
        75% x 2 000$ =   1 500
      Dotation à l'amortissement - machinerie   4 500
      Chauffage et électricité: 75% x 2 000$ =   1 500
      Fournitures de fabrication   1 000
      Entretien - bâtisse: 75% x 3 000$ =   2 250
      Force motrice   5 000
      Assurance - bâtisse: 75% x 1 000$ =   750
      Impôts fonciers: 75% x 2 000$ =   1 500   38 800
                                                                          148 000
Stock de produits en cours à la fin   8 000
Coût des produits fabriqués (b)   140 000$
                                                                            ========

(a) Montant établi par différence.

(b)
Coût des produits vendus (C.P.V.): 200 000$ x 65% =   130 000$
                                                                            ========

On peut écrire l'équation suivante:

C.P.V. = SPF au début + Coût des produits fabriqués - SPF à la fin

En tenant compte des données et en tenant pour acquis que x représente le coût
unitaire de fabrication, l'équation précédente devient:

130 000$ = 11 000$ + 10 000 x - 1 500 x
D'où x = 14$

Coût des produits fabriqués: 10 000 x 14$ = 140 000$
                                           =========

Exercice 1-9

1.   Glado Inc.
                         État du coût de fabrication
                pour l'exercice terminé le 31 décembre 19X1

Stock de produits en cours
au 1er janvier 19X1   20 000$

Matières premières utilisées
        Stock au 1er janvier 19X1   38 000$
        Achats   403 000$
        Fret à l'achat   6 000   409 000
                                                        447 000
        Stock au 31 décembre 19X1   45 000   402 000
Main-d'oeuvre directe   253 000
Frais généraux de fabrication
        Fournitures   15 000
        Main-d'oeuvre indirecte   102 000
        Éclairage, chauffage et force motrice   39 000
        Réparations et entretien   21 000
        Impôts fonciers   18 000
        Assurances   14 000
        Dotation à l'amortissement - matériel et outillage 55 000
        Autres frais   46 000   310 000
                                                                   985 000
Stock de produits en cours au 31 décembre 19X1   25 000
Coût des produits fabriqués   960 000$
                                                                  ========

2. Prix de revient unitaire pour l'exercice 19X1:
Calcul préliminaire:
Unités vendues + unités terminées et non vendues au 31 décembre =
Unités terminées et non vendues au 1er janvier + unités fabriquées
900 000$/90$ + 3 000 = (72 000$/72$) + unités fabriquées
10 000 + 3 000 = 1 000 + unités fabriquées
    13 000   = 1 000 + unités fabriquées
    12 000   =   unités fabriquées

Prix de revient unitaire = Coût de la fabrication/Unités fabriquées
$$= 960\ 000\$ / 12\ 000$$
$$= 80\$$$

(Adaptation - C.A.)

Exercice 1-10

1.

Tenons pour acquis que

$$M.O.D. = x$$
$$F.G.F.\ fixes = y$$
$$F.G.F.\ variables = z$$

On peut écrire:

    a) coût de base: M.P. + M.O.D. = 5$ + x
    b) coût complet: M.P. + M.O.D. + F.G.F. = 5$ + x + (y + z)
    c) coût variable: M.P. + M.O.D. + F.G.F. variables = 5$ + x + z
    d) coût de conversion: M.O.D. + F.G.F. = x + (y + z)

2.

Comme le coût complet est le plus élevé des coûts unitaires, soit 12$, on en déduit (voir b) que x + (y + z) = 7$, soit le coût de conversion. Maintenant, comme il nous reste les coûts unitaires 9$ et 10$ à apparier aux notions de coût a) et c), il faut conclure que le coût variable est de 10$ puisque le coût de base lui est inférieur du montant z.

Donc a) = 9$; b) = 12$; c) = 10$; d) = 7$.

Exercice 2-1

1. Le coût total de la main-d'oeuvre directe est de 40 200$. Ce ne peut être 44 000$ car ce montant dépasse le total des salaires (42,000$) qui comprend, en plus de la main-d'oeuvre directe, le coût de la main-d'oeuvre indirecte.

2. Le coût des fournitures utilisées est de 2 000$. Le montant total des sorties de matières correspond à 46 000$. De ce montant, il y a 44 000$ de matières premières utilisées (voir le compte stock de produits en cours car le montant de 40 200$ représente le coût de la main-d'oeuvre directe). La différence (46 000$ - 44 000$) correspond donc au montant des fournitures utilisées.

3. Le coût des produits terminés est de 92 000$. C'est le montant inscrit au crédit du compte Stock de produits en cours.

4. Le montant de la sous-imputation des frais généraux de fabrication est de 3 100$.

F.G.F. de mars	15 100$
F.G.F. imputés de mars	12 000
Sous-imputation de mars	3 100$

Exercice 2-2

1.

Produits Canadiens Ltée
État du coût rationnel de fabrication
pour le mois terminé le 31 janvier 19X1

Matières premières utilisées		28 000$
Main-d'oeuvre directe		33 300
Frais généraux de fabrication imputés		28 915
		90 215
Moins: Stock de produits en cours au 31 janvier 19X1		
Matières premières: 28 000$ - 26 400$	= 1 600$	
M.O.D.: 33 000$ + 300$ - 30 000$	= 3 300	
F.G.F. imputés: 28 915$ - 25 600$	= 3 315	8 215
Coût rationnel des produits fabriqués		82 000$

2.

Produits Canadiens Ltée
État des résultats
pour le mois terminé le 31 janvier 19X1

Chiffre d'affaires		122 500$
Coût rationnel des produits vendus		
Coût rationnel des produits fabriqués	82 000$	
Stock de produits finis au 31 janvier 19X1	5 880	76 120
Bénéfice brut		46 380
Frais de vente	10 000	
Frais d'administration	7 500	17 500
Bénéfice		28 880$
		=======

Exercice 2-3

1. Écart sur dépenses:

F.G.F. réels		10 000$
F.G.F. budgétés		
Fixes	4 000$	
Variables: 2 600 x 2$ =	5 200	9 200
		800$ D
		======

Écart sur volume:

F.G.F. budgétés	9 200$
F.G.F. imputés: 2 600 x 3,60$ =	9 360
(2 600 - 2 500) 1,60$ =	160$ F
	======
ou	
F.G.F. fixes budgétés	4 000$
F.G.F. fixes imputés: 2 600 x 1,60$ =	4 160
	160$ F
	======

2.

Écart sur dépenses	800
Écart sur volume	160
Sur ou sous-imputation	640

Stock de produits en cours	13 000	
Salaires à payer		13 000
Frais généraux de fabrication	27 000	
Divers crédits		27 000
Stock de produits en cours	26 000	
F.G.F. imputés		26 000
Stock de produits finis	54 000	
Stock de produits en cours		54 000
Coût des produits vendus	59 000	
Stock de produits finis		59 000
F.G.F. imputés	26 000	
Coût des produits vendus	1 000	
Frais généraux de fabrication		27 000
Comptes clients	100 000	
Ventes		100 000
Frais de vente et frais d'administration	10 000	
Divers crédits		10 000

Exercice 2-7

1.

a)	Stock de produits en cours	17 100	
	Frais généraux de fabrication	2 000	
	Magasin		19 100
b)	Magasin	500	
	Stock de produits en cours		400
	Frais généraux de fabrication		100
c)	Comptes fournisseurs	750	
	Magasin		750

d)	Salaires	10 000	
	Retenues à la source - à remettre		1 800
	Salaires à payer		8 200

e)	Stock de produits en cours	5 500	
	Frais généraux de fabrication	2 000	
	Frais de vente	1 000	
	Frais d'administration	1 500	
	Salaires		10 000

f)	Frais généraux de fabrication	2 650	
	Amortissement cumulé - usine		200
	Assurance payée d'avance		150
	Comptes fournisseurs		2 300

| g) | Stock de produits en cours | 6 562 | |
| | Frais généraux de fabrication imputés | | 6 562 |

| h) | Magasin (voir note 1) | 21 850 | |
| | Comptes fournisseurs | | 21 850 |

| i) | Comptes clients: 39 842$ x 150% | 59 763 | |
| | Ventes | | 59 763 |

| j) | Coût des produits vendus (voir note 2) | 39 842 | |
| | Stock de produits finis | | 39 842 |

| k) | Stock de produits finis (voir note 3) | 29 187 | |
| | Stock de produits en cours | | 29 187 |

| l) | Salaires à payer | 8 200 | |
| | Caisse | | 8 200 |

Note 1:

Stock de la fin + utilisation nette = Stock du début + achats - rendus

14 500$	+ (19 100$ - 500$) =	12 000$	+ achats -	750$
14 500$	+ 18 600$ =	11 250$	+ achats	
	d'où	Achats =	21 850$	

Note 2:

Stock du début + fabrication = Coût des produits vendus + Stock de la fin

19 000$ +   29 187$ = Coût des produits vendus +   8 345$

d'où   Coût des produits vendus   = 39 842$

Note 3: Stock de produits en cours

Solde au début	16 500$
Matières premières utilisées	16 700
Main-d'oeuvre directe	5 500
Frais généraux de fabrication	6 562
	45 262
Moins: Transfert au stock de produits finis	29 187
Solde à la fin	16 075$

2.

X Ltée

État du coût rationnel des produits fabriqués

pour janvier 19X1

Stock de produits en cours au 1er janvier 19X1			16 500$
Matières premières utilisées			
Stock au 1er janvier 19X1		12 000$	
Achats	21 850$		
Rendus et rabais	750	21 100	
		33 100	
Stock au 31 janvier 19X1	14 500		
Fournitures utilisées	1 900	16 400	16 700
Main-d'oeuvre directe			5 500
Frais généraux de fabrication imputés			6 562
			45 262
Stock de produits en cours au 31 janvier 19X1			16 075
Coût rationnel des produits fabriqués			29 187$

Exercice 2-8

a)   Selon les matières premières: 50 000$/12 500$ = 400%

b)   Selon le coût de la M.O.D. :   50 000$/20 000$ = 250%

c)   Selon les heures de M.O.D. :   50 000$/4 000 h = 12,50$ l'heure

d)   Selon les heures de fonctionnement des machines:
     50 000$/2 500 h = 20,00$ l'heure

Exercice 2-9

a)   10 000$

b)   10 000$ + (8 200 x 8$) =   75 600$

c)   Identifions le concept de capacité utilisé pour trouver le
      taux d'imputation concernant les frais généraux de fabri-
      cation fixes.

      Écart sur volume prévu au niveau de 8 200 heures = 250$ F.
      Pour que l'écart soit favorable, il faut que la capacité
      soit inférieure à 8 200 heures. La seule capacité infé-
      rieure à 8 200 heures est la capacité normale de 8 000
      heures.

      Taux d'imputation des frais fixes selon le concept d'acti-
      vité normale: 10 000$/8 000 = 1,25$

      Écart sur volume: (HN - HR) 1,25$
                           = (8 000 - 7 900) 1,25$ =   125$ D

d)   Écart sur dépenses

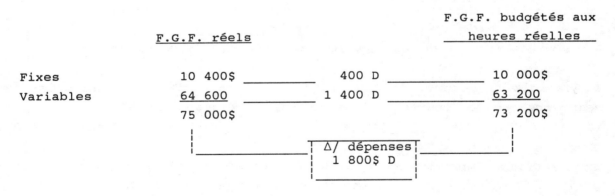

	F.G.F. réels			F.G.F. budgétés aux heures réelles
Fixes	10 400$		400 D	10 000$
Variables	64 600		1 400 D	63 200
	75 000$			73 200$
		Δ/ dépenses 1 800$ D		

      Écart sur dépenses concernant les F.G.F. variables   1 400$ D

Exercice 2-10

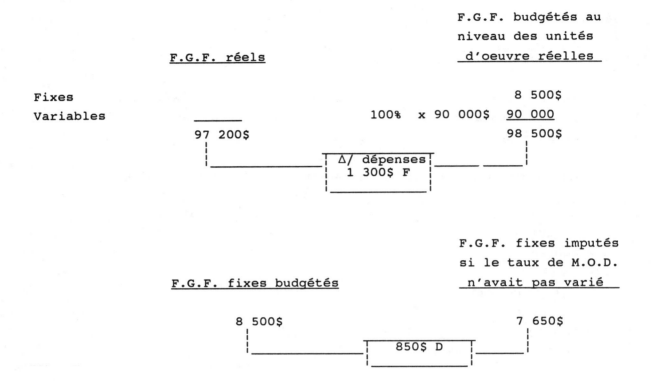

F.G.F. réels

F.G.F. budgétés au niveau des unités d'oeuvre réelles

Fixes | 8 500$
Variables | 100% x 90 000$ 90 000

97 200$ | 98 500$

Δ/ dépenses 1 300$ F

F.G.F. fixes budgétés

F.G.F. fixes imputés si le taux de M.O.D. n'avait pas varié

8 500$ | 7 650$

850$ D

Taux d'imputation des frais généraux de fabrication fixes:

$$\frac{8\ 500\$}{\text{Heures au volume prédéterminé} \times 8,50\$}$$

Il y aurait eu un écart sur volume de 850$ D, soit 10% du montant prévu, ce qui veut dire que les heures réelles de M.O.D. correspondent à 90% des heures au volume prédéterminé. D'où les heures au volume prédéterminé s'élèvent à 10 000.

Le taux d'imputation des frais fixes est donc 10% du coût de la M.O.D.. Les frais généraux de fabrication fixes imputés s'élèvent donc à 9 000$. L'écart sur volume correspond à :

F.G.F. fixes budgétés | 8 500$
F.G.F. fixes imputés: 90 000$ x 10% = | 9 000
| 500$ F
| ====

a) Écart sur volume   500$ F
                              ======

b) Écart sur dépenses   1 300$ F
                             ========

Exercice 2-11

1. Soit x, le total des frais généraux de fabrication fixes. On a:

F.G.F. fixes concernant la capacité normale non utilisée:

$$\frac{x}{50\ 000} - \frac{x}{60\ 000} = 0,30\$, \text{ d'où } x = 90\ 000\$$$

F.G.F. imputés durant l'exercice = 272 500$
Heures réelles: 272 500$/5$ =   54 500 heures

	F.G.F. réels	F.G.F. budgétés à 54 500 h	F.G.F. imputés
Fixes		90 000$	
Variables	54 500 x 3,20$	174 400	
	269 200$	264 400$	272 500$
	========	========	========

Δ/dépenses 4 800$ D

Δ/volume 8 100$ F

Surimputation de 3 300$

T_i global = 5$/h
T_i global = T_i pour les F.G.F. variables + T_i pour les F.G.F. fixes

5$ =   x   + (90 000$/50 000)
x   = 5$ - 1,80$
x   = 3,20$
    =====

2. 54 500 heures x 0,30$/h = 16 350$
                              =======

(Adaptation - S.C.M.C.)

Exercice 2-12

1. Détermination du T_i global utilisé:

   T_i pour les F.G.F. variables:

Écart dans le total des frais entre les deux volumes	24 000$
Écart dans les volumes	20 000 unités
D'où 24 000$/20 000 unités = 1,20$/unité	

   T_i pour les F.G.F. fixes:

   Total des F.G.F. fixes:

Total des frais pour 150 000 unités	540 000$
Total des F.G.F. variables pour 150 000 unités: 150 000 x 1,20$ =	<u>180 000</u>
	360 000$
	=======

   D'où 360 000$/180 000 unités = 2$/unité

   T_i global: 2$ + 1,20$ = 3,20$
   =====

   Détermination du montant de la sur- ou sous-imputation:

   Soit x la production de l'exercice,

F.G.F. fixes budgétés	360 000$
F.G.F. fixes imputés	<u>2x</u>
Écart/volume	40 000$ D
	=======

   D'où x = 160 000 unités

F.G.F. réels	560 000$
F.G.F. imputés: 160 000 x 3,20$ =	<u>512 000</u>
Sous-imputation	48 000$
	=======

2. Taux de répartition des F.G.F. réellement engagés:

560 000$/160 000 unités =	3,50$
Taux d'imputation utilisé	<u>3,20</u>
Redressement unitaire	0,30$
	====

Écriture de journal:

Stock de produits finis: (60 000 x 0,30$)   18 000
Coût des produits vendus: (100 000 x 0,30$)   30 000
        Sous-imputation   48 000
au lieu de:
Coût des produits vendus   48 000
        Sous-imputation   48 000

Donc, au bilan, le stock de produits finis aurait été plus élevé de 18 000$ et le résultat de l'exercice aurait également été plus élevé de 18 000$.

(Adaptation - S.C.M.C.)

Exercice 2-13

Frais variables: 10,00$
Frais fixes   :   10 000$
                    Capacité normale
                    = 10 000$/8 000   1,25
                                                       11,25$
                                                       ======

Exercice 2-14

Choix de la méthode d'imputation des frais généraux de fabrication et justification de ce choix.

1)   Calcul d'un coefficient d'imputation pour chaque atelier:

     Les données indiquent qu'on exige l'exactitude théorique. Quoique les heures et les coûts de la main-d'oeuvre directe constituent des bases théoriquement acceptables pour l'imputation des frais généraux de fabrication dans l'atelier B, ces deux bases ne peuvent être utilisées pour l'atelier A, puisque les heures ou le coût de la main-d'oeuvre directe ne peuvent être identifiés à chacun des produits. Dans l'atelier A, chaque ouvrier semble être affecté à plus d'une machine.

2)   Utilisation des heures de marche des machines comme base de détermination du taux d'imputation pour l'atelier A, et des heures (ou du coût) de la main-d'oeuvre directe comme base de détermination de celui de l'atelier B:

Atelier A - Selon la donnée, les coûts sont approximativement égaux pour chaque machine. Dans ces conditions, un coefficient déterminé selon les heures de marche des machines est approprié.

Atelier B - La donnée indique qu'un même taux de salaire est payé aux ouvriers de l'atelier B et que le coût de la comptabilité est un facteur secondaire pour le choix d'une base d'imputation. Dans ces conditions, le coefficient basé sur les heures de main-d'oeuvre directe (ou exprimé comme un pourcentage du coût de la main-d'oeuvre directe) serait acceptable. Cependant, l'utilisation d'un taux fondé sur le coût de la main-d'oeuvre directe coûterait moins cher qu'un taux basé sur les heures de main-d'oeuvre directe.

(Adaptation - C.A.)

Exercice 2-15

1. Taux d'imputation de frais généraux de fabrication par atelier:

    Atelier I : 240 000$/100 000 h = 2,40$ l'heure
    Atelier II : 100 000$/100 000 h = 1,00$ l'heure

    Partie des frais généraux de fabrication imputés aux stocks de la fin:

    En utilisant un taux global d'imputation:
    8 000 unités x 5 h x 1,70$ =   68 000$
    En utilisant un taux d'imputation par atelier:
    Produit A: 2 000 [(4 x 2,40$) + (1 x 1,00$)] =   21 200$
    Produit B: 6 000 [(1 x 2,40$) + (4 x 1,00$)] =   38 400   59 600
    Différence dans le bénéfice   8 400$
                                                                        =======

2.

	M.P. et M.O.D.	F.G.F.	Majoration de 40%	Prix de vente
Taux global d'imputation	10,00$	8,50$	7,40$	25,90$
Taux d'imputation par atelier	10,00	10,60	8,24	28,84
Augmentation du prix de vente				2,94$

(Adaptation - C.G.A.)

Exercice 2-16

1. Frais généraux de fabrication budgétés:

Fixes :	6 000$ x 12 =	72 000$
Variables :	12 000 x 8$ =	96 000
		168 000$
		========

Taux d'imputation: $\dfrac{168\ 000\$}{12\ 000 \times 6\$}$

= 233 1/3%

2. Frais généraux de fabrication réels   12 800$
    Frais généraux de fabrication imputés:
        5 640$ x 233 1/3% =   13 160
    Surimputation   360$
                                                            ====

(Adaptation - S.C.M.C.)

Exercice 2-17

| a) (1) | c) (4) (5) | e) (3) | g) (1) (2) |
| b) (2) | d) (3) | f) (5) | h) (4) (5) |

Exercice 2-18

Monsieur le Président,

J'ai complété mon examen des opérations de la société et je formule les recommandations suivantes en ce qui a trait à l'imputation des frais généraux de fabrication.

La société devrait imputer les frais généraux de fabrication pour les raisons suivantes:

1) L'exploitation de la société est sujette à des fluctuations importantes puisque le volume des ventes suit celui de la construction de nouvelles habitations (près de 60% de la fabrication a lieu normalement au cours du premier trimestre de l'exercice).

A cause du cycle capricieux de la production, le recours à la répartition des frais réels ferait que le prix coûtant des stocks serait sous-évalué durant les périodes de production et surévalué durant les trois derniers trimestres. La méthode qui permettrait d'imputer les frais généraux de fabrication sur une base rationnelle devrait permettre d'en arriver à un coût unitaire constant pendant toute l'année, coût qui serait valable, non seulement pour établir le prix coûtant des stocks, mais aussi pour établir les prix des soumissions. D'un autre côté, la méthode d'incorporation des coûts réels retarderait la détermination du prix de revient des stocks jusqu'à la fin de l'année et serait peu utile durant l'année pour établir les soumissions sur les contrats.

2) Comme tous les produits passent par les huit ateliers de fabrication, dont ils utilisent cependant les services dans des proportions différentes, l'emploi d'un taux d'imputation séparé pour chaque atelier va refléter avec plus d'exactitude les coûts attribuables à la fabrication de chacun des produits. Si un taux d'imputation global des frais généraux de fabrication était adopté, certains produits absorberaient une part inéquitable des frais généraux de fabrication. De plus, l'utilisation d'un taux global serait de peu d'utilité à l'administration pour déterminer l'efficacité des opérations des ateliers pris individuellement.

3) La société peut imputer les frais généraux de fabrication des ateliers individuels, en utilisant soit la méthode des heures de main-d'oeuvre directe, soit la méthode du coût de la main-d'oeuvre directe.

Cependant, cette dernière est recommandée parce qu'elle est d'application facile et que les taux de la main-d'oeuvre directe dans chaque atelier ne varient pas d'une façon significative. L'utilisation de la première méthode exigerait des coûts supplémentaires de travail de bureau pour enregistrer les heures de la main-d'oeuvre directe consacrées à la fabrication de chacun des produits.

Je demeure à votre entière disposition pour discuter plus avant de ces recommandations.

Je vous prie d'agréer, Monsieur le Président, l'expression de mes meilleurs sentiments.

A. étudiant

(Adaptation - C.P.A.)

Exercice 2-19

1. Le montant des achats peut être calculé à partir de l'équation suivante:

    Fournisseurs   +   achats   =   Paiements   +   fournisseurs
    au 1er mars   au 31 mars
       6 000$ +   achats   =   35 000$ +   10 000$
            d'où achats   =   39 000$

2. Le coût des produits fabriqués peut être trouvé à partir de la section Coût des produits vendus:

S.P.F. au 1er mars	50 000$
Coût de fabrication: trouvé par différence	410 000
	460 000
S.P.F. au 31 mars	60 000
	400 000$

3. Il faut d'abord répondre à la partie 4; puis on procède comme suit:

Stock de M.P. au 1er mars: trouvé par déduction	48 800$
Achats	39 000
	87 800
Stock de M.P. au 31 mars	15 000
Coût des M.P. utilisées (voir partie 4)	72 800$

4. Le coût des matières premières utilisées peut être calculé à partir de l'état du coût des produits fabriqués ou de fabrication:

S.P.C. au 1er mars	30 000$
M.P. utilisées: trouvé par différence	72 800
M.O.D.: 20 000 (12 000$/2 000)	120 000
F.G.F. imputés: 190% (120 000$)	228 000
	450 800
S.P.C. au 31 mars: 6 000$ + 12 000$ + 22 800$	40 800
	410 000$

(Adaptation - C.G.A.)

Exercice 2-20

Répartition de la sous-imputation de 22 400$:

	Coût en M.O.D.	% de la sous-imputation	
Stock de produits en cours	5 600$	10%	2 240$
Stock de produits finis	8 400	15%	3 360
Coût des produits vendus	42 000	75%	16 800
	56 000$	100%	22 400$

1.

Omer Ltée

État du coût de fabrication

pour l'exercice terminé le 31 décembre 19X1

Stock de produits en cours au début		36 500$
Matières premières utilisées		
Stock au début	42 600$	
Achats	125 700	
	168 300	
Stock à la fin	35 200	133 100
Main-d'oeuvre directe		56 000
Frais généraux de fabrication		
Main-d'oeuvre indirecte	39 900	
Fournitures	11 400	
Chauffage, éclairage	8 900	
Dotation à l'amortiss. - immeuble de l'usine	10 800	
Dotation à l'amortiss. - outillage	7 400	78 400
		304 000
Stock de produits en cours à la fin: 27 400$ + 2 240$		29 640
		274 360$

2.

Magasin	125 700	
Fournisseurs		125 700
Stock de produits en cours	133 100	
Magasin		133 100
Stock de produits en cours	56 000	
Salaires		56 000

Frais généraux de fabrication	78 400	
Salaires		39 900
Magasin		11 400
Amortissement cumulé – usine		10 800
Amortissement cumulé – outillage		7 400
Services à payer		8 900
Stock de produits en cours	56 000	
Frais généraux de fabrication imputés		56 000
Stock de produits finis	254 200	
Stock de produits en cours		254 200
Clients	361 000	
Ventes		361 000
Coût des produits vendus	214 960	
Stock de produits finis		214 960
Frais généraux de fabrication imputés	56 000	
Stock de produits en cours	2 240	
Stock de produits finis	3 360	
Coût des produits vendus	16 800	
Frais généraux de fabrication		78 400

(Adaptation – S.C.M.C.)

Exercice 2 – 21

Le coût des produits vendus s'élève à 160 000$, soit 40% de 400 000$. On en déduit que le coût des produits qui furent transférés au stock de produits finis au cours du mois de mars s'élève à 160 500$:
160 000$ + 1 500$ – 1 000$

Les coûts qui furent considérés en augmentation du stock de produits en cours au début, dans l'état du coût de fabrication, pour obtenir le montant de
161 500$ s'élèvent à:
160 500$ + 4 000$ – 3 000$

Comme le montant de 161 500$ excède la somme du stock de produits en cours au début, du coût des matières premières utilisées, de la main d'oeuvre directe et des frais généraux de fabrication réels, il faut en conclure que l'entreprise utilise un système de prix de revient rationnel.

Exercice 2-22

1. L'usage d'un taux unique d'imputation n'est approprié que s'il existe une relation similaire d'un atelier à l'autre entre les frais généraux de fabrication concernant l'atelier et l'unité d'oeuvre utilisée qui est ici le coût de la main-d'oeuvre directe.

    Dans la plupart des cas, il est préférable d'utiliser autant de taux d'imputation qu'il y a d'ateliers de production. En effet, il est plus facile de repérer les dépassements de coûts relatifs à chacun des ateliers, de contrôler leurs coûts respectifs et de réviser de façon intelligente les taux d'imputation. De plus, l'information relative à la rentabilité des produits est davantage appropriée et permet de prendre de meilleures décisions.

2. L'ingénieur erre lorsqu'il prétend que l'automatisation fera disparaître tous les frais généraux de fabrication de l'atelier de perçage. L'automatisation n'entraînera pas de diminution des frais fixes tels les amortissements et les frais de supervision; en réalité, il est fort possible que ces frais augmenteront. Aussi, en s'en tenant à la méthode actuelle d'imputation, ces frais fixes de l'atelier de perçage seraient imputés aux autres ateliers de production à la suite de l'automatisation.

3. Il faudrait que l'entreprise détermine les frais généraux de fabrication relatifs à chacun des ateliers de production et définisse l'unité d'oeuvre convenant à chacun, c'est-à-dire l'unité qui traduit le mieux la relation entre l'activité de l'atelier et l'engagement des frais généraux de fabrication relatifs à ce dernier. Il importe ici de séparer les frais généraux de fabrication fixes des frais généraux de fabrication variables.

Adaptation - C.M.A.)

Exercice 2-23

1.

a) (HR - HN) T.I. relatif aux F.G.F. fixes   =   66 000$
    (10 000 - 8 000) T.I.   =   66 000$
        d'où T.I.   =   33$

b) F.G.F. fixes budgétés: 8 000 X 33\$ =   264 000\$

   F.G.F. fixes imputés:

      10 000 X T.I. relatif aux F.G.F. fixes =   ?

   Écart sur volume   24 000\$ D

Il s'ensuit que le taux d'imputation relatif aux frais généraux de fabrication est de 24\$.

2.

a) F.G.F. fixes budgétés   264 000\$

   F.G.F. fixes réels   255 000

   Écart sur dépenses   9 000\$ F

b) F.G.F. variables budgétés 10 000 X 96\$ 960 000\$

   F.G.F. variables réels   975 000

   Écart sur dépenses   15 000\$ D

Exercice 2-24

Calcul du taux d'imputation:

   F.G.F. budgétés pour l'année ÷ volume prévu d'unités d'oeuvre

     (76 800\$ + 128 200\$) ÷ (3 200 + 5 000) =   25\$

Chiffre d'affaires		X \$	100%
Coût des produits vendus			
M.P. utilisées	81 600\$		
M.O.D.	25 600		
F.G.F. imputés: 3 200 X 25\$	80 000	187 200	60%
Bénéfice brut		Y \$	40%

Le chiffre d'affaires est trouvé comme suit:

   187 200\$ (100) ÷ 60 =   312 000\$

Le montant du bénéfice brut s'élève donc à

   312 000\$ - 187 200\$ = 124 800\$

Exercice 2-25

1. Droite OA: imputation selon le concept de la capacité normale

   Droite OB: imputation selon le concept de la capacité pratique

   Droite OC: imputation selon le concept de la capacité théorique

2. Concept de la capacité normale: écart sur volume favorable

   Concept de la capacité pratique: écart sur volume défavorable

   Concept de la capacité théorique: écart sur volume défavorable

Exercice 3-1

Lacunes	Répercussions

Il semble que la matière première M ne fasse pas l'objet de commandes passées en bonne et due forme (les fournisseurs la livrent chaque jour à l'usine).

Mauvais contrôle sur les stocks.

Comme les bons d'achat de matière première ne sont pas numérotés, le préposé aux règlements des comptes pourrait oublier de traiter certains bons d'achat.

A Limitée pourrait ne pas inscrire des dettes découlant d'achats de la matière première M.

On ne vérifie pas le travail du préposé aux règlements des comptes et on n'exerce aucun contrôle sur les documents qu'il utilise (les documents ne sont pas prénumérotés).

Le préposé aux règlements des comptes pourrait utiliser des documents fictifs et détourner des fonds versés pour acquitter le coût de matières premières que A Limitée n'a pas reçues.

On ne possède aucun document externe attestant qu'un achat de matières premières a eu lieu.

Il devient difficile de régler des disputes qui pourraient survenir après la date d'achat.

Il n'existe aucun reçu attestant que les achats ont été réglés (ce document pourrait être le chèque payé).

Il devient difficile de régler des disputes qui pourraient survenir après la date de règlement.

Le fonds de caisse est trop élevé et le préposé au fonds a trop de liberté.

Possibilité de malversation.

Il semble qu'on n'effectue aucune vérification périodique de l'utilisa-tation faite du fonds de caisse de 30 000$ par le préposé aux règlements.

Le préposé aux règlements pourrait emprunter sans autorisation une partie de la somme déposée dans le fonds de caisse.

(Adaptation - C.A.)

Exercice 3-2

Vous devriez recommander le système de prix de revient suivant:

a) Un système de prix de revient par contrat.

b) Fiches des coûts par contrat:

1) Une fiche pour chacun des contrats devrait servir à accumuler les coûts qui leur sont attribués.

2) Ces fiches devraient prévoir des espaces distincts pour chacune des catégories pertinentes de coûts. A titre indicatif, mentionnons les achats de matériaux livrés directement sur les chantiers, matériaux sortis du magasin de l'entreprise, main-d'oeuvre, sous-contrats, frais généraux de production imputés, frais de la machinerie lourde imputés.

3) Les coûts devraient également être subdivisés selon la nature des travaux que nécessite le contrat (Ex.: fondation, charpente, toiture), afin de pouvoir effectuer une analyse comparative des coûts réels aux coûts prévus lors de l'élaboration de la soumission.

4) Les fiches devraient également indiquer les montants des facturations.

c) Des grands livres auxiliaires devraient être utilisés à l'appui des comptes collectifs Frais généraux de production, Stock de matériaux et Frais de la machinerie lourde.

d) Un journal des achats devrait être utilisé:
1) Prévoir des colonnes pour les comptes collectifs Contrats en cours, Stock de matériaux, Frais généraux de production et Frais de la machinerie lourde.

2) Les montants facturés par les fournisseurs pour les matériaux livrés directement aux chantiers (y compris les frais concernant les sous-contrats) devraient être affectés au compte Contrats en cours et donner lieu à des inscriptions sur les fiches des contrats.

3) Les montants facturés par les fournisseurs pour les matériaux livrés au magasin de l'entreprise devraient être débités au compte Stock de matériaux.

4) Les montants facturés pour des frais indirects autres que les frais de la machinerie lourde devraient être débités au compte Frais généraux de production.

5) Les montants facturés concernant la machinerie lourde devraient être débités au compte Frais de la machinerie lourde.

6) Les montants facturés aux articles 3), 4) et 5) ci-dessus devraient également donner lieu à des reports aux grands livres auxiliaires concernés.

e) Sorties de matériaux du magasin de l'entreprise:

1) Elles devraient se faire sur la base de bons portant la signature du contremaître responsable du chantier concerné.

2) Un sommaire périodique de ces bons devrait être préparé et donner lieu à une écriture sommaire du type suivant:

```
Contrats en cours                    xx
     Stock de matériaux                      xx
```

3) Tout matériau retourné au stock devrait faire l'objet de la préparation d'un bon de retour portant la signature du magasinier. L'écriture sommaire concernant ces retours est l'inverse de celle décrite en 2) ci-dessus.

f) Salaires
1) Les salaires gagnés devraient être subdivisés selon leur nature et débités aux comptes de contrôle appropriés et donner lieu à des reports aux grands livres auxiliaires concernés.

2) Certains avantages sociaux, comme l'assurance-chômage, peuvent être inclus dans les salaires bruts.

g) La répartition des frais de la machinerie lourde:
1) On devrait budgéter ces frais annuellement ainsi que les heures d'utilisation. On peut alors établir un taux horaire d'attribution de ces frais.

2) Chaque opérateur de machinerie lourde devrait préparer des fiches d'utilisation précisant les heures d'utilisation. Ces fiches doivent porter la signature du contremaître du chantier concerné.

3) Les frais de machinerie lourde imputés à un contrat correspondent aux heures réelles en 2) multipliées par le taux établi en 1).
L'écriture pour comptabiliser les frais imputés aux contrats serait:

    Contrats en cours   xx
            Frais de la machinerie lourde   xx

h) La répartition des frais généraux de production:
1) On devrait budgéter ces frais pour l'année ainsi que les heures de travail. On peut alors établir un taux horaire d'attribution de ces frais.

2) Déterminer pour chacune des périodes de paie, les heures réelles travail consacrées à chaque chantier et les inscrire sur les fiches des contrats.

3) Les frais généraux imputés à un contrat correspondent aux heures réelles de travail dont il est question en 2) multipliées par le taux établi en 1). L'écriture de journal pour comptabiliser les frais généraux de production imputés aux contrats serait:

    Contrats en cours   xx
            Frais généraux de production imputés   xx

i) Le contrôle de la performance

1) Ce contrôle peut être effectué en menant une analyse comparative entre les coûts réels inscrits sur les fiches des contrats et les estimations qui en ont été faites tant en termes de prix que de quantités.

2) Il importe que les taux utilisés pour fins d'imputation des frais généraux et des frais de la machinerie lourde soient identiques à ceux utilisés par l'entreprise aux fins d'élaboration des soumissions.

3) Le contrôle doit conduire à déterminer si les différences découlent de prévisions inadéquates, de performances non escomptées ou encore de facteurs échappant au contrôle de l'entreprise.

j) La fin des travaux

   1) Au terme d'un contrat, la fiche du contrat est transférée au fichier des contrats terminés.

   2) Si le bénéfice est comptabilisé au terme du contrat, l'écriture passée au terme du contrat est

         Coût des contrats terminés   xx
             Contrats en cours   xx

   3) Cependant, si le bénéfice est comptabilisé selon le degré d'avancement des travaux, on pourrait passer l'écriture suivante:

         Coût des contrats non terminés passé
         à l'exercice   xx
             Contrats en cours   xx

(Adaptation - C.A.)

Exercice 3-3

1. Le fait d'utiliser un exemplaire du bon de commande comme document matérialisant une réception de marchandises peut entraîner les problèmes suivants:
   · le personnel préposé à la réception peut omettre de vérifier les numéros de pièces, les descriptions et les quantités. Le fait que l'exemplaire du bon de commande contient de telles informations incite le personnel à la réception à s'en remettre à ces données au lieu de s'assurer que ces données sont fondées;

   · dans le cas de livraisons partielles par le fournisseur, le fait de procéder comme il est indiqué ci-dessus peut induire en erreur le préposé au contrôle des stocks s'il est porté à conclure que tous les articles commandés ont été effectivement reçus;

   · de plus, cela peut inciter au vol si jamais la quantité reçue s'avère excéder la quantité commandée.

2. Voici les modifications susceptibles d'améliorer le bon de commande et le bon de réception proposés.

a) Bon de commande proposé
- Ajouts possibles:
  - Numéro (du bon)
  - Conditions d'achat
  - Autres renseignements pertinents, tel le n° de compte ou d'ordre de fabrication
- Retraits possibles:
  - "Coût unitaire" et le remplacer par "prix unitaire"; autrement il est possible qu'aucun des articles figurant sur le bon de commande ne puisse être décommandé.

b) Bon de réception proposé
- Ajouts possibles:
  - Numéro de bon de commande inscrit sur le bon de livraison,
  - Date de réception,
  - Moyen de livraison, nom du transporteur, méthode de paiement (port dû ou port payé), numéro de connaissement.
- Retraits possibles:
  - Prix unitaire et montant,
  - Frais de transport

3. Voici les services qui devraient avoir un exemplaire du bon de commande ainsi que les raisons justificatives à cet effet.

Service	Raisons
Magasin	Aux fins d'informer le magasinier qu'une commande a été passée, et aux fins de contrôler dans la mesure où les quantités ne sont pas indiquées sur le bon de commande.
Comptabilité	Aux fins de comparaison avec la facture du fournisseur et le bon de réception pour s'assurer que tout est conforme.
Achats	Aux fins de contrôle et de relance du fournisseur à défaut pour ce dernier de se conformer à la commande passée.

4. Parmi les fonctions de contrôle accomplies par le magasinier en rapport avec la réception des marchandises, mentionnons
   · le dénombrement et la comparaison des quantités reçues par rapport à celles inscrites sur le bon de livraison,
   · la comparaison des marchandises reçues par rapport à la description des articles commandés figurant sur le bon de commande,
   · la préparation du bon de réception,
   · l'information transmise au Service des achats concernant les différences relevées,
   · l'examen effectué quant à la qualité des articles reçus.

(Adaptation - C.M.A.)

Exercice 4-1

a) Fiche de fabrication:

   Dès qu'une commande de client ou qu'une commande d'origine interne a été approuvée, on établit une fiche pour cette commande. On lui donne un numéro et on y inscrit l'objet de la commande. On prévoit également des espaces en vue de l'inscription sur une base d'atelier des coûts en matières premières, main-d'oeuvre directe, frais généraux de fabrication imputés et en produits gâchés.

b) Matières:

   1) Contrôlées au moyen d'un registre d'inventaire permanent dont le compte contrôle est au grand livre général;

   2) Sorties seulement sur documents écrits lesquels indiquent un numéro de fiche de fabrication dans le cas des matières attribuées à une commande;

   3) Détermination du coût de revient des matières utilisées et inscription de ce coût sur les bons de sortie;

   4) Préparation périodique d'un relevé sommaire des bons de sortie pour fins de report au grand livre général et aux fiches de fabrication.

c) Main-d'oeuvre directe:

Contrôlée au moyen d'un relevé quotidien du travail par employé, qui indique:

1) les heures travaillées ainsi que celles attribuées à telle ou telle commande;

2) les heures pendant lesquelles l'employé a utilisé pour une commande donnée telle machine ou groupe de machines;

3) le taux horaire de rémunération, y compris, s'il y a lieu, certaines charges sociales comme l'assurance-chômage.

Les relevés quotidiens de travail donnent lieu périodiquement à la préparation de sommaires pour fins de report au grand livre général et aux fiches de fabrication.

d) Les frais généraux de fabrication:

Les frais réels sont enregistrés selon leur nature dans un grand livre auxiliaire. Périodiquement, ils sont ventilés aux sections suivant des clés définies par l'administration.

Toutefois, les frais généraux de fabrication incorporés sont des frais imputés. Supposons que ce soit en fonction des heures-machine. On peut établir un taux d'imputation pour chaque groupe de machines similaires à l'intérieur d'un atelier. Chaque taux d'imputation peut être établi en considérant:

1) la dotation à l'amortissement concernant le groupe de machines, calculée de préférence en fonction de l'utilisation;

2) une quote-part des autres frais généraux de fabrication de l'atelier qui peut être fonction du nombre prévu d'heures d'utilisation du groupe de machines par rapport aux heures prévues d'utilisation des autres groupes de machines.

Le nombre d'heures d'utilisation effective de chaque groupe de machines est obtenu des relevés quotidiens de travail. L'imputation en fonction de ces heures est faite périodiquement et donne lieu à des reports au grand livre général et aux fiches de fabrication.

e)   Les articles gâchés:

L'obtention de produits gâchés donne lieu à la préparation de rapports au niveau des ateliers. Le coût des unités gâchées doit être établi en tenant compte du degré d'avancement des unités gâchées et doit être inscrit sur la fiche de fabrication concernée.

f)   Commande terminée:

Dès qu'une commande est terminée, le prix de vente peut être inscrit sur la fiche de fabrication. On procède au sommaire de la fiche: total des coûts des divers éléments, total du coût des produits gâchés et bénéfice brut. Puis il y a report au grand livre général.

Incorporation au système de comptabilité actuel:

Par l'adjonction des comptes suivants au grand livre général:

a)   Magasin:

Les achats de matières premières et de fournitures sont débités à ce compte plutôt qu'à un compte Achats. Périodiquement, on crédite ce compte du sommaire des bons de sorties. Le solde du compte représente le coût des matières et fournitures en stock et devrait correspondre à ce qu'indiquent les registres d'inventaire permanent.

b)   Stock de produits en cours:

Compte débité du coût des matières premières et du coût de la main-d'oeuvre directe attribués aux commandes et des frais généraux de fabrication imputés à ces commandes. Ce compte est crédité du coût des commandes complétées. Les fiches de fabrication des commandes en cours constituent le grand livre auxiliaire de ce compte.

c) Stock de produits finis:

Compte débité du coût des commandes terminées et crédité du coût des commandes livrées aux clients ou lors de la vente des produits finis.

d) Frais généraux de fabrication:

Compte débité des frais généraux de fabrication réellement engagés.

e) Frais généraux de fabrication imputés:

Compte crédité des frais généraux de fabrication imputés aux commandes.

(Adaptation - C.A.)

Exercice 4-2

1. Stock de produits en cours   32 244
        Magasin   4 500
        Salaires   22 560
        F. G. F. imputés (2 160 h X 2,40$)   5 184

Comme les taux de rémunération diffèrent d'un atelier à l'autre, et que 75% des frais fixes sont dus à la dotation à l'amortissement de l'outillage, le choix des heures de fonctionnement des machines s'impose comme base de détermination du taux d'imputation.

Stock de produits finis   24 788
    Stock de produits en cours   24 788

Coût des produits vendus   24 788
    Stock de produits finis   24 788

2.

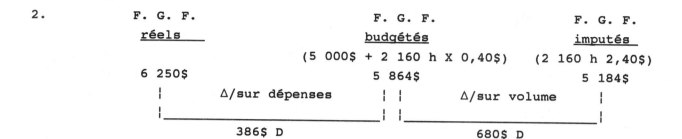

F. G. F. réels	F. G. F. budgétés	F. G. F. imputés
	(5 000$ + 2 160 h X 0,40$)	(2 160 h 2,40$)
6 250$	5 864$	5 184$

Δ/sur dépenses   386$ D   Δ/sur volume   680$ D

Si on avait choisi les heures de M.O.D. comme base d'imputation, on aurait obtenu les écarts suivants.

Δ/dépenses: 6 250$ - 5 915$ = 335$ D où 5 915$ = 5 000$ + (3 660 X 0,25$)

Δ/volume : 5 915$ - 5 490$ = 425$ D où 5 490$ = 3 660 X 1,50$

Si on avait choisi le coût de la M.O.D. comme base d'imputation, on aurait obtenu les écarts suivants:

Δ/dépenses: 6 250$ - 5 940$ = 310$ D où 5 940$ = 5 000$ + 22 560$ (1/24)

Δ/volume : 5 940$ - 5 640$ = 300$ D où 5 640$ = 22 560$ X 25%

Exercice 4-3

1.

État du coût de fabrication
Pour l'exercice terminé le 31 décembre 1992

Stock de produits en cours au 1er janvier:		
19 000$ - 15 000$ + 10 000$ - 8 000$ + 5 100$ - 4 000$ =		7 100$
Matières premières utilisées	15 000$	
Main-d'oeuvre directe	8 000	
Frais généraux de fabrication	4 000	27 000
Stock de produits en cours au 31 décembre		(9 500)
Coût des produits fabriqués		24 600$

État partiel des résultats

Chiffre d'affaires		40 000$
Coût des produits vendus		
Stock de produits finis au 1er janvier	-0- $	
Coût des produits fabriqués	<u>24 600</u>	24 600$
Stock de produits finis au 31 décembre	<u>8 500</u>	<u>16 100</u>
Bénéfice brut		23 900
Sous-imputation		<u>1 000</u>
Bénéfice brut ajusté		22 900$
		=======

2.

Stock de produits en cours	27 000	
Magasin		15 000
Salaires		8 000
Frais généraux de fabrication imputés		4 000
Salaires	8 000	
Salaires à payer		8 000
Stock de produits finis	24 600	
Stock de produits en cours		24 600
Coût des produits vendus	16 100	
Stock de produits finis		16 100
Frais généraux de fabrication imputés	4 000	
Coût des produits vendus	1 000	
Frais généraux de fabrication		5 000

3.

Taux d'ajustement:

$$\frac{\text{Sous-imputation}}{\text{Coût de la M.O.D.}} = \frac{1\ 000\$}{8\ 000\$}$$

$$= 12,5\%$$

Répartition de la sous-imputation:

S.P.C.:	3 000$ X 12,5% =	375$
S.P.F.:	3 000 X 12,5% =	375
C.P.V.:	2 000 X 12,5% =	<u>250</u>
		1 000$
		======

Le bénéfice brut serait de 23 650$.

Exercice 4-4

Coût des commandes

	No 25	No 26	No 27
Stock de produits en cours au 30 novembre 19X1			
Matières premières	33 250$	300$	0$
Main-d'oeuvre directe	19 200	200	0
Frais généraux de fabrication imputés	38 400	400	0
Sous-total	90 850$	900$	0$
Coûts ajoutés en décembre 19X1			
Matières premières	4 350$	4 275$	31 250$
Main-d'oeuvre directe	21 000	5 500	33 260
Frais généraux de fabrication imputés	42 000	11 000	66 520
Sous-total	67 350$	20 775$	131 030$
	158 200$	21 675$	131 030$
	========	=======	========

1. Écritures de journal de décembre 19X1

    a) Magasin   37 390
         Comptes fournisseurs   37 390

    b) Stock de produits en cours   39 875
         Magasin   39 875

    c) Salaires   59 760
         Divers crédits   59 760

    d) Stock de produits en cours   59 760
         Salaires   59 760

    e) Frais généraux de fabrication   125 000
         Divers crédits   125 000

    f) Stock de produits en cours   119 520
         Frais généraux de fabrication imputés   119 520

    g) Frais de vente et d'administration   18 250
         Divers crédits   18 250

h) Stock de produits finis   179 875

     Stock de produits en cours   179 875

i) Comptes clients   200 000

     Ventes   200 000

j) Coût des produits vendus   158 200

     Stock de produits finis   158 200

2. Écritures de fermeture de 19X1

k) Frais généraux de fabrication imputés   119 520

     Sous-imputation des frais généraux de fab.   5 480

        Frais généraux de fabrication   125 000

l) Coût des produits vendus   55 883

     Stock de produits finis   473

     Stock de produits en cours   2 759

        Sous-imputation des F. G. F. (tableau A)   59 115

m) Ventes   3 037 000

     Coût des produits vendus   2 557 348

     Frais de vente et d'administration   141 900

     Sommaire des résultats   337 752

Tableau A

Stock de produits en cours	6 652 heures	2 759$
Stock de produits finis	1 140 heures	473
Coût des produits vendus	134 760 heures	55 883
	142 552 heures	59 115$

3.

Rampart Ltée

État des résultats

pour l'exercice terminé le 31 décembre 19X1

Ventes			3 037 000$
Coût des produits vendus			
Coût de production			
Matières premières		502 390$	
Main-d'oeuvre directe		712 760	
Frais généraux de fabrication réels		1 484 635	
		2 699 785	
Variation des stocks de produits en cours			
Stock de produits en cours au début	-0- $		
Stock de produits en cours à la fin	133 789$	133 789	
Coût des produits fabriqués		2 565 996	
Variation des stocks de produits finis			
Stock de produits finis au début	13 500		
Stock de produits finis à la fin	22 148	8 648	2 557 348
Bénéfice brut			479 652
Frais de vente et d'administration			141 900
Bénéfice			337 752$

Exercice 4-5

1.

Francoeur Ltée
État du coût rationnel de fabrication
Pour février 19X1

Stock de produits en cours au 1er février 19X1			63 800$
Matières premières utilisées			
Stock de matières au 1er février 19X1	22 000$		
Achats de matières	66 300	88 300$	
Stock de matières au 28 février 19X1	46 700		
Fournitures utilisées	1 600	48 300	40 000
Main-d'oeuvre directe:			
228 400$ + 18 800$ - 45 200$ - 21 600$			180 400
Frais généraux de fabrication imputés			
19 370$ + 13 940$			33 310
			317 510
Stock de produits en cours au 28 février 19X1			
4 900$ + 9 800$ + (1 150 X 1,30$ + 200 X 1,70$)			16 535
Coût rationnel des produits fabriqués			300 975$

2. Dans le bilan sous Actif à court terme. L'on se doit d'attendre la fin de l'exercice annuel pour déterminer l'écart réel sur frais généraux de fabrication et décider de son traitement comptable.

Exercice 4-6

1. b 2. a 3. e 4. b 5. b 6. d 7. c.

(Adaptation - C.M.A.)

Exercice 4-7

1. 50% du coût de la M.O.D.

2. 51%

3.

État du coût de fabrication
Pour le mois terminé le 31 janvier 19X6

Stock de produits en cours au début	1 750,00$
Matières premières utilisées: 625$ + 300$ + 150$ + 380$	1 455,00
Main-d'oeuvre directe: 500$ + 300$ + 100$ + 100$ + 50$	1 050,00
Frais généraux de fabrication imputés:	
255$ + 153$ + 51$ + 51$ + 25,50$	535,50
	4 790,50
Stock de produits en cours à la fin: 300$ + 100$ + 51$ + 380$ + 50$ + 25,50$	906,50
Coût des produits fabriqués	3 884,00$

4. a) Stock de produits en cours   1 455,00
           Magasin   1 455,00

    b) Stock de produits en cours   1 050,00
           Salaires   1 050,00

    c) Stock de produits en cours   535,50
           Frais généraux de fabrication imputés   535,50

    d) Stock de produits finis   3 884,00
           Stock de produits en cours   3 884,00

    e) Coût des produits vendus   3 583,00
           Stock de produits finis   3 583,00

Exercice 4-8

1.

Mécano Ltée

État des résultats

pour l'exercice terminé le 31 décembre 19X1

Chiffres d'affaires		1 950 000$
Coût des produits vendus		
Stock de produits finis au début	-0- $	
Coût des produits fabriqués	1 830 250	
	1 830 250	
Stock de produits finis à la fin	618 550	1 211 700
Bénéfice brut		738 300
Frais de vente	85 000	
Frais d'administration	125 000	210 000
Bénéfice		528 300$
		==========

Répartition des frais généraux de fabrication

	Section auxiliaire	Atelier I	Atelier II	Atelier III	Total
Frais réels déjà cumulés	91 200$	254 400$	246 650$	189 250$	781 500$
Amortissement (dotation)	9 000	18 000	18 000	15 000	60 000
Comm. des acc. de travail	1 800	3 600	3 600	3 000	12 000
	102 000	276 000	268 250	207 250	853 500
Répartition - section aux.	(102 000)	34 000	34 000	34 000	
		310 000	302 250	241 250	
F.G.F. imputés		300 000	310 000	241 250	851 250
Sur- ou sous-imputation		10 000$	(7 750)$	-0-	2 250$
		========	========	========	========
Nombre d'heures de marche des machines		200 000	155 000	193 000	
Taux d'ajustement		0,05$	0,05$	-0-	

Répartition de la sous-imputation

Stock de produits finis
    Commande 102
        Atelier I : 50 000 X 0,05$ = 2 500$
        Atelier II: 39 000 X 0,05$ = 1 950   550$

Stock de produits en cours
    Commande 103
        Atelier I : 40 000 X 0,05$ = 2 000$
        Atelier II: 30 000 X 0,05$ = 1 500   500$
    Commande 104
        Atelier I : 15 000 X 0,05$ =   750$
        Atelier II: 10 000 X 0,05$ =   500   250   750

Coût des produits vendus
    Commande 100
        Atelier I : 50 000 X 0,05$ = 2 500$
        Atelier II: 40 000 X 0,05$ = 2 000   500$
    Commande 101
        Atelier I : 45 000 X 0,05$ = 2 250$
        Atelier II: 36 000 X 0,05$ = 1 800   450   950
                                        2 250$
                                        ======

2.

Écritures de régularisations:

a) F.G.F. - atelier I   21 600
    F.G.F. - atelier II   21 600
    F.G.F. - atelier III   18 000
    F.G.F. - section auxiliaire   10 800
        Amortissement cumulé - immobilisations   60 000
        Comptes fournisseurs   12 000

b) F.G.F. - atelier I   34 000
    F.G.F. - atelier II   34 000
    F.G.F. - atelier III   34 000
        F.G.F. - section auxiliaire   102 000

c) Stock de produits finis   550
    Stock de produits en cours   750
    Coût des produits vendus   950
    F.G.F. imputés - atelier I   300 000
    F.G.F. imputés - atelier II   310 000
    F.G.F. imputés - atelier III   241 250
        F.G.F. - atelier I   310 000
        F.G.F. - atelier II   302 250
        F.G.F. - atelier III   241 250

Écritures de fermeture:

a) Sommaire des résultats   1 421 700
        Frais de vente   85 000
        Frais d'administration   125 000
        Coût des produits vendus   1 211 700

b) Ventes   1 950 000
        Sommaire des résultats   1 950 000

Exercice 4-9

1.

S.P.C. au 1er janvier 19X1 (commandes nos 127, 128 et 129):

Coût du fer incorporé		25 360$
Coût de l'acier incorporé		41 102
Coût des pièces détachées		9 513
M.O.D. + F.G.F. imputés:		
Usinage: 4 240 X 12,25$ =	51 940$	
Soudure: 510 X 13,90$ =	7 089	
Montage: 2 775 X 9,80$ =	27 195	86 224
		162 199$
		========

2.

Tableau de calcul des taux d'imputation

Charge par nature	Montant	Sections principales		
		Usinage	Soudure	Montage
Main-d'oeuvre indirecte				
Dotation à l'amortissement				
Totaux	71 400$	28 200$	15 600$	27 600$
Nombre d'unités d'oeuvre		6 000	3 120	10 000
Taux par unité d'oeuvre		4,70$	5,00$	2,76$
		=====	=====	=====

3.

a) Prix de revient de la commande No 127:

Matières premières		
Fer	12 615$	
Acier: 21 310$ + 2 037$ =	23 347	
Pièces détachées: 5 723$ + 2 205$ =	7 928	43 890$
M.O.D. et F.G.F. imputés		
Usinage: 1 640 X 12,25$	20 090	
Soudure: 140 X 13,90$ + 800 X 14$ =	13 146	
Montage: 2 000 X 9,80$ + 1 800 X 9,76$ =	37 168	70 404
		114 294$
		========

b) Prix de revient de la commande No 128:

Matières premières
    Fer: 9 895$ + 4 720$ =   14 615$
    Acier: 15 417$ + 4 315$ =   19 732
    Pièces: 2 585$ + 2 758$ =   _5 343_   39 690$

M.O.D. et F.G.F. imputés
    Usinage: 2 100 X 12,25$ + 200 X 12,70$ 28 265
    Soudure: 230 X 13,90$ + 900 X 14$ =   15 797
    Montage: 700 X 9,80$ + 4 200 X 9,76$ =   _47 852_   _91 914_
                                                                     131 604$
                                                                     ========

4.
    Magasin   67 500
        Fournisseurs   67 500

    Stock de produits en cours   66 761
    Frais généraux de fabrication   325
        Magasin   67 086

    Stock de produits en cours   138 600
        Salaires   138 600

    Frais généraux de fabrication   71 675
        Divers comptes   71 675

    Stock de produits en cours   67 040
        F.G.F. imputés - usinage (5 200 X 4,70$)   24 440
        F.G.F. imputés - soudure (3 000 X 5$)   15 000
        F.G.F. imputés - montage (10 000 X 2,76$)   27 600

    Stock de produits finis (114 294$ + 131 604$) 245 898
        Stock de produits en cours   245 898

    Coût des produits vendus   245 898
        Stock de produits finis   245 898

    Clients   315 000
        Ventes   315 000

    F.G.F. - usinage   21 000
    F.G.F. - soudure   14 000
    F.G.F. - montage   37 000
        Frais généraux de fabrication   72 000

F.G.F. imputés - usinage	24 440	
F.G.F. imputés - soudure	15 000	
F.G.F. imputés - montage	27 600	
Sous-imputation des F.G.F. (note)	4 960	
F.G.F. - usinage		21 000
F.G.F. - soudure		14 000
F.G.F. - montage		37 000

Note: plusieurs comptes (sur- et sous-imputations sectorielles) pourraient être utilisés.

Coût des produits vendus	4 941,02	
Stock de produits en cours	18,98	
Sous-imputation des F.G.F.		4 960

Tableau de répartition des sur-et sous-imputations

Section	Montant de la sur- ou sous-imputation	Unités d'oeuvre de l'exercice		Répartition de la sur- ou sous-imputation	
		S.P.C.	C.P.V.	S.P.C.	C.P.V.
Usinage	3 440$ (sur)	5 000	200	(3 307,69$)	(132,31$)
Soudure	1 000 (sur)	1 300	1 700	(433,33)	(566,67)
Montage	9 400 (sous)	4 000	6 000	3 760,00	5 640,00
				18,98$	4 941,02$
				===========	==========

5.   État du bénéfice brut
              pour l'exercice clos le 31 décembre 19X1

Chiffre d'affaires		315 000,00$
Coût rationnel des produits vendus	245 898,00$	
Quote-part du montant net des sur- et sous-imputations	4 941,02	250 839,02
Bénéfice brut redressé		64 160,98$
		=========

(Adaptation - Ordre des Experts Comptables et des C.A. français)

Exercice 4-10

Siège social		Usine	

a) Liaison - Usine 144 000   Stock de M.P. et
    Comptes fourn.   144 000   de fournitures   144 000
                                   Liaison - S.S.   144 000

b) Impôts fonciers payés
    d'avance ou courus
    à payer   24 000
      Banque - compte
        général   24 000

c) Salaires   54 000
    Retenues d'impôt
    et d'assurance-
    chômage   6 300
    Salaires à payer   47 700

d) Liaison - Usine 37 000   S.P.C.   25 000
    Frais d'entrep.   2 000   F.G.F.   12 000
    Frais de vente   9 000   Liaison - S.S.   37 000
    Frais d'admin.   6 000
      Salaires   54 000

e) Frais d'entrep.   3 000   S.P.C.   92 000
      Liaison - Usine   3 000   F.G.F.   17 000
                                   Liaison - S.S.   3 000
                                   Stock de M.P. et de
                                   fournitures   112 000

f) Frais d'adm.   770   F.G.F.   3 500
    Liaison - Usine   3 500   Liaison - S.S.   3 500
    Frais d'entrep.   2 800
      Ass. payée d'av.   7 070

g) Comptes fourn. 115 000
      Banque - compte
        général   115 000

h) Banque - compte
    de paie   47 700
      Banque - compte
        général   47 700
    Salaires à payer 47 700
      Banque - compte
        de paie   47 700

i) Liaison - Usine   6 000   F.G.F.   6 000
      Banque - compte   Liaison - S.S.   6 000
        général   6 000

j) Liaison - Usine   660   S.P.C.   660
   Frais d'entrep.   40   Liaison - S.S.   660
   Frais de vente   90
   Frais d'adm.   50
      Cotisation à
        payer - ass.-ch.   840

k) Liaison - Usine   3 200   Stock de M.P. et de
      Banque - compte   fournitures   3 200
        général   3 200   Liaison - S.S.   3 200

l) Frais de vente   6 000
      Banque - compte
        général   6 000

m)   Stock de M.P. et de
                                         fournitures   10 000
                                           S.P.C.   8 000
                                           F.G.F.   2 000

n)   S.P.C.   28 000
                                         F.G.F.   28 000

o) S.P.F.   70 000   Liaison - S.S.   70 000
      Liaison - Usine   70 000   S.P.C.   70 000

p) Retenues d'impôt et
     d'ass.-ch. ; cotis. à
     payer-ass.-ch. 6 000
      Banque - cpte général 6 000

q) Liaison - Usine   7 200   F.G.F.   7 200
      Amort. cumulé -   Liaison - S.S.   7 200
        usine et outillage   7 200

r) Comptes clients 105 000
      Ventes   105 000

s) Coût des produits
     vendus   73 000
       S.P.F.   73 000

Exercice 4-11

a) La perte est attribuée à la commande probablement à cause des spécifications très particulières de ladite commande.

b) La perte est attribuée à l'ensemble des commandes parce qu'il est normal que ce type de perte se produise sur l'ensemble des commandes et parce que le pourcentage de perte varie passablement d'une commande à l'autre.

c) La perte est passée à l'exercice parce qu'il s'agit d'une perte qui aurait pu être évitée.

d) Le montant de la perte subie peut être recouvré du client, d'une compagnie d'assurance ou peut-être des employés.

(Adaptation - C.P.A.)

Exercice 4-12

1.	a) Stock de produits en cours	24 600		
	Magasin		12 300	
	Salaires		8 200	
	Frais généraux de fabrication imputés		4 100	
	b) Stock de produits gâchés (25 X 15$)	375		
	Stock de produits en cours			375
	c) Stock de produits en cours	150		
	Salaires			150
	d) Stock de produits finis	24 375		
	Stock de produits en cours		24 375	
2.	a) Stock de produits en cours	24 600		
	Magasin		12 300	
	Salaires		8 200	
	Frais généraux de fabrication imputés		4 100	
	b) Stock de produits gâchés	375		
	Frais généraux de fabrication	225		
	Stock de produits en cours			600

c) Frais généraux de fabrication	150	
Salaires		150
d) Stock de produits finis	24 000	
Stock de produits en cours		24 000

Exercice 4-13

1. Solde identique à celui du compte Liaison - siège social, soit 4 100$.

2.

Siège social			Usine		
S.P.F.	34 300		Liaison - siège social	34 300	
Liaison - usine		34 300	S.P.C.		34 300
Comptes clients	50 000				
Ventes		50 000			
C.P.V.	32 000				
S.P.F.		32 000			

3. a) 4 100$ - 100$ = 4 000$

b) C.P.V.	100		F.G.F. imputés	1 400	
Liaison - usine		100	Liaison - siège social	100	
			F.G.F.		1 500

4. Les soldes de ces comptes sont ignorés.

Exercice 4-14

1. Les écritures ne sont pas présentées dans ce corrigé; elles peuvent l'être à partir de celles présentées en 3. en veillant à supprimer les comptes liaisons.

2.

Stock de produits en cours au 1er décembre			1 600$
Matières premières utilisées			
Stock au 1er décembre	4 900$		
Achats	8 730		
	13 630		
Stock au 31 décembre	6 190	7 440$	
Main-d'oeuvre directe		4 800	
Frais généraux de fabrication imputés		7 200	19 440
			21 040
Stock de produits en cours au 31 décembre			5 400
Coût rationnel des produits fabriqués			15 640$
			=======

3.   SIÈGE SOCIAL   USINE

a) Liaison - Usine   8 730   a) Magasin   8 730
      Comptes fournisseurs   8 730   Liaison - S.S.   8 730

b) Aucune écriture   b) S.P.C.   7 440
                                                   Magasin   7 440

c) Salaires   6 000   c) Aucune écriture
      Salaires à payer   6 000

d) Liaison - Usine   6 000   d) F.G.F.   1 200
      Salaires   6 000   S.P.C.   4 800
                                                   Liaison - S.S.   6 000

e) Liaison - Usine   7 500   e) F.G.F.   7 500
      Comptes fournisseurs   3 600   Liaison - S.S.   7 500
      Amortissement cumulé -
         Usine   2 400
      Assurance payée d'avance   300
      Amortissement cumulé -
         outillage   1 200

f) Aucune écriture   f) S.P.C.   7 200
                                               F.G.F. imputés
                                               (150% de 4 800)   7 200

g) Aucune écriture   g) S.P.F.   15 640
                                                   S.P.C.   15 640

h) C.P.V.   10 930   h) Liaison - S.S.   10 930
      Liaison - usine   10 930   S.P.F.   10 930

   Comptes clients   ?
      Ventes   ?

i) C.P.V.   700   i) F.G.F. imputés   16 000
      Liaison - Usine   700   Liaison - S.S.   700
                                                   F.G.F.   16 700

Exercice 4-15

1.   SIÈGE SOCIAL   USINE

                                                   S.P.C.   48 500
                                                   F.G.F.   2 000
                                                      Magasin   50 500

   Liaison - Usine   76 000   Magasin   76 000
      Fournisseurs   76 000   Liaison - S.S.   76 000

   Salaires   115 000
      Retenues féd.   23 000
      Retenues prov.   17 200
      Salaires à payer   74 800

Frais de vente	20 000		S.P.C.	60 000
Frais d'adminis- tration	15 000		F.G.F.	20 000
Liaison - Usine	80 000		Liaison - S.S.		80 000
Salaires		115 000		

Salaires à payer	74 800			
Caisse		74 800		

Fournisseurs	6 000		Liaison - S.S.	6 000
Liaison - Usine		6 000	Magasin		6 000

Liaison - Usine	2 000		F.G.F.	2 000
Divers crédits		2 000	Liaison - S.S.		2 000

Liaison - Usine	2 100		F.G.F.	2 100
Amort. cumulé - usine		1 500	Liaison - S.S.		2 100
Amort. cumulé - machinerie		600		

S.P.C.	15 000		
F.G.F. imputés			15 000

S.P.F. (voir note)	174 500		
S.P.C.			174 500

Clients	196 100		
Ventes		196 100	

C.P.V. (voir note)	140 800		Liaison - S.S.	140 800
Liaison - Usine		140 800	S.P.F.		140 800

2. C.P.V.	10 000		F.G.F. imputés	103 400	
Liaison - Usine		10 000	Liaison - S.S.	10 000	
			F.G.F.		113 400

Note:

Commande	Coûts de production rationnels	Fabrication	C.P.V.
200	16 800$		16 800$
201	38 200$ + 8 200$ + 6 000$ + 1 500$	53 900$	53 900
202	32 300$ + 15 300$ + 18 000$ + 4 500$	70 100	70 100
203	18 000$ + 26 000$ + 6 500$	<u>50 500</u>	_____
		174 500$	140 800$
		=======	=======

3.

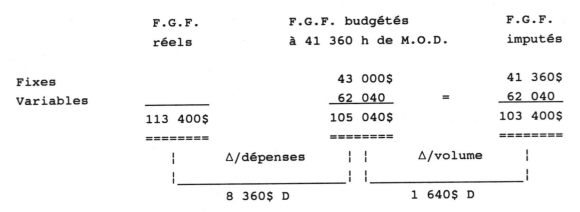

	F.G.F. réels	F.G.F. budgétés à 41 360 h de M.O.D.		F.G.F. imputés
Fixes		43 000$		41 360$
Variables	_____	62 040	=	62 040
	113 400$	105 040$		103 400$
	========	========		========

Δ/dépenses   Δ/volume

8 360$ D   1 640$ D

Nombre d'heures de M.O.D. au cours de l'année: (103 400$/25%)/10$

= 41 360

Taux d'imputation des F.G.F. variables: 10$ X 15% = 1,50$

Taux d'imputation des F.G.F. fixes: 10$ X 10% = 1,00$

Budget des F.G.F fixes: 43 000 X 1$ = 43 000$

Exercice 4-16

1.

État du coût de fabrication

Stock de produits en cours au début:	
25$ + (1/3) 22,20$ + (1/5) 24,20$ =	37,24$
Matériaux utilisés	5 000,00
Main-d'oeuvre directe: 40 X 12$ + 360 X 14$ =	5 520,00
Frais généraux de fabrication imputés: 400 X 10,20$ =	4 080,00
	14 637,24
Stock de produits en cours à la fin:	
96$ + (10/24) 22,20$ + (1/10) 24,20$ =	107,67
Coût des produits fabriqués	14 529,57$
	==========

2.

Stock de produits en cours	5 000,00	
Magasin		5 000,00
Stock de produits en cours	5 520,00	
Salaires		5 520,00

Stock de produits en cours   4 080,00
   F.G.F. imputés   4 080,00

Stock de produits finis   14 529,57
   Stock de produits en cours   14 529,57

Coût des produits vendus   14 529,57
   Stock de produits finis   14 529,57

3.   S.P.C.   5 000,00
                               Magasin   5 000,00

Liaison - Usine   5 500,00   S.P.C.   5 500,00
   Salaires   5 500,00   Liaison - S.S.   5 500,00

                             S.P.C.   4 080,00
                               F.G.F. imputés   4 080,00

S.P.F.   14 529,57   Liaison - S.S. 14 529,57
   Liaison - Usine   14 529,57   S.P.C.   14 529,57

C.P.V.   14 529,57
   S.P.F.   14 529,57

Exercice 4-17

1.

Magasin   30 000
   Fournisseurs   30 000

Salaires   34 000
   Retenues à la source   3 100
   Salaires à payer   30 900

Stock de produits en cours   24 000
Frais généraux de fabrication   10 000
   Salaires   34 000

Salaires à payer   30 900
   Caisse   30 900

Frais généraux de fabrication	750	
Caisse		750
Frais généraux de fabrication	4 070	
Amortissement cumulé - outillage		1 000
Amortissement cumulé - usine		300
Frais courus à payer		50
Avantages sociaux à payer		2 720
Stock de produits en cours	25 000	
Frais généraux de fabrication	600	
Magasin		25 600
Stock de produits en cours	13 750	
Frais généraux de fab. imputés - at. X		5 250
Frais généraux de fab. imputés - at. Y		8 500
Stock de produits finis	59 050	
Stock de produits en cours		59 050
Frais généraux de fabrication - at. X	6 420	
Frais généraux de fabrication - at. Y	9 000	
Frais généraux de fabrication		15 420
Coût des produits vendus	53 550	
Stock de produits finis		53 550
Caisse	65 000	
Ventes		65 000

2.   État du coût des produits fabriqués et vendus

Matières premières utilisées		
Achats de matières	30 000$	
Stock de matières à la fin	(4 400)	
Fournitures utilisées	(600)	25 000$
Main-d'oeuvre directe		24 000
Frais généraux de fabrication imputés		13 750
		62 750
Stock de produits en cours à la fin		3 700
		59 050
Stock de produits finis à la fin		5 500
		53 550$
		=======

Exercice 4-18

SIEGE SOCIAL			USINE		
G.L.F.	30 000		Magasin	30 000	
Fournisseurs		30 000	G.L.G.		30 000
Salaires	34 000				
Retenues à la source		3 100			
Salaires à payer		30 900			
G.L.F.	34 000		S.P.C.	24 000	
Salaires		34 000	F.G.F.	10 000	
			G.L.G.		34 000
Salaires à payer	30 900				
Caisse		30 900			
G.L.F.	750		F.G.F.	750	
Caisse		750	G.L.G.		750
G.L.F.	4 070		F.G.F.	4 070	
Amort. cumulé - outill.		1 000	G.L.G.		4 070
Amort. cumulé - usine		300			
Frais courus à payer		50			
Avantages sociaux à payer		2 720			
			S.P.C.	25 000	
			F.G.F.	600	
			Magasin		25 600
			S.P.C.	13 750	
			F.G.F. imputés - at. X		5 250
			F.G.F. imputés - at. Y		8 500
			S.P.F.	59 050	
			S.P.C.		59 050
			F.G.F. - at. X	6 420	
			F.G.F. - at. Y	9 000	
			F.G.F.		15 420
C.P.V.	53 550		G.L.G.	53 550	
G.L.F.		53 550	S.P.F.		53 550

```
Caisse                65 000    |
    Ventes                   65 000  |
                                     |
```

Certaines écritures auraient pu être les suivantes:

```
G.L.F.                34 000    |  Salaires              34 000
    Retenues à la source   3 100  |      G.L.G.                    34 000
    Salaires à payer      30 900  |
                                   |
                                   |  S.P.C.                24 000
                                   |  F.G.F.                10 000
                                   |      Salaires                 34 000
                                   |
S.P.F.                59 050    |  G.L.G.                59 050
    G.L.F.                   59 050  |      S.P.C.                   59 050
                                   |
C.P.V.                53 550    |
    G.L.F.                   53 550  |
                                   |
```

Exercice 4-19

	Siège social			Usine de Sherbrooke	
5/1	Comptes fournisseurs	10 000			
	Caisse		10 000		
7/1			S.P.C.	10 000	
			F.G.F.	1 000	
			Magasin		11 000
15/1	Liaison-Sherbrooke	6 150	S.P.C.		4 000
	Retenues fédérales	1 350	F.G.F.	2 150	6 150
	Retenues provinciales		Liaison-S.S.		6 150
	Salaires à payer	3 195			
	Salaires à payer	3 195			
	Caisse	3 195			
20/1			S.P.C.	1 500	
			F.G.F. imp.		1 500
20/1			S.P.F.	33 500	
			S.P.C.		33 500
21/1	Comptes-clients	37 000			
	Ventes	37 000			
	C.P.V.	33 500	Liaison-S.S.	33 500	
	Liaison-Sherbrooke	33 500	S.P.F.		33 500

EXERCICE 4-20

	Siège social				Usine		
4/12	Fournisseurs	6 000					
	Caisse		6 000				
8/12					S.P.C.	17 000	
					F.G.F.	1 000	
					Magasin		18 000
15/12	Liaison-Usine	17 000			Magasin	17 000	
	Fournisseurs		17 000		Liaison-S.S.		17 000
22/12	Salaires	20 300					
	Retenues à la source		6 750				
	Salaires à payer		13 550				
	Liaison-Usine	20 300			S.P.C.	18 000	
	Salaires		20 300		F.G.F.	2 300	
					Liaison-S.S.		20 300
	Salaires à payer	13 550					
	Caisse		13 550				
					S.P.C.	7 500	
					F.G.F. imputés		7 500
23/12					Magasin	600	
					S.P.C.		600
24/12					S.P.F.	59 400	
					S.P.C.		59 400
	C.P.V.	28 800			Liaison-S.S.	28 800	
	Liaison-Usine		28 800		S.P.F.		28 800
	Comptes-clients	35 500					
	Ventes		35 500				

Exercice 4-21

1.	a)	M.P.	4 800$	b)	M.P.		4 800$
		M.O.D.	5 200		M.O.D.		5 200
		F.G.F.	5 000		F.G.F.		5 500
			15 000$				15 500

b) Quote-part de la perte:
8% X 15 500$ 1 240
                14 260$

c) M.P.   4 800$
M.O.D.   5 200
F.G.F.   5 000
        15 000

Quote-part de la perte:
8% X 15000$ 1 200
        13 800$

2. a) S.P.F.   15 000
    S.P.C.   15 000

b) S.P.F.   14 260
F.G.F. réels   1 240
    S.P.C.   15 500

c) S.P.F.   13 800
Perte anormale   1 200
    S.P.C.   15 000

Exercice 4-22

a) M.P.   4 800$
M.O.D.   5 200
F.G.F.   5 000
        15 000

Coûts de rétablis-sement   700
        15 700$

b) M.P.   4 800$
M.O.D.   5 200
F.G.F.   5 500
        15 500$

c) M.P.   4 800$
M.O.D.   5 200
F.G.F.   5 000
        15 000$

Exercice 5-1

Cas 1

1. Comptes fournisseurs (50 X 0,07$)   3,50
    Frais généraux de fabrication   0,25
        Magasin (50 X 0,075$)   3,75

2. | Quantité | Coût unitaire | Total |
    |----------|---------------|---------|
    | 850 | 0,075$ | 63,75$ |

3. La section Entrées

Cas 2

1. Magasin (10 X 0,065$)   0,65
        S.P.C. ou Frais généraux de fabrication   0,65

2. | Quantité | Coût unitaire | Total |
    |----------|---------------|---------|
    | 910 | 0,075$ | 68,15$ |

3. La section: Sorties.

Cas 3

1. Frais généraux de fabrication   2,25
        Provision pour pertes sur fluctuations des cours   2,25

2. Aucune.

Exercice 5-2

PEPS

Date	Entrées			Sorties			Solde		
	Qtés	Coût un.	Total	Qtés	Coût un.	Total	Qtés	Coût un.	Total
2-1	450	0,80	360				450	0,80	360
4-1				220	0,80	176	230	0,80	184
5-1	600	0,90	540				230	0,80	184
							600	0,90	540
7-1	300	0,70	210	230	0,80	184	490	0,90	441
				110	0,90	99	300	0,70	210
8-1				180	0,90	162	310	0,90	279
							300	0,70	210
9-1	200	0,75	150				310	0,90	279
							300	0,70	210
							200	0,75	150
10-1				200	0,90	180	110	0,90	99
							300	0,70	210
							200	0,75	150
11-1	300	0,90	270				110	0,90	99
							300	0,70	210
							200	0,75	150
							300	0,90	270
12-1	100	0,80	80				110	0,90	99
							300	0,70	210
							200	0,75	150
							300	0,90	270
							100	0,80	80

DEPS

Date	Entrées			Sorties			Solde		
	Qtés	Coût un.	Total	Qtés	Coût un.	Total	Qtés	Coût un.	Total
2-1	450	0,80	360				450	0,80	360
4-1				220	0,80	176	230	0,80	184
5-1	600	0,90	540				600	0,90	540
							230	0,80	184
7-1	300	0,70	210	300	0,70	210	560	0,90	504
				40	0,90	36	230	0,80	184
8-1				180	0,90	162	380	0,90	342
							230	0,80	184
9-1	200	0,75	150				200	0,75	150
							380	0,90	342
							230	0,80	184
10-1				200	0,75	150	380	0,90	342
							230	0,80	184
11-1	300	0,90	270				680	0,90	612
							230	0,80	184
12-1	100	0,80	80				100	0,80	80
							680	0,90	612
							230	0,80	184

MOYENNE PONDÉRÉE VARIABLE

Date	Entrées			Sorties			Solde		
	Qtés	Coût un.	Total	Qtés	Coût un.	Total	Qtés	Coût un.	Total
2-1	450	0,80	360				450	0,80	360
4-1				220	0,80	176	230	0,80	184
5-1	600	0,90	540				830	0,872	724
7-1	300	0,70	210	340	0,827	281,18	790	0,827	652,82
8-1				180	0,827	148,86	610	0,827	503,96
9-1	200	0,75	150				810	0,807	653,96
10-1				200	0,807	161,40	610	0,807	492,56
11-1	300	0,90	270				910	0,838	762,56
12-1	100	0,80	80				1 010	0,834	842,56

(Adaptation - S.C.M.C.)

Exercice 5-3

1.

Date	Entrées			Sorties			Solde		
	Qtés	Coût un.	Total	Qtés	Coût un.	Total	Qtés	Coût un.	Total
1-12							275	0,40	110
2-12				100	0,40	40	175	0,40	70
3-12				150	0,40	60	25	0,40	10
5-12	800	0,50	400				25	0,40	10
							800	0,50	400
6-12				50	0,50	25	25	0,40	10
							750	0,50	375

Date	Entrées			Sorties			Solde		
	Qtés	Coût un.	Total	Qtés	Coût un.	Total	Qtés	Coût un.	Total
10-12				500	0,50	250	25	0,40	10
							250	0,50	125
12-12	150	0,30	45				25	0,40	10
							250	0,50	125
							150	0,30	45
15-12	(100)	0,50	(50)				25	0,40	10
							150	0,50	75
							150	0,30	45
18-12				100	0,30	30	25	0,40	10
							150	0,50	75
							50	0,30	15

2. 150 X 0,30$ = 45,00$
    75 X 0,50$ = <u>37,50</u>
              82,50$
              ======

3. Magasin   445
        Comptes fournisseurs   445

    Comptes fournisseurs   50
        Magasin   50

    Stock de produits en cours   405
        Magasin   405

Exercice 5-4

1. a) Frais généraux de fabrication ou Sommaire des résultats
            Magasin

    b) Frais généraux de fabrication
       Banque ou Comptes clients
            Magasin

    c) Comptes fournisseurs
            Magasin

    d) Comptes fournisseurs
            Fret à l'achat

e) Stock de produits en cours
   Magasin

f) Frais d'administration ou Frais de vente
   Magasin

g) Stock de produits en cours
   Comptes fournisseurs

h) Magasin
   Stock de produits en cours

2.	Fiches de stock	Fiches de fabrication
a)	Écriture dans la section Sorties: quantité et montant	Aucune
b)	Écriture en rouge dans la section Entrées: quantité et montant	Aucune
c)	Même chose qu'en b)	Aucune
d)	Aucune	Aucune
e)	Écriture dans la section Sorties: quantité et montant	Écriture dans la section Matières premières
f)	Même chose qu'en e)	Aucune
g)	Aucune	Écriture dans la section Matières premières
h)	Écriture en rouge dans la section Sorties: quantité et montant	Écriture en rouge dans la section Matières premières

(Adaptation - S.C.M.C.)

Exercice 5-5

1. Fiches de stock:

Matière D

	Entrées	Sorties	Solde
1-12	$	$	(600 X 5$) 3 000$
5-12 Cde 41		(400 X 5$) =2 000	(200 X 5$) 1 000
9-12	(800 X 5,875$) 4 700		(1 000 X 5,70$) 5 700
10-12 Cde 43		(300 X 5,70$)=1 710	(700 X 5,70$) 3 990
		3 710	

Matière E

	Entrées	Sorties	Solde
1-12	$	$	(100 X 19) 1 900$
7-12 Cde 42		(70 X 19$) 1 330	(30 X 19) 570
12-12	(200 X 20,15$) 4 030		(230 X 20) 4 600
15-12 Cde 44		(120 X 20$) 2 400	(110 X 20) 2 200
		3 730	

Fiches de fabrication:

Commande 41	
Solde 1-12	1 600$
Matières premières	2 000
M.O.D.	400
F.G.F. - atelier B	800
	4 800$
	=====

Commande 42	
Matières premières	1 330$
M.O.D.	2 000
F.G.F. - atelier A	3 000
	6 330$
	=====

Commande 43	
Matières premières	1 710$
M.O.D.	1 200
F.G.F. - atelier A	1 800
	4 710$
	=====

Commande 44	
Matières premières	2 400$
M.O.D.	1 200
F.G.F. - atelier B	2 400
	6 000$
	=====

2.

Magasin (4 700$ + 4 030$)	8 730	
Liaison – siège social		8 730

Re: Achats de matières.

Stock de produits en cours (3 710$ + 3 730$)	7 440	
Magasin		7 440

Re: Utilisation de matières.

Stock de produits en cours (3 200$ + 1 600$)	4 800	
Frais généraux de fabrication	1 200	
Liaison – siège social		6 000

Re: Répartition de la paie de l'usine.

Frais généraux de fabrication	3 600	
Liaison – siège social		3 600

Frais généraux de fabrication	2 400	
Liaison – siège social		2 400

Frais généraux de fabrication	300	
Liaison – siège social		300

Stock de produits en cours (150% de 3 200$) +		
(200% de 1 600$)	8 000	
Frais généraux de fabrication imputés		8 000

Frais généraux de fabrication	1 200	
Liaison – siège social		1 200

Stock de produits finis (4 800$ + 6 330$ + 4 710$)	15 840	
Stock de produits en cours		15 840

Liaison – siège social	11 130	
Stock de produits finis (4 800$ + 6 330$)		11 130

Frais généraux de fabrication imputés	8 000	
Sur- ou sous-imputation	700	
Frais généraux de fabrication		8 700

Sur- ou sous-imputation	100	
Liaison – siège social		100

3.   Grand livre de l'usine
                            Balance de vérification
                            au 31 décembre 19X1

Magasin: 3 990$ + 2 200$ =   6 190$
Stock de produits en cours (commande 44)   6 000
Stock de produits finis (commande 43)   4 710
Liaison - siège social   _____   16 900$
                                                16 900$ 16 900$
                                                =======   =======

Exercice 5-6

a) Stock de produits en cours   8 900
    Frais généraux de fabrication   1 100
    Frais de vente   250
        Magasin   10 250

b) Magasin   10 500
    Frais généraux de fabrication   310
        Comptes fournisseurs   10 500
        Caisse   310

c) Magasin   480
        Stock de produits en cours   480

d) Stock de déchets   235
        Frais généraux de fabrication   235

e) Stock de produits gâchés   55
    Frais généraux de fabrication   240
        Stock de produits en cours   295

f) Comptes fournisseurs   525
        Magasin   525
    Frais généraux de fabrication   42
        Caisse   42

ga) Caisse   250
        Stock de déchets   235
        Frais généraux de fabrication   15

gb) Caisse   40
    Frais généraux de fabrication   15
        Stock de produits gâchés   55

h) Frais généraux de fabrication   1 000
        Provision pour pertes sur fluctuations
            des cours   1 000

i) Bénéfices non répartis   4 000
        Réserve pour fluctuations des cours   4 000

(Adaptation - S.C.M.C.)

Exercice 5-7

Quantité économique: $\sqrt{\dfrac{2 (15\ 000 \times 12)\ 100}{1}}$

    = 6 000

Coût total: 100$ (180 000/6 000) + (6 000/2) 1$ + (180 000 X 5$)
        = 906 000$

Si on commandait 20 000 unités à la fois, le coût total serait le suivant:
        100$ (180 000/20 000) + (20 000/2) 1$ + (180 000 X 4,95$)
        = 901 900$

L'acceptation de l'offre faite par le fournisseur permettrait d'économiser
4 100$.

Exercice 5-8

Stock actif maximum:
    Stock maximum   850
    Stock de protection   150
    Stock actif   700
                                                     ===
Consommation moyenne par jour:
    700/35 jours   20
                                                     ===
Point de commande:
    (20 X 12) + 150   390
                                                     ===

(Adaptation - S.C.M.C.)

Exercice 5-9

Utilisation moyenne par semaine:
    (0,25 X 500) + (0,75 X 300)   350
                                                         ===

Délai espéré:
    (0,60 X 1) + (0,40 X 2)   1,4

Point de commande:
    350 X 1,4   490
                                                         ===

Exercice 5-10

1. 10 X (8 000/320)   250
                                                          ===

2. Quantité économique: $\sqrt{\dfrac{2 \text{ X } 8\,000 \text{ X } 6}{0,096 \text{ X } 1}}$

                  = 1 000

    Durée du cycle   = (1 000/8 000) X 320
                            = 40
                              ==

3. 50%.

(Adaptation - S.C.M.C.)

Exercice 5-11

En achetant en quantité économique, les coûts variables annuels de possession égalent les coûts variables annuels de lancement. Trouvons les frais variables (soit X) de lancement par commande:

$$(40\,000/2) \text{ X } 0,15\$) = (480\,000\$/40\,000) \text{ X}$$

d'où les frais de lancement variables par commande égalent 250$.

Comparons les coûts annuels selon que l'on commande 40 000 douilles ou 120 000 douilles à la fois:

Frais de possession + Frais de lancement + Coûts d'acquisition

a) 3 000$ +   3 000$ + (480 000 X 1,05$) =   510 000$
                                                                       ========

b) (120 000 X 0,15$)/2 + (480 000/120 000) X 250$ + (480 000 X 1$)

    = 9 000$ +   1 000$ + 480 000$ =   490 000$
                                                                       ========

Donc, il faudrait accepter la proposition.

(Adaptation - S.C.M.C.)

Exercice 5-12

1. Consommation moyenne par jour
        30 000 / 300 jours   100
                                                         ===

    Point de commande
        100 X 5 jours   500
                                                         ===

2. Niveaux possibles du stock de sécurité:

    Consommations possibles - point de commande.

    Consommations entraînant une rupture en l'absence de stock de protection:

        520: rupture de 20 ayant une probabilité de se produire de 10%
        540: rupture de 40 ayant une probabilité de se produire de 5%
        560: rupture de 60 ayant une probabilité de se produire de 3%

Stock de protection possible	Unités manquantes	Coût de rupture 20$ par unité	Probabilité	Commandes par année	Coût de rupture	Coût de possession 10$ par unité	Coût de rupture et de possession
0	20	400$	10%	10	400$		
	40	800	5%	10	400		
	60	1 200	3%	10	360		
					1 160$	-0-	1 160$
					======	======	======
20	20	400	5%	10	200$		
	40	800	3%	10	240		
					440$	200$	640$
					====	====	====
40	20	400	3%	10	120$	400$	520$
					====	====	====
60					-0-	600$	600$
					====	====	====

Donc l'entreprise devrait avoir un stock de protection de 40 unités.

3. Point de commande

   500 + 40 =   540
                                                                  ===

4. Marge sur coûts variables sacrifiée concernant le chiffre d'affaires non réalisé;

   Coûts associés à l'interruption de la production (Ex.: les salaires des ouvriers à qui on ne peut confier d'autres travaux et les coûts de réordonnancement de la production);

   Perte de clients;

   Frais de bureau supplémentaires pour donner suite aux commandes de clients demeurées en souffrance.

(Adaptation - C.M.A.)

Exercice 5-13

1. Frais de possession par tonne de sucre:

Coût du sucre	285$
Frais d'expédition	12
Coût de livraison	3
Investissement par tonne de sucre	300$
x coût de renonciation du capital	0,15
Rendement désiré du capital investi	45$
Assurance sur les stocks	15
Total des frais de possession d'une tonne de sucre	60$
	====

Frais de lancement par commande:

Raffinage	400$
Vérification de la pureté	100
Déchargement	250
	750$
	====

Quantité économique de réapprovisionnement:

$$\sqrt{\frac{2 \times 400 \times 750}{60}}$$

$$= \sqrt{10\ 000}$$

= 100 tonnes

La capacité de l'entrepôt est seulement de 150 tonnes et on doit maintenir un stock de protection de 100 tonnes. La société Suave doit donc acheter 50 tonnes à la fois.

2. Étant donné que la quantité économique de réapprovisionnement s'élève à 100 tonnes mais qu'elle ne peut acheter que 50 tonnes à la fois, la société Suave désirerait accroître de 50 tonnes de sucre la capacité d'entreposage.

La société Suave devrait être prête à payer un montant égal à la différence entre les coûts totaux de lancement et de possession quand la quantité commandée à la fois est de 100 tonnes et quand la quantité est de 50 tonnes.

Coûts de lancement et de possession en commandant 50 tonnes à la fois:

(400/50) 750$ + (50/2) 60$ = 7 500$
                              ======

Coûts de lancement et de possession en commandant 100 tonnes:

(400/100) 750$ + (100/2) 60$ = 6 000$
                               ======

Par conséquent, la société Suave devrait être prête à payer 1 500$ pour accroître de 50 tonnes son espace d'entreposage.

3. a) Coût total des acquisitions annuelles de sucre:

300$ X 400 tonnes =	120 000$
Frais de lancement: 750$ X 8 commandes par année =	6 000
Loyer et assurance sur l'entrepôt: 20 000$ + 1 000$ =	21 000
Assurance sur les stocks: (100 + 50/2) X 15$ =	1 875
	148 875$
	========

Coût complet par tonne de sucre: 148 875$/400 =	372,19$
	=======

Valeur du stock de sécurité: 372,19$ X 100 =	37 219$
	=======

b) L'inclusion de frais fixes d'exploitation dans l'évaluation des stocks peut amener la direction à prendre de mauvaises décisions, particulièrement si la société ne fonctionne pas à sa pleine capacité, ce qui peut avoir des répercussions sur la décision en matière de prix.

4. 1. Diviser les stocks en catégories A, B et C.

2. Fixer les délais de livraison pour les produits achetés.

3. Établir les frais de lancement des commandes.

4. Calculer les points des commandes économiques. (On négligera d'effectuer ce calcul pour des articles comme les légumes qui doivent demeurer frais. Pour d'autres articles, on devra utiliser une méthode différente pour déterminer le moment où effectuer les commandes).

5. Établir les coûts des ruptures de stock qui peuvent être très élevés pour ce genre d'industrie (perte de clientèle). Le gaspillage peut également coûter très cher.

6. Déterminer les stocks de protection, compte tenu du gaspillage et de la fluctuation de la demande.

(Adaptation - S.C.M.C.)

Exercice 5-14

Rendement moyen:

Allard
    Indice de productivité: 1 710/(38 X 40)
                    = 112,5%
                    ======

    Taux de base ajusté: 6$ X 112,5%
                = 6,75$

    Rémunération:
       38h X 6,75$ = 256,50$
       Heures improductives: 2 X 6$ = 12,00
                                                         268,50$
                                                         =======

Boisvert
    Indice de productivité: 1 672/(44 X 40)
                    = 95%
                    ===

    Rémunération:
       44h X 6$ = 264$
       Prime pour heures supplémentaires : 4 X 3$ = 12
                                                          276$
                                                          ====

Couillard
    Indice de productivité: 950/(38 X 40)
                        = 62,5%
                        =====

    Rémunération:
        38h X 6$ = 228$
        Heures improductives: 2 X 6$ =   12
                                                                  240$
                                                                  ====

Système de bonis variables:

Allard
    Taux de base ajusté:
        6$ X 130%   =   7,80$
                                                                     =====

    Rémunération:
        38h X 7,80$ = 296,40$
        Heures improductives: 2 X 6$ =   12,00
                                                                  308,40$
                                                                  =======

Boisvert
    Taux de base ajusté:
        6$ X 120%   =   7,20$
                                             =====

    Rémunération:
        44h X 7,20$ = 316,80$
        Prime pour heures suppl.:
            4 X 3$ =   12,00
                                          328,80$
                                          =======

Couillard
    Rémunération:
        38h X 6$ = 228,00$
        Heures improductives: 2 X 6$ =   12,00
                                          240,00$
                                          =======

(Adaptation - C.P.A.)

Exercice 5-15

1. Nombre réel de pièces par heure:
   99 076/399,5 =   248
                                                                    ===

   Taux de la rémunération spéciale:
   [(248 - 200)/200] 2,50$ =   0,60$
                                                                   =====

   Montant de la rémunération spéciale:
   0,60 X 399,5 =   239,70$
                                                                =======

2. 40h X 4,75$ =   190,00$
   40h X 0,60$ =   24,00
                                                                214,00$
                                                                =======

3. 39,5h X 6$ =   237,00$
   39,5h X 0,60$ =   23,70
                                                                260,70$
                                                                =======

(Adaptation - S.C.M.C.)

Exercice 5-16

1. Feuille de paie brute et répartition du coût de la main-d'oeuvre:

	Salaires bruts	Frais généraux de fabrication	Stock de produits en cours
R. Adam			
Salaire de base: 40 X 6,40$= 256,00$			
Boni : 15 X 6,40 = 96,00	352,00$		352,00$
J. Lebrun			134,40
Salaire de base: 24 X 5,60$= 134,40$			
Garantie : 8 X 5,60 = 44,80	179,20	No 1102 44,80$	
H. Denis			197,60
Salaire de base: 38 X 5,20$= 197,60$			
Garantie : 2 X 5,20 = 10,40		No 1102 10,40	
Prime d'équipe : 5 X 5,20 = 26,00	234,00	No 1107 26,00	

H. Elie

   Salaire de base: 35* X 6,40$= 224,00$ 224,00

   Boni   :   5 X 6,40 =   32,00   32,00

   Prime au surtemps: 1,5 X 6,40 = 9,60   No 1107   9,60

   Prime d'équipe : 4 X 6,40 =   <u>25,60</u>   291,20 No 1107 25,60

   * Heures travaillées en 4 jours

J. Gagné

   Salaire de base: 44 X 6,40$ = 281,60$ No 1116 281,60

   Prime au surtemps: 2 X 6,40   = 12,80   No 1117 12,80

   Boni (1)   :   7% X 294,40 = 20,61   <u>315,01</u> No 1118 <u>20,61</u>

                                       1 371,41$ 431,41$ 940,00$

                                       ========   ====== ======

   (1)<u>Heures en excédent du standard</u>: <u>157 - 147</u>   = 7 %

                     Heures réelles   147

2. Écritures de journal:

   Salaires   1 371,41

       Salaires à payer   1 371,41

   Salaires à payer   1 371,41

       Caisse   1 371,41

   Stock de produits en cours   940,00

   Frais généraux de fabrication   431,41

       Salaires   1 371,41

(Adaptation - S.C.M.C.)

<u>Exercice 5-17</u>

1. et 2.

   Les primes dues aux heures supplémentaires devraient être chargées aux frais généraux de fabrication lorsqu'elles sont une conséquence de l'activité générale et que, dans ces conditions, elles ne peuvent être attribuées à une commande en particulier, même si la commande produite le samedi peut être identifiée. Par contre, quand ces primes en heures supplémentaires le sont à la requête du client, elles devraient être attribuées à la commande et payées par le client.

Le boni de Noël et le temps payé mais non travaillé devraient être débités aux frais généraux de fabrication, parce qu'ils sont des coûts indirects qui ne peuvent être attribués à des commandes en particulier.

Le coût des congés devrait théoriquement donner lieu à une comptabilisation mensuelle par un débit à Frais généraux de fabrication et un crédit à provision pour congés payés. Sinon, il y aura temporairement une surimputation.

Les coûts du régime de rentes font partie des charges sociales à comptabiliser dans les frais généraux de fabrication, parce que ces coûts ne sont pas identifiables à des commandes spécifiques.

Quelques auteurs soutiennent que certaines charges sociales devraient être incluses dans le taux horaire de main-d'oeuvre directe. Un tel traitement est entièrement acceptable sur le plan théorique.

3. a) Frais généraux de fabrication   480
      Stock de produits en cours (6 X 80h)   480

   b) Frais généraux de fabrication imputés (1 440$ + 900$)   2 340
      Stock de produits en cours   2 340

   c) Frais généraux de fabrication   2 160
      Coûts en suspens   2 160

   d) Frais généraux de fabrication   1 614
      Provision pour congés payés
      (3 630h X 0,30$)   1 089
      Coûts du régime de rentes courus   525

4. Coût révisé des commandes

	No 10	No 11	No 12	Nos 13-20	Total
Matières premières	300$	300$	900$	9 600$	11 100$
Main-d'oeuvre directe					
Taux de base de 6$ l'heure	480	480	1 500	19 320	21 780
Prime de 6$ l'heure suppl.			300		300
F.G.F. imputés (300% de la M.O.D.)	1 440	1 440	4 500	57 960	65 340
	2 220$	2 220$	7 200$	86 880$	98 520$

(Adaptation - S.C.M.C.)

Exercice 5-18

Écritures de journal:

a) Caisse   765
     Frais généraux de fabrication   85
        Magasin   850

b) Magasin   65
        Stock de produits en cours   65

     Frais généraux de fabrication   65
        Magasin   65

c) Caisse   24
        Ventes   24

     Coût des produits vendus   17
        Magasin   17

d) 1) Stock de produits en cours   170
     Frais généraux de fabrication   30
        Salaires   200

   2) Salaires   40
        Stock de produits en cours   38
        Frais généraux de fabrication   2

   3) Stock de produits en cours   56
        Frais généraux de fabrication   56

   4) Stock de produits en cours   204
        Frais généraux de fabrication imputés   204

5) Stock de produits en cours   48
      Frais généraux de fabrication imputés   48

e) Magasin   200
    Stock de produits en cours   200

    Comptes clients   350
      Perte sur annulations ou Sommaire des résultats   350

    Perte sur annulations ou Sommaire des résultats   380
      Stock de produits en cours   380

f) Stock de produits en cours   100
    Frais généraux de fabrication   100

g) Coût des produits vendus   220
    Magasin   220

h) Frais généraux de fabrication   600
    Provision pour congés payés   600

(Adaptation - S.C.M.C.)

Exercice 5-19

L'énoncé suppose que l'entreprise peut vendre davantage d'unités ou qu'elle peut utiliser les heures économisées à d'autres productions rentables.

Dans la prise de décision de modifier le mode de rémunération de la main-d'oeuvre directe, seuls les coûts différentiels et les produits différentiels importent en cette matière (entre autres, les coûts variables et les chiffres d'affaires). Si l'accroissement anticipé de la production n'entraîne aucune augmentation des frais généraux de fabrication fixes, les frais généraux de fabrication fixes existants doivent être ignorés dans l'analyse.

Exemple: Mode actuel de rémunération   Nouveau mode de rémunération

Rémunération: 5$ l'heure   Rémunération: 4,35$/h + 9,50$
                                      par unité

Heures par produit: 4

Frais variables, autres que   Frais variables, autres que
M.O.D., par produit: 30$ M.O.D., par produit: 30$

Frais fixes (total): 150$ Frais fixes (total): 150$

Production: 10 unités   Production: 12 unités

Prix de vente: 100$ l'unité   Total des heures: 40

État des résultats:

Mode actuel de rémunération			Nouveau mode de rémunération		
C.A.: 10 X 100$	=	1 000$	C.A.: 12 X 100$	=	1 200$
Coûts var.:			Coûts var.:		
M.O.D.: 40h X 5$ = 200$			M.O.D.:		
			(4,35$ X 40h) +		
			12 X 9,50$ =		288$
Autres: 10 X 30$= 300			Autres:		
			12 X 30$ =		360
Coûts fixes	150	650	Coûts fixes	150	798
Bénéfice		350$	Bénéfice		402$
		====			====

On constate que bien que le coût unitaire ait augmenté (798$/12 = 6,65$ au lieu de 650$/10 = 6,50$), l'entreprise a eu raison de changer le mode de rémunération. La diminution du coût unitaire de production n'est donc pas une condition nécessaire pour décider de changer de mode de rémunération.

Exercice 5-20

1. Pour une commande de quantité économique, l'équation suivante est vérifiée

$$2\$ \left(\frac{Q}{2}\right) = \left(\frac{10\ 000}{Q}\right) 100\$$$

$$Q = \left(\frac{1\ 000\ 000}{Q}\right)$$

$$Q^2 = 1\ 000\ 000,\ \text{d'où } Q = 1000$$

2. Consommation par jour ouvrable : 10 000 ÷ 250 = 40

   Point de commande : 40 X 20 = 800

Exercice 6-1

A	= opération d'affectation
B et E	= opérations de répartition primaire
C	= opération de répartition secondaire
D	= opération d'imputation

Exercice 6-2

Tableau de répartition des frais généraux de fabrication et de calcul des taux d'imputation

	Sections de production		
	I	II	Section - entretien
Salaire du responsable	10 000$	12 000$	4 500$
Dotation à l'amortissement de l'outillage	1 200	15 000	- 0 -
Autres frais directs	4 000	3 000	900
Quote-part des frais communs	8 000	14 400	1 600
Frais généraux de fabrication par section	23 200	44 400	7 000
Répartition des coûts de la section - entretien	2 500	4 500	(7 000)
Frais généraux de fabrication budgétés par section de production	25 700$	48 900$	- 0 -
	=======	=======	=====
Unités d'oeuvre aux fins du calcul des taux d'imputation	40 000 h de M.O.D.	6 000 h de M.O.D.	
Taux d'imputation	0,6425$	8,15$	
	=======	=====	

Exercice 6-3

1. Coût unitaire d'acquisition de la M.P.:

Prix facturé par tonne		1 000$
Coûts de la section d'approvisionnement:		
Charges fixes	2 000$	
Charges variables	5 000	
	7 000$ / 100 tonnes =	70
		1 070$
		======

Coût unitaire réel en F.G.F. par heure de M.O.D.:

Quote-part de charges indirectes:		
Fixes	40 000$	
Variables	18 000	
	58 000$ / 2 000 =	29,00$

Coût unitaire en F.G.F., selon la méthode de l'imputation rationnelle, par heure de M.O.D.:

Charges indirectes:

Fixes: 90% x 40 000$ =	36 000$	
Variables:	<u>18 000</u>	
	54 000$ / 2 000 =	27,00$

Bénéfice brut réel sur la commande No 1:

Chiffre d'affaires		150 000$
Coût des produits vendus:		
M.P. utilisées: 70 x 1 070$ =	74 900$	
M.O.D.: 1 500 x 10$ =	15 000	
Force motrice	3 000	
Frais généraux de fabrication divers: 1 500 x 29$ =	<u>43 500</u>	<u>136 400</u>
Bénéfice brut réel		13 600$
		=======

Bénéfice brut rationnel sur la commande No 1:

Chiffre d'affaires		150 000$
Coût des produits vendus:		
M.P. utilisées	74 900$	
M.O.D.	15 000	
Force motrice	3 000	
Frais généraux de fabrication divers: 1 500 x 27$ =	<u>40 500</u>	<u>133 400</u>
Bénéfice brut rationnel non redressé		16 600
Écart sur volume		<u>4 000</u>
Bénéfice brut redressé		12 600$
		=======

2. Écart de 1 000$ entre les résultats obtenus en 1:

Écart sur volume affecté à l'exercice selon la méthode de l'imputation rationnelle: 10% x 40 000$ =	4 000$
Quote-part de l'écart de volume affectée au résultat de l'exercice selon la méthode des coûts réels:	
(1 500 h/2 000 h) 4 000$ =	<u>3 000</u>
Quote-part de l'écart de volume reportée selon la méthode des coûts réels: (500 h / 2 000 h) 4 000$	1 000$
	======

(Adaptation - Ordre des Experts Comptables et des C.A. français)

Exercice 6-4

1. a)   2. b)   3. c)   4. a)   5. a)

Exercice 6-5

Calcul des prestations réciproques entre les sections Electricité et Entretien:

Soit x le total des frais concernant la section Electricité après lui avoir attribué sa part des frais de la section Entretien et y le total des frais concernant la section Entretien après lui avoir attribué sa part des frais de la section Electricité.

D'où $x = 30\ 000\$ + 0,2y$ et $y = 77\ 850 + 0,1x$.

On en déduit que x et y valent 46 500$ et 82 500$ respectivement.

Tableau de répartition des charges indirectes et de calcul des taux d'imputation:

Charges	Sections auxiliaires		Sections principales	
	Electricité	Entretien	Préparation	Cuisson
Répartition primaire	30 000$	77 850$	51 600$	202 575$
Répartition:				
Entretien	16 500	(82 500$)	41 250	24 750
Electricité	(46 500)	4 650		41 850
	- 0 -	- 0 -	92 850$	269 175$
Unités d'oeuvre aux fins du calcul des taux d'imputation			20 000 kg	2 775 h
Taux d'imputation			4,6425$	97$

(Adaptation - Ordre des experts comptables et des C.A. français)

Exercice 6-6

1.

	Total	ATELIERS A	ATELIERS B	SECTIONS 1	SECTIONS 2
Assurances	12 000$	3 600$	3 600$	2 400$	2 400$
Impôts fonciers	10 000	3 000	3 000	2 000	2 000
Amortissement (usine)	40 000	12 000	12 000	8 000	8 000
Fournitures (bâtisse)	12 000				12 000
Electricité	8 000	2 400	2 400	1 600	1 600
Chauffage	10 000	3 000	3 000	2 000	2 000
Force motrice	30 000	12 000	15 000		3 000
Amortissement (outillage)	40 000	16 000	20 000		4 000
Fournitures (outillage)	9 000			9 000	
Main-d'oeuvre indirecte	80 000			40 000	40 000
Surveillance	60 000	15 000	15 000	15 000	15 000
Charges sociales	40 000	24 000	16 000		
	351 000	91 000	90 000	80 000	90 000
Répartition des coûts de la section 1		32 000	40 000	(80 000)	8 000
Répartition des coûts de la section 2		36 750	61 250		(98 000)
	351 000$	159 750$	191 250$	- 0 -	- 0 -

2. Atelier A:

	F.G.F. réels	F.G.F. budgétés à 80 000 h le M.O.D.	F.G.F. imputés
Fixes		144 000$	128 000$
Variables		32 000	32 000
	159 750$	176 000$	160 000$

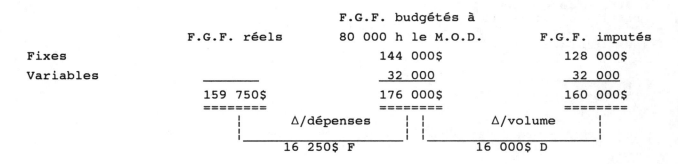

Δ/dépenses   Δ/volume

16 250$ F   16 000$ D

Atelier B:

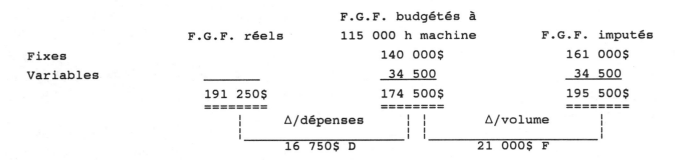

	F.G.F. réels	F.G.F. budgétés à 115 000 h machine	F.G.F. imputés
Fixes		140 000$	161 000$
Variables		34 500	34 500
	191 250$	174 500$	195 500$

Δ/dépenses : 16 750$ D

Δ/volume : 21 000$ F

Exercice 6-7

	Total	A	B	Section auxiliaire
Main-d'oeuvre indirecte	41 740$	22 338$	14 892$	4 510$
Loyer de l'usine	4 800	2 400	1 440	960
Surintendance	6 000	4 200	1 200	600
Salaires des employés de bureau travaillant à l'usine	4 950			4 950
Entretien et réparations	31 000	19 375	8 525	3 100
Dotation à l'amortissement	62 500	25 000	27 500	10 000
Chauffage	3 180	1 590	954	636
Electricité	400	200	120	80
	1 600	1 000	440	160
Fournitures d'usine	3 640	2 548	728	364
Divers	1 200	840	240	120
	161 010$	79 491	56 039	25 480
Répartition - Section auxiliaire		10 192	15 288	(25 480)
		89 683$	71 327$	- 0 -
Unités d'oeuvre pour fins de calcul des taux d'imputation		72 000 h-machine	30 576 h-M.O.D.	
Taux d'imputation		1,246$	2,333$	

(Adaptation - S.C.M.C.)

Exercice 6-8

Calcul des taux d'imputation:

	Atelier A	Atelier B	Entrepôt	Ingénierie	Adm.
F.G.F. budgétés initialement	53 000$	83 000$	39 000$	80 000$	120 000$
F.G.F. supplémentaires prévus	75 000				
	128 000	83 000	39 000	80 000	120 000
Répartition (1 200$ par employé)	48 000	54 000	6 000	12 000	(120 000)
	176 000	137 000	45 000	92 000	- 0 -
Répartition	69 000	23 000		(92 000)	
	245 000	160 000	45 000	- 0 -	
Répartition *	35 000	10 000	(45 000)		
Total des frais prévus	280 000$	170 000$	- 0 -		

Unités d'oeuvre pour fins de
calcul des taux d'imputation:

Heures-machine	7 000	
Heures – M.O.D.		40 000
Taux d'imputation	40$	4,25$
	===	=====

	A	B	Total
Heures totales	35 000	40 000	
Heures par produit	1	2	
Nombre de produits	35 000	20 000	
Unités de M.P. utilisées	35 000 x 4	20 000 x 2	
	= 140 000	= 40 000	180 000
Répartition du 45 000$:	(140/180) 45 000$	(40/180) 45 000$	
	= 35 000$	= 10 000$	

(Adaptation - S.C.M.C.)

Exercice 6-9

1. et 2.

Soient les deux équations suivantes:
(1) $S_1 = 98\ 000\$ + 0,20\ S_2$
(2) $S_2 = 117\ 600\$ + 0,10\ S_1$

Transformons l'équation (2),

$S_2 = 117\ 600\$ + 0,10\ (98\ 000\$ + 0,20\ S_2)$
$S_2 = 117\ 600\$ + 9\ 800\$ + 0,02\ S_2$
$0,98\ S_2 = 127\ 400\$$
d'où $S_2 = 130\ 000\$$
et $S_1 = 98\ 000\$ + (0,20 \times 130\ 000\$)$
$= 124\ 000\$$

3.   Coûts propres à P_1 1 400 000$
Quotes-parts:
de S_1 : 100 000$ x 20% =   20 000
de S_2 : 150 000$ x 50% =   <u>75 000</u>
1 495 000$

===========

(Adaptation – C.P.A.)

Exercice 6-10

1.   La répartition I

2.   La répartition III

3.   La lettre a signifie le coût total de la section A après lui avoir attribué sa part des coûts de la section B;

La lettre b signifie le coût total de la section B après lui avoir attribué sa part des coûts des sections A et C;

La lettre c signifie le coût total de la section C après lui avoir attribué sa part des coûts de la section A.

Exercice 6-11

1.

		A	B	C	1	2
Fournitures utilisées						
Magasin (début)	50 000$					
Achats	300 000					
Fret	25 000					
Rendus et rabais	(10 000)					
Magasin (fin)	(45 000)					
	320 000$					
x 20%						
=	64 000$	19 200$	12 800$	16 000$	9 600$	6 400$
Main-d'oeuvre indirecte						
5% (618 000$ + 2 000$)					12 400	18 600
Assurance		1 000	2 000	1 250	500	250
Impôts fonciers		1 400	2 800	1 750	700	350
Redevances 175 000$/3,50$			50 000			
Force Motrice			40 000			
Petits outils						
28 000$ - 2 400$		15 000		7 500	1 240	1 860
Dotation à l'amort. - Usine		2 600	5 200	3 250	1 300	650
Dotation à l'amort. - Machinerie			20 000			
Eclairage et chauffage		1 000	2 000	1 250	500	250
Surveillance		20 000	20 000	20 000		
		60 200$	154 800$	51 000$	26 240$	28 360$

2.

a)

	A	B	C	1	2
Coûts selon la répartition primaire	60 200$	154 800$	51 000$	26 240$	28 360$
Répartition des coûts de la section 1	5 248	7 872	10 496	(26 240)	2 624
Répartition des coûts de la section 2	9 784	11 415	9 785		(30 984)

b) Soit X les coûts totaux de la section 1 et Y ceux de la section 2. Les
    deux équations suivantes sont alors possibles:

    X = 26 240$ + 0,05 Y
    Y = 28 360$ + 0,10 X
    d'où X = 27 797$ et Y = 31 140$

    Répartition des coûts de la section 1:

	A	B	C
Répartition des coûts de la section 1	5 559$	8 339$	11 119$
Répartition des coûts de la section 2	9 342	10 899	9 342

Exercice 6-12

Détermination et analyse de la sur- ou sous-imputation:

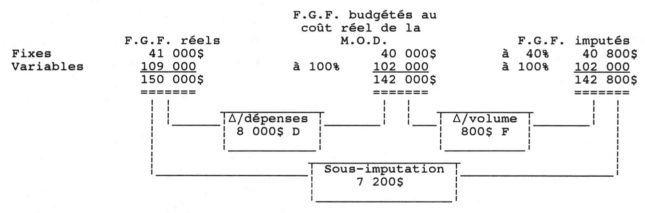

Analyse plus approfondie de l'écart/volume:

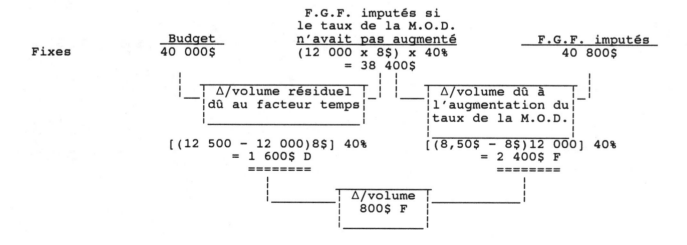

Exercice 6-13

Concernant les frais fixes:

La meilleure solution consiste à attribuer à chacune des sections utilisatrices une quote-part des frais fixes budgétés de la section Énergie, en se fondant sur les besoins au niveau des capacités d'exploitation installées.

		Charge en frais fixes
A:	(10 000/50 000) 2 200$	440$
B:	(20 000/50 000) 2 200	880
X:	(12 000/50 000) 2 200	528
Y:	(8 000/50 000) 2 200	352

Concernant les frais variables:

La meilleure solution consiste à attribuer à chacune des sections utilisatrices une charge correspondant au produit de sa consommation réelle par le montant budgété de 0,18$ le kilowatt-heure.

		Charge en frais variables
A:	8 000 x 0,18$	1 440$
B:	13 000 x 0,18	2 340
X:	7 000 x 0,18	1 260
Y:	6 000 x 0,18	1 080

(Adaptation - C.P.A.)

Exercice 6-14

1. Soit x le total des frais généraux de fabrication fixes et y le montant des frais généraux de fabrication variables par heure de M.O.D. Les deux équations suivantes existent alors:

   (1)(x/5 000) + y = 28$
   (2)(x/8 000) + y = 25$

   En simplifiant, on obtient: (1)x + 5 000y = 140 000$
                                (2)x + 8 000y = 200 000$

   D'où x = 40 000$ et y = 20$.

Les taux d'imputation peuvent être analysés ainsi:

	T_i global	T_i pour les F.G.F. fixes	T_i pour les F.G.F. variables
a)	28$	8$	20$
b)	25	5	20
c)	24	4	20

2. Seuls les écarts sur volume différeraient.

Exercice 6-15

1. c)   2. a)   3. b)

Exercice 6-16

1. a) Écart global   CA
   b) Écart/dépenses   CB
      Écart/volume   BA

2.

Écart global:
F.G.F. réels	47 040$
F.G.F. imputés	39 200
Sous-imputation	7 840$ D
	========

Écart/dépenses:
F.G.F. réels	47 040$
F.G.F. budgétés	43 520
	3 520$ D
	========

Écart/volume:
F.G.F. budgétés	43 520$
F.G.F. imputés	39 200
	4 320$ D
	========

3. Équation de la droite du budget flexible:
$y = a + bx$
Calcul de la valeur du b:

Unités d'oeuvre	Total des F.G.F.
10 000	50 000$
7 840	43 520
2 160	6 480$
=====	=====

d'où b = 3$
et a = 20 000$
$y = 20\ 000 + 3x$

Équation de la droite des frais imputés:
$$T.I. = (20\ 000\$/10\ 000) + 3 = 5\$$$
$$z = 5x$$

4. Écart/dépenses   3 520$ D
    Écart/dépenses relatif aux F.G.F. fixes   500   F
    Écart/dépenses relatif aux F.G.F. variables   4 020$ D
                                                      =========

(Adaptation - Ordre des Experts Comptables et des C.A. français)

Exercice 6-17

1. DAH = Frais généraux de fabrication fixes imputés
    FBG = Frais généraux de fabrication variables budgétés (ou imputés)
    HAI = Frais généraux de fabrication variables imputés (ou budgétés)
    BCA = Écarts sur volume défavorables
    DCF = Écarts sur volume favorables

2. Écart sur volume favorable
    DI - FI
    24 000$ - 18 000$ = 6 000$

    Écart sur dépenses défavorable
    EI - FI
    22 000$ - 18 000$ = 4 000$

3. DI - EI
    24 000$ - 22 000$ = 2 000$ (surimputation)

4. Au niveau de 2 000 heures
    Frais généraux de fabrication imputés = 2 000 h x T_i
                        24 000$ = 2 000   x T_i
                        d'où T_i = 12$

    Frais généraux de fabrication budgétés:
    18 000$ = 10 000$ + (2 000 h x T_i des variables)
     8 000$ = 2 000 x T_i des variables
    d'où T_i des variables = 4$

    On en déduit que le T_i des fixes est de 12$ - 4$
                                        = 8$

    Activité ayant servi à trouver ce taux de 8$: 10 000$/8$ = 1 250 heures

5. Activité prévue
    Capacité normale

6.
F.G.F.
fixes

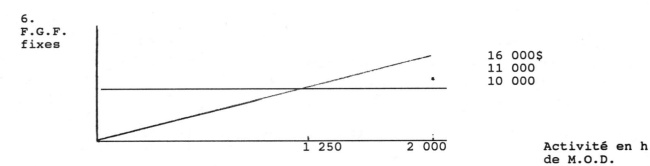

16 000$
11 000
10 000

Activité en h
de M.O.D.

Δ/volume   =   6 000$ F
Δ/dépenses =   1 000 D

F.G.F.
variables

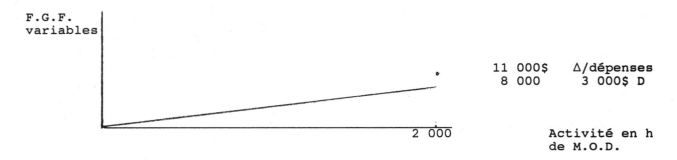

11 000$ Δ/dépenses
8 000   3 000$ D

Activité en h
de M.O.D.

7. Δ/dépenses défavorables:
    Variations dans les quantités consommées ou des prix d'acquisition des divers éléments entrant dans les frais généraux de fabrication.

    Δ/volume favorable:
       Si concept d'activité prévue:
       -Plus de commandes que prévu: il a fallu produire davantage;
       -Moins grande productivité: les heures consacrées au nombre d'unités produites furent plus élevées que prévu;
       -Production pour constituer un stock;
       -Erreur de calcul de l'activité prévue;
       -Etc.

       Si concept de la capacité normale:
       -Aucune variation par rapport à l'activité pour l'année considérée dans le calcul de la capacité normale;
       -Erreur de calcul de la capacité normale;
       -Voir les trois premières raisons mentionnées pour le concept de l'activité prévue.

8. Écart sur dépenses   4 000
    Surimputation   2 000
        Écart sur volume   6 000
    ou
    Écart sur dépenses   4 000
    Frais généraux de fabrication imputés   24 000
        Écart sur volume   6 000
        Frais généraux de fabrication   22 000

Exercice 6-18

Situation 1:

Écart sur dépenses

Frais généraux de fabrications réels		75 000$
Frais généraux de fabrication budgétés à 40 000 heures		
Fixes	40 000$	
Variables: 40 000 x 1$ =	40 000	80 000
		5 000$ F
		========

Écart sur volume

Frais généraux de fabrication fixes budgétés	40 000$
Frais généraux de fabrication fixes imputés:	
40 000 x 0,80$ =	32 000
	8 000$ D
	========

Situation 2:

Écart sur dépenses

Frais généraux de fabrication réels		225 000$
Frais généraux de fabrication budgétés à 40 000 unités		
Fixes	75 000$	
Variables: 40 000 x 2,50$ =	100 000	175 000
		50 000$ D
		=========

Écart sur volume

Frais généraux de fabrication fixes budgétés	75 000$
Frais généraux de fabrication fixes imputés:	
40 000 x 2,50$ =	100 000
	25 000$ F
	========

Exercice 6-19

	A		B	
	Volume prévu	Volume atteint	Volume prévu	Volume atteint
	50 000 h	55 000 h	85 000 h	90 000 h
Main-d'oeuvre indirecte	27 000 $	27 000 $	27 000 $	27 000 $
Fournitures de fabrication			85 000	90 000
Chauffage de l'usine	14 400	14 400	9 600	9 600
Dotation à l'amort.-usine	36 000	36 000	24 000	24 000
Dotation à l'amort.-outill.			44 250	44 250
Assurances et impôts fonciers	6 000	6 000	4 000	4 000
Force motrice			85 000	90 000
Entretien et réparations de l'outillage			100 000	105 000
Surveillance	30 000	42 000	25 000	25 000
Charges sociales	60 000	66 000	127 500	135 000
	173 400$	191 400$	531 350$	553 850$
	========	========	========	========

Exercice 6-20

N.B.: Modifier la donnée de l'On demande, partie 3, de façon à lire algébrique au lieu de séquentielle.

1.   a) et 2.

	1	2	3	A	B
F.G.F. variables propres	669 500$	424 750$	148 750$	230 000$	277 000$
F.G.F. fixes propres	1 215 000	845 000	425 000	170 000	183 000
Répartition selon méthode séquentielle	140 000	120 000	100 000	(400 000)	40 000
	250 000	93 750	156 250		(500 000)
	2 274 500$	1 483 500$	830 000$		
Heures de M.O.D.	100 000	130 000	50 000		
Taux d'imputation	22,745$	11,412$	16,60$		

1.   b)
     A = 400 000$ + 0,20 B; B = 460 000$ + 0,10 A
     d'où A = 502 040,82$ et B = 510 204,08$
     Répartition des coûts des sections auxiliaires aux ateliers:
     At. 1:35% X 502 040,82 + 40% X 510 204,08 = 379 795,91$
     At. 2:30% X 502 040,82 + 15% X 510 204,08 = 227 142,86$
     At. 3:25% X 502 040,82 + 25% X 510 204,08 = 253 061,23$

Budget des frais généraux de fabrication de l'atelier 3:

F.G.F. propres		573 750,00$
Répartition des coûts de la section A:		
502 040,82$ x 25%	=	125 510,21
Répartition des coûts de la section B:		
510 204,08$ x 25%	=	127 551,02
		826 811,23$
		===========

Exercice 6-21

On peut déduire le comportement des coûts à partir d'une analyse des coûts engagés aux limites inférieure et supérieure de chacun des paliers d'activité.

1er palier:

Limite supérieure	3 000 u.	211 000$
Limite inférieure	-0-	59 500
Différence	3 000 u.	151 500$
	=====	========

On en déduit que les coûts variables s'élèvent à 50,50$ l'unité (soit 12,50$ de M.P., 33$ de M.O.D., 3$ de F.G.F. variables et 2$ de commission).

2e palier:

Limite supérieure	3 500 u.	225 750$
Limite inférieure	3 000	211 000
Différence	500 u.	14 750$
	===	=======

Nous considérons ici que les coûts fixes représentent 211 000$ et nous en déduisons que les coûts variables s'élèvent à 29,50$ l'unité (soit 12,50$ de M.P., 12$ de M.O.D., 3$ de F.G.F. variables et 2$ de commission).

3e palier:

Limite supérieure	3 660 u.	249 890$
Limite inférieure	3 500	225 750
Différence	160 u.	24 140$
	===	======

Nous considérons que les coûts fixes sont de 225 750$ et nous en déduisons que les coûts variables sont de 35,50$ l'unité (soit 12,50$ de M.P., 18$ de M.O.D., 3$ de F.G.F. variables et 2$ de commission).

Les valeurs des paramètres a et b sont donc les suivantes:

1er palier   :   59 500$ et 50,50$
2e palier   :   211 000$ et 29,50$
3e palier   :   244 210$ et 35,50$

Exercice 6-22

1. F.G.F. réels   500 000$
    F.G.F. imputés: 90% x 300 000 x (550 000$/300 000)   495 000
    Sous-imputation   5 000$
                                                                        ======

2. Détermination de l'équation du budget flexible des F.G.F.

Heures de M.O.D.	F.G.F.
360 000	640 000$
300 000	550 000
60 000	90 000$
======	======

D'où le taux des F.G.F. variables: 90 000$/60 000 = 1,50$
et l'équation du budget flexible des F.G.F.:

Y = 100 000$ + (1,50$ x heures de M.O.D.)

Écart sur dépenses
F.G.F. réels   500 000$
F.G.F. budgétés
    Fixes   100 000$
    Variables: 270 000 x 1,50$ =   405 000   505 000

                                                                        5 000$ F
                                                                        ======

3. Écart sur volume
    F.G.F. budgétés   505 000$
    F.G.F. imputés: 90% x 300 000 x (550 000$/300 000) =   495 000
                                                                      10 000$ D
                                                                      =======

4. Écart sur dépenses favorable
    .Baisse de prix concernant des éléments entrant dans les F.G.F.
    .Économie concernant les quantités consommées d'éléments entrant dans les
        F.G.F.
    .Combinaison favorable d'écarts sur prix et sur consommations.

<u>Écart sur volume défavorable</u>

.Activité industrielle inférieure à l'activité moyenne (normale)

· l'activité atteinte peut correspondre à l'activité qui avait été prévue pour l'exercice courant lors de l'établissement de l'activité moyenne, de telle sorte que l'écart sur volume ne peut surprendre; il était pour ainsi dire prévisible.

· l'activité atteinte ne correspond pas à l'activité qui avait été prévue pour l'exercice courant lors de l'établissement de l'activité moyenne par suite, entre autres, d'une baisse des commandes d'une meilleure productivité.

5.

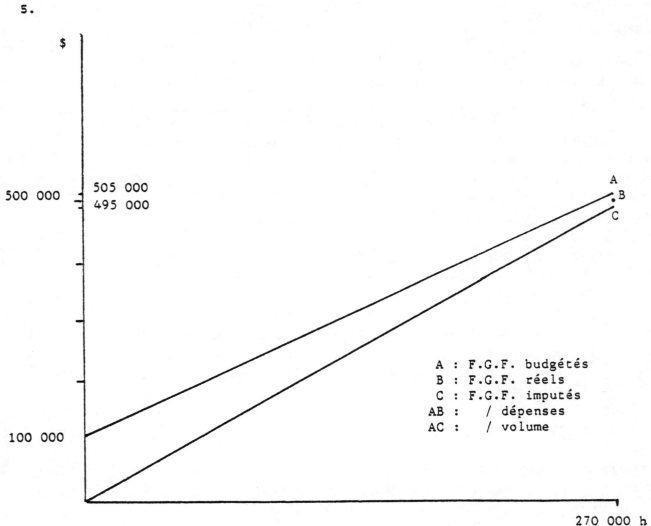

A : F.G.F. budgétés
B : F.G.F. réels
C : F.G.F. imputés
AB :   / dépenses
AC :   / volume

270 000 h
de M.O.D.

Exercice 6-23

(En milliers de dollars)

	Total	I	II	III	IV	Manutention	Entretien Outillage	Usine
Loyer	216	36,0	48,0	60,0	36,0	18,0	12,0	6
Salaire des contremaîtres	200	48,0	60,0	40,0	20,0	12,0	6,0	14
Amortissement	172	60,0	72,0	24,0	12,0	4,0	-	-
Charges sociales	88	20,0	30,0	14,0	24,0	4,0	-	-
Force motrice	96	36,0	28,8	12,0	19,2	-	-	-
Réparations	86	30,0	36,0	12,0	6,0	2,0	-	-
M.O.I.	100	-	-	-	-	40,0	30,0	30
Assurances	43	15,0	18,0	6,0	3,0	1,0	-	-
Fournitures	48	10,0	12,0	8,0	6,0	-	5,0	7
Autres	76	-	-	-	-	42,0	23,0	11
	1 125	255,0	304,8	176,0	126,2	119,0	76,0	68
Répartition : Entretien usine		11,7	15,5	19,4	11,7	5,8	3,9	(68)
Manutention		56,7	22,7	11,4	34,0	(124,8)	-	-
Entretien outillage		22,8	28,6	19,0	9,5	-	(79,9)	-
		346.2	371,6	225,8	181,4	-	-	-

*   À noter que les coûts réels après répartition sont respectivement de 346 222$, 225 797 et 181 411$. Le chiffre de 28,6 milliers de dollars a été arrondi en conséquence car le chiffre réel est plutôt de 28 531$.

Exercice 6-24

Salaire des préposés à l'entretien	105 000$
Charges sociales relatives aux préposés à l'entretien	15 750
Salaires des contremaîtres	7 200
Salaire du directeur du service	2 800
Dotation à l'amortissement	600
Fournitures d'entretien et outils (il s'agit de frais semi-variables)	2 700
Pièces de rechange	84 000
Chauffage et électricité	1 200
	219 250$

Exercice 7-1

1. Calcul de la formule budgétaire utilisée par l'entreprise:

    Coûts fixes mensuels: 600$/mois x 100 employés =   60 000$
    Coûts variables:
        Total des coûts   2 200 000$
        Coûts fixes   720 000
        Coûts variables   1 480 000$
                                                             ==========
    Coût variable horaire: 1 480 000$/400 000 h =   3,70$

    Formule budgétaire utilisée: 60 000$/mois + 3,70$ par heure

    Explication des écarts rapportés au directeur de l'usine:

	1er mois	2e mois	3e mois
Heures réelles de travail	20 000	30 000	40 000
Coût réel de la M.O. à 5,50$/h	110 000$	165 000$	220 000$
Coûts budgétés			
Coûts fixes	60 000$	60 000$	60 000$
Coûts variables à 3,70$/h	74 000	111 000	148 000
	134 000$	171 000$	208 000$
Écarts	24 000$ F	6 000$ F	12 000$ D

2. La méthode utilisée pour rapporter les écarts sur le taux de la main-d'oeu-
    vre directe n'est pas appropriée car l'entreprise a par erreur traité le
    salaire annuel garanti comme un coût de main-d'oeuvre fixe. Les montants
    garantis effectivement payés doivent être traités comme un élément entrant
    dans les frais généraux de fabrication. La bonne formule de budget consiste
    à utiliser le taux de la main-d'oeuvre directe de 5,50$ l'heure. Si on avait
    utilisé ce taux, il n'y aurait pas eu d'écarts sur taux et on aurait
    considéré que le directeur de l'usine avait un bon contrôle sur les coûts de
    la main-d'oeuvre.

(Adaptation - S.C.M.C.)

Exercice 7-2

1. 52 500$ + (1,00$ x heures de M.O.D.)
2. 52 500$ + (1,00$ x 28 000)
    = 80 500$

(Adaptation - S.C.M.C.)

Exercice 7-3

1.

	Total des frais pour 8000 unités	Total des frais pour 6000 unités	Augm. des frais due à l'augm. de 2000 unités	Frais variables à l'unité	Total des frais fixes
Main-d'oeuvre indirecte	20 000$	16 000$	4 000$	2,00$	4 000$
Fournitures	10 000	7 600	2 400	1,20	400
Autres F.G.F.	7 200	5 600	1 600	0,80	800
Salaires des vendeurs	33 600	28 000	5 600	2,80	11 200
Publicité	13 600	11 200	2 400	1,20	4 000
Autres frais de vente	4 800	4 000	800	0,40	1 600
Salaire des administrateurs	16 000	14 000	2 000	1,00	8 000
Autres frais d'administration	6 000	4 800	1 200	0,60	1 200

2.

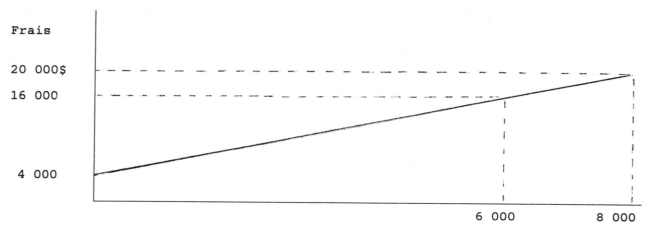

3. Coût des produits vendus:

Matières	64 000$
Main-d'oeuvre	51 200
Frais généraux de fabrication	
M.O.I. - fixe	4 000
M.O.I. - variable	12 800
Fournitures - fixes	400
Fournitures - variables	7 680
Amortissements	6 800
Autres F.G.F. fixes	800
Autres F.G.F. variables	5 120
	152 800$
	========

Frais de vente:

Salaires des vendeurs (frais fixes)	11 200$
Salaires des vendeurs (frais variables)	17 920
Commissions aux vendeurs	12 800
Frais de publicité fixes	4 000
Frais de publicité variables	7 680
Frais de voyage	6 000
Autres frais de vente fixes	1 600
Autres frais de vente variables	2 560
	63 760$
	=======

Frais d'administration:

Salaires des administrateurs - frais fixes	8 000$
Salaires des administrateurs - frais variables	6 400
Honoraires des directeurs	6 000
Autres frais d'administration fixes	1 200
Autres frais d'administration variables	3 840
	25 440$
	=======

(Adaptation - S.C.M.C.)

Exercice 7-4

1.

	Heures de M.O.D.	F.G.F.
Niveau supérieur	25 000	99 000$
Niveau inférieur	10 000	64 500
	15 000	34 500$
	======	=======

Taux des frais variables: 34 500$/15 000

= 2,30$

F.G.F. à 25 000 heures	99 000$
F.G.F. variables: 25 000 x 2,30$ =	57 500
Frais généraux de fabrication fixes	41 500$

Formule de budget flexible: 41 500$ + (2,30$ x heures de M.O.D.)

2. Les statistiques semblent indiquer que le modèle de régression Y = 39 859 + (2,1549 x heures de M.O.D.) constitue un bon estimateur du comportement des frais généraux de fabrication. Le coefficient de détermination indique que plus de 90% de la variation dans les frais généraux de fabrication peut être expliqué par l'équation de régression. L'erreur-type d'estimation est raisonnable compte tenu de l'importance des coûts. L'erreur-type du coefficient concernant la variable indépendante est relativement petite par rapport à la valeur du coefficient.

Un examen visuel du diagramme peut nous porter à croire qu'il existe une relation curvilinéaire ou qu'une modification du comportement des frais généraux de fabrication se produit entre 19 000 et 20 000 heures de M.O.D. Aussi, l'entreprise pourrait-elle utiliser la méthode graphique pour établir la relation curvilinéaire ou encore établir deux segments différents de comportement linéaire. Si l'entreprise décide de s'en tenir à une représentation linéaire, la méthode statistique des moindres carrés donne les meilleurs résultats. La méthode des points extrêmes n'est pas appropriée dans le cas présent car le comportement des frais serait déduit de données extrêmes qui paraissent à tout le moins correspondre à des situations s'éloignant de la normale.

(Adaptation - C.M.A.)

Exercice 7-5

1.

x	y	$\hat{y} = -2 + 23x_i - x_i^2$	$y - \hat{y}$
1	20	20	-0-
2	40	40	-0-
6	100	100	-0-
			-0-

La courbe passe par tous les points représentant les observations.

2.   Régression curvilinéaire.

(Adaptation - S.C.M.C.)

Exercice 7-6

1. e)   2. d)   3. a)   4. b)   5. a)   6. a)

(Adaptation - C.P.A.)

Exercice 7-7

1. c)   2. c)   3. a)   4. b)   5. a)   6. d)

(Adaptation - C.M.A.)

Exercice 7-8

1. $r = \sqrt{1 - (472\ 500/617\ 661)}$

    $= \sqrt{0,235}$

2. $s_b = \sqrt{[472\ 500/(22 - 2)]/5\ 625}$

    $= 2,05$

3.   Le t calculé vaut 5,08/2,05, soit 2,48, une valeur supérieure à la valeur t (2,086) de la table lorsque le seuil est de 5%. Par contre, la valeur t selon la table serait de 2,528 si le seuil était de 2% au lieu de 5%.

    En conséquence, si on fixe le seuil à 5%, l'hypothèse nulle doit être rejetée alors que cette hypothèse ne peut être rejetée lorsque le seuil n'est que de 2%.

4. $\hat{Y} \pm t_{\sigma/2}\ s_e \sqrt{\dfrac{1}{n} + \dfrac{(x - \overline{x})^2}{(x_i - \overline{x})^2}}$

    $\hat{Y} = -500 + 5,08\ (2\ 000)$
    $= 9\ 660$

$$s_c = \sqrt{472\ 500/20}$$
$$= 153,7$$

$$t_{\sigma/2}\ s_c \sqrt{\frac{1}{n} + \frac{(x - \overline{x})^2}{(x_i - \overline{x})^2}} = 2,086\ (153,7) \sqrt{\frac{1}{22} + \frac{(2\ 000 - 2\ 025)^2}{5\ 625}}$$
$$= 126,86$$

Limites de l'intervalle de confiance: 9 660 $\pm$ 126,86

(Adaptation - S.C.M.C.)

Exercice 7-9

1. a) Pour la variable Q   = 10/4 , soit 2,5
        Pour la variable Q   = 6/2,6, soit 2,3
        Pour la variable Q   = 12/5 , soit 2,4

Comme il s'agit de données mensuelles et que toutes les valeurs calculées de t sont 2, les coefficients relatifs aux variables indépendantes sont statistiquement différents de zéro.

    b) 84%

2. M(t + 1) = 2 450$ + 10$ (2 000) + 6$ (3 000) + 12$ (1 000)
            = 52 450$

3. = 10$ (2 000)
    = 20 000$

4. = $\sqrt{0,84}$
    = 91,6%

(Adaptation - S.C.M.C.)

Exercice 7-10

1. a) Coût standard: 80 x 10$ =   800,00$
        Coût prévu : 54,87$ + (0,9077 x 800$) =   781,03
        Écart   18,97$ F
                                                            ======

b) Coût standard: 75 x 10$ =   750,00$
   Coût prévu : 54,87$ + (0,9077 x 750$) =   735,65
   Écart   14,35$ F
                                                              ======

c) Coût standard: 50 x 10$ =   500,00$
   Coût prévu : 54,87$ + (0,9077 x 500$) =   508,72
   Écart   8,72$ D
                                                              =====

2. Plutôt petit car une variation dans le coût standard est un très bon indice
   d'une variation dans le coût réel (r^2 = 0,999). De plus, l'erreur-type
   d'estimation est proportionnellement faible dans le segment significatif qui
   nous importe.

3. Très certainement. Le r^2 est de 0,999; la variation dans le coût réel de la
   M.O.D. est expliquée à 99,9% par la variation que l'on peut identifier dans
   le coût standard. La faible valeur de s_e signifie que les valeurs réelles
   devraient se situer dans un intervalle relativement restreint.

4. La valeur t concernant le paramètre a est 54,87/34,30 = 1,6.
   La valeur t concernant le paramètre b est 0,9077/0,1973 = 4,6.

5. Y = 54,87 + 9,077 X

(Adaptation - S.C.M.C.)

Exercice 7-11

1. Les valeurs t pour les 3 régressions sont les suivantes:
                    Régression 1: 2,3
                    Régression 2: 1,3584
                    Régression 3: 0,705

La valeur r^2 est passablement élevée pour la 1re et la 3e régressions. Ceci
indique que le rapport linéaire entre variables dépendantes et indépendantes
est plus étroit. De plus, parmi les valeurs t mentionnées ci-dessus, seule
la première permet de rejeter l'hypothèse nulle.

La première régression est celle qu'il faut retenir. L'équation d'estimation des frais généraux de fabrication est donc la suivante:

                40 200$ + 4,90$ (heures de main-d'oeuvre)

2.   Non, car le rapport linéaire entre les heures de main-d'oeuvre et les heures-machine est évident. On peut donc affirmer que ces deux variables sont en corrélation et qu'effectuer une régression multiple en tenant compte des deux variables amènerait un problème de multicolinéarité.

(Adaptation - S.C.M.C.)

Exercice 7-12

X_1	X_2	Y	X_1	X_1X_2	X_2	X_1Y	X_2Y	Y^2
2	1	10	4	2	1	20	10	100
3	2	13	9	6	4	39	26	169
3	1	11	9	3	1	33	11	121
3	5	18	9	15	25	54	90	324
4	1	13	16	4	1	52	13	169
15	10	65	47	30	32	198	150	883

Moyennes:
    3   2   13

$(\Sigma X_1)^2/n$			45					
$(\Sigma_1 \Sigma X_2)/n$				30				
$(\Sigma X_2)^2/n$					20			
$(\Sigma X_1 \Sigma Y)/n$						195		
$(\Sigma X_2 \Sigma Y)/n$							130	
$(\Sigma Y)^2/n$								845
			2	0	12	3	20	38
			=	=	==	=	==	==
			c	d	e	f	g	h

a)   Régression de Y en X_1:

b   =   f/c
    =   3/2
    =   1,5

a   = $\overline{Y} - b\overline{X_1}$
    =   13 - 1,5 (3)
    =   8,5

Coefficient de détermination:

$$r^2 = f^2/c \ (h)$$
$$= 9/[2 \ (38)]$$
$$= 0,118$$

Valeur calculée de t pour le coefficient b:

$$t = b/s_b$$

$$s_b = s_c/\sqrt{\Sigma \ X_1^2 - \overline{X}_1 \ \Sigma \ X_1}$$

$$s_c = \sqrt{\frac{\Sigma \ (Y - \hat{Y})^2}{n - 2}}$$

$$= \sqrt{33,5/3}$$

$$s_b = 3,342/\sqrt{47 - 3 \ (15)}$$

$$= 2,363$$
$$t = 1,5/2,363$$
$$= 0,6348$$

b)   Régression de Y en X_2:

$$b = g/e$$
$$= 20/12$$
$$= 1,67$$

$$a = \overline{Y} - b\overline{X}_2$$
$$= 13 - 1,67 \ (2)$$
$$= 9,66$$

Coefficient de détermination:

$$r^2 = g^2/e \ (h)$$
$$= 400/ \ [12 \ (38)]$$
$$= 0,88$$

Valeur calculée de t:

$$t = b/s_b$$

$$s_b = s_e / \sqrt{\sum X_2 - \overline{X}_2 \sum X_2}$$

$$s_e = \sqrt{\frac{\sum (Y - \hat{Y})^2}{n - 2}}$$

$$= \sqrt{4,67/3}$$

$$= 1,25$$

$$s_b = 1,25 / \sqrt{32 - 2 (10)}$$

$$= 0,36$$

$$t = 1,67/0,36$$

$$= 4,63$$

c)   Régression de Y en X_1 et X_2:

On peut trouver les valeurs des coefficients b_1 et b_2 en solutionnant les deux équations suivantes:

1) $cb_1 + bb_2 = f$
2) $db_1 + eb_2 = g$

1) $2b_1 + 0b_2 = 3$
2) $0b_1 + 12b_2 = 20$

d'où $b_1 = 1,5$ et $b_2 = 1,67$

a) $= \overline{Y} - b_1\overline{X}_1 - b_2\overline{X}_2$

$= 13 - 1,5 (3) - 1,67 (2) = 5,17$

Coefficient de détermination:

$R^2 = (b_1f + b_2g)/h$

$= [1,5 (3) + 1,67 (20)]/38 = 0,996$

Valeur calculée de t pour b_1:

$$t = b_1/s_b$$

$$s_e = \sqrt{(h - b_1f - b_2g)/2} = 0,29$$

$$s_b = s_e \sqrt{e/[c (e) - d^2]}$$

$$= 0,29 \quad \sqrt{12/[2\ (12)\ -\ 0]}$$
$$= 0,204$$
$$t = 1,5/0,204$$
$$= 7,34$$

Valeur calculée de t pour b_2

$$t = b_2/s_b$$

$s_c = 0,29$ (voir ci-dessus)

$$s_b = s_c \quad \sqrt{c/[c\ (e)\ -\ d^2]}$$

$$= 0,29\sqrt{2/[2\ (12)\ -\ 0]}$$
$$= 0,0835$$
$$t = 1,67/0,0835$$
$$= 19,96$$

Exercice 8-1

1. 1re méthode: coûts moyens
    2e méthode: épuisement successif modifié

2. 1 000 unités

3. 800 unités

4. 100% pour la matière première
    et
    $1 - [200/(1\ 000\ -\ 750)] = 20\%$ pour les coûts de conversion

5. 100% pour la matière première
    et
    20/50, soit 40% pour les coûts de conversion

Exercice 8-2

1. a) Nombre d'unités fabriquées
        unités vendues = unités en stock + unités   -   unités en
                            stock au début   fabriquées   stock à la fin

        1 800 000$/90$ = 144 000$/72$

        20 000 u. = 2 000 u.   +   x   -   1 000

        x = 19 000 u.
            =========

    b) Quantité équivalente par composante

	M.P.	C.C.
Unités terminées	19 000	19 000
Unités en cours à la fin		
4 000 X 75% =		3 000
4 000 X 50% =		2 000
	22 000	21 000
	======	======

    c) Coûts de la production équivalente par composante

        Matières premières
            Matières premières et fournitures utilisées

Stock au début	76 000$
Achats	533 200
Fret à l'achat	12 000
Rendus et rabais	(7 000)
Stock à la fin	(90 000)
	524 200
Fournitures utilisées	30 000
Matières premières utilisées	494 200
Coûts des matières premières incluses dans	
le S.P.C. au début	19 500
	513 700$
	========

Coûts de conversion

   Main-d'oeuvre directe

      Main-d'oeuvre, montant accumulé   704 000$

      Salaires courus au 31 décembre 19X5   6 000

                                                710 000

      Main-d'oeuvre directe   204 000

                                                506 000

   Frais généraux de fabrication

Fournitures de fabrication	30 000$	
Main-d'oeuvre indirecte	204 000	
Éclairage, chauffage, force motrice	78 000	
Réparations et entretien de l'usine	42 000	
Dotation à l'amortissement - matériel	110 000	
Dotation à l'amortissement - usine	92 000	
Impôts fonciers - usine	36 000	
Assurance de l'usine	28 000	620 000
Total des coûts de conversion engagés pendant l'exercice		1 126 000
Coûts de conversion inclus dans le S.P.C. au début		20 600
		1 146 600$

d) Coût unitaire par unité équivalente

M.P.: 513 700$/22 000 u. =   23,35$

C.C.: 1 146 600$/21 000 u. =   54,60

                                  77,95$

2.

A ltée

État du coût de fabrication

pour l'exercice terminé le 31 décembre 19X5

Stock de produits en cours au début   40 100$

Matières premières utilisées

  Stock au début   76 000$

  Achats   533 200

  Fret à l'achat   12 000

                              621 200

Rendus et rabais sur achats		7 000$	
Stock à la fin		90 000	97 000
			524 200
Fournitures de fabrication utilisées			30 000	494 200

Main-d'oeuvre directe   506 000

Frais généraux de fabrication

Fournitures de fabrication	30 000$	
Main-d'oeuvre indirecte	204 000	
Éclairage, chauffage, force motrice	78 000	
Réparations et entretien de l'usine	42 000	
Dotation à l'amortissement - matériel	110 000	
Impôts fonciers de l'usine	36 000	
Assurances de l'usine	28 000	
Dotation à l'amortissement - usine	92 000	620 000
		1 660 300

Stock de produits en cours à la fin (1)   179 250

Coût des produits fabriqués   1 481 050$
==========

(1) M.P.: 3 000 u. X 23,35$ =   70 050$
      C.C.: 2 000 u. X 54,60$ = 109 200
                                 179 250$
                                 ========

3.   Chiffre d'affaires (20 000 X 90$)   1 800 000$

Coût des produits vendus

S.P.F. au début: (2 000 X 72$) =	144 000$	
Production courante: (18 000 X 77,95$) =	1 403 100	1 547 100

Bénéfice brut   252 900$
==========

Exercice 8-3

1.

Bolo inc.

<u>État du coût de fabrication</u>

pour le mois de mars 19X1

Stock de produits en cours au début		64 000$
Matières premières utilisées (1)		544 000
Main-d'oeuvre directe		200 000
Frais généraux de fabrication		
Main-d'oeuvre indirecte	180 000$	
Chauffage, force motrice	8 000	
Loyer, usine	32 000	
Dotation à l'amortissement - outillage	800	
Frais divers	40 000	260 800
		1 068 800
Stock de produits en cours à la fin		83 840
Coût des produits fabriqués		984 960$
		==========

(1) Matières premières utilisées

	<u>Quantité</u>		<u>Coût</u>
Production:	48 000	4 000 X 10$ =	40 000$
- S.P.C. - début:	8 000	32 000 X 12$ =	384 000
	40 000	12 000 X 10$ =	120 000
+ S.P.C. - fin:	8 000		544 000$
	48 000 u.		========
	======		

2. Coût unitaire: 984 960$/48 000 u. = 20,52$
                                                 ======

3. | | | |
    |---|---|---:|
    | S.P.F. au début: | 12 000 X 22$ = | 264 000$ |
    | Production courante: | 28 000 X 20,52$ = | 574 560 |
    | | | 838 560$ |
    | | | ======== |

Exercice 8-4

1.   Atelier 1   Atelier 2
   Matières
   utilisées: (1 000 X 100$) =   100 000$ 103 200$ - 100 000$ = 3 200$
                                   ========   ======
   Coûts de
   conversion (800 X 25$) =   20 000$ (200 X 12$)   = 2 400$
                                   ======   ======

2.   Atelier 1   Atelier 2
                M.P.: 100$ Coût en amont: 125$
                C.C.: 25   M.P.: (3 200$/400) =   8
                      125$ C.C.:   12
                      ====   145$
                                                                      ====

Exercice 8-5

1. Valeur des unités en voie de fabrication au début du second mois d'existence
    de l'entreprise.

Tableau des extrants:

| | Épuisement successif | | | | Moyenne pondérée | | |
| | | Unités équivalentes | | | | Unités équivalentes | |
	Nombre de produits	M.P.	C.C.		Nombre de produits	M.P.	C.C.
Terminés				Terminés	8 000	8 000	8 000
En cours au début	1 000	–	500				
Commencés	7 000	7 000	7 000				
En cours à la fin	3 000	3 000	2 250	En cours à la fin	3 000	3 000	2 250
Traités	11 000	10 000	9 750	Traités	11 000	11 000	10 250
	======	======	=====		======	======	======

Coûts engagés durant le mois + Coûts au début = Coûts totaux selon la moyenne
pondérée.

123

M.P.:   10 000 X 1,00$ + x = 11 000 X 0,996$

x = 10 956 - 10 000 =   956$

M.O.D.:   9 750 X 1,00$ + x = 10 250 X 1,004$

x = 10 291 - 9 750 =   541

F.G.F.:   9 750 X 0,50$ + x = 10 250 X 0,50$

x = 5 125 - 4 875 =   250

Stock de produits en cours au début   1 747$
                                                         ======

2.   Écritures pour enregistrer les coûts engagés - 2ᵉ mois

Stock de produits en cours   24 625
  Magasin   10 000
  Salaires et frais généraux de fabrication   14 625

3.   Écriture, selon PEPS, pour enregistrer les transferts au S.P.F.

Distribution (partielle) des coûts
  Coût des produits terminés
  a)   venant des produits en cours au début:
        Coût spécifique   1 747$
        C.C.:   500 u. X 1,50$ =   750   2 497$
  b)   venant de la production courante:
        7 000 u. X 2,50$ =   17 500   19 997$
                                                           =======
  D'où:
    Stock de produits finis   19 997
      Stock de produits en cours   19 997

4.   Matières premières: 3 000 X 1,00$ =   3 000$
     Main-d'oeuvre directe: 2 250 X 1,00$ =   2 250
     Frais généraux de fabrication: 2 250 X 0,50$ =   1 125
     S.P.C. à la fin selon l'épuisement successif   6 375$
                                                         ======
     Matières premières: 3 000 X 0,996$ =   2 988$
     Main-d'oeuvre directe: 2 250 X 1,004$ =   2 259
     Frais généraux de fabrication: 2 250 X 0,50$ =   1 125
     S.P.C. à la fin selon la méthode de la moyenne pondérée 6 372$
                                                         ======

Donc, selon la méthode de la moyenne pondérée, le stock de produits en cours à la fin est inférieur de 3,00$ comparativement à celui établi selon la méthode de l'épuisement successif. Le coût unitaire en matière première fut de 0,956$ (soit 956$/1 000) au cours du premier mois alors que le coût en main-d'oeuvre directe fut de 541$/500 = 1,082$. Le fait de prendre des moyennes pondérées par les quantités, de 0,956$ et de 1,00$ (coûts engagés au cours du second mois) et de 1,082$ et de 1,00$ (coûts engagés au cours du second mois) a contribué à diminuer le stock de produits en cours à la fin par rapport à ce qu'il aurait été selon les coûts engagés durant le second mois.

Exercice 8-6

Équivalence de la production relative à chacun des ateliers:

	Mélange	Cuisson	Empaquetage
Spéciales:	400 X 6 = 2 400	400 X 4 = 1 600	400 X 7 = 2 800
De luxe :	800 X 5 = 4 000	800 X 5 = 4 000	800 X 8 = 6 400
Superbes :	700 X 8 = 5 600	700 X 3 = 2 100	700 X 9 = 6 300
	12 000	7 700	15 500
	======	=====	======

Coût par unité équivalente:

400$/12 000 =	0,03 1/3$		
154$/7 700 =		0,02$	
232,50$/15 500 =			0,015$

Coût de chaque type de tarte dans chacun des ateliers:

Spéciales:	6 X 0,03 1/3$ = 0,20$	4 X 0,02$ = 0,08$	7 X 0,015$ = 0,105$
De luxe :	5 X 0,03 1/3$ = 0,17$	5 X 0,02$ = 0,10$	8 X 0,015$ = 0,120$
Superbes :	8 X 0,03 1/3$ = 0,27$	3 X 0,02$ = 0,06$	9 X 0,015$ = 0,135$

(Adaptation - S.C.M.C.)

Exercice 8-7

1)   Tableau des intrants (produits)

	Atelier I	Atelier II
En cours au début	-0-	100
Commencés	1 150	
Reçus de l'atelier I*		1 000
Traités	1 150	1 100
	=====	=====

* Production (atelier II) = ventes + S.P.F. à la fin - S.P.F. au début

  Production = 800 + 180 - 80 = 900 unités

  d'où

    Unités reçues de I = 900 - 100 + 200 = 1 000

  d'où

    Unités commencées = 1 000 + 150 = 1 150

Suite du rapport de production de l'atelier I

2) Tableau des extrants

	Nombre de produits	Unités équivalentes	
		M.P.	C.C.
Terminés			
En cours au début	-0-	-0-	-0-
Commencés	1 000	1 000	1 000
En cours à la fin	150	150	60
Traités	1 150	1 150	1 060
	=====	=====	=====

3) Coûts comptabilisés

	Total	M.P.	C.C.
Courants	5 525$	2 875$	2 650$ (1)
	======	======	======

(1) Comme le coût unitaire de conversion de février est le même que celui de janvier, on a:

  pour janvier: 250$/100 u. = 2,50$ (S.P.C. au début - atelier II)

  pour février: 1 060 u. X 2,50$ = 2 650$

                                        ======

4) Coût unitaire

  M.P.: 2 875$/1 150 u. =   2,50$

  C.C.: 2 650$/1 060 u. =   2,50

                                    5,00$

                                    =====

5)   Distribution des coûts

Coût des produits terminés
    1 000 u. X 5,00$ =   5 000$
Coût des produits en cours
    M.P.: 150 u. X 2,50$ =   375$
    C.C.:   60 u. X 2,50$ =   150   525
                                        5 525$
                                      ======

Suite du rapport de production de l'atelier II

2)   Tableau des extrants

	Nombre de produits	Coûts en amont	C.C.
Terminés			
En cours au début	100	-0-	50
Reçus de l'atelier I	800	800	800
En cours à la fin	200	200	120
Traités	1 100	1 000	970
	=====	=====	===

3)   Coûts comptabilisés

	Total	Coûts en amont	C.C.	
Au début	620,00$	-0-$	-0-$	
Courants	7 318,30	5 000,00	2 318,30	(1)
	7 938,30$	5 000,00$	2 318,30$	
	=========	=========	=========	

   (1)   montant établi par différence
          3 025,60$ + 1 942,70$ - 2 650,00$ = 2 318,30$
                                      =========

4)   Coût unitaire

   Coûts en amont: 5 000$/1 000 u. =   5,00$
   C.C.: 2 318,30$/970 u.   =   2,39
                                        7,39$
                                        =====

5) Distribution des coûts

Coût des produits terminés
a)   venant des produits en cours au début
  Coût spécifique: 620,00$
  C.C.: 50 u. X 2,39$ = <u>119,50</u> 739,50$
b)   venant de la production courante
  800 u. X 7,39$ =   <u>5 912,00</u> 6 651,50$
Coût des produits en cours
 Coûts en amont: 200 u. X 5,00$ = 1 000,00
 C.C.: 120 u. X 2,39$ =   <u>286,80</u> <u>1 286,80</u>
             7 938,30$
             =========

Il est à noter que la méthode PEPS devait être utilisée si on voulait que le coût total du stock de produits en cours à la fin soit égal à 1 811,80$.

  S.P.C. à la fin - atelier I : 525,00$
  S.P.C. à la fin - atelier II: <u>1 286,80</u>
          1 811,80$
          =========

L'utilisation de la méthode de la moyenne pondérée aurait donné un autre résultat.

Exercice 8-8

       <u>Moyenne pondérée</u>

1er exercice

<u>Atelier 1</u>

1)	Tableau des intrants (produits)	En cours au début	-0-
		Commencés	<u>1 000</u>
		Traités	1 000
			=====

2) Tableau des extrants	Nombre de produits	Unités équivalentes M.P.	C.C.
Terminés	400	400	400
En cours à la fin	<u>600</u>	<u>600</u>	<u>400</u>
Traités	1 000	1 000	800
	=====	=====	===

3) Coûts comptabilisés   <u>Total</u>   <u>M.P.</u>   <u>C.C.</u>

	Total	M.P.	C.C.
Au début	-0-$	-0-$	-0-$
Courants	<u>120 000</u>	<u>100 000</u>	<u>20 000</u>
	120 000$	100 000$	20 000$
	========	========	=======

4) Coût unitaire   M.P.:   100 000$/1 000 u. =   100$

                  C.C.:   20 000$/   800 u. =   <u>25</u>

                                                   125$

                                                   ====

5) Distribution des coûts

Coûts des produits terminés
     400 X 125$ =   50 000$

Coûts des produits en cours à la fin:
M.P.:   600 u. X 100$ =   60 000$

C.C.:   400 u. X   25$ =   <u>10 000</u>   <u>70 000</u>

                                                             120 000$

                                                             ========

Atelier 2

1) Tableau des intrants   En cours au début   -0-

    (produits)   Reçus de l'atelier 1   <u>400</u>

                               Traités   400

                                                                   ===

2) Tableau des extrants

	Nombre de produits	Coûts en amont	Unités équivalentes M.P.	C.C.
Terminés	150	150	150	150
En cours à la fin	<u>250</u>	<u>250</u>	<u>250</u>	<u>50</u>
Traités	400	400	400	200
	===	===	===	===

3) Coûts comptabilisés	Total	Coûts en amont	M.P.	C.C.
Au début	-0-$	-0-$	-0-$	-0-$
Courants	55 600	50 000	3 200	2 400
	55 600$	50 000$	3 200$	2 400$
	=======	=======	======	======

4) Coût unitaire

Coûts en amont: 50 000$/400 u. =		125$
M.P.: 3 200$/400 u. =		8
C.C.: 2 400$/200 u. =		12
		145$
		====

5) Distribution des coûts

Coûts des produits terminés		
150 X 145$ =		21 750$
Coûts des produits en cours à la fin:		
Coûts en amont: 250 u. X 125$ =	31 250$	
M.P.: 250 u. X 8$ =	2 000	
C.C.: 50 u. X 12$ =	600	33 850
		55 600$
		=======

2e exercice

Atelier 1

1) Tableau des intrants (produits)

En cours au début	600
Commencés	400
Traités	1 000
	=====

2) Tableau des extrants

	Nombre de produits	Unités équivalentes M.P.	C.C.
Terminés	800	800	800
En cours à la fin	200	200	100
Traités	1 000	1 000	900
	=====	=====	===

3) Coûts comptabilisés

	Total	M.P.	C.C.
Au début	70 000$	60 000$	10 000$
Courants	51 780	40 000	11 780
	121 780$	100 000$	21 780$
	========	========	=======

4) Coût unitaire

M.P.: 100 000$/1 000 u. =   100,00$

C.C.:   21 780$/ 900 u. =   24,20

                                             124,20$

                                             =======

5) Distribution des coûts

Coûts des produits terminés

    800 X 124,20$ =   99 360$

Coûts des produits en cours à la fin:

M.P.: 200 u. X 100$ =   20 000$

C.C.: 100 u. X 24,20$ =   2 420   22 420

                                           121 780$

                                           ========

Atelier 2

1) Tableau des intrants (produits)

En cours au début		250
Reçus de l'atelier 1		800
Traités		1 050
		=====

2) Tableau des extrants

	Nombre de produits	Coûts en amont	M.P.	C.C.
Terminés	1 000	1 000	1 000	1 000
En cours à la fin	50	50	50	20
Traités	1 050	1 050	1 050	1 020
	=====	=====	=====	=====

3) Coûts comptabilisés

	Total	Coûts en amont	M.P.	C.C.
Au début	33 850$	31 250$	2 000$	600$
Courants	119 970	99 360	8 000	12 610
	153 820$	130 610$	10 000$	13 210$
	========	========	=======	=======

4) Coût unitaire   Coûts en amont:

               130 610$/1 050 u.   124,39$

          M.P.: 10 000$/1 050 u.   9,52

          C.C.: 13 210$/1 020 u.   <u>12,95</u>   146,86$

                                                        =======

5) Distribution des coûts

Coûts des produits terminés
    (1 000 u. X 146,86$)   146 860,00$

Coûts des produits en cours à la fin:

Coûts en amont:

    50 u. X 124,39$ =   6 219,50$

M.P.: 50 u. X 9,52$ =   476,00

C.C.: 20 u. X 12,95$ =   <u>259,00</u>   <u>6 954,50</u>

                                         153 814,50$ (1)

                                       ===========

(1) Ajustement de 5,50$ en plus dans le coût des produits terminés.

Épuisement successif modifié

<u>1er exercice</u>

<u>Atelier 1</u>

1) Tableau des intrants   Voir moyenne pondérée.
   (produits)

2) Tableau des extrants	Nombre de produits	Unités équivalentes M.P.	C.C.
Terminés			
En cours au début	-0-	-0-	-0-
Commencés	400	400	400
En cours à la fin	600	600	400
Traités	1 000	1 000	800
	=====	=====	===

3) Coûts comptabilisés	Total	M.P.	C.C.
Au début	-0-$	-0-$	-0-$
Courants	120 000	100 000	20 000
	120 000$	100 000$	20 000$
	========	========	=======

4) Coût unitaire   Voir moyenne pondérée.

5) Distribution des coûts   Voir moyenne pondérée.

Atelier 2

1) Tableau des intrants (produits)   Voir moyenne pondérée.

2) Tableau des extrants

	Nombre de produits	Coûts en amont	M.P.	C.C.
Terminés				
En cours au début	-0-	-0-	-0-	-0-
Commencés	150	150	150	150
En cours à la fin	250	250	250	50
Traités	400	400	400	200
	===	===	===	===

Unités équivalentes

3) Coûts comptabilisés   Voir moyenne pondérée.

4) Coût unitaire   Voir moyenne pondérée.

5) Distribution des coûts   Voir moyenne pondérée.

2° exercice
Atelier 1

1) Tableau des intrants (produits)   Voir moyenne pondérée.

2) Tableau des extrants

	Nombre de produits	M.P.	C.C.
Terminés			
En cours au début	600	-0-	200
Commencés	200	200	200
En cours à la fin	200	200	100
Traités	1 000	400	500
	=====	===	===

Unités équivalentes

3) Coûts comptabilisés	Total	M.P.	C.C.
Au début	70 000$	-0-$	-0-$
Courants	51 780	40 000	11 780
	121 780$	40 000$	11 780$
	========	=======	=======

4) Coût unitaire   M.P.: 40 000$/400 u. =   100,00$

                       C.C.: 11 780$/500 u. =   23,56

                                                    123,56$

                                                    =======

5) Distribution des coûts

Coûts des produits terminés
a)   venant des produits en cours au début

        Coût spécifique   70 000$

        C.C.: 200 u X 23,56$ =   4 712   74 712$

b)   venant de la production courante

        200 u. X 123,56$ =   24 712

                                         99 424

Coûts des produits en cours à la fin:

    M.P.: 200 u. X 100$ =   20 000

    C.C.: 100 u. X 23,56$ =   2 356   22 356

                                         121 780$

                                       ========

Atelier 2

1) Tableau des intrants   Voir moyenne pondérée.
   (produits)

2) Tableau des extrants	Nombre de produits	Coûts en amont	M.P.	C.C.
Terminés				
En cours au début	250	-0-	-0-	200
Commencés	750	750	750	750
En cours à la fin	50	50	50	20
Traités	1 050	800	800	970
	=====	===	===	===

3) Coûts comptabilisés

	Total	Coûts en amont	M.P.	C.C.
Au début	33 850$	-0-$	-0-$	-0-$
Courants	120 034	99 424	8 000	12 610
	153 884$	99 424$	8 000$	12 610$
	========	=======	======	=======

4) Coût unitaire   Coûts en amont:

       99 424$/800 u. =   124,28$

    M.P.: 8 000$/800 u. =   10,00

    C.C.: 12 610$/970 u. =   13,00   147,28$

                                       =======

5) Distribution des coûts

Coûts des produits terminés

a)   venant des produits en cours au début

      Coût spécifique   33 850$

      C.C.: 200 u. X 13$ =   2 600   36 450$

b)   venant de la production courante

      750 u. X 147,28$ =   110 460

                                           146 910

Coûts des produits en cours à la fin:

Coûts en amont:

    50 u. X 124,28$ =   6 214

    M.P.: 50 u. X 10$ =   500

    C.C.: 20 u. X 13$ =   260   6 974

                                       153 884$

                                     ========

Exercice 8-9

1.

Atelier A

1) Tableau des intrants (produits)

En cours, début	5 000
Commencés	20 000
Traités	25 000
	=======

2) Tableau des extrants

	Nombre de produits	Unités équivalentes M.P.Y	C.C.
Terminés			
En cours au début	5 000	-0-	2 500
Commencés	13 000	13 000	13 000
En cours à la fin	7 000	7 000	3 500
Traités	25 000	20 000	19 000
	======	======	======

3) Coûts comptabilisés

	Total	M.P. Y	C.C.
Au début	75 000$	-0-$	-0-$
Engagés au cours de la période	390 000	200 000	190 000
	465 000$	200 000$	190 000$
	========	========	========

4) Coût unitaire

M.P. Y:	200 000$/20 000 u. =	10$
C.C. :	190 000$/19 000 u. =	10
		20$
		===

5)   Distribution des coûts

Coûts des produits terminés
a)   venant des produits en cours au début
     Coût spécifique   75 000$
     C.C.:   2 500 u X 10$ =   25 000   100 000$
b)   venant de la production courante
     13 000 u. X 20$ =   260 000   360 000$
Coûts des produits en cours
     M.P. Y: 7 000 u. X 10$ =   70 000
     C.C.   :   3 500 u. X 10$ =   35 000   105 000
                                                                         465 000$
                                                                         ========

Atelier B

1)   Tableau des intrants (produits)

     En cours au début   10 000
     Reçus de l'atelier A   18 000
     Traités   28 000
                                                             ======

2)   Tableau des extrants

| | | Unités équivalentes | | |
	Nombre de produits	Coûts en amont	M.P. Z	C.C.
Terminés				
En cours au début	10 000	-0-	10 000	4 000
Reçus de l'atelier B	10 000	10 000	10 000	10 000
En cours à la fin	8 000	8 000	-0-	4 000
Traités	28 000	18 000	20 000	18 000
	======	======	======	======

3)   Coûts comptabilisés

	Total	Coûts en amont	M.P. Z	C.C.
Au début	265 500$	-0-$	-0-$	-0-$
Engagés au cours de la période	582 000	360 000	60 000	162 000 (1)
	847 500$	360 000$	60 000$	162 000$
	========	========	=======	========

```
(1)  M.O.D.                                    90 000$
     F.G.F. imputés:  18 000 u. X 4$ =         72 000
                                              162 000$
                                              ========
```

4)   Coût unitaire

```
Coûts en amont:  360 000$/18 000 u. =      20$
M.P. Z:  60 000$/20 000 u.          =       3
C.C.:  162 000$/18 000 u.           =       9
                                           32$
                                           ===
```

5)   Distribution des coûts

Coûts des produits terminés
a)   venant des produits en cours au début

```
        Coût spécifique                  265 500$
        M.P. Z:  10 000 u. X 3$ =         30 000
        C.C.  :   4 000 u. X 9$ =         36 000      331 500$
```

b)   venant de la production courante

```
        10 000 u. X 32$ =                             320 000
                                                      651 500
```

Coûts des produits en cours à la fin
```
Coûts en amont:  8 000 u. X 20$ =        160 000
C.C.:  4 000 u. X 9$ =                     36 000      196 000
                                                      847 500$
                                                      ========
```

2.

```
a)   S.P.C. - atelier A                   390 000
        Magasin                                       200 000
        Salaires                                       95 000
        F.G.F. imputés - atelier A                     95 000

b)   F.G.F. - atelier A                   100 000
        Divers comptes                                100 000

c)   S.P.C. - atelier B                   222 000
        Magasin                                        60 000
        Salaires                                       90 000
        F.G.F. imputés - atelier B                     72 000
```

d) F.G.F. - atelier B   70 000
       Divers comptes   70 000

e) S.P.C. - atelier B   360 000
       S.P.C. - atelier A   360 000

f) Stock de produits finis   651 500
       S.P.C. - atelier B   651 500

3. Sur- ou sous-imputation

                                                    Atelier A   Atelier B

F.G.F. réels: 1 125 000$ + 100 000$ =   1 225 000$
                    760 000$ + 70 000$ =   830 000$

F.G.F. imputés: 1 120 000$ + 95 000$ =   1 215 000
                   768 000$ + 72 000$ =   _____   840 000

Sur-(sous)-imputation   (10 000$)   10 000$
                                                 ===========   ========

Sur-(sous)-imputation - atelier A   10 000
F.G.F. imputés - atelier A   1 215 000
F.G.F. imputés - atelier B   840 000
   F.G.F. - atelier A   1 225 000
   F.G.F. - atelier B   830 000
   Sur-(sous)-imputation - atelier B   10 000

Exercice 8-10

1. Rapports des coûts de production

    Atelier de fonderie

    1) Tableau des intrants (produits)

        En cours au début   -0-
        Commencés   22 400
        Traités   22 400
                                                              ======

2) Tableau des extrants

	Nombre de produits	Unités équivalentes M.P.	Unités équivalentes C.C.
Terminés	21 500	21 500	21 500
En cours à la fin	900	900	675 (1)
Traités	22 400	22 400	22 175
	======	======	======

(1) Unités équivalentes pour C.C. = 900 X 3/4 = 675

3) Coûts comptabilisés

	Total	M.P.	C.C.
Au début	-0-$	-0-$	-0-$
Engagés au cours de la période	10 245,50	4 480,00	5 765,50 (1)
	10 245,50$	4 480,00$	5 765,50$
	==========	=========	=========

(1) Coûts de conversion: 4 435$ + (0,3 X 4 435$) = 5 756,50$

4) Coût unitaire

M.P.: 4 480$/22 400 u. = 0,20$
C.C.: 5 765,50$/22 175 u. = 0,26
                             0,46$
                             =====

5) Distribution des coûts

Coût des produits terminés et transférés
   20 000 u. X 0,46$ =   9 200,00$
Coût des produits terminés et non transférés
   1 500 u. X 0,46$ =   690,00
                                                  9 890,00

Coût des produits en cours à la fin
   M.P.: 900 u. X 0,20$ =   180,00$
   C.C.: 675 u. X 0,26$ =   175,50   355,50
                                               10 245,50$
                                               ==========

Atelier de finition

1) Tableau des intrants (produits)

En cours au début	400
Reçus de l'atelier de fonderie	20 000
Traités	20 400

2) Tableau des extrants

	Nombre de produits	Coûts en amont	M.P.	C.C.
			Unités équivalentes	
Terminés	19 800	19 800	19 800	19 800
En cours à la fin	600	600	-0-	-0-
Traités	20 400	20 400	19 800	19 800

3) Coûts comptabilisés

	Total	Coûts en amont	M.P.	C.C.
Au début	184$	184$	-0-$	-0-$
Engagés au cours de la période	29 000	9 200	9 900	9 900
	29 184$	9 384$	9 900$	9 900$

4) Coût unitaire

Coûts en amont:	9 384$/20 400 u. =	0,46$
M.P.:	9 900$/19 800 u. =	0,50
C.C.:	9 900$/19 800 u. =	0,50
		1,46$

5) Distribution des coûts

Coût des produits terminés
    19 800 u. X 1,46$ =   28 908$
Coût des produits en cours à la fin
    Coûts en amont: 600 u. X 0,46$ =   276
                                    29 184$
                                    =======

2. Écritures de journal

S.P.C. - atelier de fonderie	10 245,50	
Magasin		4 480,00
Salaires		4 435,00
F.G.F. imputés - atelier de fonderie		1 330,50
S.P.C. - atelier de finition	9 200,00	
S.P.C. - atelier de fonderie		9 200,00
S.P.C. - atelier de finition	19 800	
Magasin		9 900
Salaires		5 940
F.G.F. imputés - atelier de finition		3 960
Stock de produits finis	28 908	
S.P.C. - atelier de finition		28 908

(Adaptation - S.C.M.C.)

Exercice 8-11

Coût des matières premières utilisées:

	M 1		M 2		Accessoire X	
Stock au début	100 t.	100 000$	200 t.	160 000$	2 000 u.	22 000$
Achats	1 080	1 080 000	980	784 000	11 000	121 000
	1 180	1 180 000	1 180	944 000	13 000	143 000
Stock à la fin	150	150 000	150	120 000	3 000	33 000
	1 030 t.	1 030 000$	1 030 t.	824 000$	10 000 u.	110 000$

Équivalences de la production:

Atelier A: (20 000 X 2)+(10 000 X 3)+(10 000 X 3)+(50% X 5 250) =   102 625
                                                                         =======

Atelier B:

        P1   20 000
                                                                          ======

        P2: 10 000 + 10 000 =   20 000
                                                                          ======

Atelier C: 10 000
                                                                          ======

Coûts de production engagés durant l'exercice:

Atelier A	Atelier B	
(Éléments bruts)	P1	P2

M1   1 030 000$ Éléments:
                 bruts: 40 000 X 24$ =   960 000$ 60 000 X 24$ =   1 440 000$
M2   824 000
M.O.D. 406 000 M.O.D.   160 000   160 000
F.G.F. 203 000 F.G.F. (40/100)300 000$= 120 000   (60/100)300 000$=   180 000
      2 463 000$ 1 240 000$ 1 780 000$
      ==========   ==========   ==========

                        Atelier C
                   _____P3_____
                   P2: 50% X 1 780 000$ =   890 000$
                   Accessoires   110 000
                   M.O.D.   80 000
                   F.G.F.   20 000
                                            1 100 000$
                                            ==========

1.   Transfert par l'atelier C: 10 000 produits de P3
     Transfert par l'atelier B: 20 000 produits de P1
                                20 000 produits de P2: 10 000 produits vendus
                                                    10
000 produits trans-

                                                        férés à l'ate-
                                                        lier C

Transfert d'éléments bruts par l'atelier A

Pour P1:   20 000 X 2 =   40 000

Pour P2 et P3:   20 000 X 3 =   <u>60 000</u>

                           100 000 éléments bruts

                           =======

2.   a)   Coût par élément brut: 2 463 000$/102 625 =   24$

                                                       ===

   b)   Coût par produit de P1: 1 240 000$/20 000 =   62$

                                                       ===

   c)   Coût par produit de P2: 1 780 000$/20 000 =   89$

                                                       ===

   d)   Coût par produit de P3: 1 100 000$/10 000 =   110$

                                                     ====

(Adaptation - Ordre des Experts Comptables et des C.A. français)

Exercice 8-12

Premier mois

1)   Tableau des intrants (produits)

En cours au début   -0-

Commencés   <u>120</u>

Traités   120

                                           ===

2)   Tableau des extrants

	Nombre de produits	M.P.	C.C.
En cours à la fin	120	120	40
	===	===	==

3)   Coûts comptabilisés

	Total	M.P.	C.C.
Engagés au cours de la période	17 280$	14 400$	2 880$
	=======	=======	======

4) Coût unitaire

M.P.:   14 400$/120 u. =   120$
C.C.:   2 880$/ 40 u. =   72
                                  192$
                                  ====

5) Distribution des coûts

Coût des produits en cours à la fin
   120 u. X 120$ + 40 u. X 72$ 17 280$
                                                  =======

Deuxième mois

1) Tableau des intrants (produits)

En cours au début   120
Commencés   120
Traités   240
                                                  ===

2) Tableau des extrants

	Nombre de produits	M.P.	C.C.
En cours à la fin (1er lot)	120	120	80
En cours à la fin (2e lot)	120	120	40
Traités	240	240	120
	===	===	===

3) Coûts comptabilisés

	Total	M.P.	C.C.
Au début	17 280$	14 400$	2 880$
Engagés au cours de la période	21 360	15 120	6 240
	38 640$	29 520$	9 120$
	=======	=======	======

4) Coût unitaire

M.P.: 29 520$/240 u. =   123$
C.C.:   9 120$/120 u. =   76
                               199$
                               ====

5) Distribution des coûts

Coûts des produits en cours à la fin
   premier lot: 120 u. X 123$ + 80 u. X 76$ 20 840$
   deuxième lot: 120 u. X 123$ + 40 u. X 76$ =   17 800
                                                    38 640$
                                                    =======

Troisième mois

1) Tableau des intrants (produits)

En cours au début   240
Commencés   120
Traités   360
                                                   ===

2) Tableau des extrants

	Nombre de produits	M.P.	C.C.
Terminés	120	120	120
En cours à la fin (2ᵉ lot)	120	120	80
En cours à la fin (3ᵉ lot)	120	120	40
Traités	360	360	240
	===	===	==

3) Coûts comptabilisés

	Total	M.P.	C.C.
Au début	38 640$	29 520$	9 120$
Engagés au cours de la période	21 960	12 960	9 000
	60 600$	42 480$	18 120$
	=======	=======	=======

4) Coût unitaire

M.P.: 42 480$/360 u. = 118,00$
C.C.: 18 120$/240 u. = 75,50
                        193,50$
                        =======

5) Distribution des coûts

Coût des produits terminés
   120 000 u. X 193,50$ =   23 220$
Coût des produits en cours à la fin
   Deuxième lot: 120 u. X 118$ + 80 u. X 75,50$ =   20 200$
   Troisième lot: 120 u. X 118$ + 40 u. X 75,50$ = 17 180   37 380
                                                              60 600$
                                                              =======

Exercice 8-13

1. Nombre de produits commencés:
    Nombre de litres de la matière première Y utilisés:
    42 000$/1,75$ = 24 000 litres

    Chaque produit nécessitant l'utilisation de 2 litres de matière première Y,
    il y a donc 12 000 produits qui ont reçu cette matière première au cours de
    la période. Les produits en cours au début ayant déjà reçu la matière
    première Y au cours de la période précédente (puisque leur degré de finition
    était de 30% au début de la période), les 12 000 produits déjà mentionnés
    ont donc été commencés au cours de la période.

    Nombre de produits commencés: 12 000
                                   ======

2. Nombre de produits fabriqués:
    Nombre de produits vendus: 373 410$/27,66$ =   13 500
    Nombre de produits finis au début   2 000
                                                      11 500
    Nombre de produits finis à la fin   2 500
                                                      14 000
                                                      ======

3. Méthode de détermination du coût de fabrication utilisée

Calcul du montant du coût des produits vendus:

60% X 373 410$ = 224 046$

Calcul du coût des produits transférés à l'entrepôt des produits finis:

Coût des produits vendus	224 046$
Stock des produits finis au début	32 971
	191 075
Stock des produits finis à la fin	41 375
	232 450$
	========

1ʳᵉ approche:

Supposer l'usage de la méthode de la moyenne pondérée et en vérifier le bien-fondé:

- Calculer le coût unitaire moyen des unités transférées:
  232 450$ ÷ 14 000 = 16,60$;
- Comparer ce coût unitaire à celui des unités formant le stock de produits finis à la fin: 16,55$;
- Conclure que l'entreprise n'utilise pas la méthode de la moyenne pondérée puisque ces coûts unitaires diffèrent.

2ᵉ approche:

Supposer l'usage de la méthode PEPS et en vérifier le bien-fondé:
- Coût unitaire du deuxième lot d'unités transférées: 16,55$;
- Coût unitaire du premier lot d'unités transférées:
  [232 450$ - (11 000 u. X 16,55$)] ÷ 3 000 = 16,80$;
- Comme le coût unitaire du deuxième lot diffère du coût unitaire des unités formant le stock de produits finis à la fin, il faut conclure que l'entreprise utilise la méthode PEPS.

Exercice 9-1

1) Tableau des intrants (produits)

En cours au début	2 500
Commencés	8 000
Traités	10 500
	======

2) Tableau des extrants

	Nombre de produits	Unités équivalentes M.P.	C.C.
Terminés	7 000	7 000	7 000
En cours fin	3 000	3 000	2 700
Pertes normales	500	500	400
Traités	10 500	10 500	10 100
	======	======	======

3) Coûts comptabilisés

	Total	M.P.	C.C.
Au début	18 700$	12 000$	6 700$
Engagés au cours de la période	104 500	40 500	64 000
	123 200$	52 500$	70 700$
	========	=======	=======

4) Coût unitaire

```
M.P.:  52 500$/10 500 u. =    5,00$
C.C.:  70 700$/10 100 u. =    7,00
                            12,00$
                            ======
```

5) Distribution des coûts

```
Coût des produits terminés
   7 000 u. X 12                            =   84 000$
   Plus:  Quote-part du coût des pertes normales
     M.P.:  500 u. X 5$ = 2 500$
     C.C.:  400 u. X 7$ = 2 800
                     5 300$ X 7/10          =    3 710      87 710$
   Coût des produits en cours à la fin
     M.P.:  3 000 u. X 5$                   =   15 000
     C.C.:  2 700 u. X 7$                   =   18 900
     Plus:  Quote-part du coût des pertes normales
       5 300$ X 3/10                        =    1 590      35 490
                                                          123 200$
                                                          ========
```

(Adaptation - C.G.A.)

Exercice 9-2

1)   Tableau des intrants (produits)

En cours au début	100
Reçus de I	1 100
Traités	1 200
	=====

N.B.:   Cette étape est identique pour chacune des situations.

1.   Perte anormale qui survient uniformément au cours des opérations.

2)   Tableau des extrants

	Nombre de produits	Coûts en amont	M.P.	C.C.
Terminés	1 000	1 000	1 000	1 000
En cours à la fin	100	100	100	40
Pertes anormales	100	100	100	50
Traités	1 200	1 200	1 200	1 090
	=====	=====	=====	=====

3)   Coûts comptabilisés

	Total	Coûts en amont	M.P.	C.C.
Au début	44 500$	22 500$	12 000$	10 000$
Engagés au cours de la période	506 186	247 500	132 000	126 686
	550 686$	270 000$	144 000$	136 686$
	========	========	========	========

4)   Coût unitaire

Coûts en amont:	270 000$/1 200 u.	=	225,00$
M.P.	: 144 000$/1 200 u.	=	120,00
C.C.	: 136 686$/1 090 u.	=	125,40
			470,40$
			=======

5)   Distribution des coûts

Coût des pertes anormales:
   100 u. (225 + 120$) + 50 u. X 125,40$ =   40 770$
Coût des produits terminés:
   1 000 u. X 470,40$ =   470 400
Coût des produits en cours à la fin:
   100 u. (225$ + 120$) + 40 u. X 125,40$ =   <u>39 516</u>
                                             550 686$
                                           ========

2.   Perte anormale constatée à la fin des opérations.

2)   Tableau des extrants

	Nombre de produits	Coûts en amont	M.P.	C.C.
Terminés	1 000	1 000	1 000	1 000
En cours à la fin	100	100	100	40
Pertes anormales	<u>100</u>	<u>100</u>	<u>100</u>	<u>100</u>
Traités	1 200	1 200	1 200	1 140
	=====	=====	=====	=====

3)   Coûts comptabilisés

	Total	Coûts en amont	M.P.	C.C.
Au début	44 500$	22 500$	12 000$	10 000$
Engagés au cours de la période	<u>506 186</u>	<u>247 500</u>	<u>132 000</u>	<u>126 686</u>
	550 686$	270 000$	144 000$	136 686$
	========	========	========	========

4)   Coût unitaire

Coûts en amont:	270 000$/1 200 u. =	225,00$
M.P.	: 144 000$/1 200 u. =	120,00
C.C.	: 136 686$/1 140 u. =	<u>119,90</u>
		464,90$
		=======

5)   Distribution des coûts

Coût des pertes anormales:
   100 u. X 464,90$ =   46 490$
Coût des produits terminés:
   1 000 u. X 464,90$ =   464 900
Coût des produits en cours à la fin:
   100 u. (225$ + 120$) + 40 u. X 119,90$ =   39 296
                                                             550 686$
                                                             ========

3.   Perte anormale constatée lorsque les produits sont complétés aux 3/5.

2)   Tableau des extrants

	Nombre de produits	Coûts en amont	M.P.	C.C.
Terminés	1 000	1 000	1 000	1 000
En cours à la fin	100	100	100	40
Pertes anormales	100	100	100	60
Traités	1 200	1 200	1 200	1 100
	=====	=====	=====	=====

3)   Coûts comptabilisés

	Total	Coûts en amont	M.P.	C.C.
Au début	44 500$	22 500$	12 000$	10 000$
Engagés au cours de la période	506 186	247 500	132 000	126 686
	550 686$	270 000$	144 000$	136 686$
	========	========	========	========

4)   Coût unitaire

Coûts en amont: 270 000$/1 200 u. =   225,00$
M.P.   : 144 000$/1 200 u. =   120,00
C.C.   : 136 686$/1 100 u. =   124,26
                                        469,26$
                                        =======

5)   Distribution des coûts

Coût des pertes anormales:
   100 u. (225$ + 120$) + 60 u. X 124,26$ = 41 955,60$
Coût des produits terminés:
   1 000 u. X 469,26$ = 469 260,00
Coût des produits en cours à la fin:
   100 u. (225$ + 120$) + 40 u. X 124,26$ = _39 470,40_
                                                            550 686,00$
                                                            ===========

4.   Perte normale de 70 unités et perte anormale de 30 unités qui surviennent uniformément au cours des opérations.

2)   Tableau des extrants

	Nombre de produits	Coûts en amont	M.P.	C.C.
Terminés	1 000	1 000	1 000	1 000
En cours à la fin	100	100	100	40
Pertes normales	70	70	70	35
Pertes anormales	30	30	30	15
Traités	1 200	1 200	1 200	1 090
	=====	=====	=====	=====

3)   Coûts comptabilisés

	Total	Coûts en amont	M.P.	C.C.
Au début	44 500$	22 500$	12 000$	10 000$
Engagés au cours de la période	506 186	247 500	132 000	126 686
	550 686$	270 000$	144 000$	136 686$
	========	========	========	========

4)   Coût unitaire

Coûts en amont: 270 000$/1 200 u. = 225,00$
M.P.   : 144 000$/1 200 u. = 120,00
C.C.   : 136 686$/1 090 u. = _125,40_
                                      470,40$
                                      =======

5) Distribution des coûts

Coût des pertes anormales:
 30 u. (225$ + 120$) + 15 u. X 125,40$ =   12 231,00$
Coût des produits terminés:
 1 000 u. X 470,40$ 470 400,00$
Plus: Quote-part du coût des pertes normales
   (10/11)[70 u. (225$ + 120$)] +
   (100/104)(35 u. X 125,40$) =   26 174,74   496 574,74
Coût des produits en cours à la fin:
 100 u. (225$ + 120$) + 40 u. X 125,40$ =   39 516,00
Plus: Quote-part du coût des pertes normales
   (1/11)[70 u (225$ + 120$)] +
   (4/104)(35 u. X 125,40$) =   2 364,26   41 880,26
                                                                          550 686,00$
                                                                          ===========

5. Perte normale de 70 unités et perte anormale de 30 unités constatées à la fin des opérations.

2) Tableau des extrants

	Nombre de produits	Coûts en amont	M.P.	C.C.
Terminés	1 000	1 000	1 000	1 000
En cours à la fin	100	100	100	40
Pertes normales	70	70	70	70
Pertes anormales	30	30	30	30
Traités	1 200	1 200	1 200	1 140
	=====	=====	=====	=====

3) Coûts comptabilisés

	Total	Coûts en amont	M.P.	C.C.
Au début	44 500$	22 500$	12 000$	10 000$
Engagés au cours de la période	506 186	247 500	132 000	126 686
	550 686$	270 000$	144 000$	136 686$
	========	========	========	========

4)   Coût unitaire

Coûts en amont: 270 000$/1 200 u. =   225,00$
M.P.   : 144 000$/1 200 u. =   120,00
C.C.   : 136 686$/1 140 u. =   119,90
                                       464,90$
                                       =======

5)   Distribution des coûts

Coût des pertes anormales:
   30 u. X 464,90$ =   13 947$
Coût des produits terminés:
   1 000 u. X 464,90$ =   464 900,00$
Plus: Coût des pertes normales
   70 u. X 464,90$ =   32 543,00   497 443
Coût des produits en cours à la fin:
   100 u. (225$ + 120$) + 40 u. X 119,90$ =   39 296
                                                          550 686$
                                                          ========

6.   Perte normale de 70 unités et perte anormale de 30 unités constatées
      lorsque les produits sont complétés aux 3/5.

2)   Tableau des extrants

	Nombre de produits	Coûts en amont	M.P.	C.C.
Terminés	1 000	1 000	1 000	1 000
En cours à la fin	100	100	100	40
Pertes normales	70	70	70	42
Pertes anormales	30	30	30	18
Traités	1 200	1 200	1 200	1 100
	=====	=====	=====	=====

3)   Coûts comptabilisés

	Total	Coûts en amont	M.P.	C.C.
Au début	44 500$	22 500$	12 000$	10 000$
Engagés au cours de la période	506 186	247 500	132 000	126 686
	550 686$	270 000$	144 000$	136 686$
	========	========	========	========

4)   Coût unitaire

Coûts en amont: 270 000$/1 200 u. =   225,00$
M.P.   : 144 000$/1 200 u. =   120,00
C.C.   : 136 686$/1 100 u. =   124,26
                                         469,26$
                                         =======

5)   Distribution des coûts

Coût des pertes anormales:
    30 u. (225$ + 120$) + 18 u. X 124,26$ =   12 586,68$
Coût des produits terminés:
    1 000 u. X 469,26$ =   469 260,00$
Plus: Coût des pertes normales
    70 u. (225$ + 120$) + 42 u. X 124,26$ =   29 368,92   498 628,92
Coût des produits en cours à la fin:
    100 u. (225$ + 120$) + 40 u. X 124,26$ =   39 470,40
                                                                 550 686,00$
                                                                 ===========

7.   Perte normale de 70 unités et perte anormale de 30 unités constatées
     lorsque les produits sont complétés au cinquième.

2)   Tableau des extrants

	Nombre de produits	Coûts en amont	M.P.	C.C.
Terminés	1 000	1 000	1 000	1 000
En cours à la fin	100	100	100	40
Pertes normales	70	70	70	14
Pertes anormales	30	30	30	6
Traités	1 200	1 200	1 200	1 060
	=====	=====	=====	=====

3)   Coûts comptabilisés

	Total	Coûts en amont	M.P.	C.C.
Au début	44 500$	22 500$	12 000$	10 000$
Engagés au cours de la période	506 186	247 500	132 000	126 686
	550 686$	270 000$	144 000$	136 686$
	=======	=======	========	========

4)   Coût unitaire

Coûts en amont: 270 000$/1 200 u. =   225,00$
M.P.   : 144 000$/1 200 u. =   120,00
C.C.   : 136 686$/1 060 u. =   128,95
                                       473,95$
                                       =======

5)   Distribution des coûts

Coût des pertes anormales:
   30 u. (225$ + 120$) + 6 u. X 128,95$ =   11 123,69$
Coût des produits terminés:
   1 000 u. X 473,95$ 473 950,00$
Plus: Quote-part du coût des pertes normales
   (10/11)[70 u. X (225$ + 120$) +
   14 u. X 128,95$] =   23 595,72   497 545,72
Coût des produits en cours à la fin:
   100 u. (225$ + 120$) + (40 u. X 128,95$) = 39 657,96$
Plus: Quote-part du coût des pertes normales
   (1/11)[70 u. (225$ + 120$) +
   14 u. X 128,95$) =   2 359,57   42 017,53
                                                          550 686,94$ (1)
                                                          ===========

(1) Ajustement du coût des produits terminés de 0,94$.

8.   Perte normale de 100 unités survenue uniformément au cours des
     opérations.

2)   Tableau des extrants

	Nombre de produits	Coûts en amont	M.P.	C.C.
Terminés	1 000	1 000	1 000	1 000
En cours à la fin	100	100	100	40
Pertes normales	100	100	100	50
Traités	1 200	1 200	1 200	1 090
	=====	=====	=====	=====

3) Coûts comptabilisés

	Total	Coûts en amont	M.P.	C.C.
Au début	44 500$	22 500$	12 000$	10 000$
Engagés au cours de la période	506 186	247 500	132 000	126 686
	550 686$	270 000$	144 000$	136 686$
	========	========	========	========

4) Coût unitaire

Coûts en amont: 270 000$/1 200 u. = 225,00$

M.P.   : 144 000$/1 200 u. = 120,00

C.C.   : 136 686$/1 090 u. = 125,40

470,40$
=======

5) Distribution des coûts

Coût des produits terminés:
   1 000 u. X 470,40$ =   470 400,00$
Plus: Quote-part du coût des pertes normales
   (10/11)[100 u. X (225$ + 120$)] +
   (100/104)(50 u. X 125,40$) =   37 392,49   507 792,49$
Coût des produits en cours à la fin:
   100 u. (225$ + 120$) + (40 u. X 125,40$) =   39 516,00$
Plus: Quote-part du coût des pertes normales
   (1/11)[100 u. (225$ + 120$)] +
   (4/104)(50 u. X 125,40$) =   3 377,51   42 893,51
                                                                  550 686,00$
                                                                  ===========

9. Perte anormale de 100 unités constatée au début des opérations dans le deuxième atelier.

2) Tableau des extrants

	Nombre de produits	Coûts en amont	M.P.	C.C.
Terminés	1 000	1 000	1 000	1 000
En cours à la fin	100	100	100	40
Pertes anormales	100	100	0	0
Traités	1 200	1 200	1 100	1 040
	=====	=====	=====	=====

3) Coûts comptabilisés

	Total	Coûts en amont	M.P.	C.C.
Au début	44 500$	22 500$	12 000$	10 000$
Engagés au cours de la période	506 186	247 500	132 000	126 686
	550 686$	270 000$	144 000$	136 686$
	========	========	========	========

4) Coût unitaire

Coûts en amont: 270 000$/1 200 u. =   225,00$
M.P.   : 144 000$/1 100 u. =   130,91
C.C.   : 136 686$/1 040 u. =   131,43
                                        487,34$
                                        =======

5) Distribution des coûts

Coût des pertes anormales:
   100 u. X 225$ =   22 500,00$
Coût des produits terminés:
   1 000 u. X 487,34$ =   487 340,00
Coût des produits en cours à la fin:
   100 u. (225$ + 130,91$) + 40 u. X 131,43$ =   40 848,20
                                                 550 688,20$ (1)
                                                 ===========

(1) Ajustement du coût des produits terminés de 2,20$.

10. Perte normale de 100 unités constatée au début des opérations dans le deuxième atelier.

2) Tableau des extrants

	Nombre de produits	Coûts en amont	M.P.	C.C.
Terminés	1 000	1 000	1 000	1 000
En cours à la fin	100	100	100	40
Pertes normales	100	100	0	0
Traités	1 200	1 200	1 100	1 040
	=====	=====	=====	=====

3)   Coûts comptabilisés

	Total	Coûts en amont	M.P.	C.C.
Au début	44 500$	22 500$	12 000$	10 000$
Engagés au cours de la période	506 186	247 500	132 000	126 686
	550 686$	270 000$	144 000$	136 686$
	========	========	========	========

4)   Coût unitaire

Coûts en amont: 270 000$/1 200 u. =   225,00$
M.P.   : 144 000$/1 100 u. =   130,91
C.C.   : 136 686$/1 040 u. =   131,43
                                         487,34$
                                         =======

5)   Distribution des coûts

Coût des produits terminés:
  1 000 u. X 487,34$ =   487 340,00$
Plus: Quote-part du coût des pertes normales
  (10/11)(100 u. X 225$) =   20 454,55   507 794,55$
Coût des produits en cours à la fin:
  100 u. (225$ + 130,91$) + 40 u. X 131,43$ = 40 848,20
Plus: Quote-part du coût des pertes normales
  (1/11)(100 u. X 225$) =   2 045,45   42 893,65

                                                                 550 688,20$ (1)
                                                                 ===========

(1) Ajustement du coût des produits terminés de 2,20$.

Exercice 9-3

1)   Tableau des intrants (produits)

En cours au début   100
Commencés   1 100
Traités   1 200
                                                             =====

3)   Coûts comptabilisés

	Total	Coûts en amont	M.P.	C.C.
Au début	44 500$	0$	0$	0$
Engagés au cours de la période	506 186	247 500	132 000	126 686
	550 686$	247 500$	132 000$	126 686$
	========	========	========	========

N.B.: Ces étapes sont identiques pour chacune des situations.

1. Perte anormale qui survient uniformément au cours des opérations.

2)   Tableau des extrants

Terminés	Nombre de produits	Coûts en amont	M.P.	C.C.
En cours au début	100	0	0	20
Commencés	900	900	900	900
En cours à la fin	100	100	100	40
Pertes anormales	100	100	100	50
Traités	1 200	1 100	1 100	1 010
	=====	=====	=====	=====

4)   Coût unitaire

Coûts en amont: 247 500$/1 100 u. = 225,00$
M.P.   :   132 000$/1 100 u. = 120,00
C.C.   :   126 686$/1 010 u. = 125,43
                                     470,43$
                                     =======

5)   Distribution des coûts

Coût des pertes anormales
   100 u. (225$ + 120$) + 50 u. X 125,43$ =   40 771,50$
Coût des produits terminés:
a)   venant du stock de produits en cours au début
     Coût spécifique   44 500,00$
     C.C.: 20 u. X 125,43$ =   2 508,60   47 008,60$

b)   venant de la production courante
      900 u. X 470,43$ =   423 387,00   470 395,60
Coût des produits en cours:
      100 u. (225$ + 120$) + 40 u. X 125,43$ =   39 517,28
                                                            550 684,38$ (1)
                                                            ===========

(1) Ajustement du coût des produits terminés de 1,62$.

2.   Perte anormale constatée à la fin des opérations.

2)   Tableau des extrants

	Nombre de produits	Coûts en amont	M.P.	C.C.
Terminés				
En cours au début	100	0	0	20
Commencés	900	900	900	900
En cours à la fin	100	100	100	40
Pertes anormales	100	100	100	100
Traités	1 200	1 100	1 100	1 060
	=====	=====	=====	=====

4)   Coût unitaire

Coûts en amont: 247 500$/1 100 u. = 225,00$
M.P.   : 132 000$/1 100 u. = 120,00
C.C.   : 126 686$/1 060 u. = 119,52
                                      464,52$
                                      =======

5)   Distribution des coûts

Coût des pertes anormales
   100 u. X 464,52$ =   46 452,00$
Coût des produits terminés:
a)   venant du stock de produits en cours au début
     Coût spécifique   44 500,00$
     C.C.: 20 u. X 119,52$ =   2 390,40   46 890,40$
b)   venant de la production courante
     900 u. X 464,52$ =   418 068,00   464 958,40

Coût des produits en cours:
    100 u. (225$ + 120$) + 40 u. X 119,52$ =   39 280,80
                                                                550 691,20$ (1)
                                                                ===========

(1) Ajustement du coût des produits terminés de 5,20$.

3.   Perte anormale constatée lorsque les produits sont complétés aux 3/5.

2)   Tableau des extrants

	Nombre de produits	Coûts en amont	M.P.	C.C.
Terminés				
En cours au début	100	0	0	20
Commencés	900	900	900	900
En cours à la fin	100	100	100	40
Pertes anormales	100	100	100	60
Traités	1 200	1 100	1 100	1 020
	=====	=====	=====	=====

4)   Coût unitaire

Coûts en amont: 247 500$/1 100 u. =   225,00$
M.P.   : 132 000$/1 100 u. =   120,00
C.C.   : 126 686$/1 020 u. =   124,20
                                       469,20$
                                       =======

5)   Distribution des coûts

Coût des pertes anormales
    100 u. (225$ + 120$) + 60 u. X 124,20$ =   41 952,00$
Coût des produits terminés:
a)   venant du stock de produits en cours au début
     Coût spécifique   44 500,00$
     C.C.: 20 u. X 124,20$ =   2 484,00   46 984,00$
b)   venant de la production courante
     900 u. X 469,20$ =   422 280,00   469 264,00
Coût des produits en cours à la fin:
    100 u. (225$ + 120$) + 40 u. X 124,20$ =   39 468,00
                                                            550 684,00$ (1)
                                                            ===========

(1) Ajustement du coût des produits terminés de 2,00$.

4. Perte normale de 70 unités et perte anormale de 30 unités qui surviennent uniformément au cours des opérations.

2) Tableau des extrants

	Nombre de produits	Coûts en amont	M.P.	C.C.
Terminés				
En cours au début	100	0	0	20
Commencés	900	900	900	900
En cours à la fin	100	100	100	40
Pertes normales	70	70	70	35
Pertes anormales	30	30	30	15
Traités	1 200	1 100	1 100	1 010
	=====	=====	=====	=====

4) Coût unitaire

Coûts en amont: 247 500$/1 100 u. = 225,00$
M.P.   : 132 000$/1 100 u. = 120,00
C.C.   : 126 686$/1 010 u. = 125,43
                                    470,43$
                                    =======

5) Distribution des coûts

Coût des pertes anormales
    30 u. (225$ + 120$) + 15 u. X 125,43$ =   12 231,45$
Coût des produits terminés:
a)   venant du stock de produits en cours au début
     Coût spécifique   44 500,00$
     C.C.: 20 u. X 125,43$ =   2 508,60   47 008,60$
b)   venant de la production courante
     900 u. X 470,43$ =   423 387,00
Plus: Quote-part du coût des
pertes normales
(9/10)[70 u. (225$ + 120$)] +
(90/94)(35 u. X 125,43$) =   25 938,24 449 325,24 496 333,84
Coût des produits en cours à la fin:
    100 u. (225$ + 120$) + 40 u. X 125,43$ =   39 517,00

Plus: Quote-part du coût des pertes normales
(1/10)[70 u. (225$ + 120$)] +
(4/94)(35 u. X 125,43$) =   2 601,81   42 119,01
                                                       550 684,30$ (1)
                                                       ===========

(1) Ajustement du coût des produits terminés de 1,70$.

5.   Perte normale de 70 unités et perte anormale de 30 unités constatées
     à la fin des opérations.

2)   Tableau des extrants

	Nombre de produits	Coûts en amont	M.P.	C.C.
Terminés				
En cours au début	100	0	0	20
Commencés	900	900	900	900
En cours à la fin	100	100	100	40
Pertes normales	70	70	70	70
Pertes anormales	30	30	30	30
Traités	1 200	1 100	1 100	1 060
	=====	=====	=====	=====

4)   Coût unitaire

Coûts en amont: 247 500$/1 100 u. =   225,00$
M.P.   : 132 000$/1 100 u. =   120,00
C.C.   : 126 686$/1 060 u. =   119,52
                                      464,52$
                                      =======

5)   Distribution des coûts

Coût des pertes anormales
   30 u. X 464,52$ =   13 935,60$
Coût des produits terminés:
a)   venant du stock de produits en cours au début
     Coût spécifique   44 500,00$
     C.C.: 20 u. X 119,52$ =   2 390,40   46 890,40$
b)   venant de la production courante
     900 u. X 464,52$ =   418 068,00
     Plus: Coût des pertes normales
     70 u. X 464,52$ =   32 516,40   450 584,40 497 474,80

Coût des produits en cours à la fin:
100 u. (225$ + 120$) + 40 u. X 119,52$ =   39 280,80
                                                            550 691,20$ (1)
                                                            ===========

(1)   Ajustement du coût des produits terminés de 5,20$.

6.   Perte normale de 70 unités et perte anormale de 30 unités constatées
     lorsque les produits sont complétés aux 3/5.

2)   Tableau des extrants

	Nombre de produits	Coûts en amont	M.P.	C.C.
Terminés				
En cours au début	100	0	0	20
Commencés	900	900	900	900
En cours à la fin	100	100	100	40
Pertes normales	70	70	70	42
Pertes anormales	30	30	30	18
Traités	1 200	1 100	1 100	1 020
	=====	=====	=====	=====

4)   Coût unitaire

Coûts en amont: 247 500$/1 100 u. =   225,00$
M.P.   : 132 000$/1 100 u. =   120,00
C.C.   : 126 686$/1 020 u. =   124,20
                                      469,20$
                                      =======

5)   Distribution des coûts

Coût des pertes anormales
   30 u. (225$ + 120$) + 18 u. X 124,20$ =   12 585,60$
Coût des produits terminés:
a)   venant du stock de produits en cours au début
     Coût spécifique   44 500,00$
     C.C.: 20 u. X 124,20$ =   2 484,60   46 984,00$
b)   venant de la production courante
     900 u. X 469,20$ =   422 280,00

Plus: Coût des pertes normales
70 u. (225$ + 120$) +
42 u. X 124,20$ =   29 366,40   451 646,40   498 630,40
Coût des produits en cours à la fin:
   100 u. (225$ + 120$) + 40 u. X 124,20$ =   39 468,00
                                                                550 684,00$ (1)
                                                                ===========

(1) Ajustement du coût des produits terminés de 2,00$.

7.   Perte normale de 70 unités et perte anormale de 30 unités constatées
     lorsque les produits sont complétés au 1/5.

2)   Tableau des extrants

	Nombre de produits	Coûts en amont	M.P.	C.C.
Terminés				
En cours au début	100	0	0	20
Commencés	900	900	900	900
En cours à la fin	100	100	100	40
Pertes normales	70	70	70	14
Pertes anormales	30	30	30	6
Traités	1 200	1 100	1 100	980
	=====	=====	=====	===

4)   Coût unitaire

Coûts en amont: 247 500$/1 100 u. =   225,00$
M.P.   : 132 000$/1 100 u. =   120,00
C.C.   : 126 686$/980 u.   =   129,27
                                       474,27$
                                       =======

5)   Distribution des coûts

Coût des pertes anormales
   30 u. (225$ + 120$) + 6 u. X 129,27$ =   11 125,62$
Coût des produits terminés:
a)   venant du stock de produits en cours au début
     Coût spécifique   44 500,00$
     C.C.: 20 u. X 129,27$ =   2 585,40   47 085,40$
b)   venant de la production courante
     900 u. X 474,27$ =   426 843,00

Plus: Quote-part du coût des pertes normales
(9/10)[70 u. (225$ + 120$) +
14 u. X 129,27$] =   23 363,80 450 206,80 497 292,20

Coût des produits en cours à la fin:
100 u. (225$ + 120$) + 40 u. X 129,27$ =   39 670,80

Plus: Quote-part du coût des pertes normales
(1/10)[70 u. (225$ + 120$) +
14 u. X 129,27$] =   2 595,98   42 266,78
                                                        550 684,60$ (1)
                                                        ===========

(1) Ajustement du coût des produits terminés de 1,40$.

8. Perte normale de 100 unités survenue uniformément au cours des opérations.

2) Tableau des extrants

	Nombre de produits	Coûts en amont	M.P.	C.C.
Terminés				
En cours au début	100	0	0	20
Commencés	900	900	900	900
En cours à la fin	100	100	100	40
Pertes normales	100	100	100	50
Traités	1 200	1 100	1 100	1 010
	=====	=====	=====	=====

4) Coût unitaire

Coûts en amont: 247 500$/1 100 u. =   225,00$
M.P.   : 132 000$/1 100 u. =   120,00
C.C.   : 126 686$/1 010 u. =   125,43
                                      470,43$
                                      =======

5) Distribution des coûts

Coût des produits terminés:
a) venant du stock de produits en cours au début
    Coût spécifique   44 500,00$
    C.C.: 20 u. X 125,43$ =   2 508,60   47 008,60$
b) venant de la production courante
    900 u. X 470,43$ =   423 387,00

Plus: Quote-part du coût des pertes normales
(9/10)[100 u. (225$ + 120$)] +
(90/94)(50 u. X 125,43$) =   37 054,63   460 441,63
Coût des produits en cours à la fin:
100 u. (225$ + 120$) + 40 u. X 125,43$ =   39 517,20
Plus: Quote-part du coût des pertes normales
(1/10)[100 u. (225$ + 120$)] +
(4/94)(50 u. X 125,43$) =   3 716,87   43 234,07
                                                                 550 684,30$ (1)
                                                                 ===========

(1) Ajustement du coût des produits terminés de 1,70$.

9.   Perte anormale de 100 unités constatée au début des opérations dans le
     deuxième atelier.

2)   Tableau des extrants

	Nombre de produits	Coûts en amont	M.P.	C.C.
Terminés				
En cours au début	100	0	0	20
Commencés	900	900	900	900
En cours à la fin	100	100	100	40
Pertes anormales	100	100	0	0
Traités	1 200	1 100	1 000	960
	=====	=====	=====	===

4)   Coût unitaire

Coûts en amont: 247 500$/1 100 u. =   225,00$
M.P.   : 132 000$/1 000 u. =   132,00
C.C.   : 126 686$/960 u.   =   131,96
                                      488,96$
                                      =======

5)   Distribution des coûts

Coût des pertes anormales
     100 u. X 225$ =   22 500,00$
Coût des produits terminés:
a)   venant du stock de produits en cours au début
     Coût spécifique   44 500,00$
     C.C.: 20 u. X 131,96$ =   2 639,20   47 139,20$

b)   venant de la production courante

900 u. X 488,96$ =   440 064,00   487 203,20

Coût des produits en cours à la fin:

100 u. (225$ + 132$) + 40 u. X 131,96$ =   40 978,40

550 681,60$ (1)

===========

(1) Ajustement du coût des produits terminés de 4,40$.

10. Perte anormale de 100 unités constatée au début des opérations dans le deuxième atelier.

2) Tableau des extrants

	Nombre de produits	Coûts en amont	M.P.	C.C.
Terminés				
En cours au début	100	0	0	20
Commencés	900	900	900	900
En cours à la fin	100	100	100	40
Pertes normales	100	100	0	0
Traités	1 200	1 100	1 000	960
	=====	=====	=====	===

4) Coût unitaire

Coûts en amont: 247 500$/1 100 u. =   225,00$

M.P.   : 132 000$/1 000 u. =   132,00

C.C.   : 126 686$/960 u. =   131,96

488,96$

=======

5)   Distribution des coûts

Coût des produits terminés:

a)   venant du stock de produits en cours au début

Coût spécifique   44 500,00$

C.C.: 20 u. X 131,96$ =   2 639,20   47 139,20$

b)   venant de la production courante

900 u. X 488,96$ =   440 064,00

Plus: Quote-part du coût des pertes norm.

9/10 (100 u. X 225$) =   20 250,00   460 314,00

Coût des produits en cours à la fin:

100 u. (225$ + 132$) + (40 u. X 131,96$) = 40 978,40

Plus: Quote-part du coût des pertes normales
1/10 (100 u. X 225$) =   2 250,00   43 228,40
                                                                   550 681,60$ (1)
                                                                   ===========

(1) Ajustement du coût des produits terminés de 4,40$.

Exercice 9-4

1)   Tableau des intrants (produits)

En cours au début   600
Commencés   2 200
Traités   2 800
                                                                    =====

2)   Tableau des extrants

	Nombre de produits	Valeur d'échange	M.P.	C.C.
Terminés	1 900	1 900	1 900	1 900
En cours à la fin	500	500	200	240 (1)
Pertes normales	400	400	400	360 (2)
Traités	2 800	2 800	2 500	2 500
	=====	=====	=====	======

(1) 300 unités désassemblées X 4 minutes/20 minutes = 60
     200 unités non vérifiées X (4 + 14)/20   = 180
                                                        240
                                                        ===

(2) 400 unités non vérifiées X (4 + 14)/20   = 360

3)   Coûts comptabilisés

	Total	Valeur d'échange	M.P.	C.C.
Au début	4 485$	2 340$	615$	1 530$
Engagés au cours de la période	29 185	8 580	7 135	13 470
	33 670$	10 920$	7 750$	15 000$
	=======	=======	======	=======

4)   Coût unitaire

Valeur d'échange :	10 920$/2 800 u. =	3,90$
M.P. :	7 750$/2 500 u. =	3,10
C.C. :	15 000$/2 500 u. =	6,00
		13,00$
		======

5)   Distribution des coûts

Coût des pertes anormales:
    400 u. (3,90 + 3,10$) + 360 u. X 6,00$ =   4 960$
Coût des produits terminés:
    1 900 u. X 13$ =   24 700
Coût des produits en cours à la fin:
    500 u. X 3,90$ + 200$ X 3,10$ + 240 u. X 6,00$ =   4 010
                                                              33 670$
                                                              =======

(Adaptation - S.C.M.C.)

Exercice 9-5

1.

1)   Tableau des intrants (produits)

En cours au début	20
Reçus de l'atelier 1	980
Traités	1 000
	=====

2)   Tableau des extrants

	Nombre de produits	Coûts en amont	M.P.	C.C.
Terminés				
En cours au début	20	0	20	14
Commencés	840	840	840	840
En cours à la fin	40	40	40	24
Pertes normales	50	50	0	25
Pertes anormales	50	50	0	25
Traités	1 000	980	900	928
	=====	===	===	===

3)   Coûts comptabilisés

	Total	Coûts en amont	M.P.	C.C.
Au début	260$	0$	0$	0$
Engagés au cours de la période	24 152	10 780	2 700	10 672
	24 412$	10 780$	2 700$	10 672$
	=======	=======	======	=======

4)   Coût unitaire

Coûts en amont: 10 780$/980 u. =   11,00$
M.P.   :   2 700$/900 u. =   3,00
C.C.   : 10 672$/928 u. =   11,50
                                    25,50$
                                    ======

5)   Distribution des coûts

Coût des pertes anormales:
    50 u. X 11$ + 25 u. X 11,50$ =   837,50$
Coût des produits terminés
a)   venant du stock de produits en cours au début
    Coût spécifique   260,00$
    M.P.: 20 u. X 3$ =   60,00
    C.C.: 14 u. X 11,50$ =   161,00   481,00$
b)   venant de la production courante
    840 u. X 25,50$ =   21 420,00
    Plus: Quote-part du coût des pertes
    normales
    (84/88)(50 u. X 11$ +
    25 u. X 11,50$) =   799,43   22 219,43   22 700,43
Coût des produits en cours à la fin
    40 u. (11$ + 3$) + 24 u. X 11,50$ =   836,00
    Plus: Quote-part du coût des pertes normales
    (4/88)(50 u. X 11$ + 25 u. X 11,50$) = 38,07   874,07
                                                    24 412,00$
                                                    ==========

2.

1) Tableau des intrants (produits)

En cours au début	20
Commencés	980
Traités	1 000
	=====

2) Tableau des extrants

	Nombre de produits	Coûts en amont	M.P.	C.C.
Terminés	860	860	860	860
En cours à la fin	40	40	40	24
Pertes normales	50	50	0	25
Pertes anormales	50	50	0	25
Traités	1 000	1 000	900	934
	=====	=====	===	===

3) Coûts comptabilisés

	Total	Coûts en amont	M.P.	C.C.
Au début	260$	200$	0$	60$
Engagés au cours de la période	24 152	10 780	2 700	10 672
	24 412$	10 980$	2 700$	10 732$
	=======	=======	======	=======

4) Coût unitaire

Coûts en amont: 10 980$/1 000 u. = 10,98$
M.P.   :   2 700$/ 900 u. = 3,00
C.C.   : 10 732$/ 934 u. = 11,49
                                   25,47$
                                   ======

5) Distribution des coûts

Coût des pertes anormales:
    50 u. X 10,98$ + 25 u. X 11,49$ =   836,25$
Coût des produits terminés:
    860 u. X 25,47$ =   21 904,20$

Plus: Quote-part du coût des pertes normales
 (86/90)(50 u. X 10,98$ + 25 u. X 11,49$)   799,08   22 703,28
Coût des produits en cours à la fin:
 40 u. (10,98$ + 3,00$) + (24 u. X 11,49$) =   834,97
 Plus: Quote-part du coût des pertes normales
 (4/90)(50 u. X 10,98$ + 25 u. X 11,49$) =   37,17   872,14
                                                         24 411,67$ (1)
                                                         ==========

(1) Ajustement du coût des produits terminés de 0,33$.

Exercice 9-6

Atelier de Mélange

1) Tableau des intrants (produits)

En cours au début	2 000
Commencés	25 000
Traités	27 000
	======

2) Tableau des extrants

	Nombre de produits	M.P.	C.C.
Terminés	24 000	24 000	24 000
En cours à la fin	3 000	3 000	1 500
Traités	27 000	27 000	25 500
	======	======	======

3) Coûts comptabilisés

	Total	M.P.	C.C.
Au début	1 304$	340$	964$
Engagés au cours de la période	31 846	4 250	27 596
	33 150$	4 590$	28 560$
	=======	======	=======

4)   Coût unitaire

M.P. :   4 590$/27 000 u. =   0,17$
C.C. :   28 560$/25 500 u. =   1,12
                                 1,29$
                                 =====

5)   Distribution des coûts

Coût des produits terminés:
   24 000 u. X 1,29$ =   30 960$
Coût des produits en cours à la fin:
   M.P. : 3 000 u. X 0,17$ =   510$
   C.C. : 1 500 u. X 1,12$ =   1 680   2 190
                                                            33 150$
                                                            =======

Atelier de l'embouteillage

1)   Tableau des intrants (produits)

En cours au début   4 000
Commencés   24 000
Traités   28 000
                                                           ======

2)   Tableau des extrants

	Nombre de produits	Coûts en amont	M.P.	C.C.
Terminés	25 000	25 000	25 000	25 000
En cours à la fin	2 000	2 000	0	200
Pertes normales	1 000	1 000	0	500
Traités	28 000	28 000	25 000	25 700
	======	======	======	======

3) Coûts comptabilisés

	Total	Coûts en amont	M.P.	C.C.
Au début	5 320$	4 140$	0$	1 180$
Engagés au cours de la période	61 524	30 960	1 000	29 564
	66 844$	35 100$	1 000$	30 744$
	=======	=======	======	=======

4) Coût unitaire

Coûts en amont: 35 100$/28 000 u. = 1,25$
M.P.   :   1 000$/25 000 u. = 0,04
C.C.   : 30 744$/25 700 u. = 1,20
                                       2,49$
                                       =====

5) Distribution des coûts

Coût des produits terminés:
   25 000 u. X 2,49$ =   62 250,00$
Plus: Quote-part du coût des pertes normales
   (25/27)(1 000 u. X 1,25$) +
   (250/252)(500 u. X 1,20$) =   1 752,65   64 002,65$
Coût des produits en cours à la fin:
   2 000 u. X 1,25$ + 200 u. X 1,20$ =   2 740,00
Plus: Quote-part du coût des pertes normales
   (2/27)(1 000 u. X 1,25$) +
   (2/252)(500 u. X 1,20$) =   97,35   2 837,35
                                                          66 840,00$ (1)
                                                          ==========

(1) Ajustement du coût des produits terminés de 4,00$.

Exercice 9-7

1) Tableau des intrants (produits)

En cours au début	2 000
Commencés	8 000
Traités	10 000
	======

2)   Tableau des extrants

	Nombre de produits	M.P.A	M.P.B	C.C.
Terminés				
En cours au début	2 000	0	2 000	400
Commencés	4 400	4 400	4 400	4 400
En cours à la fin	2 000	2 000	0	1 300
Pertes normales	600	600	0	420
Pertes anormales	1 000	1 000	0	700
Traités	10 000	8 000	6 400	7 220
	======	=====	=====	=====

3)   Coûts comptabilisés

	Total	M.P.A	M.P.B	C.C.
Au début	8 040$	0$	0$	0$
Engagés au cours de la période	39 720	17 600	7 680	14 440
	47 760$	17 600$	7 680$	14 440$
	======	======	======	======

4)   Coût unitaire

M.P.A	:	17 600$/8 000 u. = 2,20$
M.P.	:	7 680$/6 400 u. = 1,20
C.C.	:	14 440$/7 220 u. = 2,00
		5,40$
		=====

5)   Distribution des coûts

Coût des pertes anormales:
    1 000 u. X 2,20$ + 700 u. X 2,00$ =   3 600$

Coût des produits terminés:

a)   venant du stock de produits en cours au début:

    Coût spécifique   8 040$

    M.P.B: 2 000 u. X 1,20$ =   2 400

    C.C.:   400 u. X 2$ =   800   11 240$

b)   venant de la production courante:

    4 400 u. X 5,40$ =   23 760

    Plus: Quote-part du coût des pertes normales

    (44/54)(600 u. X 2,20$ + 420 u. X 2$)   1 760   25 520   36 760

Coût des produits en cours à la fin:

    2 000 u. X 2,20$ + 1 300 u. X 2$ =   7 000

    Plus: Quote-part du coût des pertes normales

    (10/54)(600 u. X 2,20$ + 420 u. X 2$) =   400   7 400

                                               47 760$

(Adaptation - S.C.M.C.)

Exercice 9-8

1.

1)   Tableau des intrants (produits)

     En cours au début   700

     Commencés   5 300

     Traités   6 000

2)   Tableau des extrants

	Nombre de produits	M.P.	C.C.
Terminés	3 600	3 600	3 600
En cours à la fin	1 000	1 000	500
Pertes normales	400	400	360
Pertes anormales	1 000	1 000	900
Traités	6 000	6 000	5 360

3)   Coûts comptabilisés

	Total	M.P.	C.C.
Au début	2 555$	2 030$	525$
Engagés au cours de la période	42 245	15 970	26 275
	44 800$	18 000$	26 800$

4)   Coût unitaire

    M.P.   : 18 000$/6 000 u. = 3,00$
    C.C.   : 26 800$/5 360 u. = <u>5,00</u>
                                     8,00$
                                     =====

5)   Distribution des coûts

Coût des pertes anormales:		
1 000 u. X 3$ + 900 u. X 5$ =		7 500$
Coût des produits terminés:		
3 600 u. X 8,00$ =	28 800$	
Plus: Coût des pertes normales		
400 u. X 3$ + 360$ u. X 5$ =	<u>3 000</u>	31 800
Coût des produits en cours à la fin:		
1 000 u. X 3$ + 500 u. X 5$ =		<u>5 500</u>
		44 800$
		=======

2.   Écritures de journal

Stock de produits en cours	42 245	
Magasin		15 970
Salaires		15 510
Frais généraux de fabrication imputés		10 765
Stock de produits finis	31 800	
Pertes anormales	7 500	
Stock de produits en cours		39 300

(Adaptation - S.C.M.C.)

Exercice 9-9

1)   Tableau des intrants (produits)

En cours au début	2 500
Commencés	<u>21 000</u>
Traités	23 500
	======

2) Tableau des extrants

	Nombre de produits	M.P.K	M.P.L	M.P.M	C.C.
Terminés	16 000	16 000	16 000	16 000	16 000
En cours à la fin	4 000	4 000	4 000	0	2 000
Pertes normales	1 000	1 000	1 000	1 000	1 000
Pertes anormales	2 500	2 500	2 500	0	1 000
Traités	23 500	23 500	23 500	17 000	20 000
	======	======	======	======	======

3) Coûts comptabilisés

	Total	M.P.K	M.P.A	M.P.B	C.C.
Au début	7 520$	5 250$	1 050$	0$	1 220$
Engagés au cours de la période	108 950	44 100	8 350	10 200	46 300 (1)
	116 470$	49 350$	9 400$	10 200$	47 520$
	========	=======	======	=======	=======

(1) M.O.D.   18 520$
    F.G.F. imputés: 18 520 X 150% =   27 780
                                             46 300$
                                             =======

4) Coût unitaire

M.P.K : 49 350$/23 500 u. =   2,100$
M.P.L : 9 400$/23 500 u. =   0,400
M.P.M : 10 200$/17 000 u. =   0,600
C.C. : 47 520$/20 000 u. =   2,376
                              5,476$
                              ======

5) Distribution des coûts

Coût des pertes anormales:
   2 500 u. (2,10$ + 0,40) + 1 000 u. X 2,376 =   8 626,00$
Coût des produits terminés:
   16 000 u. X 5,476$ =   71 616,00$

Plus: Coût des pertes normales

   1 000 u. X 5,476$ =   5 476,00   93 092,00

Coût des produits en cours à la fin:

   4 000 u. (2,10$ + 0,40$) + 2 000 u. X 2,376$ =   14 752,00

                                                    116 470,00$
                                                    ===========

(Adaptation - S.C.M.C.)

Exercice 9-10

Répartition des coûts de conversion

	A	B	C
Produits			
Importance relative du poids			
200 000 X 5 =	1 000 000		
300 000 X 3 =		900 000	
500 000 X 2 =			1 000 000
Répartition des coûts			
(10/29) 145 000$ =	50 000$		
	=======		
(9/29) 145 000$ =		45 000$	
		=======	
(10/29) 145 000$ =			50 000$
			=======

Coûts de production

	A	B	C
Produits			
Matières premières utilisées			
200 000 kg X 0,32$ =	64 000$		
300 000 kg X 0,245$ =		73 500$	
500 000 kg X 0,18$ =			90 000$
Coût de conversion	50 000	45 000	50 000
	114 000$	118 500$	140 000$
	========	========	========

Calcul du stock à la fin

	Produits		
	A	**B**	**C**
En unités			
Matières premières utilisées, en kilogrammes	200 000	300 000	500 000
Pertes constatées	40 000	90 000	200 000
Kilogrammes de produits finis obtenus	160 000	210 000	300 000
Kilogrammes de produits finis vendus	60 000	160 000	140 000
Stock à la fin, en kilogrammes	100 000	50 000	160 000
	=======	=======	=======

Quote-part des coûts de production

(100/160)	114 000$ =	71 250$		
		=======		
(50/210)	118 500$ =		28 214$	
			=======	
(160/300)	140 000$ =			74 667$
				=======

X ltée

<u>État du bénéfice brut pour le produit A</u>

pour le mois de janvier

Ventes: 60 000 kilogrammes X 0,63$		37 800$
Coût des produits vendus:		
Stock de produits finis - début	0$	
Coût de fabrication	114 000	
	114 000	
Stock de produits finis	71 250	42 750
Perte brute		4 950$
		=======

(Adaptation - C.A.)

Exercice 9-11

1. Rapport des coûts de production

1) Tableau des intrants (produits)

En cours au début	10
Commencés	990
Traités	1 000
	=====

2) Tableau des extrants

	Nombre de produits	Coûts en amont et M.P.	C.C.
Terminés	860	860	860
En cours à la fin	40	40	30
Pertes normales	60	60	42
Pertes anormales	40	40	28
Traités	1 000	1 000	960
	=====	=====	===

3) Coûts comptabilisés

	Total	Coûts en amont et M.P.	C.C.
Au début	924$	850$ (1)	74$
Engagés au cours de la période	100 000	90 858	9 142
	100 924$	91 708$	9 216$
	========	=======	======

(1) 85$ + 765$ = 850$

4) Coût unitaire

Coûts en amont et en M.P.	:	91 708$/1 000 u. =	91,708$
C.C.	:	9 216$/ 960 u. =	9,600
			101,308$
			========

5)   Distribution des coûts

     Coût des pertes anormales:
       (40 u. X 91,708$) + (28 u. X 9,60$) =   3 937,12$
     Coût des produits terminés:
       860 u. X 101,308$ =   87 124,88$
     Plus: Quote-part du coût des pertes normales
       (860/900)[60 u. X 91,708$) + 42 u. X 9,60$)] =   <u>5 463,21</u>   92 768,09
     Coût des produits en cours à la fin:
       40 u. X 91,708$ + 30 u. X 9,60$ =   3 956,32
     Plus: Quote-part du coût des pertes normales
       (40/900)[(60 u. X 91,708$) + 42 u. X 9,60$] =   <u>262,47</u>   <u>4 218,79</u>
                                                100 924,00$
                                                ===========

2.   Écritures de journal

     Stock de produits en cours - atelier 2   100 000,00
         Magasin et SPC - atelier 1   90 858,00
         Salaires et F.G.F. - atelier 2   9 142,00

     Stock de produits finis   92 768,09
     Pertes anormales   3 937,12
         Stock de produits en cours - atelier 2   96 705,21

Exercice 9-12

1)   Rapport des coûts de production partiel

     Atelier de l'assemblage: méthode de la moyenne pondérée

     Tableau des intrants (produits)

     En cours au début   4 000
     Reçus de l'atelier de l'ouvrage   <u>25 000</u>
     Traités   29 000
                                                ======

2) Tableau des extrants

	Nombre de produits	Coûts en amont	M.P.	C.C.
Terminés	18 000	18 000	18 000	18 000
En cours à la fin	5 000	5 000	0	2 500
Pertes normales	2 000	2 000	2 000	1 600
Pertes anormales	4 000	4 000	4 000	3 200
Traités	29 000	29 000	24 000	25 300
	======	======	======	======

3) Coût comptabilisés

	Total	Coûts en amont	M.P.	C.C.
Au début	15 347$	8 000$	4 000$	3 347$
Courants	91 990	50 290	20 000	21 700
	107 337$	58 290$	24 000$	25 047$
	=======	=======	=======	=======

4) Coût unitaire

Coûts en amont : 58 290$/29 000 u. = 2,01
M.P. : 24 000$/24 000 u. = 1,00
C.C. : 25 047$/25 300 u. = 0,99
4,00$
=====

5) Distribution des coûts (partiel)

Coût des produits terminés:
    18 000 u. X 4$ =   72 000$
Plus: Coût des pertes normales:
    2 000 u. (2,01$ + 1,00$) + 1 600 u. X 0,99$ =   7 604   79 604$
                                                                      =======

Coût de fabrication unitaire: 79 604$/18 000 u. =   4,422$
                                                     ======

(Adaptation - S.C.M.C.)

Exercice 9-13

Situation A

1) Tableau des intrants (produits)

En cours au début	10
Reçus de l'atelier 1	990
Effet d'ajout	10
Traités	1 010
	=====

2) Tableau des extrants

	Nombre de produits	Coûts en amont	M.P.	C.C.
Terminés	970	970	970	970
En cours à la fin	40	40	40	30
Traités	1 010	1 010	1 010	1 000
	=====	=====	=====	=====

3) Coût comptabilisés

	Total	Coûts en amont	M.P.	C.C.
Au début	924$	100$	750$	74$
Engagés au cours de la période	90 984	10 808	80 050	9 126
	100 908$	10 908$	80 800$	9 200$
	========	=======	=======	======

4) Coût unitaire

Coûts en amont	:	10 908$/1 010 u. =	10,80$
M.P.	:	80 800$/1 010 u. =	80,00
C.C.	:	9 200$/1 000 u. =	9,20
			100,00$
			=======

5) Distribution des coûts

Coût des produits terminés:
    970 u. X 100$ =   97 000$
Coût des produits en cours à la fin:
    40 u. (10,80$ + 80$) + 30 u. X 9,20$ =   3 908   100 908$
                                                             ========

Situation B

1) Tableau des intrants (produits)

En cours au début   10
Reçus de l'atelier 1   990
Traités   1 000
                                                             =====

2) Tableau des extrants

	Nombre de produits	Coûts en amont	M.P.	C.C.
Terminés	950	950	950	950
En cours à la fin	40	40	40	30
Pertes normales	10	10	10	10
Traités	1 000	1 000	1 000	990
	=====	=====	=====	===

3) Coût comptabilisés

	Total	Coûts en amont	M.P.	C.C.
Au début	924$	100$	750$	74$
Engagés au cours de la période	90 984	10 808	80 050	9 126
	100 908$	10 908$	80 800$	9 200$
	========	=======	=======	======

4)   Coût unitaire

Coûts en amont : 10 908$/1 000 u. = 10,908$
M.P.   : 80 800$/1 000 u. = 80,800
C.C.   :   9 200$/ 990 u. =   9,293
                                     101,001$
                                     ========

5)   Distribution des coûts

Coût des produits terminés:
    950 u. X 101,001$ =   95 950,88$
Plus: Coût des pertes normales
    10 u. X 101,001$ =   1 010,01   96 960,89$
Coût des produits en cours à la fin:
    40 u. (10,908$ + 80,800$) + 30 u. X 9,293$ =   3 947,11
                                                    100 908,00$
                                                    ===========

Donc: Coût des produits en cours à la fin du mois: 3 947,11$
                                                        =========
Coût des produits transférés par le deuxième atelier: 96 960,89$
                                                        =========

Exercice 9-14

Taux de l'augmentation du nombre de produits

$$60/1\ 200 = 5\%$$

Nombre de produits qui auraient été terminés en l'absence d'augmentation par suite de l'ajout de matière

$$300 + 735\ (100/105) = 1\ 000$$

Nombre de produits qui auraient été en cours à la fin en l'absence d'augmentation par suite de l'ajout de matière

$$525\ (100/105) = 500$$

Production équivalente

1re approche

Produits terminés en l'absence d'augmentation	1 000
S.P.C. à la fin en l'absence d'augmentation: 500 X 40% =	200
Augmentation d'unités	
Unités terminées	35
Unités en cours à la fin: 25 X 40% =	10
	1 245
	=====

2e approche

Produits terminés	1 035
Produits en cours à la fin: 525 X 40% =	210
	1 245
	=====

Rapport des coûts de production

1re et 2e approches

Coût unitaire: (1 050$ + 5 175$)/1 245 =	5$
	==

Distribution des coûts:

Coût des produits terminés: 1 035$ X 5$	5 175$
Coût des produits en cours à la fin: 210 X 5$	1 050
	6 225$
	======

Exercice 9-15

Rapport des coûts de production - atelier 1

1)   Tableau des intrants (produits)

En cours au début	20 000
Commencés	100 000
Traités	120 000
	=======

2)   Tableau des extrants

	Nombre de produits	M.P.	C.C.
Terminés	80 000	80 000	80 000
En cours à la fin	20 000	20 000	12 000
Pertes normales	4 000	4 000	4 000
Pertes anormales	16 000	16 000	16 000
Traités	120 000	120 000	112 000
	=======	=======	=======

3)   Coûts comptabilisés

	Total	M.P.W	C.C.
Au début	61 300$	55 000$	6 300$
Engagés au cours de la période	522 700	305 000	217 700
	584 000$	360 000$	224 000$
	========	========	========

4)   Coût unitaire

M.P.W	: 360 000$/120 000 u. =	3,00$
C.C.	: 224 000$/112 000 u. =	2,00
		5,00$
		=====

5)   Distribution des coûts

Coût des pertes anormales:		
16 000 u. X 5$ =		80 000$
Coût des produits terminés:		
80 000 u. X 5$ =	400 000$	
Plus: Coût des pertes normales		
4 000 u. X 5$ =	20 000	420 000
Coût des produits en cours à la fin:		
20 000 u. X 3$ + 12 000 u. X 2$ =		84 000
		584 000$
		========

Rapport des coûts de production - atelier 2

1) Tableau des intrants (produits)

En cours au début	52 000
Reçus de l'atelier 1	80 000
Augmentation du nombre des produits	8 000
Traités	140 000

2) Tableau des extrants

	Nombre de produits	Coûts en amont	M.P.W	M.P.P	C.C.
Terminés	90 000	90 000	90 000	90 000	90 000
En cours à la fin	40 000	40 000	40 000	40 000	32 000
Pertes normales (1)	3 900	3 900	3 900	0	1 950
Pertes anormales	6 100	6 100	6 100	0	3 050
Traités	140 000	140 000	140 000	130 000	127 000

(1) [90 000 u. - 52 000 u. (inspectés au cours de la période précédente) + 40 000 u.] 5% = 3 900 u.

3) Coûts comptabilisés

	Total	Coûts en amont	M.P.W	M.P.P	C.C.
Au début	448 200$	254 800$	27 000$	72 800$	93 600$
Engagés au cours de la période	847 200	420 000	43 000	122 200	262 000
	1 295 400$	674 800$	70 000$	195 000$	355 600$

4) Coût unitaire

Coûts en amont	:	674 800$/140 000 u. =	4,820$
M.P.W	:	70 000$/140 000 u. =	0,500
M.P.P	:	195 000$/130 000 u. =	1,500
C.C.	:	355 600$/127 000 u. =	2,800
			9,620$

5)   Distribution des coûts

Coût des pertes anormales:
   6 100 u. (4,820$ + 0,500$)
   + 3 050 u. X 2,800 =   40 992,00$
Coût des produits terminés:
   90 000 u. X 9,620$ =   865 800,00$
Plus: Quote-part du coût des pertes normales
   (9/13)[3 900 u. (4,820$ + 0,500$) +
   1 950 u. X 2,800$] =   18 144,00   883 994,00
Coût des produits en cours:
   40 000 u. (4,820$ + 0,500$ + 1,500$)
   + 32 000 u. X 2,800$ =   362 400,00
Plus: Quote-part du coût des pertes normales
   (4/13)[3 900 u. (4,820$ + 0,500$) +
   1 950 u. X 2,800$] =   8 064,00   370 464,00
                                                              1 295 400,00$
                                                              =============

Exercice 9-16

2.
Coût de production (Hyp.:   100 produits mis en production dans l'Atelier 1)

Atelier 1 (100 produits)

   M.P.   : (2,45$ + 0,84$) 100 =   329$
   M.O.D.   : [6,72$ (15/60)] 100 =   168
   F.G.F. imputés   : 150% X 168$ =   252
   Coût de 80 bons produits :   749$
                                             ====

Atelier 2 (80 produits)

   Coûts en amont   749$
   M.P.   : (2 X 0,70$) 80   =   112,00$
   M.O.D.   : (6,72$ (10/60)] 80 =   89,60
   F.G.F. imputés   : 89,60$ X 150%   =   134,40   336
   Coût des 70 bons produits :   1 085$
                                                            ======

Coût unitaire, compte tenu des pertes normales
$$1\ 085\$/70\ u.\ =\ 15,50\$$$
======

1.
Coût unitaire s'il n'y avait pas de pertes

Coûts de l'Atelier 1 pour 100 produits mis en fabrication	749$
Coûts de l'Atelier 2 pour 100 produits traités	420
	1 169$
	======

Coût unitaire: $1\ 169\$/100\ u.\ =\ 11,69\$$
======

Augmentation du coût unitaire par suite des pertes normales
$$15,50\$\ -\ 11,69\$\ =\ 3,81\$$$
=====

(Adaptation - S.C.M.C.)

Exercice 9-17

Section 1
1) Tableau des intrants (produits)

En cours au début	10 000
Commencés	68 000
Traités	78 000
	======

2) Tableau des extrants

	Nombre de produits	M.P.	C.C.
Terminés	70 000	70 000	70 000
En cours à la fin	8 000	8 000	4 800
Traités	78 000	78 000	74 800
	======	======	======

3) Coûts comptabilisés

	Total	M.P.	C.C.
Au début	42 000$	30 000$	12 000$
Engagés au cours de la période	417 180	204 780	212 400 (1)
	459 180$	234 780$	224 400$
	========	========	========

(1) C.C. = M.O.D. + F.G.F.
     C.C. = M.O.D. + (50% X M.O.D.)
     C.C. = 1,5 M.O.D.
     C.C. = 1,5 X 141 600$
     C.C. = 212 400$

4) Coût unitaire

M.P. : 234 780$/78 000 u. = 3,01$
C.C. : 224 400$/74 800 u. = 3,00
                             6,01$
                             =====

5) Distribution des coûts

Coût des produits terminés:	
70 000 u. X 6,01$ =	420 700$
Coût des produits en cours à la fin:	
8 000 u. X 3,01$ + 4 800 u. X 3,00$ =	38 480
	459 180$
	========

Section 2

1) Tableau des intrants (produits)

En cours au début	5 000
Reçus de la section 1	70 000
Achetés à l'extérieur	1 000
	76 000
	======

2) Tableau des extrants

	Nombre de produits	Coûts en amont	M.P.	C.C.
Terminés	61 000	61 000	61 000	61 000
En cours à la fin	11 000	11 000	11 000	6 600
Pertes normales (1)	4 000	4 000	4 000	2 000
Traités	76 000	76 000	76 000	69 600
	======	======	======	======

(1) On pose l'hypothèse que la perte est normale et survient uniformément au cours du processus.

3) Les coûts comptabilisés

	Total	Coûts en amont et M.P.	C.C.
Au début	41 500$	34 000$	7 500$
Engagés au cours de la période	573 260	479 360 (1)	93 900 (2)
	614 760$	513 360$	101 400$
	========	========	========

(1) 58 660$ + 420 700$ = 479 360$

(2) C.C. = 1,5 M.O.D.
    C.C. = 1,5 X 62 600$
    C.C. = 93 900$

4) Coût unitaire

Coûts en amont et M.P. : 513 360$/76 000 u. = 6,755$
C.C.   : 101 400$/69 600 u. = 1,457
                                                8,212$
                                                ======

5) Distribution des coûts
    Coût des produits terminés:
        61 000 u. X 8,212$ =   500 932,00$
    Plus: Quote-part du coût des pertes normales
        (61/72)(4 000 u. X 6,755$) + (610/676)
        (2 000 u. X 1,457$) =   25 521,44 526 453,44$

Coût des produits en cours à la fin:
   11 000 u. X 6,755$ + 6 600 u. X 1,457$ =   83 921,20
Plus: Quote-part du coût des pertes normales
   (11/72)(4 000 u. X 6,755$) + (61/676)
   (2 000 u. X 1,457$) =   4 391,01   88 312,21
                                                             614 765,65$ (1)
                                                             ===========

(1) Ajustement du coût des produits terminés de 5,65$.

2.

S.P.C. - Section 1	417 180,00	
Magasin		204 780,00
Salaires		141 600,00
F.G.F. imputés		70 800,00
S.P.C. - Section 2	420 700,00	
S.P.C. - Section 1		420 700,00
S.P.C. - Section 2	152 560,00	
Magasin		58 660,00
Salaires		62 600,00
F.G.F. imputés		31 300,00
S.P.F.	526 447,79	
S.P.C. - Section 2		526 447,79

(Adaptation - S.C.M.C.)

Exercice 9-18

1.   Rapports des coûts de production

Atelier 1
1)   Tableau des intrants (produits)

En cours au début	500
Commencés	20 000
Traités	20 500
	======

2) Tableau des extrants

	Nombre de produits	M.P.X	C.C.
Terminés			
En cours au début	500	0	250
Commencés	17 500	17 500	17 500
En cours à la fin	900	900	300
Pertes normales	900	900	900
Pertes anormales	700	700	700
Traités	20 500	20 000	19 650
	======	======	======

3) Coûts comptabilisés

	Total	M.P.X	C.C.
Au début	16 300$	0$	0$
Engagés au cours de la période	741 100	400 000	341 100 (1)
	757 400$	400 000$	341 100$
	========	========	========

(1) M.O.D.	262 500$
F.G.F. imputés: 19 650 u. X 4$ =	78 600
	341 100$
	========

4) Coût unitaire

M.P.X : 400 000$/20 000 u. = 20,000$
C.C.   : 341 100$/19 650 u. = 17,359
                                      37,359$
                                        =======

5) Distribution des coûts

Coût des pertes anormales:
   700 u. X 37,359$ =   26 151,30$
Coût des produits terminés:
a) venant du stock de produits en cours au début:
   Coût spécifique   16 300,00$
     C.C.: 250 u. X 17,359$ =   4 339,75   20 639,75$
b) venant de la production courante:
   17 500 u. X 37,359$ =   653 782,50

```
    Plus:  Coût des pertes normales
    900 u. X 37,359$ =                33 623,10  687 405,60  708 045,35
Coût des produits en cours:
    900 u. X 20$ + 300 u. X 17,359$ =                          23 207,70
                                                              757 404,35$ (1)
                                                              ===========
```

(1) Ajustement au coût des produits terminés de 4,35$.

Atelier 2

1)   Tableau des intrants (produits)

Au début	1 000
Reçus de l'atelier 1	18 000
Traités	19 000
	======

2)   Tableau des extrants

	Nombre de produits	Coûts en amont	M.P.Y	C.C.
Terminés				
En cours au début	1 000	0	0	150
Commencés	15 000	15 000	15 000	15 000
En cours à la fin	1 500	1 500	0	1 125
Pertes normales (6%)	990	990	0	693
Pertes anormales	510	510	0	357
Traités	19 000	18 000	15 000	17 325
	======	======	======	======

3)   Les coûts comptabilisés

	Total	Coûts en amont	M.P.	C.C.
Au début	61 500$	0$	0$	0$
Engagés au cours de la période	1 051 112	708 041	90 000	253 071 (1)
	1 112 612$	708 041$	90 000$	253 071$
	==========	========	=======	========

(1) M.O.D.   149 121$

     F.G.F. imputés: 17 325 u. X 6$ =   103 950

                                                     253 071$

                                                     ========

4) Coût unitaire

Coûts en amont : 708 041$/18 000 u. = 39,336$

M.P.Y   :   90 000$/15 000 u. =   6,000

C.C.   : 253 071$/17 325 u. = 14,607

                                                 59,943$

                                               =======

5) Distribution des coûts

Coût des pertes anormales:

   510 u. X 39,336$ + 357 u. X 14,607$ =   25 276,06$

Coût des produits terminés:

a) venant du stock de produits en cours au début

    Coût spécifique   61 500,00$

    C.C.: 150 u. X 14,607$ =   2 191,05 63 691,05$

b) venant de la production courante

    15 000 u. X 59,943$ =   899 145,00

    Plus: Quote-part du coût

    des pertes normales

    (150/165)(990 u. X 39,336$ +

    693 u. X 14,607$) =   44 604,81 943 749,81 1 007 440,86

Coût des produits en cours à la fin:

    1 500 u. X 39,336$ + 1 125 u. X 14,607$= 75 436,88

    Plus: Quote-part du coût des pertes norm.

    (15/165)(990 u. X 39,336$ +

     693 u. X 14,607$) =   4 460,48   79 897,36

                                                         1 112 614,28$ (1)

                                                         =============

(1) Ajustement du coût des produits terminés de 2,28$.

2. Écritures de journal

Stock de produits en cours - Atelier 1   741 100,00

    Magasin   400 000,00

    Salaires   262 500,00

    Frais généraux de fabrication imputés

    - Atelier 1   78 600,00

Stock de produits en cours - Atelier 2   708 041,00
Pertes anormales   26 151,30
    Stock de produits en cours - Atelier 1   734 192,30

Stock de produits en cours - Atelier 2   343 071,00
    Magasin   90 000,00
    Salaires   149 121,00
    Frais généraux de fabrication imputés
    - Atelier 2   103 950,00

Stock de produits finis   1 007 438,58
Pertes anormales   25 276,06
    Stock de produits en cours - Atelier 2   1 032 714,64

3.

Sacha ltée

<u>État du coût de fabrication</u>

pour l'exercice terminé le 31 décembre 19X2

Stock de produits en cours au début   77 800,00$
Matières premières utilisées   490 000,00
Main-d'oeuvre directe   411 621,00
Frais généraux de fabrication imputés   182 550,00
                                                           1 161 971,00

Moins: Stock de produits en cours à la fin   103 105,06$
       Pertes anormales   51 427,36   154 532,42
Coût des produits fabriqués   1 007 438,58$
                                                           =============

4.   Coût ajusté des produits vendus

    Venant du stock de produits finis au début (4 000 produits) 252 000,00$
    Venant de la production courante (13 000 produits)
    (1 007 438,58$/16 000 u) 13 000 u.   818 543,85
                                                               1 070 543,85

    Plus: sur- ou sous-imputation de l'exercice
    Atelier 1: 62 050,00$ - 78 600,00$ =   (16 550,00$)
    Atelier 2: 136 500,00$ - 103 950,00$ =   32 550,00   16 000,00
                                                               1 086 543,85$
                                                               =============

Exercice 9-19

1. Rapport des coûts de production

1) Tableau des intrants (produits)

En cours au début	400
Commencés	7 600
Traités	8 000
	=====

2) Tableau des extrants

	Nombre de produits	Lanières de cuir	Boucles	Frais de conversion
Terminés	6 800	6 800	6 800	6 800
En cours à la fin	700	700	0	350
Pertes normales				
Constatées lors de la 1re inspection	100	100	0	70
Constatées lors de la 2e inspection	200	200	200	200
Pertes anormales	200	200	0	80
Traités	8 000	8 000	7 000	7 500
	=====	=====	=====	=====

3) Coûts comptabilisés

	Total	Lanières de cuir	Boucles	Frais de conversion
Au début	1 300$	1 000$	0$	300$
Engagés au cours de la période	45 850	20 600	4 550	20 700
	47 150$	21 600$	4 550$	21 000$
	=======	=======	======	=======

4) Coût unitaire

Lanières	:	21 600$/8 000 u. = 2,70$
Boucles	:	4 550$/7 000 u. = 0,65
Frais de conversion	:	21 000$/7 500 u. = 2,80
		6,15$
		=====

5)   Distribution des coûts

    Coût des pertes anormales:
       200 u. X 2,70$ + 80 u. X 2,80$ =   764$
    Coût des produits terminés:
       6 800 u. X 6,15$ =   41 820$
    Plus: Coût des pertes normales
       300 u. X 2,70$ + 200 u. X 0,65$ + 270 u. X 2,80$ =   1 696   43 516
    Coût des produits en cours à la fin:
       700 u. X 2,70$ + 350 u. X 2,80$ =   2 870
                                                          47 150$
                                                            =======

2.   Coût unitaire de la bonne production

      43 516$/6 800 u.   6,399$
                    ======

3.   Le traitement comptable serait de débiter tous les coûts de réfection au
    compte frais généraux de fabrication et de créditer les comptes appropriés
    tels magasin, salaires, etc. Les coûts de réfection feraient alors partie
    du coût total des produits parce qu'ils seraient inclus dans les frais
    généraux de fabrication.

(Adaptation - C.M.A.)

Exercice 9-20

1.
Atelier de fermentation

M.P.   147 000$
M.O.D.   4 900
F.G.F.   13 720
Coût des produits terminés   165 620$
                               ========

Coût unitaire par litre de mélasse 165 620$/490 000 litres =   0,338$
                                                                ======

Atelier de la distribution

Coûts en amont	165 620$
M.O.D.	23 520
F.G.F.	23 520
Coût des produits terminés	212 660$
	========
Coût unitaire par litre d'alcool	212 660$/196 000 litres = 1,085$
	======

Atelier de la mise en baril

Coûts engagés pendant la période	
Coûts en amont	212 660$
M.O.D.	5 880
F.G.F.	17 640
Coût des produits terminés	236 180$
	========
Coût unitaire par litre d'alcool	236 180$/196 000 litres = 1,205$
	======

2.

S.P.C. - Fermentation	165 620	
Magasin		147 588
Salaires		4 900
Divers		13 132
S.P.C. - Distillation	212 660	
S.P.C. - Fermentation		165 620
Magasin		1 960
Salaires		23 520
Divers		21 560
S.P.C. - Mise en baril	236 180	
S.P.C. - Distillation		212 660
Magasin		7 840
Salaires		5 880
Divers		9 800
Stock de produits finis	236 180	
S.P.C. - Mise en baril		236 180

(Adaptation - S.C.M.C.)

Exercice 9-21

1.   a)   (8 400 X 10$)/8 000 = 10,50$
      b)   (6 300 X 10$)/6 000 = 10,50$

2.   a)   400/10 000 = 4%
      b)   300/10 000 = 3%

Exercice 9-22

1.   Rapports de coûts de production

Atelier 1

1)   Tableau des intrants (produits)

En cours au début	800
Commencés	29 200
	30 000

2)   Tableau des extrants

	Nombre de produits	M.P.A	C.C.
Terminés	27 000	27 000	27 000
En cours à la fin	500	500	250
Pertes normales	2 160	2 160	2 160
Pertes anormales	340	340	340
	30 000	30 000	29 750

3)   Coûts comptabilisés

	Total	M.P.A	C.C.
Au début	19 250$	16 000$	3 250$
Engagés au cours de la période	938 500	674 000	264 500 (1)
	957 750$	690 000$	267 750$

```
(1)  M.O.D.                              240 500$
     F.G.F. imputés:  4 800 X 5$ =        24 000
                                         264 500$
                                         ========
```

4) Coût unitaire

```
M.P.A: 690 000$/30 000 =  23$
C.C. : 267 750$/29 750 =   9
                          32$
                          ===
```

5) Distribution des coûts

Coût des pertes anormales:
   340 X 32$ =   10 880$
Coût des produits terminés:
   27 000 X 32$ + 2 160 X 32$ =   933 120
Coût des produits en cours à la fin:
   500 X 23$ + 250 X 9$ =   13 750
                        957 750$
                        ========

Atelier 2

1) Tableau des intrants (produits)

```
En cours au début                          1 500
Reçus de l'atelier 1                       27 000
                                           28 500
                                           ======
```

2) Tableau des extrants

	Nombre de produits	Coûts en amont	M.P.B	C.C.
Terminés				
En cours au début	1 500	0	1 500	1 050
Commencés	25 900	25 900	25 900	25 900
En cours à la fin	1 000	1 000	1 000	600
Pertes anormales	100	100	0	50
	28 500	27 000	28 400	27 600
	======	======	======	======

3) Coûts comptabilisés

	Total	Coûts en amont	M.P.B	C.C.
Au début	51 000$	0$	0$	0$
Engagés au cours de la période	1 765 920	933 120	170 400	662 400 (1)
	1 816 920$	933 120$	170 400$	662 400$
	==========	========	========	========

(1) M.O.D.   578 400$

    F.G.F. imputés: 21 000 X 4$ 84 000

                                          662 400$

                                        ========

4) Coût unitaire

Coûts en amont: 933 120$/27 000 =   34,56$

M.P.B   : 170 400$/28 400 =   6,00

C.C.   : 662 400$/27 600 =   24,00

                                       64,56$

                                       ======

5) Distribution des coûts

Coût des pertes anormales:

    100 X 34,56$ + 50 X 24$ =   4 656$

Coût des produits terminés:

a) venant du stock de produits en cours au début:

    Coût spécifique   51 000$

    M.P.B: 1 500 X 6$ =   9 000

    C.C.:   1 050 X 24$ =   25 200   85 200$

b) venant de la production courante:

    25 900 X 64,56$ 1 672 104   1 757 304

Coût des produits en cours à la fin:

    1 000 X 40,56$ + 600 X 24$ =   54 960

                                              1 816 920$

                                            ==========

2. Écritures de journal

a) Stocks de produits en cours - Atelier 1   938 500
        Magasin   674 000
        Salaires   240 500
        F.G.F. imputés - Atelier 1   24 000

b) F.G.F. Atelier 1   25 500
        Divers comptes   25 500

c) Stock de produits en cours - Atelier 2   933 120
    Pertes anormales   10 880
        Stock de produits en cours - Atelier 1   944 000

d) Stock de produits en cours - Atelier 2   832 800
        Magasin   170 400
        Salaires   578 400
        F.G.F. imputés - Atelier 2   84 000

e) F.G.F. - Atelier 2   82 500
        Divers comptes   82 500

f) Stock de produits finis   1 757 304
    Pertes anormales   4 656
        Stock de produits en cours - Atelier 2   1 761 960

g) F.G.F. imputés - Atelier 1   24 000
    F.G.F. imputés - Atelier 2   84 000
        F.G.F. - Atelier 1   25 500
        F.G.F. - Atelier 2   82 500

3.   État du coût rationnel de fabrication

Martin ltée
État du coût rationnel de fabrication
pour l'exercice 19X2

Stock de produits en cours au début	70 250$
Matières premières utilisées	844 400
Main-d'oeuvre directe	818 900
Frais généraux de fabrication imputés	108 000
	1 841 550
Stock de produits en cours à la fin	68 710
	1 772 840
Pertes anormales	15 536
Coût rationnel des produits fabriqués	1 757 304$

Exercice 9-23

1.

Rapport des coûts de production - atelier 1

1)   Tableau des intrants (produits)

En cours au début	8 000
Commencés	102 000
Traités	110 000

2)   Tableau des extrants

	Nombre de produits	M.P.P	C.C.
Terminés	90 000	90 000	90 000
En cours à la fin	20 000	20 000	10 000
	110 000	110 000	100 000

3) Coûts comptabilisés

	Total	M.P.P	C.C.
Au début	31 000$	16 000$	15 000$
Engagés au cours de la période	989 000	204 000	785 000
	1 020 000$	220 000$	800 000$

4) Coût unitaire

M.P.P: 220 000$/110 000 = 2$
C.C. :   800 000$/100 000 = 8
                             10$
                             ===

5) Distribution des coûts

Coût des produits terminés:
   90 000 X 10$ =   900 000$
Coût des produits en cours à la fin:
   20 000 X 2$ + 10 000 X 8$ 120 000
                                                         1 020 000$

Rapport des coûts de production - atelier 2

1) Tableau des intrants (produits)

En cours au début	10 000
Reçus de l'atelier 1	90 000
Augmentation du nombre de produits	9 000
	109 000

2)   Tableau des extrants

	Nombre de produits	Coûts en amont	M.P.Q	C.C.
Terminés				
En cours au début	10 000	0	0	4 000
Commencés	73 000	73 000	73 000	73 000
En cours à la fin	20 000	20 000	20 000	15 000
Pertes normales	4 650	4 650	4 650	2 325
Pertes anormales	1 350	1 350	1 350	675
	109 000	99 000	99 000	95 000
	=======	======	======	======

3)   Coûts comptabilisés

	Total	Coûts en amont	M.P.Q	C.C.
Au début	185 000$	0$	0$	0$
Engagés au cours de la période	1 965 000	900 000	495 000	570 000
	2 150 000$	900 000$	495 000$	570 000$
	==========	========	========	========

4)   Coût unitaire

Coûts en amont: 900 000$/99 000 =   9,091$
M.P.Q   : 495 000$/99 000 =   5,000
C.C.   : 570 000$/95 000 =   6,000
                                    20,091$
                                    =======

5)   Distribution des coûts

Coût des pertes anormales:
   1 350 X 14,091$ + 675 X 6$ =   23 072,85$
Coût des produits terminés
a)   venant du stock de produits en cours au début
     Coût spécifique   185 000,00$
     C.C.: 4 000 X 6$ =   24 000,00   209 000,00$
b)   venant de la production courante
     73 000 X 20,091$ =   1 466 643,00

Plus: Quote-part du coût
des pertes normales
(73/93)(4 650 X 14,091$ +
2 325 X 6$) =   62 382,15 1 529 025,15 1 738 025,15
Coût des produits en cours à la fin
20 000 X 14,091$ + 15 000 X 6$ =   371 820,00
Plus: Quote-part du coût des pertes norm.
(20/93)(4 650 X 14,091$ + 2 325 X 6$)= 17 091,00   388 911,00
                                                     2 150 009,00$ (1)
                                                     =============

(1) Ajustement du coût des produits terminés de 9$.

2.   Écritures de journal

Stock de produits en cours - Atelier 1   989 000,00
     Magasin   204 000,00
     Salaires et frais généraux de fabrication   785 000,00

Stock de produits en cours - Atelier 2   900 000,00
     Stock de produits en cours - Atelier 1   900 000,00

Stock de produits en cours - Atelier 2   1 065 000,00
     Magasin   495 000,00
     Salaires et frais généraux de fabrication   570 000,00

Stock de produits finis   1 738 016,15
Pertes anormales   23 072,85
     Stock de produits en cours - Atelier 2   1 761 089,00

Comptes clients ou Caisse   2 640 000,00
     Ventes   2 640 000,00
     (10 000 + 83 000 - 5 000) 30$

Coût des produits vendus   1 853 320,00
     Stock de produits finis   1 853 320,00
     (10 000 u. X 22$) + (78 000 u. X 20,94$)

Exercice 10-1

Un montant de 36 000$ de coûts communs a été attribué au produit P, soit 60% du total des coûts communs de 60 000$. Puisque les coûts communs sont répartis selon la valeur relative au point de séparation, on peut conclure que la valeur relative du produit P à ce point représente 60% du total de 100 000$, soit 60 000$.

Le montant correspondant à la lettre <u>c</u> est donc 60 000$.

La valeur relative du produit Q au point de séparation est:
     100 000$ - (60 000$ + 15 000$) = 25 000$.

Le montant correspondant à la lettre <u>d</u> est donc 25 000$.

Les montants de coûts communs attribués aux produits Q et R sont de:

     Q: 60 000$ (25 000$/100 000$) = 15 000$

     R: 60 000$ (15 000$/100 000$) = 9 000$

Les montants respectifs correspondant aux lettres <u>a</u> et <u>b</u> sont donc de 15 000$ et 9 000$.

(Adaptation - C.P.A.)

Exercice 10-2

La méthode de répartition des coûts communs la plus appropriée ici est celle des valeurs marchandes au point de séparation.

Valeurs marchandes au point de séparation

     J: 6 000 X 40$ = 240 000$
     K: 3 000 X 30$ =   90 000
     L: 2 000 X 15$ =   30 000
                        360 000$
                        ========

Coûts communs

     80 000$ + 130 000$ = 210 000$

Quote-part des coûts communs

```
J:  210 000$ X 240 000$/360 000$ =  140 000$
K:  210 000$ X  90 000$/360 000$ =   52 500
L:  210 000$ X  30 000$/360 000$ =   17 500
                                    210 000$
                                    ========
```

Bénéfice brut par produit

		J	K	L
Ventes:	6 000 X 50$ =	300 000$		
	3 000 X 40$ =		120 000$	
	2 000 X 20$ =			40 000$
C.P.V.:	140 000$ + 30 000$ =	170 000		
	52 500$ + 6 000$ =		58 500	
	17 500$ + 4 000$ =			21 500
Bénéfice brut		130 000$	61 500$	18 500$
		========	=======	=======
Bénéfice brut unitaire		21,67$	20,50$	9,25$
		======	======	=====

(Adaptation - C.G.A.)

Exercice 10-3

```
1.  Prix de vente du sous-produit X                         1 200$
    Coût du mélange du sous-produit X          880$
    Frais de vente et d'administration
       (10% du prix de vente)                  120        1 000

    Coûts communs à être attribués
    à chaque tonne de sous-produit X                          200$
                                                           ======


    Production
       Produit A            120 tonnes
       Produit B            360 tonnes
    8/9 de la production     480 tonnes
                            ==========
```

```
Tonnes mises en fabrication
    480 (9/8) =              540 tonnes
Produits A et B             480 tonnes
Sous-produit                 60 tonnes
                           ==========
```

Coûts communs à attribuer aux sous-produits X pour ne réaliser
aucun profit et ne subir aucune perte à leur vente: 60 X 200$ =   12 000$
                                                                  =======

2.   Bénéfice par dollar de vente
     Chiffre d'affaires: (600 000$ + 1 080 000$) =   1 680 000$

     Coûts avant séparation:
        Matières premières   312 000$
        Main-d'oeuvre directe   198 000
        Frais généraux de fabrication   330 000
                                        840 000
        Coûts attribués aux
        sous-produits X   12 000   828 000$
     Coûts après séparation:
        Empaquetage du produit A   192 000
        Finition du produit B   324 000   516 000   1 344 000
     Bénéfice brut   336 000
     Frais de vente et d'administration
        (10% du chiffre d'affaires)   168 000

     Bénéfice   168 000$
                                                                 ==========

     Bénéfice   :   168 000$ = 10%
     Chiffre d'affaires   1 680 000$

     Coût du traitement par tonne

	A	B
Prix de vente	5 000$	3 000$
Bénéfice, 10%	500	300
Frais de vente et d'administration, 10%	500	300
Coûts après séparation	1 600	900
Total	2 600$	1 500$
Coût du traitement	2 400$	1 500$
	======	======

Preuve
```
A:  120 X 2 400$ = 288 000$
B:  360 X 1 500$ = 540 000
                   828 000$
                   ========
```

(Adaptation - S.C.M.C.)

Exercice 10-4

Détermination de la quote-part des coûts communs à attribuer aux sous-produits vendus (en supposant que 50 unités de sous-produits ont été vendues).

```
Ventes des sous-produits:  50 X 5$                                       250$
Coût des traitements complémentaires:
    (50 X 2) 1,50$ =                                                     150
                                                                        100
Frais de vente:  20% X 250$ =                                            50
                                                                        50$
                                                                        ====

Quote-part par unité de sous-produit:  50$/100 =                       0,50$
                                                                       =====
Montant des coûts communs relatifs à chaque produit B vendu:  50$/50 = 1,00$
                                                                       =====
```


Exercice 10-5

La méthode de répartition des coûts communs la plus appropriée ici est celle des valeurs marchandes au point de séparation.

Taux de bénéfice brut par rapport aux coûts de fabrication

```
Valeurs marchandes totales:  (500 X 26,70$) + 41 150$ =        54 500$
Coûts de production:  35 600$ + 5 000$ + 2 000$ + 1 000$ =     43 600
Bénéfice brut                                                  10 900$
                                                              =======
% de bénéfice brut:  10 900$/43 600$ =                            25%
                                                              =======
```

Détermination de la valeur marchande du produit B au point de séparation

Valeur marchande finale	41 150$
Coûts des traitements complémentaires	8 000
	33 150
Bénéfice brut escompté sur les coûts des traitements complémentaires: 25% de 8 000$ =	2 000
Valeur marchande au point de séparation	31 150$
	=======

Répartition des coûts communs

A: 35 600$ X 13 350$/(13 350$ + 31 150$) =	10 680$
B: 35 600$ (31 150$/44 500$) =	24 920
	35 600$
	=======

Exercice 10-6

1. Valeur marchande des productions

	Absolue	Relative
Alchem - XF: 200 000 X 2,50$ =	500 000$	25%
Chem - P : 400 000 X 3,75$ =	1 500 000	75%
	2 000 000$	100%
	==========	

Coûts à répartir

Coûts dans l'atelier No 20	757 500$
Moins:	
Produit net de la vente du sous-produit:	
90 000 [0,50$ - (0,12$ + 0,03$)]	31 500
	726 000$
	========

Répartition du montant de 726 000$

Alchem - XF: 25% X 726 000$ =	181 500$
Chem - P : 75% X 726 000$ =	544 500
	726 000$
	========

Quote-part des coûts à transférer à l'atelier No 22:   181 500$
                                                                 ========

2.   Il y a 2 raisons principales:

     a)   différence dans les méthodes utilisées pour ventiler les coûts communs;
     b)   différence dans les procédés de fabrication. Par exemple, les concurrents peuvent utiliser des procédés de fabrication qui leur permettent de produire séparément chacun des produits.

(Adaptation - C.M.A.)

Exercice 10-7

	Mélange	Empaquetage	Finition du sous-produit
Matières premières			
Q: 27 500 X 20% X 15$ =	82 500$		
R: 27 500 X 50% X 10$ =	137 500		
S: 27 500 X 30% X 5$ =	41 250		
	261 250		
Coût d'entreposage - 20%	52 250		
M.O.D.	247 500	396 000$	27 500$
F.G.F.	445 500	316 800	27 500
	1 006 500		
Coûts communs attribués	(1 006 500)	896 500	110 000
		1 609 300$	165 000
Produit net de la vente du sous-produit			
2 750 X 60$ =			165 000
			-0- $
			========

Frais généraux de fabrication communs

fixes: 300 000$/3 =	100 000
variables: (22 000 X 200 000$)/25 000 =	176 000
	1 885 300$
	==========

Prix de vente du produit A	145,00$
Coûts par tonne du produit A: 1 885 300$/22 000 =	85,70
Bénéfice brut par tonne du produit A	59,30$
	=======

(Adaptation - S.C.M.C.)

Exercice 10-8

Coûts communs à répartir entre A et B	
Coûts des ateliers I et II	34 000$
Moins:	
Produit à la vente de C	1 000
	33 000$
	=======
Valeurs marchandes de A et B au point de séparation	
Valeur marchande finale de A: 1¼ X 40 000$ =	50 000$
Moins:	
Coûts après séparation	2 600
Valeur marchande de A à la séparation	47 400
Valeur marchande de B: 3/4 X 31 600$ =	23 700
	71 100$
	=======

Répartition des coûts communs entre A et B

A: (47 400$/71 100$) 33 000$ =	22 000$
B: (23 700$/71 100$) 33 000$ =	11 000
	33 000$
	=======

État du bénéfice brut

	A	B	Total
Chiffre d'affaires	50 000$	23 700$	73 700$
Coût des produits vendus	24 600	11 000	35 600
Bénéfice brut	25 400$	12 700$	38 100$
	=======	=======	=======

Exercice 10-9

		4 800 litres de Purée	3 200 litres d'Émulsion
Matières premières:			
3 600 X 1,25$ =	4 500$		
2 400$ X 2,50$ =	6 000		
Coûts de conversion	4 000		
Coûts communs attribués		7 900$	3 000$
Total des coûts communs	14 500	14 000	8 400
		21 900$	11 400$
		======	======
Moins:			
Produit net de la vente de Cade			
ventes	(1 500)		
frais d'emballage	1 000		
Coûts communs attribués à la purée	14 000$		
	=======		
Répartition des 21 900$			
Valeur marchande-Super: 2 250 X 4$ =		9 000$	
Valeur marchande de l'émulsion: 3 200 X 1,75$		5 600	
Base de répartition		14 600$	
Coûts communs attribués à Super		======	
21 900$ (9 000$/14 600$) =		13 500$	
Coûts communs attribués à l'émulsion			
21 900$ (5 600$/14 600$) =		8 400	
		21 900$	
		======	
Total des coûts concernant Super			
Ensachage: 2 250 X 0,20$ =		450$	
Coûts communs attribués		13 500	
Total		13 950$	
		======	
Total des coûts concernant Standard			
Embouteillage: 2 400 X 0,02$			48$
Coûts communs			11 400$
Moins:			
Produit net de la vente de Dem			
ventes: 600 X 0,075$ =			(45)
frais d'embouteillage: 600 X 0,02$ =			12
Total			11 367
			11 415$
			======
Nombre de produits finis		2 250 kg de Super	2 400 l de Standard
Coût unitaire		d'où 6,20$ par kg	d'où 4,75625$ par litre
		=====	=======

(Adaptation - S.C.M.C.)

Exercice 10-10

1. Valeurs marchandes au point de séparation

	Gamma	Alpha	Total
Valeur marchande			
Gamma: [(110 000 X 40%)/1,1] 12$ =	480 000$		
Alpha: 110 000 X 60% X 70% X 5$ =		231 000$	
Produit net de la vente du sous-produit Bêta			
(110 000 X 60% X 30%) 1,20$ - 8 100$ =		15 660	
Coûts engagés après la séparation	(165 000)	(61 660)	
	315 000$	185 000$	500 000$
	========	========	========
	63%	37%	
	===	===	

Répartition du montant de 120 000$
Gamma: 63% de 120 000$ =   75 600$
Alpha: 37% de 120 000$ =   44 400
                                120 000$
                                ========

2.   Tardif ltée
            État du bénéfice brut pour le produit Alpha

Ventes: 38 400 X 5$ =		192 000$
Coût des produits vendus		
Coûts communs attribués	102 000$	
Coûts engagés dans l'atelier 2	38 000	
Coûts engagés dans l'atelier 4	23 660	
Produit net de la vente du sous-produit Bêta		
(20 000 X 1,20$) - 8 100$ =	(15 900)	
	147 760	
Stock de la fin (20%)	(29 552)	118 208
Bénéfice brut		73 792$
		========

Un montant proportionnellement supérieur à 8 100$ serait ici acceptable car le montant de 8 100$ qui est donné est en fonction des 19 800 kg obtenus alors qu'on dit de supposer dans la partie 2. de la question que 20 000 kg furent vendus.

(Adaptation - C.P.A.)

Exercice 10-11

1. Calcul des coûts à la séparation et du stock du produit Bypo

Valeur de réalisation nette
  Valeur marchande
  900 u. X 0,50$ 450$
  100 u. X 0,55   55
                                                                    505
  Frais de vente (36$ ÷ 900 u.) 1 000 u.   40
  Part des coûts communs attribuée   465$
                                                                    ====

Stock de Bypo au 28 février
  Valeur marchande: 100 u. X 0,55$ 55$
  Frais de vente: 100 u. X 0,04$ 4
                                                                     51$
                                                                    ====

Coût des produits Bypo terminés   465$
                                                                    ====

Coût des produits Bypo vendus
  Stock au 31 janvier   -0-$
  Coût des produits terminés   465
                                                                    465
  Stock au 28 février   51
                                                                    414$
                                                                    ====

2. Calcul des coûts à la séparation et du stock du produit Copo

Valeur de réalisation nette hors marge bénéficiaire
  Valeur marchande
  2 000 u. X 1$ 2 000$
  1 000 u. X 0,90$ 900
                                                                  2 900
  Marge bénéficiaire (2 900$ X 10%) =   290$
  Traitement complémentaire (atelier III) =   300
  Frais de vente (800$ ÷ 2 000 u.) 3 000 u. =   1 200   1 790
  Part des coûts communs attribuée   1 110$
                                                                 ======

Stock de Copo au 28 février
  Valeur marchande 1 000 u. X 0,90$ 900$
  Marge bénéficiaire   90$
  Traitement complémentaire (300$ ÷ 3 000 u.) 1000 u. =   100
  Frais de vente 0,40$ X 1 000 u. =   400   590
  Part des coûts communs   310
  Traitement complémentaire   100
                                                                  410$
                                                                 ======

Coût des Copo terminés 1 110$ + 300$ 1 410$
                                                                 ======

```
Coût des Copo vendus
   Stock au 31 janvier                                        -0-$
   Coût des produits terminés                               1 410
                                                            1 410
   Stock au 28 février                                        410
                                                            1 000$
                                                            ======
```

3.

```
a)    S.P.C. - Atelier I                      20 000
      S.P.C. - Atelier II                      4 000
      S.P.C. - Atelier III                       300
         Magasin et divers                                 24 300

b)    S.P.C. - Atelier II                      18 425
      S.P.C. - Atelier III                      1 110
      Stock de produits Bypo                      465
         S.P.C. - Atelier I                                 20 000

c)    Stock de produits finis - Pripo         22 425
         S.P.C. - Atelier II                               22 425

d)    Stock de produits finis - Copo           1 410
         S.P.C. - Atelier III                               1 410

e)    Caisse                                   24 000
         Ventes - Pripo                                     24 000
      Coût des produits vendus                 17 940
         Stock de produits finis - Pripo                   17 940

f)    Caisse                                    2 000
         Ventes - Copo                                      2 000
      Coût des produits vendus - Copo           1 000
         Stock de produits finis - Copo                     1 000

g)    Caisse                                                  450
         Stock de produits Bypo                                414
         Frais de vente et d'administration                     36
```

4.

	PRIPO	COPO	BYPO	TOTAL
Chiffre d'affaires	24 000$	2 000$	450$	26 450$
Coût des produits vendus	17 940	1 000	414	19 354
Bénéfice brut	6 060	1 000	36	7 096
Frais de vente et d'administration	2 000	800	36	2 836
Bénéfice	4 060$	200$	-0-$	4 260$
	=======	======	====	=======

(Adaptation - C.P.A.)

Exercice 10-12

Atelier 1
    M.P. Z: 20 000 u. X 10$ =   200 000$
    M.P. Y: 30 000 u. X 5$ =   150 000
    C.C.   300 000
                                                                 650 000$
                                                                 ========

Atelier 2
    Coûts en amont
       650 000$ X 25% =   162 500$
    Coûts de conversion   93 000
    Contenants de produit C: 8 000 u. X 2$ =   16 000
    Valeur de réalisation nette de M
    Ventes: 1 000 u. X 10$ =   10 000$
    Contenants: 1 000 u. X 1$ =   1 000   (9 000)
                                                                 262 500$
                                                                 ========

Atelier 3
    Coûts en amont
       650 000$ X 75% =   487 500$
    M.P. X: 10 000 u. X 5$ =   50 000
    Coûts de conversion   50 000
                                                                 587 500$
                                                                 ========

Valeur de réalisation nette relative à A et B au point de séparation
    Produit A
       Ventes: 30 000 u. X 21$ =   630 000$
       Contenants : 30 000 u. X 10$ =   30 000
                                                                600 000   (6/7)

    Produit B
       Ventes: 3 000 u. X 50$ =   150 000$
       C.C. (atelier 4)   47 000$
       Contenants: 300 u. X 10$ =   3 000   50 000   100 000   (1/7)
                                                                700 000$
                                                                ========

Partage des coûts en communs

A:	587 500$ X 6/7 =	503 571$
B:	587 500$ X 1/7 =	83 929
		587 500$
		========

Coût unitaire

	A	B	C
Coût de base:	503 571$	83 929$	262 500$
Coûts spécifiques	30 000	50 000	-0-
	533 571$	133 929$	262 500$
	========	========	========
Quantité	30 000	3 000	8 000
	======	=====	=====
Coût unitaire	17,786$	44,643$	32,813$
	======	======	======

Exercice 10-13

1.

Produits	Prix de vente	Litres produits	Valeur marchande	Coûts des trait. compl.	Valeur théorique	Coûts communs répartis
Méthylène	2,10$	2 500	5 250$	750$	4 500$	4 000$
Térébenthine	1,60$	7 500	12 000	3 000	9 000	8 000
			17 250$	3 750$	13 500$	12 000$
			=======	======	=======	=======

2.

	Méthylène	Térébenthine
Ventes	5 250$	12 000$
Coût des produits vendus		
Coûts communs	4 000	8 000
Coûts des traitements complémentaires	750	3 000
	4 750$	11 000$
Bénéfice brut	500$	1 000$
	======	=======

3. Voir 1.

4.

Produits	Prix de vente	Litres produits	Valeur marchande	Coûts des trait. compl.	Valeur théorique	Coûts communs répartis
Méthylène	2,10$	2 500	5 250$	750$	4 500$	7 200$
Térébenthine	1,60$	3 750	6 000	3 000	3 000	4 800
					7 500$	12 000$
					======	=======

(Adaptation - S.C.M.C.)

Exercice 10-14

1.

Base de la répartition

MO:	1 200 kg (13$ - 3$) =	12 000$
JO:	2 400 kg (24$ - 4$) =	48 000
		60 000$
		=======

MO:	(12 000$/60 000$) 28 000$ =	5 600$
JO:	(48 000$/60 000$) 28 000$ =	22 400
		28 000$
		=======

Tom ltée

Rapport des coûts de production

pour le mois d'avril 19X5

Atelier I

Tableau des intrants (produits)

Mis en fabrication   4 000
                             =====

Tableau des extrants

Transférés à l'atelier II	1 200
Transférés à l'atelier III	2 400
Transférés au stock de produits finis	400
	4 000
	=====

	Total	Par unité
Coûts comptabilisés		
Matières premières	20 000$	5,000$
Main-d'oeuvre et frais généraux de fabrication	8 380	2,095
	28 380	7,095$
Produit net provenant de la vente du sous-produit	380	
	28 000$	
	=======	

Distribution du coût des produits terminés

Transférés à l'atelier II	5 600$
Transférés à l'atelier III	22 400
	28 000$
	=======

Atelier II

Tableau des intrants (produits)

En cours au début	100
Reçus de l'atelier I	1 200
Traités	1 300
	=====

Tableau des extrants

	Nombre de produits	Coûts en amont	C.C.
Terminés			
En cours au début	100	-0-	50
Commencés	900	900	900
En cours à la fin	300	300	150
Traités	1 300	1 200	1 100
	=====	=====	=====

Coûts comptabilisés

	Total	Coûts en amont	C.C.
Au début	590$	-0-$	-0-$
Engagés au cours de la période	8 900	5 600	3 300
	9 490$	5 600$	3 300$
	======	======	======

Coût unitaire

Coûts en amont: 5 600$/1 200 u. =		4,666$
C.C.: 3 300$/1 100 u. =		3,000
		7,666$
		======

Distribution des coûts

Coût des produits terminés

   a)   venant des stocks de produits en cours au début

      Coût spécifique   590$

      C.C.: 50 u. X 3$ =   150

                                         740

   b)   venant de la production courante

      900 u. X 7,666$ =   6 900   7 640$

Coût des produits en cours à la fin

   300 u. X 4,666$ + 150 u. X 3$ 1 850

                                       9 490$

                                        ======

Atelier III

Tableau des intrants (produits)

En cours au début	300
Reçus de l'atelier I	2 400
Traités	2 700
	=====

Tableau des extrants

	Nombre de produits	Coûts en amont	C.C.
Terminés			
En cours au début	300	-0-	150
Commencés	1 700	1 700	1 700
En cours à la fin	700	700	350
Traités	2 700	2 400	2 200
	=====	=====	=====

Coûts comptabilisés

	Total	Coûts en amont	C.C.
Au début	2 010$	-0-$	-0-$
Engagés au cours de la période	31 200	22 400	8 800
	33 210$	22 400$	8 800$
	=======	=======	======

Coût unitaire

Coûts en amont: 22 400$/2 400 u. =		9,333$
C.C.: 8 800$/2 200 u. =		4,000
		13,333$
		=======

Distribution des coûts

Coût des produits terminés

   a)   venant des stocks de produits en cours au début

Coût spécifique	2 010$		
C.C.: 150 u. X 4$ =	600	2 610$	

   b)   venant de la production courante

1 700 u. X 13,333$ =		22 667	25 277$

Coût des produits en cours à la fin

700 u. X 9,333$ + 350 u. X 4$		7 933
		33 210$
		=======

2.   Tableau des stocks de produits finis

    MO: (500/900) 6 900$ =   3 833,33$
    JO: (1 200/1 700) 22 667$ =   16 000,24
                                                                      19 833,57$
                                                                     ==========

    Pour les stocks de produits en cours, voir 1.

(Adaptation - C.P.A.)

Exercice 10-15

1.		Opération 1	Opération 2	Opération 3			Opération 4		
			AD	BC	B	C	D	A	
		1 kg	0,5 kg	0,4 kg	0,25 kg	3/20 kg	0,1 kg	0,3 kg	
M.P.		2,70$							
M.O.D. et F.G.F.		1,80	1,00$	1,20$	0,50$	0,60$	0,10$		
		4,50$							
Répartition		(4,50)	2,50	2,00					
			3,50	3,20					
Produit net de la vente									
du sous-produit D (1)			(0,20)						
			3,30						
Affectation			(3,30)					3,30$	
				(3,20)	2,00	1,20			
					2,50$	1,80$	0,10$	3,30$	
					======	======	=====	======	
Coût par kg					10,00$	12,00$		11,00$	
					======	======		======	

(1) Vente: 0,1 X 3$ =   0,30$
     Frais engagés pour l'opération 4   0,10
                                                                        0,20$
                                                                       =====

2.   **Division chimique**
État des résultats
pour l'exercice terminé le 31 décembre 19X5

	A	B	C	Total
Chiffre d'affaires	112 000$	60 000$	60 000$	232 000$
Coût des produits vendus				
Coût de fabrication	132 000	100 000	72 000	304 000
Stock à la fin	44 000	40 000	24 000	108 000
	88 000$	60 000$	48 000$	196 000$
	24 000$	-0-$	12 000$	36 000$
Frais de vente et d'administration (2)	16 800	9 000	9 000	34 800
Profit (perte)	7 200$	(9 000$)	3 000$	1 200$
	========	=========	=======	========

(2) Frais de vente et d'administration/chiffre d'affaires
     34 800$/232 000$ = 15%

(Adaptation S.C.M.C.)

Exercice 10-16

1.   Calcul du coût unitaire de production
relatif à chacun des produits B et C
pour le mois de novembre 19X5

	Produit B	Produit C	Total
Atelier I			
Valeurs marchandes relatives au point			
de séparation			
Valeurs marchandes finales	440 000$	220 000$	660 000$
Marges pour bénéfices et frais engagés			
dans les ateliers II (43,75%) et			
III (62,5%)	192 500	137 500	330 000
	247 500$	82 500$	330 000$
	========	========	========

Répartition des coûts communs de l'atelier I

Atelier II: (247 500$/330 000$) 123 024$ =   92 268$
Atelier III: (82 500$/330 000$) 123 024$ =   30 756
                                                 123 024$
                                                 ========

Atelier II

Tableau des intrants (produits)
    En cours au début   400
    Reçus de l'atelier I   5 126
    Traités   5 526
                                                       =====

Tableau des extrants

	Nombre de produits	Coûts en amont	M.P. et C.C.
Terminés	5 200	5 200	5 200
En cours à la fin	326	326	163
Traités	5 526	5 526	5 363
	=====	=====	=====

Coûts comptabilisés

	Total	Coûts en amont	C.C.
Au début	8 480$	7 200$	1 280$
Engagés au cours de la période	100 748	92 268	84 528
	109 228$	99 468$	85 808$
	========	=======	=======

Coût unitaire
    Coûts en amont: 99 468$/5 526 u. =   18$
    M.P. et C.C.:   85 808$/5 363 u. =   16
                                                         34$
                                                         ===

Atelier III

Tableau des intrants (produits)

En cours au début	110
Reçus de l'atelier I	2 796
Traités	2 906
	=====

Tableau des extrants

	Nombre de produits	Coûts en amont	M.P. et C.C.
Terminés	2 571	2 571	2 571
En cours à la fin	335	335	201
	2 906	2 906	2 772
	=====	=====	=====

Coûts comptabilisés

	Total	Coûts en amont	M.P. et C.C.
Au début	1 375$	1 210$	165$
Engagés au cours de la période	44 451	30 756	13 695
	45 826$	31 966$	13 860$
	======	======	======

Coût unitaire

Coûts en amont:	31 966$/2 906 u. =	11$
M.P. et C.C.:	13 860$/2 772 u. =	5
		16$
		===

2.

Avantages

Elle peut être employée là où les co-produits n'ont aucune valeur déterminable au point de séparation. Elle tient compte de l'importance relative des traitements après la séparation.

Inconvénients

Elle suppose que chaque co-produit génère le même pourcentage de bénéfice brut sur les coûts engagés avant la séparation, ce qui peut réduire l'utilité du système de coûts. De plus, les fluctuations dans le prix de vente affectent la répartition des coûts même en l'absence de modifications véritables dans les coûts de production de chacun des produits.

(Adaptation - C.A.)

Exercice 10-17

1.

Valeur de réalisation nette du produit A

Ventes: (90 000 u. X 10$)		900 000$
Coûts spécifiques		
Matière première "Canno"	250 000$	
Coûts de conversion - Atelier 2	150 000	400 000
		500 000$
		========

Valeur de réalisation nette du produit B

Ventes: (190 000 u. X 6$) =		1 140 000$
Coûts spécifiques		
Matières première "Duro"	280 000$	
Coûts de conversion - Atelier 3	130 000	
Valeur de réalisation nette du sous-produit Z (1)	(20 000)	390 000
		750 000$
		==========

(1) Valeur de réalisation nette du sous-produit Z:

Ventes: (5 000 u. X 10$) =		50 000$
Matière première "Pruno"	10 000$	
Coûts de conversion	20 000	30 000
		20 000$
		==========

Coûts communs (Atelier I)

Matière première "Bardo"		400 000$
Coûts de conversion		350 000
		750 000$
		==========

Partage des coûts communs entre les produits A et B

A: 750 000$ X 500/1 250 =	300 000$
B: 750 000$ X 750/1 250 =	450 000
	750 000$
	=========

Coût unitaire des co-produits

	A	B
Coûts communs	300 000$	450 000$
Coûts spécifiques	400 000	390 000
	700 000$	840 000$
	========	========
Quantité	90 000	190 000
	========	========
Coût unitaire	7,778$	4,421$
	========	========

2.   Vente immédiate ou non des éléments retenus par le tamis

     a)   Poursuite de l'exploitation de l'Atelier 4

         Valeur de réalisation   20 000$

                                               =======

     b)   Vente immédiate

         Produit de la vente: 5 000 u. X 6$ =   30 000$

         Coûts de conversion   15 000

                                               15 000$

                                               =======

Il est donc préférable de poursuivre l'exploitation de l'Atelier 4.

Exercice 10-18

1. a) Production en kilogrammes

Produit	Proportion	Poids brut	Kilogrammes perdus	Poids net
Tranches	0,35	94 500 kg	-0-	94 500 kg
Purée	0,28	75 600	-0-	75 600
Jus	0,27	72 900	5 400	67 500 (1)
Nourriture animale	0,10	27 000	-0-	27 000
		270 000 kg	5 400	264 600 kg

(1) Soit X le nombre de kg de jus obtenus. Nous avons l'équation suivante:

$$72\ 900 - 0,08x = x$$
$$72\ 900 = 1,08x$$
$$67\ 500 = x$$

b) Valeur marchande au point de séparation

Produit	Kilogrammes obtenus	Prix de vente par kg	Chiffre d'affaires	Coûts spécifiques	Valeur marchande au point de séparation Absolue	Relative
Tranches	94 500	0,60	56 700$	4 700$	52 000$	52%
Purée	75 600	0,55	41 580	10 580	31 000	31
Jus	67 500	0,30	20 250	3 250	17 000	17
			118 530$	18 530$	100 000$	100%

c) Répartition des coûts communs

Coûts de la section de la coupe			60 000$
Produit net du sous-produit			
Valeur marchande		2 700$	
Coûts spécifiques		700	2 000

Solde de coûts communs à répartir entre les co-produits selon leur valeur marchande respective au point de séparation 58 000$

Répartition des coûts communs

Tranches,	52%	30 160$
Purée,	31%	17 980
Jus,	17%	9 860
		58 000$

d)   Marge bénéficiaire brute totale

Produit	Valeur marchande	Coûts spécifiques	Coûts communs	Marge bénéficiaires brute
Tranches	56 700$	4 700$	30 160$	21 840$
Purée	41 580	10 850	17 980	13 020
Jus	20 250	3 250	9 860	7 140
	118 530$	18 530$	58 000$	42 000$

2.   Les marges de bénéfice brut sont peu significatives car elles découlent de répartitions arbitraires des coûts communs. Les coûts ainsi calculés servent à la détermination du prix coûtant des stocks et du coût des produits vendus, mais les bénéfices bruts qui en résultent présentent peu de valeur aux fins de planification et de contrôle.

(Adaptation - C.M.A.)

Exercice 10-19

Ruban Bleu ltée
État du coût du cent kilogrammes de boeuf dépecé
pour le mois de juin

	Boeuf dépecé	Peaux	Gras	Sous-produits Produits non comestibles	Nourriture pour chiens
Coûts avant séparation					
M.P.: (90 X 500 kg) 1$ =	45 000$				
M.O.D.:	985				
F.G.F.	910				
	46 895				

Valeurs marchandes		2 200$	860$	400$	1 100$
Frais de vente et d'administration		110	43	20	55
Bénéfice net prévu		176	43	20	110
		286$	86$	40$	165$
Coût total des sous-produits		1 914$	774$	360$	935$
Coûts des traitements complémentaires		360	180	204	160
Coût des sous-produits à être crédité au produit principal	3 079	1 554$	594$	156$	775$
Coût net du produit principal	43 816$				

Coût du cent kg de boeuf dépecé:

   (43 816$ X 100)/(90 X 500 X 60%)

   = 162,28$
   =======

(Adaptation - S.C.M.C.)

Exercice 10-20

1. Premier point de séparation

	Valeur absolue	Valeur relative
Valeurs marchandes à la séparation		
A: 2 000 X 100$ =	200 000$	50,0%
B: (1 000 X 77$) - 7 000$ =	70 000	17,5%
C et X:		
(1 500 X 90$) + (500 X 20$) - 15 000$ =	130 000	32,5%
	400 000$	100%

Répartition des 300 000$ de coûts communs:		
A		150 000$
B		52 500
C et X		97 500
		300 000$

Deuxième point de séparation

Attribution de coûts communs aux sous-produits X

Valeur marchande: 500 X 20$ =	10 000$
Frais de fabrication spécifiques	1 000
	9 000$
	=======

Répartition des 111 500$ de coûts communs

Total: 97 500$ + 14 000$	111 500$
Quote-part à attribuer aux sous-produits X	9 000
Quote-part à attribuer au produit X	102 500$
	========

2.   Éïtat du bénéfice brut

	A	B	C	Sous-produit
Chiffre d'affaires	200 000$	77 000$	135 000$	10 000$
Coût des produits vendus	150 000	59 500	102 500	10 000
Bénéfice brut	50 000$	17 500$	32 500$	0$
	========	=======	========	=======

Exercice 10-21

B ltée

Rapport des coûts de production

pour le mois d'août 19X5

Atelier 1

Tableau des intrants (produits)

En cours au début et mis en fabrication	3 100
	=====

Tableau des extrants

	Nombre de produits	M.P.	C.C.
Transférés à l'atelier II	1 000	1 000	1 000
Transférés à l'atelier III	2 000	2 000	2 000
En cours à la fin	100	80	70
	3 100	3 080	3 070
	=====	=====	=====

Coûts comptabilisés

	Total	M.P.	C.C.
Au début	712$	470$	242$
Engagés au cours de la période	11 748	7 692	4 056
	12 460$	8 162$	4 298$
	======	======	======

Coût unitaire
    M.P.: 8 162$/3 080 =   2,65$
    C.C.: 4 298$/3 070 =   1,40
                             4,05$
                             =====

Distribution des coûts
    Coût des produits terminés
        Transférés à l'atelier II
            ((1 000 X 9,72$)/[(1 000 X 9,72) + (2 000 X 3,24$)])
            X (3 000 X 4,05$) =   7 290$
        Transférés à l'atelier III
            (3 000 X 4,05$) - 7 290$ =   4 860   12 150$
    Coût des produits en cours à la fin
        80 X 2,65$ + 70 X 1,40$ =   310
                                                             12 460$
                                                             =======

Atelier II

Tableau des intrants (produits)
        En cours au début   x
        Reçus de l'atelier 1   1 000
                                                         x + 1 000
                                                         =========

Tableau des extrants

	Nombre de produits	Coûts en amont	M.P.	C.C.
Terminés	945	945	945	945
En cours à la fin	50	50	50	30
	995	995	995	975
	===	===	===	===

Note: La différence entre (x + 1 000) et 995 représente des pertes normales qui se sont produites uniformément au cours de la période; de telles pertes peuvent être ignorées dans le calcul des équivalences.

Coûts comptabilisés

	Total	Coûts en amont et en M.P.		C.C.
Au début	684,60$	574,60$		110$
Engagés au cours de la période	15 750,00	11 843,00	(1)	3 907
	16 434,60$	12 417,60$		4 017$
	==========	==========		======

(1) 4 553$ + 7 290$ = 11 843$

Coût unitaire
  Coûts en amont et en M.P.: 12 417,60$/995 =   12,48$
  C.C.: 4 017$/975 =   4,12
          16,60$
          ======

Distribution des coûts
  Coût des produits terminés
    945 X 16,60$ =   15 687,00$
  Coût des produits en cours à la fin
    50 X 12,48$ + 30 X 4,12$ 747,60
          16 434,60$
          ==========

Atelier III

Tableau des intrants (produits)
    En cours au début   y
    Reçus de l'atelier 1   2 000
                                                          y + 2 000
                                                          =========

Tableau des extrants

	Nombre de produits	Coûts en amont	M.P.	C.C.
Terminés	1 850	1 850	1 850	1 850
En cours à la fin	40	40	40	16
	1 890	1 890	1 890	1 866
	=====	=====	=====	=====

Note: De même nature que celle relative à l'atelier II.

Coûts comptabilisés

	Total	Coûts en amont et en M.P.	C.C.
Au début	1 587$	747$	840$
Engagés au cours de la période	27 789	20 232 (1)	7 557
	29 376$	20 979$	8 397$
	=======	=======	======

(1)   15 372$ + 4 860$ = 20 232$

Coût unitaire
    Coûts en amont et en M.P.: 20 979$/1 890 =   11,10$
    C.C.: 8 397$/1 866 =   4,50
                                                             15,60$
                                                             ======

Distribution des coûts
    Coût des sous-produits obtenus (voir Atelier IV)   925$
    Coût des produits terminés
       (1 850 X 15,60$) - 925$ 27 935
    Coût des produits en cours à la fin
       40 X 11,10$ + 16 X 4,50$ =   516
                                                             29 376$
                                                             =======

Atelier IV

Comme il n'y a pas de produits en cours, le seul chiffrage du coût des sous-produits T obtenus suffit.

Coûts en amont (1)	925$
Coûts engagés au cours de la période	856
	1 781$
	======

(1) Valeur de réalisation nette des sous-produits T

Chiffre d'affaires		2 233$
Coûts		
Engagés pour l'atelier IV	856$	
Frais de vente	452	1 308
		925$
		======

(Adaptation - C.A.)

Exercice 11-1

1. Coût unitaire estimatif: 320$/20 = 16$

2. Écart net:

Coûts engagés	6 460$
Production équivalente selon PEPS évaluée au coût estimatif	
380 X 16$	6 080
	380$
	======

3. Répartition de l'écart net:

Équivalence selon PEPS:
Produits transférés

Produits en cours au début (100)	80$
Nouveaux produits (370 - 100)	270
Produits en cours à la fin	30
	380$
	====

Redressement à l'unité équivalente:
380$/380 = 1$

```
      Répartition de l'écart net:
         S.P.C. - fin:  30 X 1$                                    30$
         S.P.F. - fin:  20 X 1$                                    20
         C.P.V.:  380$ - 30$ - 20$ =                               330
                                                                   380$
                                                                   ====
```

4. S.P.C. - fin: 30 X 17$ =   510$
                                                                   ====

    S.P.F. - fin: 20 X 17$ =   340$
                                                                   ====

5. Équivalence selon coûts moyens: 370 + 30 =   400
                                                                   ===

    Redressement à l'unité équivalente: 380$/400 =   0,95$
                                                                   =====

    S.P.C. - fin: 30 (16$ + 0,95$) =   508,50$
                                                                   =======

    S.P.F. - fin: 20 (16$ + 0,95$) =   339,00$
                                                                   =======

Exercice 11-2

1. Calcul de l'écart net:

        Coûts engagés - (prod. équiv. selon PEPS x prix de revient un. estimatif)
        5 567$ - (500 X 10$) = 567$ D
                                ====

2. Solution selon PEPS:
    Répartition de l'écart net:
        Redressement à l'unité: 567$/500 unités = 1,134$

Équivalence selon PEPS aux fins de répartition:

S.P.C. - fin: 40 X 40% =	16 unités
S.P.F. - fin:	50
C.P.V.: 500 - (16 + 50) =	434
	500 unités
	===

Répartition de l'écart net:

S.P.C. - fin: 16 X 1,134$ =	18,14$
S.P.F. - fin: 50 X 1,134$ =	56,70
C.P.V.: 434 X 1,134 =	492,16
	567,00$
	=======

3. Solution selon PEPS:
S.P.C. de la fin:

16 (10$ + 1,134$) =	178,14$
	=======

S.P.F. de la fin:

50 (10$ + 1,134$) =	556,70$
	=======

4. Solution selon Coûts moyens:
Redressement à l'unité: 567$/525 unités = 1,08$

Équivalence selon les coûts moyens pour fins de répartition:

S.P.C. - fin: 40 X 40%	16 unités
S.P.F. - fin:	50
C.P.V.: 525 - 66	459
	525 unités
	===

Répartition de l'écart net:

S.P.C. - fin: 16 X 1,08$ =	17,28$
S.P.F. - fin: 50 X 1,08$ =	54,00
C.P.V.: 459 X 1,08$ =	495,72
	567,00$
	=======

5. Solution selon Coûts moyens:

S.P.C. - fin: 16 X 11,08$ =	177,28$
S.P.F. - fin: 50 X 11,08$ =	554,00$

Exercice 11-3

Analyse du S.P.F.:

Coûts estimatifs (atelier 1): (4 800$/6 600$) 1 650$ =	1 200$
Coûts estimatifs (atelier 2)	450
	1 650$
	======

Importance relative des composantes des coûts estimatifs concernant l'atelier 1:

	Au coût estimatif	Importance relative
M.P.: En cours au coût estimatif	300$	1/2
M.O.D.: En cours au coût estimatif après complétion:		
100$ X 100%/50%	200	1/3
F. gén. de F.: En cours au coût estimatif après complétion:		
50$ X 100%/50%	100	1/6
	600$	
	====	

Base servant à la ventilation des écarts concernant l'atelier 1:

	Base de ventilation: le coût estimatif
Écart sur M.P.:	
Produits en cours dans l'atelier 1	Coût estimatif de 300$
Produits en cours dans l'atelier 2: 600$ X ½	Coût estimatif de 300
Produits finis: 1 200$ X ½	Coût estimatif de 600
Produits vendus: 4 800$ X ½	Coût estimatif de 2 400
	3 600$
	======

Importance relative de l'écart: 180$/3 600$ = 5%

Écart sur M.O.D.:

Produits en cours dans l'atelier 1	100$
Produits en cours dans l'atelier 2: 600$ X 1/3	200
Produits finis: 1 200$ X 1/3	400
Produits vendus: 4 800 X 1/3	1 600
	2 300$
	======

Importance relative de l'écart: 23$/2 300$ = 1%

Écart sur frais généraux de fabrication:

Produits en cours dans l'atelier 1	50$
Produits en cours dans l'atelier 2: 600$ X 1/6	100
Produits finis: 1 200$ X 1/6 =	200
Produits vendus: 4 800$ X 1/6 =	800
	1 150$
	======

Importance relative de l'écart: 46$/1 150$ = 4%

Répartition des écarts:

	S.P.C.-At.1	S.P.C.-At.2	S.P.F.	C.P.V.
Écart sur M.P.:				
5% X 300$	15$			
5% X 300		15$		
5% X 600			30$	
5% X 2 400				120$
Écart sur M.O.D.:				
1% X 100$	1			
1% X 200		2		
1% X 400			4	
1% X 1 600				16

Écart sur F. gén. de F.:

4% X 50$	2			
4% X 100		4		
4% X 200			8	
4% X 800	___	___	___	_32_
	18$	21$	42$	168$
	===	===	===	====

Exercice 11-4

a) S.P.C. - matières premières   7 600,00
    Magasin   7 600,00

b) S.P.C. - main-d'oeuvre directe   2 137,50
    Salaires   2 137,50

c) S.P.C. - frais généraux de fabrication   4 110,00
    Frais généraux de fabrication imputés (5$ X 822)   4 110,00

d) Frais généraux de fabrication   5 700,00
    Divers   5 700,00

e) Frais généraux de fabrication imputés   4 110,00
Écarts   1 590,00
    Frais généraux de fabrication   5 700,00

f) Stock de produits finis (30$ X 475)   14 250,00
    S.P.C. - matières premières (15$ X 475)   7 125,00
    S.P.C. - main-d'oeuvre directe (5$ X 475)   2 375,00
    S.P.C. - frais généraux de fabrication (10$ X 475)   4 750,00

g) Coût des produits vendus (30$ X 400)   12 000,00
    Stock de produits finis   12 000,00

h) S.P.C. - main-d'oeuvre directe   237,50
S.P.C. - frais généraux de fabrication   640,00
    S.P.C. - matières premières   475,00
    Écarts   402,50
Enregistrement des écarts.

i) S.P.C. - matières premières   80,00
    S.P.C. - frais généraux de fabrication   144,00
    Stock de produits finis   375,00
    Coût des produits vendus   612,50
        S.P.C. - main-d'oeuvre directe   24,00
        Écarts   1 187,50
    Répartition des écarts.

Tableau des équivalences (épuisement successif)

	M.P.	M.O.D.	F. gén. de F.
Unités terminées - en cours au début - 80	–	32	8
Unités terminées - nouvelles - 395	395	395	395
Stock de produits en cours - fin	80	48	72
	475	475	475
	===	===	===

Calcul des écarts (épuisement successif)

	Coût réel relatif à la production équivalente	Coût estimatif de la production équivalente	Écart total	Écart unitaire
Matières	7 600,00$	(475 X 15$) = 7 125$	475,00$ D	1,00$
M.O.D.	2 137,50	(475 X 5$) = 2 375	237,50 F	0,50
F. gén. de F.	5 700,00	(475 X 10$) = 4 750	950,00 D	2,00
			1 187,50$ D	
			========	

Répartition des écarts (épuisement successif)

	Unités équivalentes	Redressement à l'unité	Total
Matières:			
Stock de produits en cours	80	1,00$	80,00$
Stock de produits finis	150	1,00$	150,00
Coût des produits vendus	245	1,00$	245,00
	475		475,00$ D
	===		=======

Main-d'oeuvre:

Stock de produits en cours	48	0,50$	24,00$
Stock de produits finis	150	0,50$	75,00
Coût des produits vendus	277	0,50$	138,50
	475		237,50$ F

Frais généraux de fabrication:

Stock de produits en cours	72	2,00$	144,00$
Stock de produits finis	150	2,00$	300,00
Coût des produits vendus	253	2,00$	506,00
	475		950,00$ D

Tableau des équivalence (méthode des coûts moyens)

	Matières	Main-d'oeuvre	F. gén. de F.
Transferts	475	475	475
En cours à la fin	80	48	72
	555	523	547

Le calcul des écarts reste le même selon la méthode des coûts moyens.

Répartition des écarts (méthode des coûts moyens)

	Unités équivalentes	Redressement* à l'unité	Total
Matières:			
Stock de produits en cours	80	0,8558$ (1)	68,46$
Stock de produits finis	150	0,8558$	128,37
Coût des produits vendus	325	0,8558$	278,17
	555		475,00$
Main-d'oeuvre:			
Stock de produits en cours	48	0,4541$ (2)	21,80$
Stock de produits finis	150	0,4541$	68,12
Coût des produits vendus	325	0,4541$	147,58
	523		237,50$

Frais généraux de fabrication:

Stock de produits en cours	72	1,7367$ (3)	125,04$
Stock de produits finis	150	1,7367$	260,51
Coût des produits vendus	325	1,7367$	564,45
	547		950,00$

* Hypothèse: méthode de l'épuisement successif pour le stock de produits finis.

(1) 475$/555; (2) 237,50$/523; (3) 950$/547.

Écritures de journal (méthode des coûts moyens):

a), b), c), d), e), f), g) et h) demeurent les mêmes.

i)	S.P.C. - matières premières	68,46	
	S.P.C. - frais généraux de fabrication	125,04	
	Stock de produits finis	320,76	
	Coût des produits vendus	695,04	
	S.P.C. - main-d'oeuvre directe		21,80
	Écarts		1 187,50

(Adaptation - C.A.)

Exercice 11-5

Équivalences de la production

Atelier - Fabrication:	M.P.	Coûts de conversion
Transferts:		
En cours - début	–	130
Nouvelles unités	1 960	1 960
En cours - fin	300	180
	2 260	2 270

Coûts unitaires:

  M.P.: 18 080$/2 260 = 8,00$

  M.O.D.: 7 718$/2 270 = 3,40

  F. gén. de F.: 6 356$/2 270 = 2,80

Atelier - Finition:

  Transferts:

En cours - début	36$
Nouvelles unités reçues	
En cours - début (At. Fab.)	200
Autres	1 720
En cours - fin	<u>144</u>
	2 100$
	======

  Coûts unitaires:

    M.O.D.: 6 510$/2 100 = 3,10$

    F. gén. de F.: 3 234$/2 100 = 1,54$

Calcul des écarts

	Solde du compte S.P.C.	S.P.C. de la fin - au coût estimatif	Écart	Équiva-lence	Redressement à l'unité équivalente
Fabrication:					
M.P.	3 968	2 160	1 808 D	2 260	0,80$
M.O.D.	194	648	454 F	2 270	0,20
F. gén. de F.	1 340	432	908 D	2 270	0,40
Finition:					
M.O.D.	642	432	210 D	2 100	0,10$
F. gén. de F.	300	216	84 D	2 100	0,04

Répartition des coûts

Fabrication:

  M.P.:

S.P.C.	300 X 0,80$ =	240$
Transferts - At. - Fabrication	240 X 0,80 =	192
S.P.F.	200 X 0,80 =	160
C.P.V.	1 520 X 0,80 =	1 216
	2 260	1 808$ D
		======

  M.O.D.:

S.P.C.	180 X 0,20$ =	36$
Transferts - At. - Fabrication	240 X 0,20 =	48
S.P.F.	200 X 0,20 =	40
C.P.V.	1 650 X 0,20 =	330
	2 270	454$ F
		====

  F. G. de F.:

S.P.C.	180 X 0,40$ =	72$
Transferts - At. - Fabrication	240 X 0,40 =	96
S.P.F.	200 X 0,40 =	80
C.P.V.	1 650 X 0,40 =	660
	2 270	908$ D
		====

Finition:

  M.O.D.:

S.P.C.	144 X 0,10$ =	14,40$
S.P.F.	200 X 0,10 =	20,00
C.P.V.	1 756 X 0,10 =	175,60
	2 100	210,00$ D
		=======

  F. gén. de F.:

S.P.C.	144 X 0,04$ =	5,76$
S.P.F.	200 X 0,04 =	8,00
C.P.V.	1 756 X 0,04 =	70,24
	2 100	84,00$ D
		======

Écritures:

S.P.C. - M.P. - At. - Fabrication	18 080	
S.P.C. - M.O.D. - At. - Fabrication	7 718	
S.P.C. - F. gén. de F. - At. - Fabrication	6 356	
Magasin		18 080
Salaires		7 718
F. gén. de F.		6 356
Transferts - At. - Fabrication	28 512	
S.P.C. - M.P. - At. - Fabrication		15 552
S.P.C. - M.O.D. - At. - Fabrication		7 776
S.P.C. - F. gén. de F. - At. Fabrication		5 184
S.P.C. - M.O.D. - At. - Finition	6 510	
S.P.C. - F. gén. de F. - At. - Finition	3 234	
Salaires		6 510
F. gén. de F.		3 234
S.P.F.	35 400	
Transferts - At. - Fabrication		26 400
S.P.C. - M.O.D. - At. - Finition		6 000
S.P.C. - F. gén. de F. - At. - Finition		3 000
C.P.V.	31 860	
S.P.F.		31 860
Écarts	2 556	
S.P.C. - M.O.D. - At. - Fabrication	454	
S.P.C. - M.P. - At. - Fabrication		1 808
S.P.C. - F. gén. de F. - At. - Fabrication		908
S.P.C. - M.O.D. - At. - Finition		210
S.P.C. - F. gén. de F. - At. - Finition		84
S.P.C. - M.P. - At. - Fabrication	240,00	
S.P.C. - F. gén. de F. - At. - Fabrication	72,00	
S.P.C. - M.O.D. - At. - Finition	14,40	
S.P.C. - F. gén. de F. - At. - Finition	5,76	
S.P.F.	228,00	
C.P.V.	1 791,84	
Transferts - At. - Fabrication	240,00	
S.P.C. - M.O.D. - At. - Fabrication		36
Écarts		2 556

(Adaptation - C.P.A.)

Exercice 11-6

1.

S.P.C. - M.P. - atelier I	24 687,50	
Magasin (6 000$ + 23 862$ - 5 174,50$)		24 687,50
S.P.C. - M.O.D. - atelier I	23 887,50	
Salaires		23 887,50
S.P.C. - F. gén. de F. - atelier I	25 962,50	
Divers		25 962,50
Transferts - atelier I (4 800 X 13$)	62 400,00	
S.P.C. - M.P. - atelier I (4 800 X 4$)		19 200,00
S.P.C. - M.O.D. - atelier I (4 800$ X 4$)		19 200,00
S.P.C. - F. gén. de F. - atelier I (4 800$ X 5$)		24 000,00
S.P.C. - M.O.D. - atelier II	21 303,00	
Salaires		21 303,00
S.P.C. - F. gén. de F. - atelier II	20 850,00	
Divers		20 850,00
Stock de produits finis (4 000 X 22,50$)	90 000,00	
Transferts - atelier I (4 000 X 13$)		52 000,00
S.P.C. - M.O.D. - atelier II (4 000 X 4,50$)		18 000,00
S.P.C. - Frais gén. de F. - atelier II (4 000 X 5$)		20 000,00
Coût des produits vendus (4 000 X 22,50$)	90 000,00	
Stock de produits finis (4 000 X 22,50$)		90 000,00
Comptes clients (4 000 X 30$)	120 000,00	
Ventes (4 000 X 30$)		120 000,00
Écarts	6 175,50	
S.P.C. - F. gén. de F. - atelier I	537,50	
S.P.C. - matières premières - atelier I		1 487,50
S.P.C. - M.O.D. - atelier I		2 687,50
S.P.C. - M.O.D. - atelier II		2 538,00

S.P.C. – matières premières – atelier I	287,50
S.P.C. – M.O.D. – atelier I	287,50
Transferts – atelier I (230$ + 460$ – 92$)	598,00
Coût des produits vendus	
(970$ + 1 940$ – 388$ + 2 400$)	4 922,00
S.P.C. – M.O.D. – atelier II	138,00
S.P.C. – F. gén. de F. – atelier II	57,50
Écarts	6 175,50

2. Atelier I:

Matières premières	(4,00$ + 0,25$) = 4,25$
Main-d'oeuvre directe	(4,00 + 0,50) = 4,50
Frais généraux de fabrication	(5,00 – 0,10) = 4,90

Atelier II:

Main-d'oeuvre directe	(4,50$ + 0,60$) = 5,10$
Frais généraux de fabrication	= 5,00

Tableau des intrants (produits)

	Atelier I	Atelier II
Unités en cours au début	150	120
Unités mises en fabrication	5 800	–
Unités reçues durant la période	–	4 800
	5 950	4 920
	=====	=====

Tableau des extrants

Unités transférées aux produits finis	–	4 000
Unités transférées à l'atelier suivant	4 800	–
Unités en cours à la fin	1 150	920
	5 950	4 920
	=====	=====

<u>Tableau des équivalences</u>

Atelier I:

	<u>Matières premières</u>	Main-d'oeuvre et frais <u>généraux de fabrication</u>
Transferts	4 800	4 800
En cours à la fin	<u>1 150</u>	<u>575</u>
	5 950	5 375
	=====	=====

Atelier II:

Transferts		4 000
En cours à la fin		<u>230</u>
		4 230
		=====

Atelier I:

Stock de produits en cours	1 150	575
Transferts	920	920
Stock de produits finis	-	-
Coût des produits vendus	<u>3 880</u>	<u>3 880</u>
	5 950	5 375
	=====	=====

Atelier II:

Stock de produits en cours		230
Coût des produits vendus		<u>4 000</u>
		4 230
		=====

Calcul des écarts

Coût réel relatif à la production équivalente	Coût estimatif de la production équivalente	Écart total	Écart unitaire

Atelier I:

M.P. (24 687,50+600)=25 287,50$	(5 950X4,00$) = 23 800$	1 487,50$ D	0,25$
M.O.D.(23 887,50+300)=24 187,50	(5 375X4,00$) = 21 500	2 687,50 D	0,50
F.gén. de F.			
(25 962,50+375)=26 337,50	(5 375X5,00$) = 26 875	537,50 F	0,10
		3 637,50$ D	
		=========	

Atelier II:

M.O.D.(21 303,00+270)=21 573,00	(4 230X4,50$) = 19 035	2 538,00 D	0,60
F. gén. de F.			
(20 850,00+300)=21 150,00	(4 230X5,00$) = 21 150	-	-
		6 175,50$	
		=========	

Répartition des écarts:

	Équivalence	Redressement à l'unité	Total

Atelier I:

Matières:

	Équivalence	Redressement à l'unité	Total
Stock de produits en cours	1 150*	0,25$	287,50$
Transferts	920	0,25	230,00
Coût des produits vendus	3 880	0,25	970,00
	5 950		1 487,50$ D
	=====		=========

Main-d'oeuvre:

	Équivalence	Redressement à l'unité	Total
Stock de produits en cours	575*	0,50	287,50$
Transferts	920	0,50	460,00
Coût des produits vendus	3 880	0,50	1 940,00
	5 375		2 687,50$ D
	=====		=========

Frais généraux de fabrication:

Stock de produits en cours	575*	0,10	57,50$
Transferts	920	0,10	92,00
Coût des produits vendus	3 880	0,10	388,00
	5 375		537,50$ F
	=====		=========

* Il faut se rappeler que selon la méthode des coûts moyens, le redressement unitaire s'applique sur toutes les unités en cours à la fin dans l'atelier II.

Atelier II:

Main-d'oeuvre:

Stock de produits en cours	230	0,60	138,00$
Coût des produits vendus	4 000	0,60	2 400,00
	4 230		2 538,00$ D
	=====		=========

(Adaptation - S.C.M.C.)

Exercice 12-1

6 (2 X 10$ + 3 X 8$)/5 = 52,80$

Exercice 12-2

Quantité de matière achetée: quantité utilisée + quantité en stock à la fin
= 8 500 kg + 1 000 kg
= 9 500 kg

Écart sur prix à l'achat:
(9,70$ - 9,50$) 9 500   = 1 900$ D

Écart sur quantité
(8 500 - 8 700) 9,50$ = 1 900 F

Exercice 12-3

1. Écart sur temps: [16 400 - (8 000 X 2 h)] 8$ = 3 200$ D

    Écart sur taux: 400 X 4$ = 1 600$ D

2.

F. gén. de F. réels	F. gén. de F. budgétés aux heures réelles	F. gén. de F. budgétés aux heures standards	F. gén. de F. standards
F. 41 000$	40 000$	40 000$	32 000$
V. 25 000	24 600	24 000	24 000
66 000$	64 600$	64 000$	56 000$
=======	=======	=======	=======

Écart/dépenses concernant les F. gén. de F. fixes   1 000$ D
Écart/dépenses concernant les F. gén. de F. variables   400 D
Écart sur rendement   600 D
Écart sur volume   8 000 D

3. La même cause que celle relative à l'écart sur temps.

Exercice 12 -4

1. Coût standard du produit en M.O.D.:

    Rémunération hebdomadaire   = (40 h X 10$)/50 = 8$
    Production qui pourrait être atteinte

2. a) Signification des paliers représentés par des pointillés:

    - Aux fins de planification (préparation du budget de trésorerie)
      Représentent les déboursés que l'entreprise devra effectuer concernant
      la main-d'oeuvre directe.

    De 0 à 50 unités par semaine:
        1 ouvrier --- déboursé   400$

    de 51 à 100 unités par semaine:
        2 ouvriers --- déboursé   800

    de 101 à 150 unités par semaine:
        3 ouvriers --- déboursé   1 200

b) Signification de la droite oblique:

- Aux fins de contrôle
  Représente les coûts standards en main-d'oeuvre directe par rapport à la production totale.

0 unité	--- coût	0$
1 unité	--- coût	8
2 unités	--- coût	16
etc.		

Exercice 12-5

1. | | | |
   |---|---|---|
   | M.P. | 500$/100 = | 5,00$ |
   | M.O.D. | 200$/ 50 = | 4,00 |
   | Frais gén. de fab. | 200$/ 50 = | 4,00 |
   | | | 13,00$ |
   | | | ====== |

2. | | | |
   |---|---|---|
   | M.P. | 10 000$ /1 800 = | 5,55$ |
   | M.O.D. | 7 585$ /1 850 = | 4,10 |
   | Frais gén. de fab. | 7 307,50/1 850 = | 3,95 |
   | | | 13,60$ |
   | | | ====== |

Exercice 12-6

(Une seule imputation pour les frais généraux de fabrication)

1. Total des frais fixes réels: 3$ X 2 100 articles = 6 300$

2. Écart sur dépenses:

Frais généraux de fabrication fixes réels (2 100 X 3$)	6 300$
Frais généraux de fabrication fixes budgétés	5 000
	1 300$ D

   Écart sur volume:

5 000 h	
4 200 h	
800 h X 1,00$	800 D

   Écart global   2 100$ D
   ======

3. Écart sur dépenses:

	3,00$	
	2,00	
1,00$ X 5 250 h		5 250$ F

Écart sur rendement:

	5 250 h	
	4 200 h	
1 050 h X 3,00$		3 150 D
Écart global		2 100$ F
		======

Autre solution: (deux imputations pour les frais généraux de fabrication)

1. Voir première solution

2. Écart sur dépenses: (Voir première solution)   1 300$ D
   Écart sur rendement: (2,5 - 2) 2 100 X 1$ 1 050 D
   Écart sur volume: 5 000$ - (2,5 X 2 100) 1$ 250 F
   2 100$ D
   ======

3. Écart sur dépenses: (Voir première solution)   5 250$ F
   Écart sur rendement: (Voir première solution)   3 150 D
   2 100$ F
   ======

Autre solution: (une seule imputation des frais généraux de fabrication)

1. Voir première solution

2. Écart sur budget   1 300$ D
   Écart sur volume   800 D
   2 100$ D
   ======

3. Écart sur budget: 5 250$ F - 3 150$ D   2 100$ F
   ======

Exercice 12-7

Taux d'imputation des frais généraux de fabrication variables:

Total des frais généraux de fabrication au niveau de la
   capacité normale: (10 000 heures X 2,00$)   20 000$
Total des frais généraux de fabrication fixes   5 000
Total des frais généraux de fabrication variables au
   niveau de la capacité normale   15 000$
   =======

Taux d'imputation des variables: 15 000$/10 000 h = 1,50$ l'heure

Écarts:

Matières premières:
  Écart sur prix à l'utilisation: (0,92$ - 1,00$) (2 000 X 5,25) = 840$ F
                                                                   ====

  Écart sur quantité: [(5,25 - 5) 2 000] 1,00$ = 500$ D
                                                                   ====

Main-d'oeuvre directe:
  Écart sur taux: (8$ - 7,50$) (2 000 X 3,5)   = 3 500$ D
                                                             ======

  Écart sur temps: [(3,5 - 4) 2 000] 7,50$ = 7 500$ F
                                                             ======

Frais généraux de fabrication:
  Deux écarts:

  Écart sur budget: Frais gén. de fab. - Frais gén. de fab. budgétés
                     réels   aux heures standards
                       16 000$ -   17 000$ 1 000$ F
                                                              ======

  Écart sur volume: Frais gén. de fabrication   - Frais gén. de fab.
                     budgétés aux heures standards   standards
                       17 000$ -   16 000$ 1 000$ D
                                                              ======

  Trois écarts (Une seule imputation pour les frais généraux de fabrication):

  Écart sur dépenses: Frais gén. de fab. - Frais gén. de fab. budgétés
                       réels   aux heures réelles
                         16 000$ -   15 500$ 500$ D
                                                              ====

  Écart sur rendement: Frais gén. de fabrication - F. gén. de fab.budg.
                          aux heures réelles   aux heures standards
                           15 500$ -   17 000$ 1 500$ F
                                                               ======

  Écart sur volume: Frais gén. de fabrication   - Frais gén. de fab.
                     budgétés aux heures standards   standards
                       17 000$ -   16 000$ 1 000$ D
                                                              ======

Trois écarts (Deux imputations pour les frais généraux de fabrication):

Écart sur dépenses: Frais gén. de fab. - Frais gén. de fab. budgétés
réels   aux heures réelles
16 000$ -   15 500$ 500$ D
                                                     ====

Écart sur volume: Frais gén. de fabrication   - Frais gén. de fab.
budgétés aux heures réelles   imputés
15 500$ -   14 000$ 1 500$ D
                                                   ======

Écart sur rendement: Frais gén. de fab. - Frais gén. de fabrication
imputés   standards
14 000$ -   16 000$ 2 000$ F
                                             ======

Exercice 12-8

1. Différents types de standard qu'une firme peut utiliser:

   a) Standard idéaliste (très élevé)
      - ne peut être atteint par personne;
      - effet négatif sur la motivation

   b) Standard accessible ou pratique (raisonnable)
      - peut être atteint, mais à condition de fournir un effort plus que moyen;
      - motive l'ouvrier à atteindre le niveau désiré de productivité

   c) Standard sous la normale
      - peut être atteint par tous;
      - ne motive pas l'ouvrier à atteindre la productivité qu'on serait en droit d'attendre de lui. Il visera plutôt à s'en tenir à la productivité qui est en deçà du possible

   Le standard utilisé par l'entreprise (pour fins de motivation) est un standard idéaliste. Les ouvriers ont essayé de l'atteindre en janvier et février, puis ils ont abandonné la partie par la suite.

2. L'utilisation en parallèle de deux standards est mauvaise en soi. On peut penser que les ouvriers ont appris l'existence de ce système; ils ont dès lors probablement perdu confiance dans ce système et possiblement dans tout

autre système de contrôle des coûts. On remarque que les écarts sur temps, alors qu'ils étaient favorables de janvier à mars, sont devenus nuls en avril, puis nettement défavorables par la suite (nous parlons ici des écarts sur temps pour fins de comptabilité).

Nul cas n'a été fait de l'opinion du vice-président de la production qui était d'avis que le standard temps établi par les ingénieurs était hors d'atteinte.

(Adaptation - C.M.A.)

Exercice 12-9

1. Si le phénomène d'apprentissage continue à jouer, la main-d'oeuvre devrait réussir à réduire le temps moyen de la fabrication durant l'année 2 tout comme elle l'a fait durant l'année 1.

2. Pourcentage d'apprentissage: 10/12,5 = 80%

3. Temps moyen pour les 8 000 unités: 8 000 (80% X 6,40)   40 960 h
    Temps moyen pour les 4 000 premières unités: 4 000 X 6,4   25 600
    Temps additionnel pour les 4 000 unités de l'année 3   15 360 h
                                                                   ========

    Temps standard en M.O.D. par unité: 15 360 heures/4 000 unités 3,84/unité
                                                                   =========

Exercice 12-10

1. Coûts standard par produit: 602 000$/14 000 = 43$

    Nombre de produits fabriqués en novembre:

        Coût standard des produits fabriqués = 688 000$/43$ = 16 000
        Coût standard par produit fabriqué

2. Eléments du coût standard par produit fabriqué:

    Matières premières: 10 pièces à 0,40$ = 64 000$/16 000 =   4$
    Main-d'oeuvre directe: 3 h à 9,00$ = 432 000$/16 000 =   27
    Frais généraux de fabrication imputés: 3 h à 4$ = 192 000$/16 000 =   12
                                                                          43$
                                                                          ===

Écart sur quantité de M.P.: 1 600$ D

    (QU - QS) PS
    (? - 160 000) 0,40$ = 1 600$
     d'où ? = 164 000 pièces

3. Écart sur temps de M.O.D.: 4 800$ D

    (HR - HS) TS
    (? - 48 000) 9$ = 14 400$
     d'où ? = 49 600 heures

4. Écart sur taux de M.O.D.: 7 440$ F

    (TS - TR) HR
    (9$ - ?) 49 600 = 7 440$
     d'où ?   = 8,85$

5. Écart sur rendement: 2 400$ D

    (HR - HS) FVS
    (49 600 - 48 000) ? = 2 400$
     d'où ? = 1,50$ de frais variables standards à l'heure ; donc, les frais
               fixes standards à l'heure sont de 2,50$, soit 4,00$ - 1,50$.

    Écart sur volume: 7 500$ F

    (HS - HN) FFS
    (48 000 - ?) 2,50$ = 7 500$
     d'où ? = 45 000 heures

Donc, la capacité normale correspond à 45 000 heures.

6.

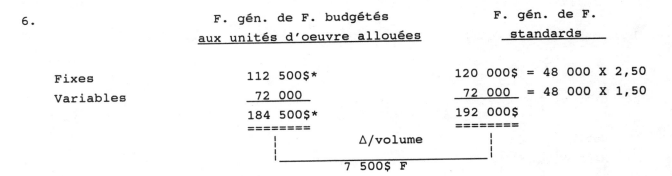

	F. gén. de F. budgétés aux unités d'oeuvre allouées	F. gén. de F. standards
Fixes	112 500$*	120 000$ = 48 000 X 2,50
Variables	72 000	72 000 = 48 000 X 1,50
	184 500$*	192 000$

Δ/volume

7 500$ F

7.

	F. gén. de F. réels	F. gén. de F. budgétés aux unités d'oeuvre réelles
Fixes	115 200$*	112 500$ =
Variables	72 900	74 000 = 49 600 X 1,50
	188 100$*	186 900$

Δ/dépenses

1 200$ D

*Montants trouvés par différence

Écart sur dépenses relatif aux frais fixes: 115 200$ - 112 500$ = 2 700$D

Écart sur dépenses relatif aux frais variables: 72 900$ - 74 400$= 1 500$F

8. —L'écart défavorable sur quantité de matières premières diminuerait de 800$, soit (200 X 10 pièces X 0,40$/pièce)

—L'écart défavorable sur temps de main-d'oeuvre directe diminuerait de 5 400$, soit (200 X 3 heures X 9$/heure)

—L'écart défavorable sur rendement diminuerait de 900$, soit (200 X 3 heures X 1,50/heure)

—L'écart favorable sur volume augmenterait de 1 500$, soit (200 X 3 heures X 2,50$/heure)

(Adaptation - S.C.M.C.)

Exercice 12-11

1. Écart sur prix: (PS - PR) QA
   = (0,60$ - 0,50$) 500 000 = 50 000$ F

2. Écart sur quantité: (QU - QS) PS
   = [472 500 - (90 000 X 5)] 0,60$ = 13 500 D

3. Écart sur taux: (TR - TS) HR
   = (7,80$ - 7,50$) 175 000 = 52 500 D

4. Écart sur temps: (HS - HR) TS
   = [(90 000 X 2) - 175 000] 7,50$ = 37 500 F

5.

	F. gén. de F. budgétés aux unités d'oeuvre réelles	F. gén. de F. budgétés aux unités d'oeuvre standards
Fixes	350 000$	350 000$
Variables	357 000 (1)	360 000 (2)
	707 000$	710 000$

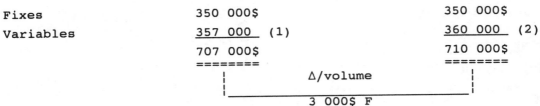

Δ/volume

3 000$ F

(1) (175 000 h X 1,50$) + (472 500 kg X 0,20$)

(2) (90 000 X 2 h X 1,50$) + (90 000 X 5kg X 0,20$)

6.

	F. gén. de F. budgétés aux unités d'oeuvre standards	F. gén. de F. standards
Fixes	350 000$	
Variables	360 000	
	710 000$	720 000$ (1)

Δ/volume

10 000$ F

(1) 90 000 X 8$ = 720 000$

Exercice 12-12

1.

Tableau des équivalences

	M.P.	M.O.D.	F. gén. de F.
Transferts	17 000	17 000	17 000
Produits en cours - fin			
M.P.: 3 000$/3$	1 000		
M.O.D.: 4 000$/8$		500	
F. gén. de F.: 3 000$/6$			500
	18 000	17 500	17 500

2. Écart sur prix:

   67 200$ - (140 000 X 0,50$) =   2 800$ F

   Écart sur quantité:

   [140 000 - (14 000$/0,50$) - (18 000 X 6)] 0,50$ =

   (112 000 - 108 000) 0,50$ =   2 000 D

                                                                   800$ F

Écritures:

Magasin	70 000	
Fournisseurs		67 200
Écart sur prix		2 800
S.P.C.	54 000	
Écart sur quantité	2 000	
Magasin		56 000

3. En désaccord avec l'affirmation. Le service des achats peut acheter une qualité inférieure pour en arriver à des écarts favorables sur prix quitte à ce que le service de production ait à faire face à des écarts défavorables sur quantité.

   De même, le service de production peut, suite à un mauvais calendrier de travail qu'il aurait établi, exiger que des commandes urgentes de matières premières soient passées en des quantités non économiques sans que le service des achats soit fautif.

4. Frais généraux de fabrication variables budgétés à l'heure de main-d'oeuvre directe:

   3 000\$/(1 000 X 2 heures) = 1,50\$

   Taux d'imputation pour les frais généraux de fabrication fixes:

   3\$ - 1,50\$ = 1,50\$

   Frais généraux de fabrication fixes budgétés pour l'année:

   1,50\$ X 80 000 X 2 heures = 240 000\$

	F. gén. de F. réels	F. gén. de F. budgétés	F. gén. de F. budgétés	F. gén. de F. standards
Fixes	72 000\$	60 000\$	60 000\$	52 500\$
Variables	59 400	55 500	52 500	52 500
	131 400\$	115 500\$	112 500\$	105 000\$
	========	========	========	========

Δ/dépenses	Δ/rendement	Δ/volume
15 900\$ D	3 000\$ D	7 500\$ D

5. L'écart sur temps est défavorable puisque l'écart sur rendement est défavorable et que l'unité d'oeuvre est l'heure de main-d'oeuvre directe.

(Adaptation - S.C.M.C.)

Exercice 12-13

1.

Éléments de coûts	Variables pour 15 000 unités	Variables par unité	Total des variables à 25 000 unités	Total à 25 000 unités	Portion fixe
Matières premières	30 000$	2$	50 000$	50 000$	-
Main-d'oeuvre directe	105 000	7	175 000	175 000	-
	135 000$	9$	225 000$	225 000$	-
Fournitures	15 000	1,00$	25 000$	25 000$	-
Main-d'oeuvre indirecte	30 000	2,00	50 000	50 000	-
Salaires-maîtrise	11 250	0,75	18 750	33 750	15 000$
Chauffage, éclairage et électricité	11 250	0,75	18 750	22 750	4 000
Dotation à l'amortissement	-	-	-	63 000	63 000
Assurances et taxes foncières	-	-	-	8 000	8 000
	67 500$	4,50$	112 500$	202 500$	90 000$

2. Le coût standard d'une unité de produit:

Matières premières	2,00$
Main-d'oeuvre directe	7,00
Frais généraux de fabrication	
variables	4,50
fixes: (90 000$/30 000 h) 1,5	4,50
	18,00$

3. Coût standard de la production équivalente de la période, par élément de coût et en total:

```
Transferts          20 000        20 000        20 000
S.P.C. - fin          5 000         2 000         2 000
                    25 000 un.    22 000 un.    22 000 un.
                    X 2,00$/un.   X 7,00$/un.   X 9,00$/un.
                    50 000$       154 000$      198 000$       402 000$
                                                               ========
```

4. (Hypothèse: une seule imputation)

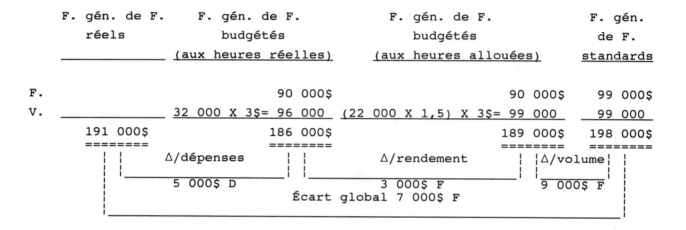

```
    F. gén. de F.      F. gén. de F.              F. gén. de F.                F. gén.
       réels             budgétés                    budgétés                  de F.
    _____    (aux heures réelles)       (aux heures allouées)        standards

F.                      90 000$                         90 000$              99 000$
V.  _____   32 000 X 3$= 96 000    (22 000 X 1,5) X 3$= 99 000       99 000
    191 000$            186 000$                         189 000$            198 000$
    ========            ========                         ========            ========
         │  │    Δ/dépenses      │ │       Δ/rendement       │ │Δ/volume│ │
         │  │_____│ │_____│ │ │_____│ │
         │        5 000$ D            │        3 000$ F              9 000$ F  │
         │                      Écart global 7 000$ F                          │
         │_____│
```

5.

```
    F. gén. de F.        F. gén. de F. budgétés        F. gén. de F.
       réels              (aux heures standards)          standards
    _____        _____        _____

F.                            90 000$                     99 000$
V.  _____              99 000                      99 000
    191 000$                  189 000$                    198 000$
    ========                  ========                    ========
         │  │    Δ/dépenses       │ │        Δ/volume          │ │
         │  │_____│ │_____│ │
         │        2 000$ D             │         9 000$ F            │
         │              Ecart global 7 000$ F                        │
         │_____│
```

6. Écart sur main-d'oeuvre directe:

Réels	HR X TS	HS X TS
32 000	32 000	33 000 22 000 X 1,5
X 4,50	X 4 2/3	X 4 2/3
144 000$	149 333$	154 000$
========	========	========

Δ/taux   Δ/temps

                5 333$ F   4 667$ F
                    Ecart global 10 000$ F

7. F. gén. de F. imputés   198 000
    Ecart sur dépenses   5 000
        Ecart sur rendement   3 000
        Ecart sur volume   9 000
        F. gén. de F.   191 000

    S.P.C.   154 000
        Ecart sur taux   5 333
        Ecart sur temps   4 667
        Salaires   144 000

(Adaptation - S.C.M.C.)

Exercice 12-14

1.
    a) Frais généraux de fabrication imputés
        330 000 X 1,20$ 396 000$

    b) Ecart global sur dépenses concernant les frais généraux de fabrication
        variables
            F. gén. de F. variables réels   186 000$
            F. gén. de F. variables budgétés aux heures réelles
                315 000 X 0,59$ 185 850
                                                               150$ D
                                                           ========

    c) Ecart global sur dépenses concernant les frais généraux de fabrication
        fixes
            F. gén. de F. fixes réels   189 000$
            F. gén. de F. fixes budgétés   183 000
                                                             6 000$ D
                                                           ========

d) Ecart sur rendement

F. gén. de F. var. budgétés aux heures réelles	185 850$
F. gén. de F. var. budgétés aux heures allouées	
(66 000 X 5 h) 0,59$	194 700
	8 850$ F
	========

e) Ecart sur volume

F. gén. de F. fixes budgétés	183 000$
F. gén. de F. fixes standards	
66 000 X (0,61$ X 5 h)	201 300
	18 300$ F
	========

f) Ecart sur budget

Ecart sur dépenses

Fixes	6 000$ D
Variables	150 D
Ecart sur rendement	8 850 F
	2 700$ F
	======

2.

b)

	F. gén. de F. var. réels	F. gén. de F. var. budgétés	Ecart
M.O.I.	75 000	315 000 X 0,25$ = 78 750	3 750$ F
Fournitures	111 000	315 000 X 0,34$ = 107 100	3 900 D

c)

	F. gén. de F. fixes réels	F. gén. de F. fixes budgétés	Ecart
Surveillance	51 000	54 000	3 000$ F
Services publics	54 000	45 000	9 000 D
Avertissement	84 000	84 000	–

d)

	F. gén. de F. var. budgétés	F. gén. de F. var. budgétés	Ecart
M.O.I.	315 000 X 0,25$ = 78 750$	330 000 X 0,25$ = 82 500$	3 750$ F
Fournitures	315 000 X 0,34$ = 107 100	330 000 X 0,34$ = 112 200	5 100 F

(Adapatation - C.M.A.)

Exercice 12-15

1.

Coût standard en F. gén. de F.:	2,25$ X 10 h =	212,50$
Coût standard en M.O.D.:	7,75$ X 10 h =	77,50$
Budget mensuel en F. gén. de F. fixes		16 875$
Coût standard en F. gén. de F. fixes: 16 875$/2 250 =		7,50$
Taux d'imputation pour les fixes: 7,50$/10 h =		0,75$
Taux d'imputation pour les variables: 2,25$ - 0,75$ =		1,50$

	Réels	Budgétés	Budgétés	Standards
F.	17 000$	16 875$	16 875$	15 375$
V.	31 045	31 125	30 750	30 750
	48 045$	48 000$	47 625$	46 125$
	=======	=======	=======	=======

```
              |  Δ/dépenses  |  |  Δ/rendement  |  |   Δ/volume   |
              |_____|  |_____|  |_____|
                  45$ D             375$ D             1 500$ D
```

2. **Ecart sur taux:**

Coût réel de la M.O.D.	166 000,00$
HR X TS = 20 750 X 7,75$	160 812,50
	5 187,50$ D
	==========

Ecart sur temps:

HR X TS	160 812,50$
HS X TS = 2 050 X 10 h X 7,75$	158 875,00
	1 937,50$ D
	==========

3.

	Réels	Budgétés	Standards
F.	17 000$	16 875$	15 375$
V.	31 045	30 750	30 750
	48 045$	47 625$	46 125$
	=======	=======	=======

```
                  |    Δ/sur budget   |  |    Δ/volume   |
                  |_____|  |_____|
                         420$ D              1 500$ D
```

(Adaptation - S.C.M.C.)

<u>Exercice 12-16</u>

Ecart sur prix:(QA X PS) - (QA X PR)

    (25 000 X PS) - 38 000 = 2 000$ F

    25 000 PS = 40 000

    PS = 1,60$

Ecart sur quantité:(QU - QS) PS

    [QU - (10 000 X 2)] 1,60 = 4 000$ D

    1,60 QU - 32 000 = 4 000

    1,60 QU = 36 000

    QU = 22 500

Ecart sur taux:(HR X TR) - (HR X TS) = 3 000$ D

    40 000 - (HR X TS) = 3 000

    (HR X TS) = 37 000

Ecart sur temps: (HS X TS) - (HR X TS) = 3 700$ F

    (HS X TS) - 37 000 = 3 700

    HS X TS = 40 700

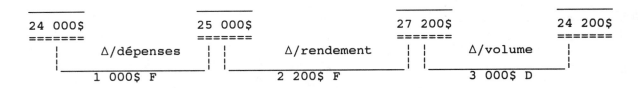

F. gén. de F. réels	F. gén. de F. budgétés aux heures réelles	F. gén. de F. budgétés aux heures standards	F. gén. de F. standards
24 000$	25 000$	27 200$	24 200$
Δ/dépenses 1 000$ F		Δ/rendement 2 200$ F	Δ/volume 3 000$ D

1. Donc

    Coûts standards en M.P. (soit QS X PS) = 32 000$

    Coûts standards en M.O.D. (soit HS X TS) = 40 700

    Coûts standards en F. gén. de F.   = <u>24 200</u>

                  96 900$

   Coût standard à l'unité de production: 96 900$/10 000 = 9,69$

2. Magasin   40 000

    Ecart sur prix   2 000

    Fournisseurs   38 000

S.P.C.	32 000	
Ecart sur quantité	4 000	
Magasin		36 000
Salaires	37 000	
Ecart sur taux	3 000	
Salaires à payer		40 000
S.P.C.	40 700	
Salaires		37 000
Ecart sur temps		3 700
F. gén. de F.	24 000	
Divers crédits		24 000
S.P.C.	24 200	
F. gén. de F. imputés		24 200
F. gén. de F. imputés	24 200	
Ecart sur volume	3 000	
F. gén. de F.		24 000
Ecart sur dépenses		1 000
Ecart sur rendement		2 200
S.P.F.	96 900	
S.P.C.		96 900
C.P.V.	87 210	
S.P.F.		87 210

(Adaptation - S.C.M.C.)

Exercice 12-17

1. Ecart sur main-d'oeuvre directe:

Coût de 950 unités au prix de revient standard de 150$	
l'unité: 150$ X 950	142 500$
Frais réels de la main-d'oeuvre directe	192 000
	49 500$

Ecart sur taux:

    (16$ - 15$) 12 000   12 000$ D

Ecart sur temps:

    [12 000 - (950 X 10)] 15$ 37 500 D

                                                          49 500$

On peut répartir davantage l'écart sur temps comme suit:

Selon le budget variable, il serait possible de travailler 11 400 heures au lieu de 9 500 heures, soit 20% de plus.

    Utilisation excédentaire: (12 000 - 11 400) 15$ 9 000$

    Ecart sur budget: (11 400 - 9 500) 15$ 28 500

                                                          37 500$

L'écart sur taux relève de la responsabilité de ceux qui embauchent les ouvriers, soit le service de personnel qui agit après avoir consulté le directeur de la production, etc.

L'écart sur temps peut être réparti en deux éléments (voir ci-dessus). L'un de ces éléments (l'écart sur budget) ne relève de la responsabilité de personne et il n'est pas nécessaire d'en tenir compte dans les rapports. L'autre élément est attribuable au contremaître en charge des employés. Pourquoi avoir travaillé 600 heures de plus? Peut-être aussi le pourcentage de 20% est-il faux? Néanmoins, le contremaître doit fournir des explications concernant ces 600 heures additionnelles, mais il n'y a pas lieu de le pénaliser.

2.

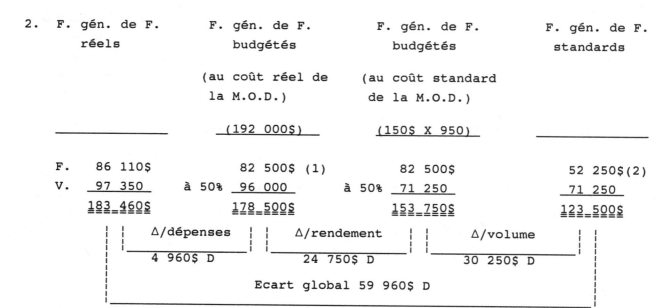

F. gén. de F. réels	F. gén. de F. budgétés (au coût réel de la M.O.D.)	F. gén. de F. budgétés (au coût standard de la M.O.D.)	F. gén. de F. standards
	(192 000$)	(150$ X 950)	
F. 86 110$	82 500$ (1)	82 500$	52 250$(2)
V. 97 350	à 50% 96 000	à 50% 71 250	71 250
183 460$	178 500$	153 750$	123 500$

    Δ/dépenses   Δ/rendement   Δ/volume

    4 960$ D   24 750$ D   30 250$ D

                  Ecart global 59 960$ D

(1) F. gén. de F. fixes budgétés par mois: 990 000$/12 mois = 82 500$

(2) F. gén. de F. fixes standards: [990 000$/(18 000 X 150$)] X 950 X 150$ = 52 250$

Analyse de l'écart sur rendement

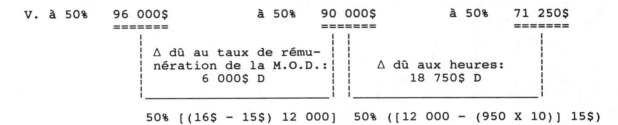

F. gén. de F. budgétés (h réelles X taux réel =12 000 X 16$=192 000$)	F. gén. de F. budgétés (h réelles X taux std =12 000 X 15$=180 000$)	F. gén. de F. budgétés (h standards X taux std) =(950 X 10) 15$=142 500$
V. à 50% 96 000$	à 50% 90 000$	à 50% 71 250$

Δ dû au taux de rémunération de la M.O.D.: 6 000$ D   Δ dû aux heures: 18 750$ D

50% [(16$ - 15$) 12 000]   50% ([12 000 - (950 X 10)] 15$)

L'écart sur rendement afférent aux frais variables dépend de la façon dont on impute les frais généraux de fabrication variables. Ici, on se sert d'un coefficient basé sur le coût de la main-d'oeuvre directe. On peut donc conclure que les personnes responsables du coût de la main-d'oeuvre directe le sont aussi des frais généraux de fabrication variables et on peut répartir cet écart en deux sous-écarts: un écart sur prix et un écart sur quantité.

Les écarts sur dépenses concernant les frais généraux de fabrication variables pourraient aussi être répartis en fonction de ceux qui sont responsables de chaque élément (matières indirectes, main-d'oeuvre indirecte, chauffage, éclairage, etc) des frais généraux de fabrication variables. Il est possible de trouver, pour chacun de ces éléments, un écart sur prix et un écart sur quantité. De cette façon, les responsables sont ceux qui sont en charge des approvisionnements (écart sur prix) et ceux qui utilisent les éléments en question (écart sur quantité).

Le même raisonnement s'applique à l'écart sur dépenses afférent aux frais généraux de fabrication fixes. Des responsables ont payé plus cher (peut-être) et d'autres ont consommé plus qu'ils n'auraient dû. Ainsi, le coût de la supervision est fixe. Pourtant, si on a accordé une gratification non budgétée à certains superviseurs ou si on en a engagé un plus grand nombre, il pourrait en résulter un écart sur prix et un écart sur quantité.

L'écart sur volume provient de ce que le nombre réel d'unités produites diffère de celui qui a servi à établir le coefficient d'imputation des frais généraux fixes. Les personnes responsables de cet écart sont:

a) Le directeur des ventes. - On peut avoir vendu 50 unités de moins.

b) Le directeur de la production. - On a fabriqué 50 unités de moins que prévu.

c) Le président. - On a décidé de fabriquer 1 000 unités au lieu de 1 500.

d) Le comité du budget. - Le prix de revient standard, pour les fins de la détermination du prix de vente, a été établi en fonction de 1 500 unités.

(Adaptation - C.A.)

Exercice 12-18

1. a) Ecart sur prix de M.P.: (PR - PS) QA
   (2,10$ - 2$) 5 200   =   520$ D

   b) Ecart sur quantité de M.P.: (QU - QS) PS
   [5 300 - (5 000 X 1)] 2$ =   600$ D

   c) Ecart sur taux de M.O.D.: (TR- TS) HR
   (8,20$ - 8$) 8 200   = 1 640$ D

   d) Ecart sur temps de M.O.D.: (HR - HS) TS
   [8 200 - (5 000 X 1,60)] 8$ = 1 600$ D

   e) Ecart sur budget relatif aux F. gén. de F.:

	F. gén. de F. réels	F. gén. de F. budgétés aux unités produites ou unités d'oeuvre standards	F. gén. de F. standards
F.	7 475$	87 000$/12 mois = 7 250$	7 250$ (1)
V.	26 180	25 000 (3)	25 000 (2)
	33 655$	32 250$	32 250$

```
            |                            ||          |
            |          Δ/budget          ||  Δ/volume|
            |_____||_____|
                       1 405$ D              0
```

(1) 5 000 X 1,45$;   (2)   5 000 X 5$
(3) ce montant vient de la dernière colonne

2. Non. Si l'on fait un achat de matières à un prix supérieur au prix standard suite à l'urgence de la commande qu'ont nécessité les besoins exprimés par l'atelier de fabrication, l'écart sur prix devient ici la responsabilité du chef de l'atelier de fabrication.

Par ailleurs, si la qualité des matières achetées est inférieure aux spécifications suite à des achats négligents, l'écart sur quantité devient la responsabilité du service des achats.

Bien que les écarts sur prix puissent être normalement la responsabilité du service des achats et les écarts sur quantité celle du chef de l'atelier de fabrication, il n'en reste pas moins que les écarts globaux sur prix sont influencés, entre autres, par les écarts sur quantité. Dans le cas présent, l'écart sur prix comprend un écart prix-quantité de 20$, soit (5 200 - 5 000) (2,10$ - 2,00$) qui pourrait être la responsabilité du chef de l'atelier de fabrication, ou dont la responsabilité pourrait être partagée entre ce dernier et le service des achats.

3. Le chef de l'atelier de fabrication ne peut contrôler le prix des divers articles de frais généraux de fabrication. Par conséquent, les prix ne devraient pas influer sur les données présentées dans le rapport soumis à ce responsable.

Les articles de frais fixes échappent normalement au contrôle du responsable de l'atelier de fabrication.

De plus, il est impossible d'établir, faute de renseignements, la partie de l'écart sur les "autres frais variables" attribuable au responsable de la fabrication. Il reste donc la main-d'oeuvre indirecte et les fournitures d'huile.

	QUANTITÉS	% PAR RAPPORT AU STANDARD	COMMENTAIRES
Main-d'oeuvre indirecte Ecart favorable sur temps (800$)	100 h	4%	Bien que favorable, l'écart devrait être étudié pour voir s'il n'y a pas certaines tâches d'omises qui puissent affecter d'autres aspects des opérations.
Huile Ecart défavorable sur quantité (500$)	1 000 l	20%	L'écart est important en valeur absolue et en %; il devrait être étudié pour en déterminer les causes et y apporter les correctifs.

4. Le congédiement du responsable de la fabrication pourrait être envisagé. Mais avant de procéder au congédiement, il faudrait étudier la situation pour déterminer (1) si dans l'ensemble, l'atelier fonctionne de façon économique et (2) si la cause d'un tel comportement est due soit à la réaction de la direction suite à des écarts défavorables sans égard à l'importance de ceux-ci, soit à l'emphase exagérée accordée par la direction aux écarts pris séparément en négligeant de mesurer l'ensemble de la performance.

Si dans l'ensemble, la performance du responsable est satisfaisante, il n'y a pas lieu de le congédier. On pourrait alors envisager les deux solutions suivantes:

a) Reformuler les méthodes des comptes rendus pour mettre l'accent sur la performance d'ensemble.

b) Reformuler les rapports de performance portant sur la main-d'oeuvre de façon à combiner la main-d'oeuvre directe et la main-d'oeuvre indirecte sous un seul poste dans les rapports de performance.

(Adaptation - C.M.A.)

Exercice 12-19

1. Analyse des heures consacrées à chacune des deux opérations afin de déterminer les heures associées aux écarts de productivité des ouvriers:

	Modelage	Finition
Heures réelles comptabilisées à l'opération	3 800	1 600
Heures comptabilisées dans les heures de modelage mais consacrées à la finition	(200)	200
Heures supplémentaires découlant de l'utilisation de plastique de qualité inférieure:		
(7 000/10 boîtiers) 0,5 h	(350)	
(7 000/10) 0,25 h		(175)
Heures perdues	(75)	(35)
Heures standards concernant la bonne production:		
(63 000/10 boîtiers) 0,5 h	(3 150)	
(63 000/10) 0,25 h		(1 575)
Heures supplémentaires associées au manque de productivité des ouvriers	25	15

Analyse de l'écart global de 7 190$:

	Opération		
	Modelage	Finition	Ecart global
a) Ecart sur taux de main-d'oeuvre:			
(9,25$ - 9$) 3 800	950$		1 190$ D
(6,15$ - 6$) 1 600		240$ D	
b) Ecart découlant de la substitution de M.O.D.:			
200 X 9$	1 800$ D		600 D
200 X 6$		1 200$ F	
c) Ecart découlant de la substitution de M.P.:			
(7 000/10 boîtiers) 4,50$	3 150$ D		4 200$D
(7 000/10) 1,50		1 050$ D	
d) Ecart sur rendement de la M.O.D.:			
25 X 9$	225$ D		315$D
15 X 6$		90$ D	
e) Ecart découlant du temps mort			
75 X 9$	675$ D		885$ D
35 X 6$	210$ D		
Ecart global à expliquer			7 190$ D

Autre solution:

a) Opération modelage:

Coûts réels en M.O.D.	Coûts de M.O.D. en l'absence de variation du taux de rémunération	Coûts de M.O.D. en l'absence de substitution de M.O.	Coûts de M.O.D. en l'absence de temps mort	Coûts de M.O.D. en l'absence de perte due à la substitution de matières	Coûts de M.O.D. si les employés avaient produit selon les normes
3 800X9,25$	3 800X9$	3 600X9$	3 525X9$	3 175X9$	3 150X9$
= 35 150$	= 34 200$	= 32 400$	= 31 725$	= 28 575$	= 28 350$
Ecart	Ecart	Ecart	Ecart	Ecart	
950$ D	1 800 D	675 D	3 150$ D	225$ D	

b) Opération finition:

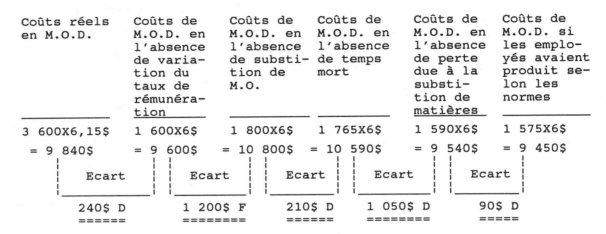

Coûts réels en M.O.D.	Coûts de M.O.D. en l'absence de variation du taux de rémunération	Coûts de M.O.D. en l'absence de substitution de M.O.	Coûts de M.O.D. en l'absence de temps mort	Coûts de M.O.D. en l'absence de perte due à la substitution de matières	Coûts de M.O.D. si les employés avaient produit selon les normes
3 600X6,15$ = 9 840$	1 600X6$ = 9 600$	1 800X6$ = 10 800$	1 765X6$ = 10 590$	1 590X6$ = 9 540$	1 575X6$ = 9 450$
	Ecart	Ecart	Ecart	Ecart	Ecart
	240$ D	1 200$ F	210$ D	1 050$ D	90$ D

2. Le responsable de la section de production des boîtiers a été amené à corriger une erreur commise par le service de l'ordonnancement des travaux. Comme l'ordonnancement des travaux échappe au contrôle du responsable de la section de production des boîtiers, l'écart défavorable découlant de la substitution de M.O.D. devrait être imputé à quelqu'un d'autre.

Quant à l'écart défavorable découlant de la substitution de M.P., il devrait être imputé au service des achats puisque c'est ce service qui a pris la décision d'acheter du plastique de qualité inférieure.

(Adaptation - C.M.A.)

Exercice 12-20

Coût réel de main-d'oeuvre directe au taux régulier:

Soit x, le coût standard de la main-d'oeuvre directe au niveau de la capacité normale; or le montant de 77 376$ de frais variables correspond à 31% du coût standard de main-d'oeuvre directe au niveau de la capacité normale.

D'où, x = 77 376$/0,31 = 249 600$
Coût réel = 249 600$/(52 X 40 h) = 120$ l'heure

1. Ecart sur dépenses pour chacun des cinq postes des frais généraux de fabrication:

Heures réelles d'usinage (total):
   (39 semaines X 50 heures/semaine)   1 950 heures
   (9 semaines X 20 heures/semaine)   180
                                            2 130 heures
                                            =====

Le coût réel de la main-d'oeuvre au taux régulier fut de 255 600$ (soit 2 130 X 120$) puisqu'il n'y eut aucun écart sur les taux horaires réguliers.

	Fixes	Variables budgétés à 255 600$ de M.O.D.	Budget total	Réels	Écart sur dépenses
Surveillance	10 400$	25 560$	35 960$	40 000$	4 040$ D
Fournitures	1 664	40 896	42 560	44 000	1 440 D
Éclairage, etc.	832	12 780	13 612	15 000	1 388 D
Dotation à l'amortissement	37 440	–	37 440	40 000	2 560 D
Taxes foncières	4 160	–	4 160	4 500	340 D
	54 496$	79 236$	133 732$	143 500$	9 768$ D

2. Membres du personnel de la société responsables de chacun des cinq écarts:

Supervision:
Responsabilité de la haute direction.

Main-d'oeuvre:
Responsabilité des contremaîtres, bien que les politiques d'engagement et les taux de rémunération ne sont pas sous le contrôle des contremaîtres.

Fournitures:
Responsabilité des contremaîtres, bien que cela puisse être aussi dû aux politiques d'achat ou à l'augmentation du prix d'acquisition de diverses fournitures.

Chauffage:
Cela dépend largement de la température.

Éclairage et force motrice:
La consommation est la responsabilité des contremaîtres; les taux échappent au contrôle du personnel de l'entreprise.

Dotation à l'amortissement:
Responsabilité de ceux qui approuvent les dépenses de capital; probablement la haute direction. Le directeur du service de l'entretien peut avoir une certaine responsabilité si une dotation additionnelle fut requise parce que l'entretien n'a pas été assuré en temps opportun.

Taxes foncières:
Elles échappent au contrôle du personnel de l'entreprise.

Remarque générale concernant les frais de supervision, de main-d'oeuvre indirecte, d'éclairage, de chauffage et de force motrice:

Dans la mesure où ces frais supplémentaires découlèrent d'heures supplémentaires, ils furent en partie dus à la grève et en partie dus à une mauvaise planification de la production. Aussi les responsables mentionnés ci-dessus peuvent-ils dégager plus ou moins leur responsabilité.

3. Une seule imputation pour les frais généraux de fabrication:

	Budget au coût réel de la M.O.D.	Budget au coût standard de la M.O.D.	F. gén. de F. standards
F.	54 496$	54 496$	57 640$
V.	79 236	81 840	81 840
	133 732$	136 336$	139 480$
	========	========	========

Δ/rendement _____ 2 604$ F

Δ/volume _____ 3 144$ F

4. Explication des écarts

Ecart sur volume: C'est un écart dû au fait que le coût standard en main-d'oeuvre directe a dépassé le coût prévu en main-d'oeuvre directe au niveau de la production normale.

Ecart sur rendement: Dû à une diminution relative des heures de main-d'oeuvre directe, donc au coût réel régulier de la main-d'oeuvre directe et partant des frais généraux de fabrication variables budgétés (base coût réel de la M.O.D.) par opposition aux frais généraux de fabrication variables budgétés (base coût standard de la M.O.D.).

<u>Autre solution</u> (Deux imputations pour les frais généraux de fabrication):

3. Calcul des écarts sur volume et sur rendement:

<u>Budget total</u>		<u>F. gén. de F. imputés</u>		<u>F. gén. de F. standards</u>	
F. 54 496$	(255 600$ X 0,2183[1])	55 797$	(22 000 X 2,62$[2])	57 640$
V. 79 236	(255 600$ X 0,31)	79 236	(22 000 X 3,72 [3])	81 840
133 732$		135 033$		139 480$
========		========		========

Δ/volume _____ 1 301$ F ========

Δ/rendement _____ 4 447$ F ========

[1]54 496$/249 600$ = 0,2183   [2] (120$/10) X 0,2183 = 2,62$
[3](120$/10) X 0,31 = 3,72$

4. Explication des écarts:

   Ecart sur volume: C'est un écart dû au fait que le coût réel en main-d'oeuvre directe a dépassé le coût prévu en M.O.D. au niveau de la production normale. Ce dépassement fut probablement causé par une demande plus grande qu'anticipée des produits de la société.

   Ecart d'efficacité: Dû à une diminution relative des heures de main-d'oeuvre directe, donc du coût de la main-d'oeuvre directe et partant des frais imputés par rapport aux frais standards.

(Adaptation - C.A.)

Exercice 12-21

a) Stock de poignées électriques ou magasin   35 000
        Ecart sur prix - poignées   1 750
        Comptes fournisseurs   33 250

b) Stock de métal ou magasin (150 000 X 0,50$)   75 000
    Ecart sur prix - métal   3 000
        Comptes fournisseurs (150 000 X 0,52$)   78 000

c) Stock de fournitures   66 000
        Comptes fournisseurs   66 000

d) Frais généraux de fabrication   294 000
        Stock de fournitures ou magasin   24 000
        Divers crédits-fixes et variables   270 000
            (210 000$ + 60 000$)

e) Salaires   210 000
        Salaires courus et précomptes à remettre   210 000

f) S.P.C. - M.O.D. - Phase A   72 000
    S.P.C. - M.O.D. - Phase B   66 000
    Frais généraux de fabrication   72 000
        Salaires   210 000

g) S.P.C. - matières - Phase A   54 000
    S.P.C. - matières - Phase B   23 000
    Ecart sur quantité - métal   6 000
        Stock de métal ou magasin   60 000
        Stock de poignées ou magasin   23 000

h) S.P.C. - F. gén. de F. - Phase A (24 000 X 4,50$)   108 000
    Frais gén. de F. imputés   108 000

i) S.P.C. - F. gén. de F. - Phase B (22 000 X 4,50$)   99 000
    Frais gén. de F. imputés   99 000

j) Transfert - Phase A (23 000 X 9,50$)   218 500
    S.P.C. - métal - Phase A   46 000
    S.P.C. - M.O.D. - Phase A   69 000
    S.P.C. - F. gén. de F. - Phase A   103 000

k) Stock de produits finis (20 000 X 18$)   360 000
    Transfert - Phase A (20 000 X 9,50$)   190 000
    S.P.C. - matières - Phase B   20 000
    S.P.C. - M.O.D. - Phase B   60 000
    S.P.C. - F. gén. de F. - Phase B   90 000

l) Comptes clients   540 000
    Ventes   540 000

m) Coût des produits vendus (18 000 X 18$)   324 000
    Stock de produits finis   324 000

n) Frais généraux de fabrication imputés   207 000
    Ecart sur dépenses   33 000
    Ecart sur volume   126 000
    Frais généraux de fabrication   366 000

Tableau des équivalences

	Métal	Poignées	M.O.D. et F. gén. de F. Phase A	Phase B
Transferts	23 000		23 000	
Transferts		20 000		20 000
S.P.C. de la fin - Phase A	4 000		1 000	
S.P.C. de la fin - Phase B		3 000		2 000
	27 000	23 000	24 000	22 000

Calcul des écarts sur frais généraux de fabrication

	Frais réels	Frais budgétés (au coût réel en M.O.D.)	Frais budgétés	F. gén. de F. standards
F.		195 000$	195 000$	69 000$
V.	_____	138 000	138 000	138 000
	366 000$	333 000$	333 000$	207 000$
	========	========	========	========

```
        |⌐─── Δ/dépenses ───¬| |⌐─── Δ/rendement ───¬| |⌐─── Δ/volume ───¬|
        |_____| |_____| |_____|
              33 000$ D                   -                   126 000$ D
             =========                   ===                 ==========
```

(Adaptation - C.A.)

Exercice 12-22

1. Bien qu'il n'existe aucun écart net concernant la main-d'oeuvre directe, l'existence d'un écart favorable sur temps (HR HS) entraîne un écart sur taux dont le montant est identique à l'écart sur temps mais en sens contraire (écart défavorable).

Écart sur temps:

   (HS - HR) TS
   (9 000 - 8 400) 7$ = 4 200 F

Ecart sur taux:

   (TR - TS) HR
   (x - 7$) 8 400 = 4 200 D

Ecart sur frais généraux de fabrication:

	F. de F. réels	F. gén. de F. budgétés à 8 400 h	F. gén. de F. budgétés à 9 000 h	F. gén. de F. standards
F.	30 000$	30 000$	30 000$	
V.	17 640	16 800	18 000	_____
	47 640$	46 800$	48 000$	45 000$
	======	======	======	======

```
        |⌐─── Δ/dépenses ───¬| |⌐─── Δ/rendement ───¬| |⌐─── Δ/volume ───¬|
        |_____| |_____| |_____|
              840$ D                  1 200$ F                3 000$ D
```

2. Ecritures de journal:

Salaires	58 800	
Ecart sur taux	4 200	
Salaires et précomptes à payer		63 000
S.P.C. - main-d'oeuvre directe	63 000	
Salaires		58 800
Ecart sur temps		4 200
Frais généraux de F. imputés	45 000	
Ecart sur dépenses	840	
Ecart sur volume	3 000	
Ecart sur rendement		1 200
Frais généraux de fabrication		47 640

Exercice 12-23

	Coût unitaire en avril			Coût unitaire en janvier, février et mars
M.P.	1 X 7,77$ = 7,77$	1 X 7$ = 7$		1,25 X 7$ = 8,75$
		Δ/prix	Δ/quantité	
		a) 0,77$ D	c) 1,75$ F	
M.O.D.	(22/60) 14,40$ = 5,28$	(22/60) 12,60$ = 4,62$		(24/60) 12,60$ = 5,04$
		Δ/taux	Δ/temps	
		b) 0,66$ D	d) 0,42$ F	

Exercice 12-24

(HN) FFS = 130 000$

130 000 FFS = 130 000$ d'où FFS = 1$

HS par produit: 130 000/10 000 = 13

HS: 4 500 X 13 = 58 500

TS: 81,25$/13 = 6,25$

(TR) (HR) = 91$

Ecart sur rendement (si une seule imputation):

(HR - HS) FVS = 9 000$ D

(HR - 58 500) FVS = 9 000$ D

Ecart sur volume (si deux imputations):

(HN - HR) FFS

(130 000 - HR) 1$

Ecart sur volume (si une seule imputation):

(HN - HS) FFS

(130 000 - 58 500) 1$ = 71 500$ D

Ecart sur dépenses

248 700$ - [130 000$ + (HR) (FVS)] = 7 300$ F

d'où (HR) (FVS) = 126 000$

Revenons à l'écart sur rendement (une seule imputation):

(HR - 58 500) FVS = 9 000$ D

(HR) (FVS) - 58 500 (FVS) = 9 000$ D

126 000$ - (58 500) (FVS) = 9 000$ D

d'où FVS = 2$

et HR = 63 000

On peut trouver ainsi le taux réel:

(91$ X 4 500)/63 000 = 6,50$

Ecart sur temps:

(HR - HS) TS

(63 000 - 58 500) 6,25$ = 28 125$ D

Ecart sur taux

(TR - TS) HR

(6,50$ - 6,25$) 63 000 = 15 750$ D

Les réponses sont donc les suivantes:

a) 10 000

b) 130 000 X FVS = 130 000 X 2$ = 260 000$

c) 63 000

d) (HR - HS) (FFS + FVS) = (63 000 - 58 500) (1$ + 2$) = 13 500$ D

e) (HN - HR) FFS = (130 000 - 63 000) 1$ = 67 000$ D

f) (HN - HS) FFS = (130 000 - 58 500) 1$ = 71 500$ D

g) 7 300$ F

h) 28 125$ D

i) 28 125$ D
j) 15 750$ D
k) 15 750$ D

Exercice 12-25

1. Options en matière d'établissement de prix standard

    Prix standard mensuel
    Prix standard annuel de 1,055$, soit la moyenne des prix standards mensuels

2. Incidence de ces standards sur les Δ/prix
    a) Prix standard annuel de 1,055$
        Δ/favorable mensuel au cours de chacun des 6 premiers mois
        Δ/défavorable mensuel au cours de chacun des 6 derniers mois
    b) Prix standard mensuel
        aucun Δ/prix

3. Signification des Δ/prix aux fins de contrôle
    Aucune signification

Exercice 12-26

1. Les standards exigeants et accessibles pourront avoir des effets positifs sur le comportement s'ils motivent les employés. Le fait d'atteindre de tels standards peut signifier la réalisation de besoins d'un ordre plus élevé, savoir d'estime, de statut, de réalisation.

    Les standards exigeants et accessibles peuvent aussi avoir des effets négatifs sur le comportement de l'employé. Ainsi, de tels standards peuvent avoir des effets négatifs sur le comportement dans la mesure où l'employé les perçoit au départ comme trop difficile ou impossible à atteindre, ou qu'il découvre à l'usage qu'il lui arrive de ne pas les atteindre.

2. a) Le standard en frais généraux de fabrication fixes par produit sera normalement plus exigeant s'il est calculé en considérant la capacité pratique plutôt que l'activité prévue. En effet, sauf de rares exceptions, l'activité prévue concernant un exercice est habituellement inférieure à celle correspondant à la capacité pratique, alors que le budget des frais généraux de fabrication demeure habituellement le même.

    b) Si le contrôle des coûts était exercé à partir du coût standard par produit, il pourrait y avoir une incidence négative sur le comportement des directeurs tenus de répondre des écarts.

Le coût standard en frais généraux de fabrication fixes étant fondé sur le concept de la capacité pratique, les écarts sur volume qui en découleraient seraient défavorables. Les directeurs de la production qui doivent en répondre pourraient chercher à se soustraire à cette obligation en affirmant que de tels écarts échappent pour ainsi dire à leur contrôle. On pourrait assister à une surproduction et à une constitution non justifiées de stocks à la seule fin d'utiliser davantage la capacité pratique et ainsi réduire la portée des écarts sur volume défavorables. Les employés à la production pourraient être soumis à des exigences supplémentaires en matière de quantité à produire.

(Adaptation - C.M.A.)

Exercice 12-27

	Réels	Budgétés au volume d'unités d'oeuvre réelles	Budgétés au volume d'unités d'oeuvre standards	Standards
Fixes	32 000$	30 000$	30 000$	25 000$
Variables	55 000	52 000	50 000	50 000
	87 000$	82 000$	80 000$	75 000$

	Δ/dépenses	Δ/rendement	Δ/volume
	(5 000$) D	2 000$ D	5 000$ D

Fixes   Variables
2 000$ D   3 000$ D

Produit A   Produit B
2 500$ D   500$ F

Exercice 12-28

a) Écarts sur prix comptabilisés lors des achats

Stock de matières premières (41 500 x 5$)   207 500
   Comptes fournisseurs (41 500 x 4,97$)   206 255
   Écart sur prix   1 245
(Achat des matières premières)

```
Stock de produits en cours -
   M.P. (33 200 x 6$)                                       199 200
Écarts sur quantité                                          1 000
      Stock de matières premières (40 040 x 5$)                          200 200
(Utilisation des matières premières)
```

Calcul des écarts

Écart sur prix: (PS - PR) QA
      (5$ - 4,97$) 41 500 = 1 245$

Écart sur quantité:(QU - QS) PS
         (40 040 - 39 840) 5$ = 1 000$

b)   Écarts sur prix comptabilisés à l'utilisation

```
Stock de matières premières(41 500 x 4,97$)        206 255,00
   Comptes fournisseurs (41 500 x 4,97$)                       206 255,00
(Achat de matières premières)


Stock de produits en cours - M.P.
   (33 200 x 6$)                                   199 200,00
Écart sur quantité                                   1 000,00
   Stock de matières premières
      (15 380 x 4,90$) + (24 660 x 4,97$)                      197 922,20
   Ecart sur prix                                                2 277,80
(Utilisation des matières premières)
```

Calcul des écarts

Écart sur quantité:(QU - QS) 5$
         (40 040 - 39 840) 5$ = 1 000$

Écart sur prix: (PS - PR) QU
      (5$ - 4,90$) 15 380 =   1 538,00$
      (5$ - 4,97$) (40 040 - 15 380) =   739,80
                                                                 2 277,80$

(Adaptation - S.C.M.C.)

Exercice 12-29

(HR - HS) Ti des F.G.F. variables = 10 000$
(HR - HS) 20 = 10 000, d'où HR - HS = 500

(HS - HN) Ti des F.G.F. fixes = 5 000$
(HS - 20 000) 10 =   5 000
 HS - 20 000 =   500
 HS =   20 500

HR - 20 500 =   500
HR = 21 000

1. Écart sur temps
    (HR - HS) TS
    (500) 8
    = 4 000$ D

2. 20 500 (voir ci-dessus)

3. 21 000 (voir ci-dessus)

4. HS = (PE) heures standards par produit
    20 500 = (PE) 2
    10 250 = PE

5. 20 000 x 10$
    = 200 000$

Exercice 12-30

Si vous le permettez, j'aimerais préciser certaines choses, et je crois qu'on se comprendra plus facilement par la suite. Vous avez en fait tous les deux raison, mais vous parlez de deux définitions de l'écart sur taux. M. le participant a raison dans la pratique puisqu'alors l'écart sur taux est défini par rapport aux heures réelles [(TR - TS) HR]. Conséquemment, une variation se produisant dans les heures de M.O.D. viendrait affecter l'écart sur taux.

Par contre, le conférencier aussi a raison puisqu'en théorie, l'écart sur taux peut être calculé par rapport aux heures standards [(TR - TS) HS]. Dans ce cas, on ajouterait aux calculs de l'écart sur taux et de l'écart sur temps, le calcul de l'écart combiné (TR - TS) (HR - HS) pour avoir une image complète des écarts sur M.O.D. Et comme il le disait, le calcul de l'écart sur taux serait alors indépendant d'une variation dans les livres de M.O.D. puisque les heures standards seraient utilisées dans le calcul.

Pour ce qui est de la deuxième assertion du conférencier, je crois que la différence d'opinion ne se posera pas, puisque l'écart sur temps, en pratique comme en théorie, est calculé en fonction du taux standard. Une variation dans le taux n'a donc aucun effet sur le calcul de l'écart sur temps.

Exercice 12-31

1. F.G.F. variables budgétés à l'heure de M.O.D.
$$\frac{63\ 450\$ - 59\ 200\$}{9\ 000\ h - 800\ h} = 4,25\$$$

    F.G.F. fixes budgétés

    63 450\$ - 9 000 (4,25\$) = 25 200\$

    ou 59 200\$ - 8 000 (4,25\$)

    Écart sur dépenses relatif aux F.G.F. fixes

    25 050\$ - 25 200\$ = 150\$ F

    Écart sur dépenses relatif aux F.G.F. variables

    34 368\$ - (8 072 h x 4,25\$) = 62\$ D

2. Écart sur rendement

    (8 072 h - 8 140 h) 4,25\$ = 289\$ F

3. Écart sur volume

    25 200\$ - 8 140 (25 200\$ ÷ 8 000) = 441\$ F

4. F.G.F. fixes imputés: 8 140 x 25 200\$ ÷ 8 000 = 25 641\$

(Adaptation - S.C.M.C.)

Exercice 12-32

1. a) Le volume de production peut être établi à partir de l'écart défavorable sur volume:

    (10 000 - HS) 2\$ = 2 000\$

    Les HS correspondent donc à 9 000. Or, chaque produit devrait nécessité 0,1 d'heure. Dès lors, la production de l'exercice a été de 90 000 unités.

    b) (QU) (PS)   (QS) (PS)
        (QU) (0,03\$)   (90 000) (40) (0,03\$)

                    Δ/ quantité: 540\$ F
        On déduit que QU égale 3 582 000 kg.

c) A défaut d'information à ce sujet, il faut poser l'hypothèse que la quantité achetée a été égale à la quantité utilisée

(HR) (TR)   (HR) (TS)

(3 582 000) (PR)   (3 582 000) (0,03$)

On déduit que PR a été de 0,031$.

d) (HR) (TS)   (HS) (TS)

(HR) (6$)   (90 000) (0,1) (6$)

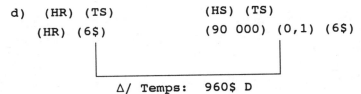

Δ/ Temps: 960$ D

On déduit que le budget de la M.O.D. au regard des heures réelles (ou HR x TS) est de 54 960$, soit 9 160 heures au taux de 6$.

e) (HR) (TR)   (HR) (TS)

9 160 (TR)   9 160 (6$)

Δ/ taux: 916$ D

On déduit que le taux de rémunération a été de 6,10$.

f) Budget des F.G.F. fixes: 100 000 x 0,20$ 20 000$

  Budget des F.G.F. variables: 90 000 (0,1) 3$ 27 000$

                                                   47 000$

g) 90 000 (0,30$ + 0,20$)   45 000$

2. a)   Stock de produits en cours   45 000

          Frais généraux de fabrication imputés   45 000

b)   Stock de produits en cours   108 000

      Écart sur quantité   540

      Stock de matières premières   107 460

     Stock de matières premières   107 460

     Écart sur prix   3 582

       Fournisseurs   111 042

     Stock de produits en cours   54 000

     Écart sur temps   960

       Salaires   54 960

     Salaires   54 960

     Écart sur taux   916

       Salaires à payer   55 876

Frais généraux de fabrication imputés	45 000	
Écart sur rendement: [9 160 – 90 000 (0,1)] 3	480	
Écart sur dépenses (trouvé par différence)	520	
Écart sur volume: 20 000 – 90 000 (0,20$)	2 000	
Frais généraux de fabrication		48 000
45 000$ + 3 000$		

c) Stock de produits finis	207 000	
Stock de produits en cours		207 000

(Adaptation – S.C.M.C.)

Exercice 12-33

1. (260$ + 1 900$ + 950$) ÷ 100 = <u>31,10$</u>

2.

Matières premières: 276$ ÷ 100	2,76$
Main-d'oeuvre directe	?
Frais généraux de fabrication variables: 985$÷ 100 =	<u>9,85</u>
	<u>32,29</u>$

Le coût en main-d'oeuvre directe est de 19,68$ et est trouvé par différence, soit 32,29$ – 9,85$ – 2,76$.

3. qs X 0,40$ = 2,60$
   d'où qs = <u>6,5</u>

4. Il faut tenir pour acquis que QA = QU.
   Calcul des écarts globaux:

Sur M.P.: 276$ – 260$ =	16$	D
Sur M.O.D.: (19,68$ X 100) – 1 900$ =	68	D
Sur F.G.F. variables: 985$ – 950$ =	35	D

Détermination des facteurs du coût standard de 31,10$

M.P.:	6,5 litres X 0,40$	2,60$
M.O.D.:	? h X ?	19,00
F.G.F. var.:	? X 2,50$	<u>9,50</u>
		<u>31,10</u>$

On trouve, à partir des F.G.F. variables, que le nombre d'heures standards par produit est de 3,8, soit 9,50$ ÷ 2,50$. Ceci nous permet ensuite de trouver que le taux standard de rémunération est de 5$, soit 19$ ÷ 3,8 heures.

Calcul de l'écart sur prix

Écart global sur M.P.	16$ D
Écart sur quantité	20 F
Écart sur prix	36$ D

Calcul de l'écart sur temps

(HR - HS) TS

= [410 - (100 X 3,8)] 5$

= 150$ D

Calcul de l'écart sur taux

Écart global sur M.O.D.	68$ D
Écart sur temps	150 D
Écart sur taux	82$ F

Calcul de l'écart sur rendement concernant les F.G.F. variables

(HR - HS) Taux d'imputation relatif aux F.G.F. variables

= (410 - 380) 2,50$

= 75$ D

Calcul de l'écart sur dépenses relatif aux F.G.F. variables

Écart global relatif aux F.G.F. variables	35$ D
Écart sur rendement	75 D
Écart sur dépenses	40$ F

(Adaptation - S.C.M.C.)

Exercice 13-1

Aux fins de la présentation de l'information financière destinée aux tiers, les stocks évalués au prix coûtant doivent l'être au coût réel.

Pour cette raison, il faudrait ventiler les écarts sur prix de matières et sur taux des salaires autant sur les stocks que sur le coût des produits vendus de façon à mieux déterminer le coût des unités qui ont donné lieu à ces écarts.

Comme le ralentissement de la production est probablement attribuable à un manque de commandes et à des stocks élevés, il y aurait lieu d'imputer aux résultats les écarts relatifs aux frais généraux. Il semble illogique d'inclure dans les stocks les coûts d'installations non utilisées parce que ces coûts ne contribuent pas à accroître la valeur des stocks. De plus, comme cet élément est inhabituel, on a raison de considérer qu'il se rapporte à l'exercice en cours, de manière à faciliter les comparaisons d'un exercice à l'autre. Le paragraphe 3030.03 du Manuel de l'I.C.C.A recommande de ne pas inclure dans les stocks le coût du potentiel de production non utilisé.

(Adaptation - C.A.)

Exercice 13-2

Il est possible que le stock à la clôture soit très sensiblement surestimé. En effet, si les frais généraux de fabrication fixes étaient répartis sur les 3 500 unités produites au lieu des 2 800 unités prévues dans le budget, le coût à l'unité serait de 2 828$ au lieu de 3 000$. Il s'ensuivrait une réduction du stock à la clôture de 223 600$, soit environ 6% du chiffre actuel. D'ailleurs, au cours du dernier exercice, la société a produit apparemment pour accroître son stock, puisque seulement 2 800 unités ont été vendues. Enfin, comme il s'agit de machines spécialisées, la valeur nette de réalisation du stock peut très bien être inférieure à 3 000$ l'unité.

(Adaptation - C.A.)

Exercice 13-3

1. a) Magasin (4 300 lb X 1$)   4 300
      Ecart sur prix à l'achat   32
         Comptes fournisseurs   4332

   b) S.P.C. - matières premières (2 050 X 2$)   4 100
      Ecart sur quantité   140
         Magasin (4 240 X 1$)   4 240

   c) Salaires (2 020 X 6,00$)   12 120
      Ecart sur taux (6,30$ - 6,00$) X 2,020   606
         Salaires à payer (2 020 X 6,30$)   12 726

d) S.P.C. - main-d'oeuvre directe   12 300

       Ecart sur temps   180

       Salaires   12 120

e) Frais généraux de fabrication   6 201

       Divers crédits   6 201

f) Frais de vente et d'administration   4 650

       Divers crédits   4 650

g) S.P.C. -frais généraux de fabrication (2 050 X 3$)   6 150

       Frais généraux de fabrication   6 150

h) Ecart sur dépenses   161

       Ecart sur volume   50

       Ecart sur rendement   60

       Frais généraux de fabrication   51

 i) Stock de produits finis   22 550

       S.P.C. - matières premières (2 050 X 2$)   4 100

       S.P.C. - main-d'oeuvre directe (2 050 X 6$)   12 300

       S.P.C. - frais généraux de fabrication (2 050 X 3$)   6 150

j) Coût des produits vendus (2 050 X 11$)   22 550

       Stock de produits finis   22 550

k) Comptes clients ou Caisse   30 750

       Ventes   30 750

 l) Ventes   30 750

     Ecart sur temps   180

     Ecart sur rendement   60

     Ecart sur volume   50

       Coût des produits vendus   22 550

       Frais de vente et d'administration   4 650

       Ecart sur prix   32

       Ecart sur taux   606

       Ecart sur quantité   140

       Ecart sur dépenses   161

       C.P.V. ou sommaire des résultats   2 901

2.

Jolivet Ltée

Etat du bénéfice brut ajusté

pour l'année terminée le 31 décembre 19X5

Chiffre d'affaires			30 750$
Coût des produits vendus standard			
Stock de produits finis au 1-1-X5		1 100$	
Coût des produits fabriqués		22 550	
		23 650	
Stock de produits finis au 31-12-X5		1 100	22 550
Bénéfice brut standard			8 200

Ecarts	Favorables	Défavorables	
Sur prix		32$	
Sur quantité		140	
Sur taux		606	
Sur temps	180$		
Sur rendement	60		
Sur dépenses		161	
Sur volume	50	___	
	290$	939$	649
Bénéfice brut ajusté			7 551$
			======

Autre solution:

	Frais réels	Frais budgétés aux heures réelles	Frais imputés aux heures réelles	F. gén. de F. standards
Fixes		2 000$	2 020$	2 050$
Variables	_____	4 040	4 040	4 100
	6 201$	6 040$	6 060$	6 150$
	======	======	======	======

```
        | Δ/dépenses |  | Δ/rendement |  | Δ/volume     |
        |_____|  |_____|  |_____|
           161$ D           20$ F            90$ F
```

1. g) S.P.C. - Frais généraux de fabrication   6 150

   Frais généraux de fabrication (2 020 X 3$)   6 060

   Ecart sur rendement   90

   h) Ecart sur dépenses   161

   Ecart sur volume   20

   Frais généraux de fabrication   141

2. L'état doit être modifié en conséquence.

(Adaptation - S.C.M.C.)

Exercice 13-4

Calcul de la production équivalente (PEPS)

	Matières premières	Main-d'oeuvre directe	Frais généraux de fabrication
Terminées:			
Stock au début	–	5 000	5 000
Nouvelles unités	75 000	75 000	75 000
Stock de produits en cours au 31-12-X5	12 000	4 800	4 800
	87 000	84 800	84 800
	======	======	======

Total des frais généraux de fabrication:
Fixes   200 000$
Variables (1,00$ X 100 000)   100 000
                                           300 000$
                                           ========

1. Matières:

    Ecart sur prix à l'achat (0,85$ - 0,80$) X 500 000   25 000$ D
                                                            =======

    Ecart sur quantité (404 000 - 435 000) X 0,80$ 24 800$ F
                                                            =======

    Main-d'oeuvre:

    Ecart sur taux (6,10$ - 6,00$) 175 000   17 500$ D
                                                            =======

    Ecart sur temps (175 000 - 169 600) X 6,00$ 32 400$ D
                                                            =======

Frais généraux de fabrication

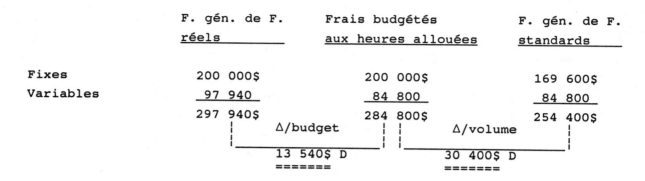

	F. gén. de F. réels	Frais budgétés aux heures allouées	F. gén. de F. standards
Fixes	200 000$	200 000$	169 600$
Variables	97 940	84 800	84 800
	297 940$	284 800$	254 400$

Δ/budget : 13 540$ D

Δ/volume : 30 400$ D

2. Ecarts dans les frais généraux de fabrication (méthode des trois écarts).

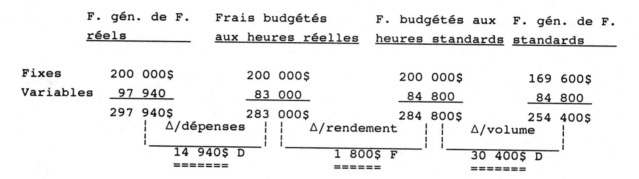

	F. gén. de F. réels	Frais budgétés aux heures réelles	F. budgétés aux heures standards	F. gén. de F. standards
Fixes	200 000$	200 000$	200 000$	169 600$
Variables	97 940	83 000	84 800	84 800
	297 940$	283 000$	284 800$	254 400$

Δ/dépenses : 14 940$ D

Δ/rendement : 1 800$ F

Δ/volume : 30 400$ D

3. Répartition appropriée des écarts sur prix, sur taux et sur dépenses.

Matières premières

S.P.C. de la fin (12 000 unités X 5 kg X 0,05$)	3 000$ D
S.P.F. de la fin (85 000 + 1 000 - 80 000) X 5 kg X 0,05$)	1 500 D
C.P.V. ou Sommaire des résultats	
[364 000 - (12 000 X 5 kg) - (6 000 X 5 kg)] 0,05$	13 700 D
Stock de matières premières	
[500 000 - (404 000 - 40 000)] 0,05$	6 800 D
Ecart sur prix	25 000$ D

Main-d'oeuvre directe

Stock de produits en cours (4 800 X 2 h) 0,05$	480$ D
Stock de produits finis (6 000 X 2 h) 0,05$	600 D
C.P.V. ou Sommaire des résultats	
(175 000 - 9 600 - 12 000) 0,05$ + 8 750$	16 420 D
Ecart sur taux	17 500$ D

Frais généraux de fabrication

Stock de produits en cours (4 800 X 3 h X 0,06$)	864$	D
Stock de produits finis (6 000 X 3 h X 0,06$)	1 080	D
C.P.V. ou Sommaire des résultats	<u>12 996</u>	D
Ecart sur dépenses - frais variables	14 940$	D
	=======	

4.
                          Fleuron Ltée
                    <u>Etat du bénéfice brut</u>
              pour l'année terminée le 31 décembre 19X5

(Hyp. : 3 écarts et une imputation en ce qui concerne les F. gén. de F.)

Chiffre d'affaires: 80 000 X 30$	2 400 000$
Coût des produits vendus standard: 80 000 X 19$	<u>1 520 000</u>
	880 000$

Ecarts:	Défavorables	Favorables	
Sur prix	13 700$		
Sur quantité		24 800$	
Sur taux	16 420		
Sur temps	32 400		
Sur dépenses	12 996		
Sur volume	30 400		
Sur rendement		<u>1 800</u>	
	105 916$	26 600$	<u>79 316</u>
Bénéfice brut ajusté			800 684$
			==========

Autre solution:

2. Frais   Frais budgétés   F. gén. de F.
   réels   aux heures réelles   Frais imputés   standards

297 940$ 283 000$ 249 000$ 254 400$
   | Δ/dépenses | | Δ/volume | | Δ/rendement |
   |_____| |_____| |_____|
        14 940$ D   34 000$ D   5 400$ D

4. L'état doit être modifié en conséquence.

(Adaptation - S.C.M.C.)

Exercice 13-5

Écart sur taux

     1re catégorie :   (10$ - 10$) 900 =   0$
     2e catégorie :   (12$ - 12$) 1 800 =   0
     3e catégorie :   (8,50$ - 8$) 2 100 =   1 050 D
                                                                1 050 D
                                                                =======

Écart sur composition:

	Heures réelles selon la comp. réelle	Heures réelles selon la comp. standard	Différence dans les heures	Taux stan-dard	Ecart
1re catégorie	900	960	60	10$	600$ F
2e catégorie	1 800	1 440	(360)	12	4 320 D
3e catégorie	2 100	2 400	300	8	2 400 F
	4 800	4 800	0		1 320$ D
	=====	=====	=====		========

Ecart sur rendement:

	Heures réelles selon la comp. standard	Heures standards selon la comp. standard	Différence dans les heures	Taux stan-dard	Ecart
1re catégorie	960	2 000	1 040	10$	10 400$ F
2e catégorie	1 440	3 000	1 560	12	18 720 F
3e catégorie	2 400	5 000	2 600	8	20 800 F
	4 800	10 000	5 200		49 920$
	=====	======	=====		=======

(Adaptation - S.C.M.C.)

Exercice 13-6

1. Ecarts sur prix:

	Echol	Protex	Benz	CT-40
Prix réel des acquisitions	5 365$	6 240$	5 840$	2 220$
Prix standard des acquisitions:				
25 000 X 0,20$	5 000			
13 000 X 0,425		5 525		
40 000 X 0,15			6 000	
7 500 X 0,30				2 250
	365$D	715$D	160$F	30$F
	=======	=====	=====	=====

2. Ecart global sur composition:

$$\begin{pmatrix} \text{Prix standard moyen} & \text{Prix standard moyen} \\ \text{par unité du mélange} - & \text{par unité du mélange} \\ \text{effectué} & \text{standard} \end{pmatrix} \quad \text{Quantité totale utilisée}$$

= (18 606$/84 420 - 135$/600) 84 420

= 18 606$ - 18 994,50$ = 388,50$ F
                        =======

Coût standard des quantités utilisées :

26 600 X 0,20$ = 5 320$
12 880 X 0,425 = 5 474
37 800 X 0,150 = 5 670
7 140 X 0,30 = 2 142
               18 606$
               =======

Écart global sur rendement :

$$\begin{pmatrix} \text{Production réelle} - \text{Production escomp-} \\ \text{en litres} \qquad \text{tée en litres} \end{pmatrix} \quad \text{Prix standard par litre d'extrant}$$

= [500 (140) − 84 420 (500/600)] 135$/500

= (70 000 − 70 350) 0,27$ = 94,50$ D

Ecart global sur quantité: 388,50$ F + 94,50$ D = 294$ F

(Adaptation − C.M.A.)

Exercice 13-7

1. Ecarts sur prix:

D (8,00$ − 7,90$) 3 310 = 331,00$ D
E (4,40$ − 4,32$) 5 335 = 426,80 D
R (5,20$ − 5,24$) 6 695 = 267,80 F
                           490,00$ D

2.

(1)	(2) Quantité réelle	(3) Composition standard	(4) Quantité standard	(5) Prix standard	[(2)−(4)](5) Ecart sur quantité		[(2)−(3)](5) Ecart sur composition	
D	3 310	3 068	3 100	7,90	1 659,00$	D	911,80$	D
E	5 335	5 369	5 425	4,32	388,80	F	146,88	F
R	6 695	6 903	6 975	5,24	1 467,20	F	1 089,92	F
	15 340	15 340	15 500		197,00$	F	675,00$	D

Extrant réel   19 375 kg
Extrant escompté selon les normes: 15 340 (125/100)   19 175 kg
                                                                   200 kg

Ecart global sur rendement: 200 (545$/125 kg)   872 $F

(Adaptation − S.C.M.C.)

Exercice 13-8

1.

Quantité standard: moyenne des limites

Limite de tolérance supérieure   1,08
Limite de tolérance inférieure   1,02
                                 2,10 ÷ 2 =   1,05

2. Frais espérés si recherche   vs   Frais espérés si aucune recherche

    500$ + 0,20 (3 000$)   vs   0,20 (5 000$)

         1 100$ vs   1 000$

    Conclusion: L'entreprise ne devrait pas effectuer la recherche.

(Adaptation - S.C.M.C.)

Exercice 13-9

1. Valeur actualisée des coûts qui seraient évités:

    (2 600$ X 0,20)   520$
                                                                   ====

    Frais d'analyse et de correction:

      Frais d'analyse   380$
      Frais des correctifs:
        850$ X 0,20   170
                                                                       550$
                                                                  ====

    Conclusion: On ne doit pas procéder à l'étude spéciale.

2. Soit x la probabilité nécessaire de repérage d'une cause contrôlable
    380 + 850x = 2 600x
    d'où x   = 21,7%

(Adaptation - S.C.M.C.)

Exercice 13-10

Durée devant s'écouler jusqu'à la prochaine défectuosité:

    (2 X 0,15) + (3 X 0,30) + (4 X 0,45) + (5 X 0,10) = 3,5 mois

Valeur prévue des économies: 3,5 X 1 500$ = 5 250$

Coût prévu de la vérification: (300$ + 600$) 0,5 = 450$

Coût prévu de la réparation: (2 100$ + 2 800$) 0,5 = 2 450$

Coûts versus bénéfices:

Coûts: 450$ + (2 450$ X 0,20)	940$
Bénéfices: 5 250$ X 0,20	1 050$

Conclusion:M. Gravel devrait commander la vérification étant donné que les
bénéfices excèdent les coûts.

(Adaptation - S.C.M.C.)

Exercice 13-11

	Coûts	Bénéfices
a) Etude complète:		
Frais d'étude	1 200,00$	
Frais des correctifs		
90% X 30% X 1 000$	270,00	
Coûts évités		
90% X 30% X 9 000$	_____	2 430,00$
	1 470,00$	2 430,00$
	=========	=========
b) Etude partielle:		
Frais d'étude	800,00$	
Frais des correctifs		
90% X 75% X 30% X 1 000$	202,50	
Coûts évités		
90% X 75% X 30% X 9 000$	_____	1 822,50$
	1 002,50$	1 822,50$
	=========	=========

Conclusion: L'étude complète présente un avantage net de 960$ alors que
l'avantage net de l'étude partielle n'est que de 820$.
L'étude complète s'impose donc.

(Adaptation - S.C.M.C.)

Exercice 13-12

1. Limite de contrôle

   Ces limites doivent être déterminées selon la formule suivante:

   $\overline{X} \pm t_{0,05}$

   Trouvons les valeurs de la moyenne $\overline{X}$ et l'écart-type.

   $\overline{X} = (20 + 21 + 19 + 21 + 22 + 20 + 19 + 20 + 23 + 23)/10$

   $= 20,8$

   $\sigma = \sqrt{[(0,8)^2 + (0,2)^2 + (1,8)^2 + (0,2)^2 + (1,2)^2 + (0,8)^2 + (1,8)^2 + (0,8)^2 + (2,2)^2 + (2,2)^2)]/(10 - 1)}$

   $= 1,48$

   Limites de contrôle:

   a) limite supérieure:

      $= 20,8 + 2,262 \times 1,48$
      $= 24,14$

   b) limite inférieure:

      $= 20,8 - 2,262 \times 1,48$
      $= 17,46$

2. Nombre d'écarts-types que représente le résultat de la onzième journée de travail:

   $(25 - 20,8)/1,48$
   $= 2,84$

   La probabilité qu'un résultat aléatoire supérieur à la moyenne de 20,8, selon la distribution t, 9 degrés de liberté, puisse conduire à plus de 2,26 écarts-types n'est que de 2,5%. Donc, sur le plan contrôle statistique, tout indique que le résultat de 25 traduit l'existence d'une situation anormale.

3. Premier type de diagramme de contrôle

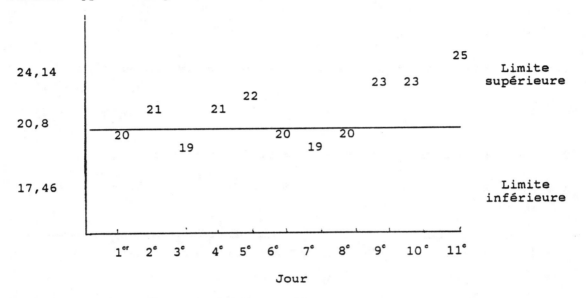

Deuxième type de diagramme de contrôle:

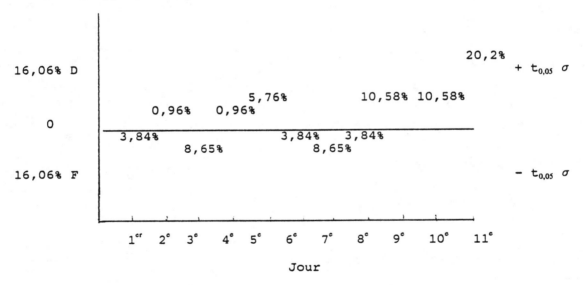

Exercice 13-13

1. Pertes normales: 10% des intrants standards, soit 1/9 des extrants

Coût standard total en matières premières:
   10 kg X 3,15$ = 31,50$
Extrants   9 kg
Coût standard en matières premières par kg d'extrant:
   31,50$/9 kg   =   3,50$ ou 3,15$ + (1/9) 3,15$

2. Coût total à ventiler: 5 850 X 3,25$ =   19 012,50$
    Ventilation du montant:
    a) Ecart/prix à l'utilisation:
       (3,25$ - 3,15$) 5 850 =   585,00$
    b) 5 000 X 3,50$ 17 500,00
    c) Intrants   5 850 kg
       Extrants   5 000 kg
       Pertes totales   850 kg
       Pertes normales :   (1/9) 5 000 kg = 555,5 kg
       Pertes anormales   294,5 kg
       Coût standard des pertes anormales :   294,5 (3,15$) =   927,50
                                                              19 012,50$

(Adaptation - S.C.M.C.)

Exercice 13-14

1. et 2.

   Production équivalente concernant les matières et le coût de conversion

		Matières	Coût de conversion
Produits terminés:	5 000		
En cours au début	(1 000)	–	600
Mis en fabrication	(4 000)	4 000	4 000
En cours à la fin	800	800	480
Pertes normales	116	116	58
Pertes anormales	134	134	67
		5 050	5 205

3. Coût standard d'un produit perdu:

    M.P.   3,50$
    M.O.D. et F. gén. de F.
       50% X 6$ 3,00
                            6,50$
                            =====

4. Coût standard d'un produit fini:

    9,50$ + 2% X 6,50$ = 9,63$

    ou (100 X 9,50$ + 2 X 6,50$)/100

5. Coût standard d'un produit en cours à la fin:

   (800 X 3,50$ + 480 X 6$ + 2% X 800 X 6,50$)/800 = 7,23$
                                                      =====

(Adaptation - C.G.A.)

Exercice 13-15

1.   Tableau des équivalences

	M.P. A	M.P. B	Coût de conversion
Produits transférés			
En cours au début	–	–	12 000
Mis en production en octobre	30 000	30 000	30 000
Produits en cours – fin	40 000	–	16 000
Produits perdus	10 000	10 000	10 000
	80 000	40 000	68 000
	=======	======	======

N.B. Gaspillage normal: 9 000; gaspillage anormal 1 000.

2. a) Ecart sur taux:
      (6,18$ - 6,20$) 348 000   6 960$ F

   Ecart sur temps:
      [348 000 - (68 000 X 5)] 6,20$ 49 600$ D

   b) Ecart sur dépenses:
      F. gén. de F. var. réels   1 270 000$
      F. gén. de F. var. budgétés
         348 000 X 3,60$ 1 252 800
                                                            17 200$ D
                                                         ==========

   Ecart sur rendement:
      [348 000 - (68 000 X 5)] 3,60$ 28 800$ D

   c) Ecart sur dépenses:
      F. gén. de F. fixes réels   533 000$
      F. gén. de F. fixes budgétés
         75 000 X 7$ 525 000
                                                             8 000$ D
                                                         ========

Ecart sur volume:

    [340 000 - (75 000 X 5)] 1,40$ 49 000$ D
                                                               ========

3.   Ecarts sur quantité:

    Matière première A:

      [79 400 - (80 000 X 1)] 15$ =   9 000$ F

    Matière première B:

      [42 000 - (40 000 X 1)] 9$ =   18 000$ D

4.   S.P.C. (80 000 X 15$) + (40 000 X 9$)   1 560 000
    Ecarts sur quantité   9 000
      Magasin:
        (79 400 X 15$) + (42 000 X 9$)   1 569 000

    S.P.C. (68 000 X 31$)   2 108 000
    Ecart sur temps   49 600
      Salaires à payer   2 150 640
      Ecart sur taux   6 960

    S.P.C. (68 000 X 25$)   1 700 000
      F. gén. de F. I.   1 700 000

    F. gén. de F.I.   1 700 000
    Ecart dépenses   25 200
    Ecart sur rendement   28 800
    Ecart sur volume   49 000
      F. gén. de F.   1 803 000

    S.P.F. (60 000 X 92$)   5 520 000
      S.P.C.   5 520 000

    Sommaire des résultats   80 000
      S.P.C. (1 000 X 80$)   80 000

(Adaptation - S.C.M.C.)

Exercice 13-16

		Unités équivalentes		
	Nombre de produits	Coûts en amont	M.P.	Coût de conversion
Terminés				
En cours au début	10 000	0	10 000	5 000
Commencés	32 000	32 000	32 000	32 000
En cours à la fin		5 000	5 000	4 500
Pertes normales		2 350	–	1 880
Pertes anormales		650	–	520
	40 000	47 000		43 900

Calcul des écarts nets:

	Coûts réels	Coûts standards	Ecarts
M.P.	44 100$	45 120$	1 020$ F
M.O.D.	180 000	166 820	13 180 D
F. DE F.	42 000	39 510	2 490 D

1. Ecart sur prix: (0,45$ – 0,48$) 98 000   = 2 940$ F
    Ecart sur quantité: (98 000 – (2 X 47 000)) 0,48$ = 1 920 D
                                                                    1 020$ F
                                                                    ======

    Ecart sur taux: (8$ – 7,60$) 22 500   = 9 000$ D
    Ecart sur temps: (22 500 – (0,5 X 43 900)) 7,60$ = 4 180 D
                                                                   13 180$ D
                                                                   =======

	Réels	Budget (22 500 h)	Budget (21 950 h)	Standards
Fixes	8 200$	8 000$	8 000$	8 780$
Variables	33 800	31 500	30 730	30 730
	42 000$	39 500$	38 730$	39 510$
	=======	=======	=======	=======
	Δ/dépenses	Δ/rendement	Δ/volume	
Fixes	200$ D	–	780$ F	
Variables	2 300$ D	770$ D	–	

2. 8 000$/capacité normale exprimée en unités de production = 0,20

    D'où capacité normale de 40 000 produits ou de 20 000 heures.

3. <u>Rapport des coûts de production</u>

    S.P.C. au début:

       (10 000 X 4$) + (5 000 X 4,70$)   63 500$

    Coût standard de la production équivalente de l'exercice

       (40 000 X 4$) + (47 000 X 0,96$) + (43 900 X 4,70$) =   <u>411 450</u>

    Coûts standards dont il faut rendre compte   <u>474 950$</u>

    S.P.C. à la fin:

       (5 000 X 4$)+(5 000 X 0,96$)+(4 500 X 4,70$)+(250 X 7,76$)*   47 890$

    Transferts à l'entrepôt des produits finis: 42 000 X 10,048$ ou

       42 000 X 9,66 + (42 000/47 000) (2 350 X 4$ + 1 880 x 4,70$)   422 016

    Gaspillage anormal: 650 X 7,76$ <u>5 044</u>

                                                 <u>474 950$</u>

    * Autre façon: (5 000/47 000) (2 350 X 4$ + 1 880 X 4,70$)

4. a) Magasin 98 000 X 0,48$ 47 040

       Fournisseurs 98 000 X 0,45$ 44 100

       Ecart sur prix   2 940

       S.P.C. - atelier II 47 000 X 0,96   45 120

         Ecart sur quantité (98 000 - 94 000) 0,48$ 1 920

         Magasin 98 000 X 0,48$ 47 040

       Salaires 22 500 X 7,60$ 171 000

       Ecart sur taux (8$ - 7,60) 22 500   9 000

         Salaires à payer   180 000

       S.P.C. - atelier II 43 900 X 3,80$ 166 820

       Ecart sur temps   4 180

         Salaires   171 000

       F. gén. de F. imputés   39 510

       Ecart sur dépenses   2 500

       Ecart sur rendement   770

        Ecart sur volume   780

        F. gén. de F.   42 000

   b) S.P.F. 42 000 X (4$ + 5,66$ + 0,388$)   422 016

       S.P.C. - atelier II   422 016

5. Un écart sur prix favorable (établi comme nous l'avons fait) joint à un écart sur quantité défavorable signigie l'existence d'un écart prix-quantité (écart mixte) favorable profitable au directeur du service des achats. Dans un premier temps, on voit que le boni au directeur du service des achats devrait plutôt être fonction d'un écart sur prix calculé sur la quantité de matière première qui aurait dû être utilisée.

On s'attend habituellement à ce que le directeur du service de la production réponde de tout écart défavorable sur quantité, sur temps et sur rendement même si ces écarts peuvent être dus à l'usage de matières de qualité inférieure à la norme suite à un comportement à l'achat du directeur du service des achats qui peut être dicté plus par l'intérêt personnel (attrait du boni) que par l'intérêt global de l'entreprise. Ceci nous amène à dire, dans un deuxième temps, que le boni du directeur du service des achats devrait être fondé sur des écarts favorables plus globaux. Le directeur de la production ne devrait pas être pénalisé par l'usage de matières premières de qualité inférieure à la norme découlant d'achats à meilleurs prix.

6.

Ecart calculé sur quantité	1 920$ D
Quote-part due à l'usage de M.P. de qualité inférieure qui furent achetées par le directeur du service des achats	(1 920) D
Quote-part de l'écart relevant de la responsabilité du contremaître	0$

Ecart calculé sur temps	4 180$ D
Quote-part due au temps supplémentaire que l'usage des M.P. de qualité inférieure a nécessité 20 h X 7,60$	(152) D
Quote-part due au temps mort suite à un bris contrôlable par le service de l'entretien 80 X 7,60$	(608) D
Quote-part de l'écart relevant de la responsabilité du contremaître	3 420$

(Adaptation - C.G.A.)

Exercice 13-17

1. Ecarts sur prix:

A:	60 000$ - (610 X 100$) =	1 000$	F
B:	8 000 - (1 550 X 5$) =	250	D
C:	4 200 - (240 X 20$) =	600	F
		1 350$	F

Ecarts sur composition:

A: [610 - 2 400 (600/2 400)] 100$ =   1 000$ D
B: [1 550 - 2 400 (1 600/2 400)] 5$ =   250 F
C: [240 - 2 400 (200/2 400)] 20$ =   800 D
                                                         1 550$ D
                                                         ======

Ecarts sur rendement:

A: (100% - 458 640/[98% (12 000 X 40)]) X (600 X 100$) =   1 500$ D
B: (100% - 458 640/[98% (12 000 X 40)]) X (1 600 X 5$) =   200 D
C: (100% - 458 640/[98% (12 000 X 40)]) X (200 X 20$) =   100 D
                                                             1 800$ D
                                                             ======

458 640/[98% (12 000 X 40)] = 97,5%

Ecarts sur quantité:

A: 1 000$ D + 1 500$ D   =   2 500$ D
B: 250 F +   200 D   =   50 F
C: 800 D +   100 D   =   900 D
                                                 3 350$ D
                                                 ======

L'ensemble des écarts globaux défavorables sur composition et sur rendement excède l'écart global sur prix. Et même si le taux de rejet avait été de 2%, il y aurait eu un écart global défavorable sur composition au montant de 1 550$. Comme l'écart global défavorable sur composition aurait excédé l'écart global sur prix, on peut conclure que le contremaître n'a manifestement pas bien agi.

2. S'il n'y a pas d'enquête:

Même s'il y a des économies de frais (1 000$) découlant de la modification de la composition du mélange, l'entreprise perd la marge sur coûts variables relative aux rejets excédentaires.

Extrant standard par lot   470 400
Extrant réel   458 640
Extrant en moins   11 760
                                                      =======

Ventes en moins par lot: 0,50$ X 11 760   5 880$
Frais variables économisés par lot   1 000
Marge en moins sur coûts variables par lot   4 880$
                                                        ======

Marge totale en moins: 6 lots X 4 880$ = 29 280$

A noter que cette marge en moins au montant de 29 280$ serait la même si la cause du taux de rejet plus élevé était une défectuosité mécanique au lieu d'être une modification de la composition du mélange. Par contre, si le taux de rejet plus élevé découle de facteurs aléatoires normaux, ce taux reviendra à la normale au niveau de 2% et l'entreprise économisera 6 000$ à l'occasion de la production de ses prochains lots, soit 1 000$ X 6.

L'absence d'enquête représenterait donc le coût total suivant pour l'entreprise:

29 280$ X (0,2 + 0,7) - (6 000$ X 0,1), soit 25 752$

S'il y a enquête:

Si la cause est identifiée comme étant la modification de la composition du mélange, il n'y aura aucune économie de frais variables.

Par contre, si la cause découle d'une défectuosité mécanique, les frais des réparations s'élèveront à 10 000$ et on s'en tiendra à la nouvelle composition, ce qui aura pour effet de procurer à l'entreprise une économie nette de frais variables de 4 000$, soit 10 000$ - (1 000$ X 6 lots). Enfin, si la cause découle de facteurs aléatoires normaux, l'entreprise économisera 6 000$ de frais variables puisque le taux de rejet reviendra au niveau de 2%.

L'enquête représenterait donc pour l'entreprise le coût total suivant:

15 000$ + (0 X 0,2) + (4 000$ X 0,7) + (- 6 000$ X 0,1), soit 17 200$

L'enquête devrait donc être effectuée puisque les résultats de l'entreprise s'en trouveraient améliorés de 8 552$, soit 25 752$ - 17 200$.

(Adaptation - S.C.M.C.)

Exercice 13-18

1. 10% x 100$ = 10$

2. Considérons une production de 10 bons produits. Le coût standard, compte non tenu des pertes normales, serait:

    (10 x 100$) + 1 x 100$ x 70%
    = 1 000$ + 70$
    = 1 070$

Coût unitaire d'un bon produit :

1 070$ ÷ 10 = <u>107</u> $

L'incidence des pertes normales correspond donc à une augmentation de 7$.

<u>Exercice 13-19</u>

1.

			M.P.	C.C.
Terminés	10 100			
En cours au début	800		–	560
Nouveaux	9 300		9 300	9 300
En cours à la fin	1 000		<u>1 000</u>	<u>400</u>
			<u>10 300</u>	<u>10 260</u>

2.

S.M.P. 217 300 x 5%	1 086 500		
Écart sur prix		10 865	
Fournisseurs		1 075 635	
S.P.C. 10 300 x 100$	1 030 000		
Écart sur quantité		51 500	
S.M.P. 216 300 x 5$		1 081 500	
S.P.C. 10 260 x 200	2 052 000		
Salaires		1 990 440	
Écart sur temps		65 560	
F.G.F.	2 908 710		
Divers crédits		2 908 710	
Salaires	1 990 440		
Salaires à payer		1 900 440	
S.P.C. 10 260 x 300$	3 078 000		
F.G.F. imputés		3 078 000	
S.P.F. 10 100 x 600$	6 060 000		
S.P.C.		6 060 000	
C.P.V. 10 000 x 600$	6 000 000		
S.P.F.		6 000 000	

3. Calcul des taux de redressement et répartition des écarts

Écarts sur M.P.:

Écart sur prix:	10 865$F
Quote-part attribuée au S.M.P.: 1 000 x 0,05$ =	50
Solde de l'écart sur prix à répartir	10 815 F
Écart sur quantité	51 500 D
Solde des écarts à répartir	40 685$D

Taux de redressement: 40 685$ ÷ 10 300 = 3,95$

Répartition des 40 685$ D:

S.P.C. 1 000 x 3,95$ =	3 950$D
S.P.F. 300 x 3,95$ =	1 185
C.P.V.9 000 x 3,95$ =	35 550
	40 685$D

Écarts sur M.O.D.:

Écart sur temps 2 052 000 - 1 990 440 =	61 560$F

Taux de redressement: 61 560 ÷ 10 260 = 6$

Répartition des 61 560$F:

S.P.C. 400 x 6$ =	2 400$F
S.P.F. 300 x 6$ =	1 800
C.P.V. 9 560 x 6$ =	57 360
	61 560$F

Écarts sur F.G.F.:

Écart net: (10 260 x 300$) - 2 908 710 =	169 290$F
Taux de redressement: 169 290$ ÷ 10 260 =	16,50$

Répartition des 169 290$F:

S.P.C. 400 x 16,50$ =	6 600$F
S.P.F. 300 x 16,50$ =	4 950
C.P.V. 9 560 x 16,50$ =	157 360
	169 290$F

Exercice 13-20

a) Faux   b) Faux   c) Vrai   d) Faux

Exercice 13-21

Perte normale relative à un mélange de 80 litres:

Mélange effectué	125%	100 litres
Perte normale	25%	20 litres
Bonne production	100%	80 litres

Coût standard d'un mélange:
    80 litres x 11,25$ = 900$

Dès lors, on a l'équation suivante:
    20 A + 80 B = 900

Comme le prix standard de A est de 5$, on en déduit que le prix standard de B est de 10$.

Production du 2e mois:
    80 - (90$ ÷ 11,25$) = 72

L'écart sur composition "a" peut être déterminé comme suit:

Composition réelle au prix standard	Composition standard de la quantité totale utilisée au prix standard
A30 x 5$ = 150$	20 x 5$ = 100$
B70 x 10 = 700	80 x 10 = 800
850$	900$

50$ F

L'écart sur composition "b"

Composition réelle au prix standard	Composition standard de 100 litres standard	Coût standard au prix de la production
A25 x 5$ = 125$	20 x 5$ = 100$	
B75 x 10 = 750	80 x 10 = 800	
875$	900$	Production x 11,25$

Δ/composition	Δ/rendement
25$ F	- 0 -

Comme l'écart sur rendement est nul, on en déduit que la production a été de 80 litres.

Exercice 13-22

1. Coût standard d'un produit perdu
   Coût standard - ateliers antérieurs   35,004
   Coût standard - atelier d'assemblage
       M.O.D.:   60% x 108$ 64,80$
       F.G.F.:   60% (12$ + 9$)   12,60   77,40
       112,40$

   Coût standard d'un bon produit en l'absence
   de perte de production   175,200$
   Majoration pour pertes normales: 8% (112,40$)   8,992
      Coût standard d'un bon produit   184,192$

2. a) S.P.C. à la fin
       5 000 (35$ + 11,20$ + 8,992$) + 3 500 (108$ + 12$ + 9$)   727 460$

   b) Transferts aux produits finis
       76 000 x 184,192$ 13 998 592$

   c) Pertes anormales
       3 520 x 112,40$ 395 648$

3.

Tableau des équivalences

	Coûts en amont	Atelier d'assemblage M.P.	Atelier d'assemblage Coût de conversion
Produits transférés			
En cours au début		8 000	4 000
Reçus durant le mois	68 000	68 000	68 000
Produits en cours à la fin	5 000	5 000	3 500
Pertes normales	6 480		3 888
Pertes anormales	3 520		2 112
	83 000	81 000	81 500

Rapport des coûts de production

Stock de produits en cours au début
8 000 x 35$ + 4 000 (108$ + 12$ + 9$)   796 000$
Coûts standard de la production équivalente
83 000 x 35$ + 81 000 x 11,20$ + 81 500 x 129$ 14 325 700
    15 121 700$

Stock de produits en cours à la fin

    Coûts en amont: 5 000 x 35$ 175 000$

    Coûts dans l'atelier d'assemblage

    5 000 x 11,20$ + 3 500 x 129$ 507 500

    Quote-part du coût des pertes normales

      [5 000 ÷ (5 000 + 76 000)]

      [6 480 x 35$ + 3 888 x 29$]   44 960   727 460$

Produits transférés aux produits finis

    Produits en cours au début

      Coûts au début du mois

      8 000 x 35$ + 4 000 x 129$ 796 000

      Coûts ajoutés durant le mois

      8 000 x 11,20$ + 4 000 x 129$ 605 600

    Produits reçus durant le mois

    68 000 x 175,20$ 11 913 600

    Quote-part du coût des pertes normales

      [76 000 ÷ (5 000 + 76 000)]

      (6 480 x 35$ + 3 888 x 129$)   683 392   13 998 592

Pertes anormales

3 520 x 35$ + 2 112 x 129$ 395 648

                                    15 121 700$

(Adaptation - C.M.A.)

Exercice 13-23

1.a)   Écart/taux

    1 D   (12,30$ - 12$)   8 150 =   2 445$ D

    1 S   (8,20 - 8)   4 300 =   860 D

    A 1   (5,75 - 6)   4 400 =   1 100 F

                                    2 205$ D

   b)   Écart sur composition du total des heures réelles

	Composition réelle aux taux standards	Composition standard* aux taux standards	Écart sur composition
1 D	8 150 X 12$ = 97 800$	7 827 X 12$ = 93 924$	3 876$ D
1 S	4 300 X 8 = 34 400	4 566 X 8 = 36 528	2 128 F
A 1	4 400 X 6 = 26 400	4 457 X 6 = 26 742	342 F
	16 850 158 600$	16 850 157 194$	1 406$ D

    *   (7 920 ÷ 17 050) 16 850 =   7 827

         (4 620 ÷ 17 050) 16 850 =   4 566

         (4 510 ÷ 17 050) 16 850 =   4 457

                              16 850

Catégorie de CD	Nombre de patients	Heures standards par CD			Heures standards		
		1 D	1 S	A 1	1 D	1 S	A1
1	250	6	4	5	1 500	1 000	1 250
2	90	26	16	10	2 340	1 440	900
3	240	10	5	4	2 400	1 200	960
4	140	12	7	10	1 680	980	1 400
					7 920	4 620	4 510

c)   Écart sur rendement

	Composition standard du total des heures aux taux standards		Heures standards aux taux standards		Écart sur rendement	
1 D	7 827 X 12$ =	93 924$	7 920 X 12$ =	95 040$	1 116$	F
1 S	4 566 X 8 =	36 528	4 610 X 8 =	36 960	432	F
A 1	4 457 X 6 =	26 742	4 510 X 6 =	27 060	318	F
	16 850	157 194$		159 060$	1 866$	F

2. La composition réelle des heures fut telle que proportionnellement plus d'heures furent consacrées par les infirmières diplômées, donc à un taux de rémunération plus élevé. Il s'agit donc de s'enquérir des raisons de cet état de chose, à savoir par exemple si cela tient au manque de ressources disponibles du côté des stagiaires et des aides ou d'un classement erroné touchant les tâches que requiert chaque catégorie de diagnostic.

(Adaptation - C.M.A.)

Exercice 14-1

Chiffre d'affaires		600 000$
Coût standard des produits vendus: 20 000 X 15$	300 000$	
Ecarts sur coûts variables de fabrication	4 000	304 000
Bénéfice brut		296 000
Frais d'exploitation		
De fabrication	90 000$	
De vente et d'administration	100 000	190 000
Bénéfice		106 000$

2.

Chiffre d'affaires		600 000$
Coût standard des produits vendus: 20 000 X 18$	360 000$	
Ecarts sur coûts de fabrication	22 000(1)	382 000
Bénéfice brut		218 000
Frais de vente et d'administration		100 000
Bénéfice		118 000$

(1) 4 000$ + [(30 000 - 24 000) 90 000$/30 000]

3.

Le bénéfice établi selon la méthode des coûts complets excède de 12 000$ celui déterminé selon la méthode des coûts variables. Cela est dû à la constitution d'un stock de 4 000 unités au cours de l'exercice. Chaque unité ainsi stockée implique une charge reportée de 3$ en frais généraux de fabrication fixes. Le montant total des frais généraux de fabrication fixes ainsi reportés s'élève donc à 12 000$, montant correspondant à la différence dans les résultats.

Ecriture de régularisation:

a) Si les livres ne sont pas fermés:

Stock de produits finis	12 000	
Coûts des produits vendus	78 000	
Frais généraux de fabrication fixes		90 000

b) Si les livres sont fermés:

Stock de produits finis	12 000	
Bénéfices non répartis		12 000

(Adaptation - S.C.M.C.)

Exercice 14-2

1. Plus élevés puisqu'il existe un stock de produits finis à la fin de l'exercice courant. S'il existe un tel stock, cela signifie que des frais généraux de fabrication fixes ont été incorporés dans le coût des produits au lieu d'être traités comme frais de période.

2. Le coût des stocks déterminé selon la méthode des coûts variables pourrait différer sensiblement du coût de remplacement desdits stocks.

Exercice 14-3

1. a)
État des résultats selon la méthode des coûts complets

Ventes: 150 000 X 24$		3 600 000$
Coût des produits vendus		
Stock de produits finis au début:		
(12$ + 2$) X 10 000	140 000$	
Coût de fabrication: (12$ + 2 $) X 160 000	2 240 000	
	2 380 000	
Stock de produits finis à la fin:		
(12$ + 2$) X 20 000	280 000	2 100 000
Bénéfice brut standard		1 500 000
Ecarts sur F. gén. de F. variables	100 000$	
Ecart sur volume: 40 000 X 2$	80 000	180 000
Frais de vente et d'administration:		
[(2,40$ X 150 000) + 200 000)]	560 000	740 000
Bénéfice		760 000$

1. b)
État des résultats selon la méthode des coûts variables

Ventes		3 600 000$
Coût des produits vendus		
Stock de produits finis au début: 12$ X 10 000	120 000$	
Coût de fabrication: 12$ X 160 000	1 920 000	
	2 040 000	
Stock de produits finis à la fin: 12$ X 20 000	240 000	1 800 000
Bénéfice brut standard		1 800 000
Ecarts sur frais généraux de fabrication variables		100 000
		1 700 000
Frais de vente et d'administration variables: 2,40$ X 150 000		360 000
Marge sur coûts variables		1 340 000
Frais de période		
Frais généraux de fabrication fixes	400 000	
Frais de vente et d'administration	200 000	600 000
Bénéfice		740 000$

2.

Bénéfice selon la méthode des coûts complets	760 000$
Bénéfice selon la méthode des coûts variables	740 000
Différence correspondant au montant supplémentaire de frais généraux de fabrication fixes porté aux stocks: (160 00 - 150 000) X 2$	20 000$

Exercice 14-4

1. a) C; b) D; c) A; d) B.

2. Non, car le bénéfice de 280 000$ selon la méthode des coûts complets standards est supérieur au bénéfice de 255 000$ selon la méthode des coûts variables standards. Cela signifie qu'il y a eu constitution d'un stock de produits finis au cours de l'exercice.

3. Inférieure, car il y a un écart sur volume défavorable.

4. Non, car l'écart sur volume est le même dans le cas des deux systèmes de prix de revient suivants:

    i)   Coûts complets standards (HS - HN) T.I. pour les F. gén. de F. fixes
    ii) Coûts complets réels rationnels (HR - HN) T.I. pour les F. gén. de F. fixes.

    Donc, il y a eu égalité entre les heures standards (HS) et les heures réelles (HR).

    Autre solution: non, car aucun écart sur rendement.

(Adaptation - S.C.M.C.)

Exercice 14-5

1. 60 000

2. 90 000

3. 0,70$

4. Comme le nombre d'unités vendues fut le même au cours de chacun des exercices, la différence est due au fait que la fabrication fut plus élevée en 19X6 qu'en 19X5. Le taux d'imputation des frais généraux de fabrication fixes étant de (18 000$/90 000 unités), le montant supplémentaire de frais généraux de fabrication fixes porté au stock en 19X6 correspond alors à (90 000 - 60 000) 0,20$.

5. Cette clause peut l'inciter à produire pour fins de stockage, car en procédant ainsi le bénéfice de l'entreprise s'accroît (à court terme) de même que la rémunération de Sauveur. Cette clause peut donc finalement aller à l'encontre des intérêts de l'entreprise.

6. Perte de 5 000$ pour chacun des exercices.

7. 0,30$ pour chacun des exercices.

8. 0,55$ pour chacun des exercices.

Exercice 14-6

Tous les montants des écarts seraient identiques à ceux établis dans le cadre de l'exercice 12-11 sauf qu'il n'existerait aucun écart sur volume puisque les frais généraux de fabrication fixes ne sont pas des coûts incorporables.

Exercice 14-7

1. F. gén. de F. fixes passés à l'exercice selon la méthode des coûts complets:

F. gén. de F. fixes inclus dans les stocks du début:
S.P.C.	1 000$	
S.P.F.	5 000	6 000$
F. gén. de F. fixes de l'exercice		100 000
		106 000

F. gén. de F. fixes inclus dans les stocks de la fin:
S.P.C.	2 000$	
S.P.F.	3 000	5 000
Ecart entre les montants de bénéfice brut		101 000

2. F. gén. de F. fixes passés à l'exercice selon la méthode des coûts variables

	100 000
Ecart entre les montants de bénéfice	1 000$

3. Nombre d'unités fabriquées durant l'exercice:

F. gén. de F. fixes inclus dans le C.P.V. ajusté:

F. gén. de F. fixes imputés inclus dans le S.P.C. du début	1 000$
F. gén. de F. fixes imputés durant l'exercice	80 000
	81 000
F. gén. de F. fixes imputés inclus dans le S.P.C. de la fin	2 000
F. gén. fixes imputés relatifs aux produits terminés durant l'exercice	79 000
F. gén. de F. fixes inclus dans le S.P.F. du début	5 000
	84 000
F. gén. de F. fixes inclus dans le S.P.F. de la fin	3 000
F. gén. de F. fixes imputés aux produits vendus	81 000
Ecart de volume: 100 000$ - 80 000$	20 000
F. gén. de F. fixes inclus dans le C.P.V. ajusté	101 000$

On en déduit que le taux d'imputation en frais généraux de fabrication fixes est de 1,00$ l'unité (81 000$/81 000 unités) et que, par conséquent, le nombre d'unités fabriquées durant l'exercice fut de 79 000, soit 79 000$/ 1,00$.

Exercice 14-8

Calcul des frais généraux de fabrication variables par unité produite:

Volume de production	Total des F. gén. de F.
100 000	210 000$
80 000	184 000

Comme une augmentation de 20 000 unités entraîne une augmentation de 26 000$ dans les frais généraux de fabrication, on en déduit que les frais de fabrication variables s'élèvent à 1,30$ l'unité. Partant de là, le total des frais de fabrication fixes s'élève à 80 000$.

On procède de même dans le cas des frais de vente:

Volume de vente	Total des frais de vente
99 000	113 850$
76 000	92 000

On en déduit que les frais de vente variables représentent 0,95$ par unité vendue alors que le total des frais de vente fixes est de 19 800$.

1.   Etat des résultats
                    (selon la méthode des coûts variables)

Ventes		760 000$
Coût des produits vendus		
S.P.F. — début:		
(1 000/100 000) (350 000$ + 150 000$ + 130 000$)	6 300$	
Coût des produits fabriqués:		
280 000$ + 120 000$ + 104 000$	504 000	
	510 300	
S.P.F. — fin: 5 000 (3,50$ + 1,50$ + 1,30$)	31 500	478 800
Bénéfice brut		281 200
Frais de vente variables: 76 000 X 0,95$		72 200
Marge sur coûts variables		209 000
Frais fixes		
De fabrication	80 000	
De vente: 92 000$ - 72 200$	19 800	
D'administration	75 000	174 800
Bénéfice		34 200$

2.   Etat des résultats
                    (selon la méthode des coûts complets)

Ventes		760 000$
Coût des produits vendus		
S.P.F. — début:		
(1 000/100 000) (350 000$ + 150 000$ + 200 000$)	7 000$	
Coût rationnel des produits fabriqués:		
280 000$ + 120 000$ + 160 000$	560 000	
	567 000	
S.P.F. — fin: 5 000 (3,50$ + 1,50$ + 2,00$)	35 000	
Coût rationnel des produits vendus	532 000	
Sous-imputation: 184 000$ - 160 000$	24 000	556 000
Bénéfice brut		204 000
Frais d'exploitation		
De vente	92 000	
D'administration	75 000	167 000
Bénéfice		37 000$

3. Conciliation de l'écart de 2 800$ existant entre les résultats obtenus:

En 19X2, l'entreprise a constitué un stock de 4 000 unités. Comme les frais généraux de fabrication fixes imputés par produit s'élèvent à 0,70$, le fait de constituer un stock de 4 000 unités permet de différer au coût de ce stock un montant de 2 800$ en frais généraux de fabrication fixes.

4. Ecriture de journal

Stock de produits finis	2 800	
Bénéfices non répartis		2 800

(Adaptation - S.C.M.C.)

Exercice 14-9

Nombre de produits vendus au cours du 3e trimestre:
    1 600 000$/20$ = 80 000

Coûts de fabrication fixes standards relatifs aux produits vendus au cours du 3e trimestre de 19X2:
    1 200 000$ - (1 600 000$ X 50%) = 400 000$

Coûts de fabrication fixes standards à l'unité: 400 000$/80 000 = 5$

F. gén. de F. fixes budgétés par trimestre:
    100 000 X 5$ = 500 000$

F. gén. de F. fixes réels par trimestre:
    Ces frais égalent les F. gén. de F. fixes budgétés car il n'existe pas d'écart sur dépenses.

1.   Etat des résultats par trimestre

	3e de 19X2	4e de 19X2	1er de 19X3
Chiffre d'affaires	1 600 000$	1 600 000$	1 600 000$
Coût de fabrication variable standard des produits vendus	800 000	800 000	800 000
Bénéfice brut ou marge sur coûts variables	800 000	800 000	800 000
Frais de fabrication fixes	(500 000)	(500 000)	(500 000)
Frais d'exploitation fixes	(250 000)	(250 000)	(250 000)
Bénéfice	50 000$	50 000$	50 000$

2. La note explicative doit traiter de l'effet sur les résultats des variations dans le S.P.F.

	Trimestre		
	3ᵉ de 19X2	4ᵉ de 19X2	1ᵉʳ de 19X3
Quantité vendue	80 000	80 000	80 000
Quantité fabriquée	100 000−(100 000$/5$) = 80 000	100 000−(250 000$/5$) = 50 000	100 000+(50 000$/5$) = 110 000
Quantité correspondant à la capacité normale	100 000	100 000	100 000
Variation du S.P.F.	Aucune	Diminution	Augmentation
Résultat de la méthode des coûts complets par rapport à celui de la méthode des coûts variables	Résultat identique	Résultat moindre	Résultat plus élevé

(Adaptation - S.C.M.C.)

Exercice 14-10

1.

Chiffre d'affaires		3 936 000$
Coût standard des produits vendus:		
48 000 X 55$	2 640 000$	
Écarts sur coûts variables:		
63 000$ (48 000/56 000)	54 000	2 694 000
Marge sur coûts variables de fabrication		1 242 000
Frais de vente variables		354 240
Marge sur coûts variables		887 760
Frais fixes		
de fabrication: (90 000 X 4$)	360 000	
de vente et d'administration	475 000	835 000
Bénéfice		52 760$

2.

Chiffre d'affaires		3 936 000$
Coût standard des produits vendus:		
48 000 X 61$		2 928 000$
Ecarts:		
sur coûts variables		54 000
sur volume:		
[360 000$ - (56 000 X 6$)] (48/56)	20 571	3 002 571
Bénéfice brut		933 429
Frais de vente et d'administration: 354 240$ + 475 000$		829 240
Bénéfice		104 189$

(Adaptation - S.C.M.C.)

Exercice 14-11

1.

Méthode A: Méthode des coûts variables

Méthode B: Méthode des coûts complets rationnels en reportant les écarts sur volume

Méthode C: Méthode des coûts complets rationnels en passant à l'exercice les écarts sur volume

Méthode D: Méthode des coûts complets réels

Les montants de C.P.V. peuvent être analysés comme suit:

7 733,33$ = (6,00$ + 8 000$/600) 400
13 466,67$ = 3 866,67$ + (600 X 16,00$)
15 800,00$ = 3 200$ + (900 X 14,00$)

Les stocks furent déterminés ainsi:

3 866,67$ = (6,00$ + 8 000$/600) 200
3 200,00$ = (6,00$ + 8 000$/800) 200
1 400,00$ = (6,00$ + 8 000$/1 000) 100

2. Dans le cas de la méthode D, les stocks de la fin ont été évalués au coût unitaire du deuxième exercice (16,00$) et non à celui du premier exercice (19,3333$).

Méthode D versus méthodes B et C:

Selon la méthode D, le C.P.V. inclut le coût de 200 unités qui excède de (200 X 3,3333$) celui déterminé selon les autres méthodes du coût complet (B et C) où l'écart de volume est soit capitalisé et présenté séparément au bilan (méthode B), soit passé à l'état des résultats de l'exercice courant (méthode C).

Méthode D versus méthode A:

Les résultats des méthodes A et C sont identiques lorsque la production correspond à la quantité vendue; un même montant de 8 000$ de frais généraux de fabrication fixes affecte le résultat de l'exercice.

Selon la méthode D, un montant supplémentaire d'environ 667$ de frais généraux de fabrication fixes affecte le résultat de l'exercice. En effet, le montant total des frais généraux de fabrication fixes peut être analysé comme suit:

$$(13,3333\$ \times 200) + 10,00\$ \times 600 = 8666,67$$

3. Méthodes C et D

4. Méthode D

Exercice 14-12

1. Etat du bénéfice brut redressé
selon la méthode des coûts variables

Ventes		1 000 000$
C.P.V.		
Stock du début: 1 500 X (250$ − 84$)	249 000$	
Coût de fabrication (voir calcul ci-dessous)	253 500	
	502 500	
Stock de la fin: 500 X (50$ + 100$ + 25$)	87 500	415 000
Bénéfice brut rationnel		585 000
Sous-imputation		3 000
Bénéfice brut redressé		582 000$

Coût de fabrication

S.P.C. du début: 1 000 @ (250$ - 84$)	166 000$
M.P. utilisées	100 000
M.O.D.	200 000
F. gén. de F. variables imputés	50 000
S.P.C. de la fin: 1 500 @ (50$ + 100$ + 25$)	(262 500)
	253 500$
	=========

Equivalence de la production selon PEPS:

(100 000$ + 200 000$ + 220 000$)/260$ 2 000
                                              =====

Dernier coût unitaire de fabrication complet rationnel:

M.P.: 100 000$/2 000			50$
M.O.D.: 200 000$/2 000			100
F. généraux de fabrication:			
fixes: (40 000/2 000) 4,25$ =		85$	
variables: (40 000/2 000) 1,25$ =		25	110
			260$
			====

2.

Différence à expliquer dans les montants de bénéfice brut redressé:

582 000$ - 370 000$ 212 000$
                                              ========

Explication de la différence:

F. gén. de F. Fixes inclus les S.P.C. et S.P.F. du début:

S.P.C.: 1 000 X 84$			84 000$
S.P.F.: 1 500 X 84$			126 000

F. gén. de F. fixes engagés durant l'exercice			172 000
			382 000

F. gén. F. fixes inclus dans les S.P.C. et S.P.F. de la fin:

S.P.C.: 1 500 X 85$		127 500$	
S.P.F.: 500 X 85$		42 500	170 000
			212 000$
			========

(Adaptation - C.A.)

Exercice 14-13

Taux d'imputation des frais généraux de fabrication variables:
270 000$/360 000$ = 75%

1.
| | Budgétés | | Budgétés | |
| Réels | (au coût réel de la M.O.D.) | | (au coût alloué en M.O.D.) | Standards |

248 000$ 75% (341 000$) = 255 750$ 75% (324 000$) = 243 000$ 243 000$

     Δ global/dépenses   Δ/rendement

         7 750$ F   12 750$ D

2.
| | Budgétés | | Budgétés | |
| Réels | (aux h réelles de M.O.D.) | | (aux h standards de M.O.D.) | Standards |

248 000$ 2,25 (110 000) = 247 500$ 2,25 (108 000) = 243 000$ 243 000$

     Δ global/dépenses   Δ /rendement

       500$ F   4 500$ D

Heures réelles: 341 000$/3,10$ = 110 000

Heures standards par produit: (360 000$/60 000)/3$ = 2

F. gén. de F. var. standards par produit: 270 000$/60 000 = 4,50$

F. gén. de F. var. standards par heure: 4,50$/2 heures = 2,25$

Heures standards: 324 000$/3$ = 108 000

3. Lorsqu'on compare les écarts/dépenses, on constate un écart de 8 250$; il en est de même lorsqu'on compare les écarts sur rendement.

Cette différence de 8 250$ est due au fait que le taux réel de rémunération a excédé de 0,10$ le taux horaire standard. En effet, s'il n'y avait pas eu d'augmentation du taux de rémunération, l'écart sur dépenses aurait été de 500$ D et l'écart d'efficacité aurait été de 4 500$ D.

La direction devrait imputer les frais généraux de fabrication variables en fonction des heures standards, car l'imputation en fonction du coût standard de la M.O.D. conduit à des écarts qui sont influencés par les différences entre les taux standard et réel de rémunération de la main-d'oeuvre directe.

4. a)
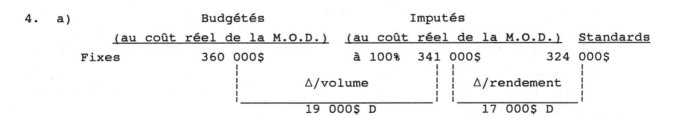

	Budgétés		Imputés	
	(au coût réel de la M.O.D.)		(au coût réel de la M.O.D.)	Standards
Fixes	360 000$		à 100% 341 000$	324 000$

            Δ/volume   Δ/rendement

            19 000$ D   17 000$ D

T.I. des frais généraux de fabrication fixes:
360 000$/360 000$ = 100%

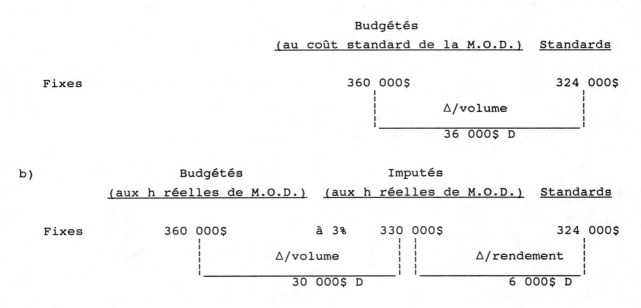

Fixes

Budgétés
(au coût standard de la M.O.D.)   Standards

360 000$ 324 000$
Δ/volume
36 000$ D

b)

Budgétés
(aux h réelles de M.O.D.)

Imputés
(aux h réelles de M.O.D.)   Standards

Fixes   360 000$ à 3%   330 000$ 324 000$
Δ/volume   Δ/rendement
30 000$ D   6 000$ D

T.I. des frais généraux de fabrication fixes:
360 000$/(60 000 unités X 2 heures) = 3$

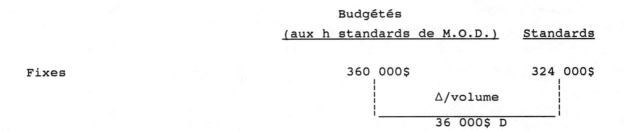

Fixes

Budgétés
(aux h standards de M.O.D.)   Standards

360 000$ 324 000$
Δ/volume
36 000$ D

Lorsqu'on impute en fonction du volume d'activité alloué, qu'il soit exprimé en coût de M.O.D. ou en heures de M.O.D., l'écart sur volume est le même, soit 360 000$ D. Par contre, si on impute en fonction du volume réel d'activité, l'écart sur volume est de 30 000$ D si on impute en fonction des heures réelles et de 19 000$ D si on impute en fonction du coût réel de la main-d'oeuvre directe. L'écart de 11 000$ existant entre ces deux montants est dû à l'incidence de l'augmentation de 0,10$ dans le taux de rémunération de la main-d'oeuvre directe. En effet, on a 110 000 heures réelles X 0,10$ X le taux d'imputation des fixes de 100% = 11 000$. On notera que l'emploi du volume réel d'activité (heures réelles de M.O.D. ou coût réel de M.O.D.) fait en sorte que le rendement a un impact direct sur le montant des écarts de volume (30 000$ D et 19 000$ D, au lieu de 36 000$ D).

Donc, l'emploi du volume d'activité alloué (heures standards ou coût standard de M.O.D.) élimine l'impact du rendement sur les écarts de volume.

(Adaptation - S.C.M.C.)

Exercice 14-14

1.   Etat des résultats
              (selon la méthode des coûts complets)

	1re année	2e année	3e année	4e année
Chiffre d'affaires	50 000$	75 000$	100 000$	150 000$
Coût des produits vendus				
Stock de produits finis	-	8 000	18 000	30 000
Coût des produits fabriqués	48 000	60 000	72 000	96 000
Stock de produits finis	(8 000)	(18 000)	(30 000)	(46 000)
	40 000	50 000	60 000	80 000
Bénéfice brut	10 000	25 000	40 000	70 000
Frais de vente et d'administration	20 000	20 000	20 000	20 000
Bénéfice (perte)	(10 000$)	5 000$	20 000$	50 000$

2.   Etat des résultats
              (selon la méthode des coûts variables)

	1re année	2e année	3e année	4e année
Chiffre d'affaires	50 000$	75 000$	100 000$	150 000$
Coût des produits vendus				
Stock de produits finis	-	4 000	10 000	18 000
Coût des produits fabriqués	24 000	36 000	48 000	72 000
Stock de produits finis	(4 000)	(10 000)	(18 000)	(30 000)
	20 000	30 000	40 000	60 000
Bénéfice brut	30 000	45 000	60 000	90 000
Frais fixes				
de fabrication	(24 000)	(24 000)	(24 000)	(24 000)
de vente et d'administration	(20 000)	(20 000)	(20 000)	(20 000)
	(14 000$)	1 000$	16 000$	46 000$

Exercice 14-15

Nombre de produits fabriqués

Produits en cours au début	1 000
Produits mis en production	<u>5 000</u>
	6 000
Produits en cours à la fin	<u>500</u>
	<u>5 500</u>

Nombre de produits vendus :
75% x 5 500   <u>4 125</u>

Écart sur résultats

Frais généraux de fabrication fixes inclus dans les stocks de
la fin

S.P.C. : 200 x 6$	1 200$
S.P.F. : 1 375 x 6$	<u>8 250</u>
	9 450

Frais généraux de fabrication fixes inclus dans les stocks de
produits en cours au début :

750 x 6$	<u>4 500</u>
	<u>4 950$</u>

(Adaptation - S.C.M.C.)

Exercice 14-16

1. Coût de fabrication variables engagés en 19X7

Matières premières utilisées	370 000$
Main-d'oeuvre directe: 23 000[1] x 6$	138 000
Frais généraux de fabrication	
23 000 (155 000$ ÷ 25 000)	<u>142 600</u>
	<u>650 600$</u>

[1]   Soit x le nombre d'heures de M.O.D. On a alors à résoudre l'équation
suivante:

14 400$ = (25 000 - x) [(25 000$ + 155 000$) ÷ 25 000]

D'où x = 23 000

Stocks exprimés en coûts variables

	S.P.C.	S.P.F.
1/01/19X7	48 000$ - 1 600 x 1$ = 46 400$	18 000$ - 1 050 x 1$ = 16 950$
31/12/19X7	64 000$ - 2 100 x 1$ = 61 900	14 000$ - 820 x 1$ = 13 180

État des résultats
pour l'exercice terminé le 31 décembre 19X7

Chiffre d'affaires			1 015 000$
Coût des produits vendus			
S.P.F. au début		16 950	
Coût de fabrication			
S.P.C. au début	46 400$		
Coûts engagés	650 600		
S.P.C. à la fin	(61 900)	635 100	
		652 050	
S.P.F. à la fin		13 180	638 870
Bénéfice brut			376 130
Frais de vente variables: 5% x 1 015 000$			50 750
Marge sur coûts variables			325 380
Frais fixes			
de fabrication		37 400	
de vente: 95 000$ - 50 750$		44 250	
d'administration		75 000	156 650
Bénéfice avant impôts			168 730$

2. Bénéfice de 19X7 selon la méthode des coûts complets   169 000$
    Bénéfice de 19X7 selon la méthode des coûts variables   168 730
    Différence   270$

Conciliation:		
F.G.F. fixes inclus dans les stocks au début		
S.P.C.: 1 600 x 1$	1 600$	
S.P.F.: 1 050 x 1	1 050	2 650$
F.G.F. fixes inclus dans les stocks à la fin		
S.P.C.: 2 100 x 1$	2 100	
S.P.F.: 820 x 1	820	2 920
Différence		270$

(Adaptation - C.M.A.)

Exercice 14-17

1. Chiffre d'affaires: 354 240$ (100 ÷ 8)			4 428 000$
Coût standard des produits vendus			
45 000 x 58$		2 610 000	
Quote-part des écarts sur coûts variables			
63 000$ x (45 000 ÷ 50 000)		56 700	2 666 700
Bénéfice brut redressé			1 761 300
Frais de vente variables			354 240
Marge redressée sur coûts variables			1 407 060

Frais fixes

    Frais généraux de fabrication réels

    (90 000 x 4$) - 560$ 359 440$

    Frais de vente et d'administration   475 000   834 440

Bénéfice   572 620$

2. F.G.F. fixes réels

    F.G.F. fixes budgétés: 90 000 x 4$ 360 000$

    Écart favorable sur dépenses relatif aux

    F.G.F. fixes   560

                                      359 440$

    F.G.F fixes réels par produit

      359 440$ ÷ 50 000 = 7,1888$

    F.G.F. fixes portés au S.P.F. à la fin

      5 000 x 7,1888$ =   35 944$

    Résultat selon la méthode des coûts complets :

      Bénéfice selon la méthode des coûts variables   572 620$

      Montant correspondant aux F.G.F. fixes portés

      au S.P.F. à la fin   35 944

                                        608 564$

(Adaptation - S.C.M.C.)

Exercice 14-18

Production équivalente

Transferts

    Produit en cours au début   6 000$

    Nouveaux produits   100 000$ 100 000

Produits en cours à la fin   15 000   5 000

                                   115 000   111 000

1. a)   État des résultats

           (selon la méthode des coûts complets)

Chiffre d'affaires: 118 000 x 20$ 2 360 000$

Coût standard des produits vendus

    118 000 x 11,10$ 1 309 800$

Écart sur volume

    (111 000 - 110 000) 1,10$ (1 100)   1 308 700

Bénéfice brut redressé   1 051 300

Frais de vente et d'administration   774 000

Bénéfice   277 300$

b)

État des résultats
(selon la méthode des coûts variables)

Chiffre d'affaires		2 360 000$
Coût standard des produits vendus 118 000 x 10$		<u>1 180 000</u>
Bénéfice brut		1 180 000
Frais de vente et d'administration variables		<u>472 000</u>
Marge sur coûts variables		708 000
Frais fixes : de fabrication	121 000$	
de vente et d'administration	<u>302 000</u>	<u>423 000</u>
Bénéfice		<u>285 000$</u>

2. Conciliation des résultats

Bénéfice selon la méthode des coûts complets	277 300$
Augmentation du S.P.C. en F.G.F. fixes	
[15 000 (1/3) – 10 000 (2/5)] 1,10$	<u>1 100</u>
	276 200
Diminution du S.P.F. en F.G.F. fixes	
(20 000 – 12 000) 1,10$	<u>8 800</u>
Bénéfice selon la méthode des coûts variables	<u>285 000$</u>

(Adaptation – C.P.A.)

Exercice 14-19

1. L'entreprise utilise la méthode des coûts standards puisqu'il existe un écart sur taux de rémunération. Le coût de production variable standard est de 5$, soit 100 000$ ÷ 20 000 et le coût de production fixe standard est de 2$ soit 36 000$ ÷ 18 000.

État des résultats

Chiffre d'affaires		200 000$
Coûts des produits vendus		
S.P.F. au début: 2 000 (5$ + 2$)	14 000$	
Coût de fabrication: 19 000 (7$)	<u>133 000</u>	
	147 000	
S.P.F. à la fin: 1 000 (7$)	<u>7 000</u>	<u>140 000</u>
Bénéfice brut		60 000
Écarts		
sur taux	3 000 D	
sur dépenses: 1 000$ F + 4 000$ D	3 000 D	
sur volume: (19 000 – 18 000) 2$ =	<u>2 000</u> F	<u>4 000</u>
		56 000
Frais de vente et d'administration		<u>30 000</u>
Bénéfice		<u>26 000$</u>

2. Conciliation des résultats

Bénéfice selon la méthode des coûts complets		26 000$
Diminution du stock de produits finis		
en frais généraux de fabrication fixes:	1 000 x 2$	2 000
Bénéfice selon la méthode des coûts variables		28 000$

(Adaptation - S.C.M.C.)

Exercice 14-20

1. Calcul du taux de répartition des FGF fixes de 19X1.
     35 000$/coût réel de la M.O.D. en 19X1
     = 35 000$/70 000$
     = 50%

F.G.F. fixes inclus dans les stocks au début:		
S.P.C.	8 360$	
S.P.F.	-	8 360$
F.G.F. fixes inclus dans les stocks à la fin:		
S.P.C.: 50% X 1 000$	500$	
S.P.F.: 50% X 53 000	26 500	27 000
		18 640$

2. F.G.F. fixes inclus dans les stocks au début:

S.P.C.	8 360$	
S.P.F.	-	8 360$
F.G.F. fixes inclus dans les stocks à la fin:		
S.P.C.: 1 000$ (32 000$/80 000$)	400$	
S.P.F.: 53 000$ (40%)	21 200	21 600
		13 240$

Exercice 14-21

1. Chiffre d'affaires			40 000$
Coût des produits vendus			
S.P.F. au début		- $	
Coût de fabrication		21 840[1]	
S.P.F. à la fin		7 300	14 540
			25 460
Écart sur dépenses relatif aux F.G.F. variables			100[2]
Bénéfice brut			25 360$

1   Coût de fabrication

      S.P.C. au début: 4 000$ + 2 000$ + 340$ 6 340$

      Matières premières utilisées   15 000

      Main-d'oeuvre directe   8 000

      Frais généraux de fabrication imputés   800

                                            30 140

      S.P.C. à la fin: 5 000$ + 3 000$ + 300   8 300

                                           21 840$

2   Sous-imputation - écart sur dépenses relatif aux F.G.F. fixes - écart sur volume

    1 000$ - (4 100$ - 3 050$) - (3 050$ - 8 000$ X 40%)

Rapprochement des résultats:

    Différence dans les montants de bénéfice brut:

      Bénéfice brut selon la méthode des coûts variables   25 360$

      Bénéfice brut selon la méthode des coûts complets   22 900

                                             2 460$

Rapprochement des résultats:

    F.G.F. fixes inclus dans le C.P.V.

      2 000$ (38%) + 2 000$ (40%)   1 560$

    Écart sur dépenses relatif aux F.G.F. fixes   1 050

    Écart sur volume   (150)

                                           2 460$

2. F.G.F. fixes inclus dans le S.P.C au début   760$

   F.G.F. fixes inclus dans les stocks à la fin

      S.P.C.   1 200$

      S.P.F.   1 200   2 400

   Différence   1 640$

   Autre solution:

      Soit a le montant des frais d'exploitation variables. De là, on a:

        Bénéfice selon la méthode des coûts complets: 22 900$ - a

      - Bénéfice selon la méthode des coûts variables:

      25 360$ - 4 100$ - a

      = Différence dans les montants de bénéfice avant impôts: 1 640$

3. C'est parce que la quantité fabriquée représente toujours le même pourcentage de la quantité vendue.

Exercice 15-1

1. a) Le fait que le bénéfice généré par un vendeur soit bon n'est pas une assurance que ce bénéfice soit aussi élevé qu'il le devrait.

   Un vendeur peut dépenser trop ou à mauvais escient; il peut aussi dépenser trop peu puisque s'il avait dépensé plus, le chiffre d'affaire et le bénéfice auraient pu être plus élevés.

   b) Il arrive qu'il soit tout à fait normal que les frais moyens engagés quotidiennement par les vendeurs fluctuent d'un vendeur à l'autre (ex.: certains vendeurs communiquent par téléphone avec les clients éventuels; d'autres rencontrent personnellement les clients éventuels).
   D'ailleurs, il n'est pas certain que de plus faibles frais engagés par jour soit à l'avantage de l'entreprise. Pour sauvegarder le prestige de la firme, il y a peut-être lieu pour les vendeurs de loger dans les bons hôtels, de manger dans les bons restaurants.

   c) Un même pourcentage d'allocation de frais par dollar de chiffre d'affaires n'est pas une politique adéquate pour tous les produits. Si on alloue un pourcentage uniforme, le vendeur verra à mousser davantage la vente des produits dont le prix de vente est le plus élevé, pour un même effort de vente.

   Car, on sait très bien que le produit dont le prix de vente est le plus élevé peut générer moins de bénéfice pour l'entreprise que le produit dont le prix de vente est moins élevé. Il y aurait peut être lieu d'allouer les frais sur la base des marges sur coûts variables.

2. Les politiques relatives aux frais de vente alloués devraient être définies.

   Exemple : type d'hôtel et de restaurant à fréquenter
   type d'automobile à utiliser.

   Les vendeurs devraient planifier leurs itinéraires et prévoir leurs frais en regard du potentiel des ventes. Les prévisions des frais devraient être effectuées par type de frais.

   On devrait exiger des vendeurs qu'ils soumettent rapidement les relevés de leurs frais de manière à ce que les responsables procèdent de façon hâtive à leur analyse.

   L'entreprise doit comptabiliser de façon appropriée les frais engagés par les vendeurs de manière à rendre possible l'analyse comparative entre les frais réels et les frais prévus.

(Adaptation - S.C.M.C.)

Exercice 15-2

1. -multiplier inutilement les déplacements entraînant des frais de représentation plus élevés;
   -faire des promesses irréalistes en matière de date de livraison;
   -surstocker les clients en sachant que les produits seront éventuellement
   retournés;
   -mettre l'accent sur la vente des articles à marge sur coûts variables
   réduite;
   -privilégier les gros clients;
   -distribuer un peu trop librement les échantillons;
   -ne se préoccuper que de vendre sans renseigner le client;
   -ne pas se préoccuper de la commande de quantité économique, d'où des frais
   d'obtention des commandes plus élevés;
   -ne pas se soucier de la possibilité de paiement de l'acheteur.

2. Commentaires concernant le comportement de Ménard:

   Vend apparemment à tout prix, ce qui pourrait expliquer le pourcentage
   comparativement élevé des rendus sur ventes. Il vendrait davantage les
   produits ayant une marge sur coûts variables peu élevée.
   Ses frais de représentation sont relativement plus élevés; il en est de même
   des frais d'échantillons.

   Conséquences:

   Profit moindre généré par Ménard.
   Rémunération plus élevée de ce dernier.
   Effet néfaste possible sur la motivation de Simard.

   Conclusions:

   Oui, tout indique que le système de rémunération va à l'encontre des intérêts
   de la société. Toutefois, les territoires pourraient être non comparables en
   superficie ou en possibilité de vente; des frais engagés plus élevés
   pourraient générer des profits plus tard.

(Adaptation - C.P.A.)

ANALYSE DES FRAIS DE DISTRIBUTION

Classe de commande selon le poids	Répartition selon le nombre de commandes		Répartition selon le nombre d'articles		Répartition selon le nombre de kilos		Total des frais	Frais du 100 kilos
	Nb de cdes	Répar- tition	Nb d'articles	Répar- tition	Nb de kilos	Répar- tition		
Moins de 50 kg	3 000	1 500$	4 000	600$	80 000	160$	2 260$	2,825$
De 50 à 199 kg	3 500	1 750	8 800	1 320	270 000	540	3 610	1,337
De 200 à 499 kg	600	300	2 200	330	190 000	380	1 010	0,531
De 500 à 999 kg	300	150	2 700	405	280 000	560	1 115	0,398
1 000 kg et plus	100	50	800	120	120 000	240	410	0,341
	7 500	3 750$	18 500	2 775$	940 000	1 880$	8 405$	0,894$

(Adaptation - S.C.M.C.)

Exercice 15-4

1. La comparaison des éléments de produit et de frais d'un exercice à l'autre est plus ou moins valable. Il vaudrait mieux comparer les réalisations à des budgets.

   L'établissement d'un seul coût unitaire moyen par fonction est très discutable. L'entreprise ignore le comportement différent de la partie fixe d'un élément de coût de celui de la partie variable. Cette distinction est capitale aux fins de prévisions.

   On peut se demander s'il n'y a pas de frais directs (pour une activité donnée, un produit donné, un territoire donné, une catégorie donnée) qui seraient traités comme frais indirects.

   Les frais non contrôlables par le directeur d'un territoire de vente devraient être indiqués comme tels, car ce dernier ne doit être tenu responsable que des frais qui sont sous son contrôle.

   Les comptes rendus pourraient comporter non seulement des données financières, mais également d'autres données quantitatives au niveau de chaque région.

2. Les coûts de production sont en grande partie fonction de facteurs internes contrairement aux frais de distribution. C'est donc dire que les coûts de production sont plus facilement contrôlables par l'entreprise. La conjoncture économique, la concurrence, les goûts changeant de la clientèle sont autant de facteurs externes qui font que les frais de distribution sont plus difficiles à contrôler et à prédire.

3. a) b) La ventilation de ces frais en fonction des chiffres d'affaires est une pratique peu recommandable car elle comporte un effet négatif. Une augmentation du chiffre d'affaires dans le cas d'un territoire donné peut avoir pour effet d'accroître sa quote-part des frais ainsi répartis sans qu'il y ait nécessairement de relation de cause à effet. Donc, de telles ventilations ne peuvent conduire à l'évaluation de la rentabilité des territoires ou de la performance des responsables de ces territoires.

   Il faudrait analyser l'origine et la nature des différentes composantes de ces frais. Seuls les frais contrôlables par le responsable régional devraient normalement être portés dans le rapport de performance.

c) Les frais de gestion commerciale sont des frais communs qui échappent au contrôle des responsables régionaux. Toute répartition est arbitraire et ne saurait être utile aux fins de l'évaluation des performances des responsables.

La seule justification de la ventilation de ces frais est de faire prendre conscience aux responsables régionaux de leurs responsabilités à long terme c'est-à-dire qu'ils doivent contribuer à la couverture de tels frais.

(Adaptation - C.P.A.)

Exercice 15-5

ÉTAT DU BÉNÉFICE PAR RÉGION
POUR L'EXERCICE ANNUEL CLOS LE 31 DÉCEMBRE 19X5

	A Petites	A Moyennes	B Moyennes	B Grandes	C Petites	C Moyennes	D Moyennes	D Grandes	TOTAL
Chiffres d'affaires	80 000$	320 000$	480 000$	720 000$	640 000$	960 000$	192 000$	408 000$	3 800 000$
Coûts variables									
Coûts des produits vendus	48 000$	192 000$	288 000$	432 000$	384 000$	576 000$	115 200$	244 800$	2 280 000$
Emballage et livraison									
Contenants	2 500	7 500	11 250	15 000	20 000	22 500	4 500	8 500	91 750
Salaires	7 500	17 500	26 250	30 000	60 000	52 500	10 500	17 000	221 250
Fret à la vente	–	–	26 250	37 500	80 000	105 000	42 000	85 000	375 750
Frais de la vente proprement dite									
Commissions aux vendeurs	–	–	9 600	14 400	–	–	–	–	24 000
Commissions à l'agence	–	–	–	–	–	–	9 600	20 400	30 000
Mauvaises créances	200	800	600	900	2 400	3 600	960	2 040	11 500
	58 000	217 800	361 950	529 800	546 400	759 600	182 760	377 740	3 034 250
Frais fixes									
Salaire du directeur des ventes	320	1 280$	1 920	2 880	2 560	3 840	768	1 632	15 200
Salaires des vendeurs	–	–	–	–	12 800	19 200	–	–	32 000
Publicité locale	–	–	2 400	3 600	14 400	21 600	480	1 020	43 500
Publicité nationale	1 200	4 800$	7 200	10 800	9 600	14 400	2880	6 120	57 000
Frais d'administration	2 500	5 000$	7 500	7 500	20 000	15 000	3 000	4 250	64 750
	4 020	11 080$	19 020	24 780	59 360	74 040	7 128	13 022	212 450
TOTAL des coûts et des frais	62 220$	228 880$	380 970$	554 580$	605 760$	883 640$	189 888$	390 762$	3 246 700$
Bénéfice	17 780$	91 120$	99 030$	165 420$	34 240$	123 360$	2 112$	17 238$	553 300$
Nombre de commandes	2 500	5 000	7 500	7 500	20 000	15 000	3 000	4 250	64 750
Bénéfice par commande	7,11$	18,22$	13,20$	22,06$	1,71$	8,42$	0,70$	4,06$	8,55$

Exercice 15-6

	Effet sur la performance de l'entreprise	Implication sur le comportement des vendeurs
a) Commission	Pas d'amélioration prévisible car:	Pas d'amélioration
	– n'encourage pas d'avantage les vendeurs à vendre les produits dont la marge sur coûts variables est plus importante	– les vendeurs perdent la garantie d'un salaire de base
	– la rémunération des vendeurs augmentera comme avant du seul fait de l'augmentation des prix de vente	– perte du boni de fin d'année, donc réduction de la motivation
b) Salaire	Pas d'amélioration prévisible	Pas d'amélioration
	– réduction possible des ventes et aucun encouragement en vue de vendre les produits dont la marge sur coûts variables est plus élevée	– perte de toute motivation – perte de bons vendeurs au profit de concurrents
c) Salaire + prime sur le chiffre d'affaires auprès de nouveaux clients	Pas d'amélioration prévisible – réduction possible des ventes car les vendeurs concentrent leurs efforts sur les ventes aux nouveaux clients	Pas d'amélioration – réduction de la motivation car il est possible que les vendeurs se disputent les nouveaux territoires de vente

d) Salaire + prime fondée sur la marge sur coûts variables	Nette amélioration	Effets incertains sur le comportement (comment jugeront-ils le nouveau système par rapport à l'ancien)?
e) Salaire + prime fondée sur le nombre d'unités vendues	Pas d'amélioration prévisible - ne motive pas à vendre les produits ayant les meilleures marges sur coûts variables (ne motive même pas à vendre les produits dont les prix de vente sont les plus élevés)	Pas d'amélioration - augmentation des ventes des produits à faible prix de vente unitaire

(Adaptation - C.M.A.)

Exercice 15-7

État des résultats
Pour l'exercice clos le 31 mai 19x4

	Classeurs de bureau	Classeurs maison/voyage	Total
Vente en unité	15 000	20 000	
Chiffre d'affaires	442 500$	390 000$	832 500$
Coûts de fabrication variables:			
Matières premières à 3,71$	(55 650) à 3,60$	(72 000)	(127 650)
Main-d'oeuve directe	(57 000)	(45 600)	(102 600)
Frais généraux de fabrication	(67 500)	(54 000)	(121 500)
Marge sur coûts variables de fabrication	262 350	218 400	480 750
Frais de vente variables			
emballage à 2$	(30 000) à 1,50$	(30 000)	(60 000)
commissions, 10%	(44 250)	(39 000)	(83 250)
Marge sur coûts variables	188 100	149 400	337 500
Frais fixes spécifiques			
De fabrication	(68 000)	(26 400)	(94 400)
De promotion	(32 000)	(58 000)	(90 000)
Contribution du produit	88 100$	65 000$	153 100$
Frais fixe communs			
De fabrication			(33 600)
De voyage et de représentation			(52 000)
Salaires des vendeurs			(28 000)
D'administration			(34 000)
Bénéfice avant impôt			5 500$

2. Utiliser un budget ajusté au niveau de l'activité réelle (commerciale) qui permet d'évaluer la performance de l'entreprise face à ce niveau.

3.

Rapport de performance - Robert Laforge

Pour l'exercice clos le 31 mai 19x4

	Classeurs de bureau			Classeurs maison/voyage			Total		
	Réel	Budget	Écart	Réel	Budget	Écart	Réel	Budget	Écart
Ventes en unités									
Chiffre d'affaires									
Frais variables									
De fabrication									
De vente									
Marge sur coûts variables	X	X	X	X	X	X	X	X	X
Frais fixes									
De voyage et de représentation							X	X	X
Salaires							X	X	X
Contribution du vendeur							X	X	X

(Adaptation - C.M.A.)

Exercice 15-8

Revenu = P X Q
= $3\ 900Q - 1,25Q^2$

L'entreprise paie présentement des commissions à ses vendeurs en fonction du chiffre d'affaires:

COM = 0,03 R
= $117Q - 0,0375Q2$

Coût total = Coûts fixes + Coûts variables + Commissions
$80\ 000 + 3\ 000Q + 117Q - 0,0375Q2$
= R - CT

Point de vue de l'entreprise qui vise le bénéfice le plus élevé

RM = dérivée de R par rapport à Q = $3\ 900 - 2,5Q$
CM = dérivée de CT par rapport à Q = $3\ 117 - 0,075Q$
RM = CM
d'où Q = 323 et P = 3 496$
Pour cette quantité, l'entreprise réaliserait un bénéfice de 46 332$.

Point de vue des vendeurs qui cherchent à maximiser leurs commissions:

Ceux-ci seront intéressés à accroître le chiffre d'affaires par tous les moyens, jusqu'à ce que la dérivée de R par rapport à Q soit égale à zéro.

3 900Q − 2,5Q = 0

d'où Q = 1 560

Pour cette quantité de 1 560, le prix de vente devrait être de 1 950$, ce qui signifierait une perte de 1 809 260$ pour l'entreprise.

De ce manque de cohérence dans la poursuite des objectifs peut naître de l'insatisfaction. La solution à ce problème consiste à payer les commissions sur la base de la marge sur coûts variables.

Si les commissions étaient fondées sur la marge sur coûts variables:

Soit K   = taux de la commission

COM   = K (P X Q − 3 000 Q)

          = K (900Q − 1,25Q2) étant donné que P = 3 900 − 1,25Q

Les vendeurs chercheront à maximiser leurs commissions

Dérivée de COM par rapport à Q = K (900 − 2,5Q)

Rendons la dérivée précédente égale à zéro

K (900 − 2,5Q) = 0

    900 − 2,5Q = 0

d'où Q = 360

Voyons si pour cette Q, le bénéfice de l'entreprise est aussi maximisé.

RM = 3 900 − 2,5Q

CT + COM = 80 000 + 3 000Q + K (900Q − 1,25Q2)

CM = 3 000 + K (900 − 2,5Q)

RM = CM

3 900 − 2,5Q = 3 000 + K (900 − 2,5Q)

900 − 2,5Q = K (900 − 2,5Q)

Cette relation ne peut exister que lorsque 900 − 2,5Q = 0, donc lorsque Q = 360.

À quel taux doit-on établir la commission?

Au niveau optimal de 323 unités, les commissions seraient de 33 876$ selon le plan actuel. Selon le nouveau plan, il faudrait qu'au niveau de 323 unités, les vendeurs reçoivent au moins le même montant de commissions que celui qu'ils recevraient selon le plan actuel.

Ventes au niveau de 323 unités:

323 X 3 496$ 1 129 208$

Coûts variables au niveau de 323 unités

(compte non tenu des commissions)   969 000

Marge sur coûts variables avant commissions   160 208$

Commissions selon le plan actuel au niveau de 323 unités   33 876$

Pourcentage des commissions par rapport à la marge

sur coûts variables avant commissions   21,145%

(Adaptation - W.R. Greer, Sales Compensation: Conflit and Harmony, Management Accounting, mars 1974, pp. 37-41)

Exercice 15-9

1. Le budget flexible permet de comparer directement les frais de vente réels du mois à un budget fondé sur l'activité réelle qui a prévalu au cours dudit mois. Autrement dit, le budget flexible permet une meilleure analyse des résultats réels obtenus.

2.

	Budget flexible	Chiffres réels de novembre	Écarts en novembre
Publicité	1 650 000$	1 660 000$	10 000$D
Salaires de bureau	125 000	125 000	
Salaires des vendeurs	115 200	115 400	200 D
Commissions aux vendeurs	496 000	496 000	
Montants forfaitaires aux fins de déplacements	158 400	162 600	4 200 D
Frais de bureau autres que les salaires	366 000	358 400	7 600 F
	992 500	676 500	16 000 F
Frais d'expédition	3 903 100$	3 893 900$	9 200$F

(Adaptation - C.M.A.)

Exercice 16-1

Bénéfice prévu avant impôts: MS X % de la marge sur coûts variables

= 100 000$ X (10$ - 6$) /10$

= 40 000$

Exercice 16-2

Point mort: [30 000\$ + (5 000\$ - 2 000\$)] / (10\$ - 4\$)

   = <u>5 500 unités</u> ou 55 000\$

Exercice 16-3

Marge sur coûts variables unitaires déterminée selon la méthode des résultats limites:

Niveau d'activité	Résultats
18 000 un.	6 000\$ de bénéfice
<u>10 000 un.</u>	<u>10 000 de perte</u>
8 000 un.	16 000\$

D'où marge sur coûts variables unitaires de 2\$ l'unité.

Le point mort est donné ici (en partant des unités vendues) par l'annulation de la marge sur coûts variables (générée par les unités vendues au-delà du point mort:

   6 000\$ de bénéfice/2\$ de marge sur coûts variables unitaires

Ventes (en unités)	= unités vendues au point mort + MS
18 000 unités	= ? + 6 000\$/2\$
?	= <u>15 000 unités</u>

Exercice 16-4

Au point mort, compte tenu du contexte décrit, il n'y a pas de provision pour impôts sur le bénéfice puisque le résultat avant impôt est nul. Toutefois, on peut très bien considérer l'impôt sur une base d'élément de produit et de frais. En procédant ainsi, le total des impôts concernant les éléments de produit égalera le total des réductions d'impôts relatives aux éléments de frais.

Exemple:

Frais fixes	10 000\$
Prix de vente	12\$
Frais variables à l'unité	8\$
Taux d'imposition	40%

Le point mort exprimé en unités pourrait être calculé de la façon suivante:

[10 000$ (1 - 0,40)] / [12$ (1 - 0,40) - 8$ (1 - 0,40)]

= 2 500 unités

Exercice 16-5

Le bénéfice net découle du calcul suivant:

Chiffre d'affaires	donnée connue
Moins	
Charges variables	?
Charges fixes	donnée connue
Impôts sur le bénéfice	?
Bénéfice net	donnée connue

Pour déterminer le point mort en dollars de ventes, il faudrait connaître le ratio de la marge sur coûts variables. Pour ce faire, il faudrait connaître le montant des charges variables. Or, ce montant ne peut être calculé de la façon suivante:

Chiffre d'affaires

Moins:

  Charges fixes

  Bénéfice net

Exercice 16-6

1.

Prix de vente unitaire		2,50$
Coûts variables unitaires: (28 500$/(95 000$/2,50$) =		0,75
Marge sur coûts variables unitaires		1,75$
Total des coûts fixes: 73 875$ - 28 500$ =		45 375$
Point mort (en unités): 45 375$/1,75$ =		25 929 u.

2. Coûts fixes nécessitant des sorties de fonds:

Salaires	25 450$
Loyer	4 800
Services de comptabilité	3 600
Électricité, eau et services publics	2 325
Fournitures	1 200
	37 375$

Soit x, le point mort en unités

1,75x - 37 375$ - (1,75x - 37 375$ - 8 000$) 0,30 = 0

d'où x = 19 398 unités

3. Bénéfice désiré après impôt: 20 000$

    Bénéfice désiré avant impôt: 20 000$/0,70 = 28 571$

    Nombre des unités qui devraient être vendues: (45 375$ + 28 571$)/1,75$

        = 42 255 unités

(Adaptation - C.M.A.)

Exercice 16-7

1. **A Ltée**

    Écart dans les frais: 94 000$ - 90 000$ =   4 000$

    pour une augmentation de 20% du nombre d'unités vendues.

    Au niveau de 100 000$ de C.A.:

    Total des frais   90 000$

    Frais variables: 4 000$ X (100 000$/20 000$) =   20 000

    Frais fixes   70 000$

    Point mort (en C.A.): 70 000$/(100 000$ - 20 000$)/100 000$

        = 87 500$

    B Ltée

    Écart dans les frais: 106 000$ - 90 000$ =   16 000$

    pour une augmentation de 20% dans les nombres d'unités vendues.

    Au niveau de 100 000$ de C.A.:

    Total des frais   90 000$

    Frais variables: 16 000$ X (100 000$/20 000$) =   80 000

    Frais fixes   10 000$

    Point mort (en C.A.): 10 000$/(100 000$ - 80 000$)/100 000$ = 50 000$

2. Résultats

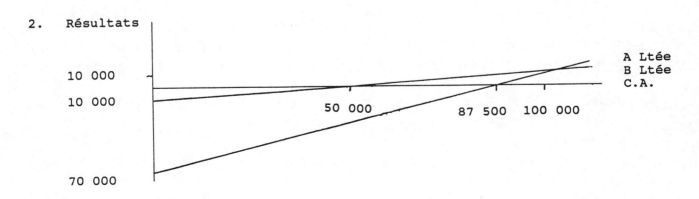

(Adaptation - S.C.M.C.)

Exercice 16-8

1. Détermination du point mort:

100% capacité (40 000 unités):   80% capacité (32 000 unités):

Ventes: (40 000$ X 100/80) = 50 000$ Ventes: (80% X 50 000$)   40 000$

Coûts   40 000   Coûts   34 000

Bénéfice: (20% X 50 000$) =   10 000$ Bénéfice (15% X 40 000$)   6 000$

Total des coûts pour 40 000 unités: 40 000$

Total des coûts pour 32 000 unités: 34 000

Écart   8 000 unités: 6 000$

Frais variables à l'unité: 6 000$/8 000 = 0,75$ l'unité

Total des coûts pour 40 000 unités 40 000$

Total des coûts variables pour

   40 000 unités: (40 000 X 0,75$) = 30 000

Total des coûts fixes   10 000$

Point mort:

Frais fixes/[1 - coûts variables/C.A.]

= 10 000$/[1 - 30 000$/150 000$]

= 10 000$/0,40

= 25 000$

ou encore

   25 000$/(50 000$/40 000)

= 20 000 unités

2.   a)   Point mort si une diminution de 10% dans le prix de vente:

	100%		80%	
Ventes	(50 000$ X 90%)	45 000$	(40 000$ X 90%)	36 000
Coûts		40 000		34 000
Bénéfice		5 000$		2 000$

Points morts: 10 000$/[1 - 30 000$/45 000$]   10 000$ [1 - 24 000$/36 000$]

                10 000$/(1/3) = 30 000$ 10 000$/(1/3) = 30 000$

ou encore,   30 000$/(45 000$/40 000)   30 000$/(36 000$/32 000)

                = 26 667 unités   = 26 667 unités

   b)   Point mort si une diminution de 20% dans les prix de vente:

	100%		80%	
Ventes	(50 000$ X 80%)	40 000$	(40 000$ X 80%)	32 000$
Coûts		40 000		34 000
Bénéfice		-		(2 000$)

Points morts: 10 000$/[1 - 30 000$/40 000$] 10 000$ [1-24 000$/32 000$]

10 000$/0,25 = 40 000$ 10 000$/0,25 =   40 000$

ou encore,   40 000$/(40 000$/40 000)   40 000$/(32 000$/32 000)

=40 000 unités   = 40 000 unités

Une diminution de 10% dans le prix de vente a fait passer le point mort de 25 000$ à 30 000$ alors que une diminution de 20% dans le prix de vente a fait passer le point mort de 25 000$ à 40 000$.

Nous constatons que l'augmentation du point mort est plus marquée lorsqu'il y a réduction de 20% dans le prix de vente (en supposant un volume de ventes constant). Ceci est dû au fait que les coûts fixes exigent un pourcentage plus élevé du dollar de vente au fur et à mesure que les coûts variables unitaires se rapprochent du prix de vente.

3.

	100%		80%	
Ventes	(50 000$ X 110%)	55 000$	(40 000$ X 110%)	44 000$
Coûts		40 000		34 000
Bénéfice		15 000$		10 000$

Points morts: 10 000$/[1 - 30 000$/55 000$] 10 000$ [1-24 000$/44 000$]

10 000$/(5/11) = 22 000$ 10 000$/(5/11) =   22 000$

ou encore,   22 000$/(55 000$/40 000)   22 000$/(44 000$/32 000)

=16 000 unités   = 16 000 unités

Le point mort demeure le même car l'augmentation du prix de vente est la même dans les deux cas, et l'augmentation ou la diminution du nombre d'unités vendues n'ont aucun effet sur le point mort.

Exercice 16-9

1. Coûts variables engagés en 19x4:

Ventes	200 000$	100%
Coûts variables	?	?
Marge sur coûts variables		30%

Coûts variables: 200 000$ X (100% - 30%)

= 140 000$

Soit x, le C.A. de 19x5

$100\% - 140\ 000\$/x = 20\%$

$140\ 000\$/x = 80\%$

$x = 175\ 000\$$

Baisse dans le chiffre d'affaires: (200 000$ - 175 000$) =   25 000$

2. Soit x, le C.A. au-delà du point mort.

$x/175\ 000\$ = 40\%$

$x = 70\ 000\$$

Point mort de 19x5: (175 000$ - 70 000$) =   105 000$

3.   Frais fixes de 19x5:

Ventes au point mort	105 000$	
Coûts variables: (80% x 105 000$) =	84 000	
	21 000$	

Bénéfice de 19x5:

Ventes		175 000$
Frais fixes	21 000$	
Frais variables: (80% X 175 000)	140 000	161 000
Bénéfice de 19x5		14 000$

4.

Ventes au point mort en 19x4: (100% - 25%) 200 000$		150 000$
Coûts variables: (70% X 150 000$)		105 000
Frais fixes de 19x4		45 000$

Baisse dans les frais fixes: 45 000$ - 21 000$ 24 000$

(Adaptation - C.G.A.)

Exercice 16-10

Ratio de la marge sur coûts variables (contribution marginale):

1- $\dfrac{\text{Coûts variables}}{\text{Ventes}} = 1 - 3\ 388\ 000\$/6\ 050\ 000\$ = 44\%$

Coûts variables:

Matières premières	1 100 000$
Main-d'oeuvre directe	1 320 000
F. gén. de F. variables	660 000
Frais de vente variables	220 000
Frais d'administration variables	88 000
	3 388 000$

1. Point mort exprimé en chiffre d'affaires:

$$\frac{\text{Frais fixes}}{\text{Ratio de la marge sur coûts variables}} = 1\ 980\ 000\$/0,44 = \underline{\underline{4\ 500\ 000\$}}$$

Frais fixes

Frais gén. de F.	770 000$
Frais de vente	550 000
Frais d'administration	660 000
	1 980 000$

Point mort exprimé en unités:

$$\frac{\text{Frais fixes}}{\substack{\text{Marge sur coûts} \\ \text{variables unitaires}}} = 1\ 980\ 000\$/[27,50\$ - 3\ 388\ 000\$/220\ 000] = 163\ 637$$

2. a) Nouveau point mort en unités

$1\ 980\ 000\$/[27,50\$(96/100) - 3\ 388\ 000\$/220\ 000] = 180\ 000$

ou $180\ 000 \times 26,40\$ - 4\ 752\ 000\$$

b) Baisse des profits:

$6\ 050\ 000\$ \times 4\% =$	242 000$
% de baisse des profits	$242\ 000\$/682\ 000\$ = \underline{\underline{35,48\%}}$

3. a) Coûts variables actuels à l'unité: $3\ 388\ 000\$/220\ 000 = 15,40\$$

Coûts variables prévus à l'unité: $(15,40\$ - 2,20\$) = 13,20\$$

Soit x le prix de vente. On peut alors écrire:

$[(x - 13,20\$)\ 264\ 000] - (1\ 980\ 000\$ + 187\ 200\$) = 682\ 000 \times 150\%$

d'où $x = \underline{\underline{25,28\$}}$

b) Voir graphique à la fin.

Résultat selon 2 a)

Bénéfice de 19X5: 682 000$

		682 000$
Baisse due à une diminution du prix de vente	242 000$	440 000$
Augmentation due à un accroissement des unités vendues:		
(264 000 - 220 000) (26,40$ - 15,40$)		484 000
		924 000$

c) Voir graphique à la fin.

Point mort selon 3 a):

$2\ 167\ 200\$/[1 - 13,20\$/25,28\$] = 4\ 535\ 315\$$

GRAPHIQUE PROFIT/VOLUME

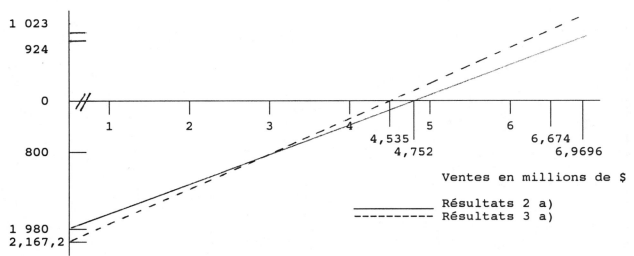

(Adaptation - S.C.M.C.)

Exercice 16-11

1. Point mort:
   (7 800$ + 1 400$ + 10 000$)/(3,20$ - 0,55$ - 1,85$) = 24 000

2. P (Q>24 000) = P (Q = 30 000) + P (Q = 25 000)
                = 0,40 + 0,40
                = 0,80

(Adaptation - S.C.M.C.)

Exercice 16-12

1. Point mort (en unités):

   $$\frac{\text{Total des frais fixes-intérêts créditeurs-gain extraordinaire avant impôt}}{\text{Marge sur coûts variables unitaires}}$$

   = 250 000$/(10$ - 6$) = 62 500 unités

2. Bénéfice désiré après impôt: 26 000$
   Bénéfice désiré avant impôt: 26 000$/0,52 = 50 000$
   Nombre d'unités qu'il aurait fallu vendre:

   (280 000$-20 000$-10 000$+50 000$)/(10-6)

   = 75 000 unités

3. Marge de sécurité (en $):   ventes actuelles - ventes totales au point mort

    = 1 000 000$ - (62 500 X 10$)

    = <u>375 000$</u>

4. Marge de sécurité (en $) X ratio de la marge sur coûts variables

    = 375 000$ X 40% = 150 000$ = montant du bénéfice de l'exercice avant la provision pour impôts

Exercice 16-13

1. Montant des bonis à verser:

Bénéfice avant bonis et impôts	150 000$
Rendement exigé sur l'actif du début: (20% X 200 000$)	<u>40 000</u>
	<u>110 000$</u>

Montant des bonis selon le rapport de 3 à 1: 110 000$/4 =	27 500$
Montant des bonis: 25% des frais de vente = 80 000$/4 =	20 000$
Le montant des bonis à verser est le moindre des deux, soit	20 000$

2. Point mort:

    150 000$/(1 - 0,70) = 500 000$

3. Soit x le chiffre d'affaires à partir duquel les bonis atteignent 25% des frais de vente.

Bonis fondés sur les frais de vente	=	Bonis à compter d'un rendement supérieur à 20% de l'actif du début
Frais de vente	=	% de la marge sur coûts variables
60 000$ + 0,02x	=	[0,30x - (150 000$ + 40 000$)]/4
d'où x	=	<u>892 857$</u>

4. Chiffre d'affaires pour réaliser un rendement de 20% sur l'actif du début:

    (150 000$ + 40 000$)/0,30 = 633 333$

    Donc, de 633 333$ à 892 857$, les bonis s'élèvent à

    0,30/4 x (C.A. - 633 333$)

    Exemples:

    À 700 000$ de C.A., les bonis s'élèvent à 5 000$.

    À 800 000$ de C.A., les bonis s'élèvent à 12 500$.

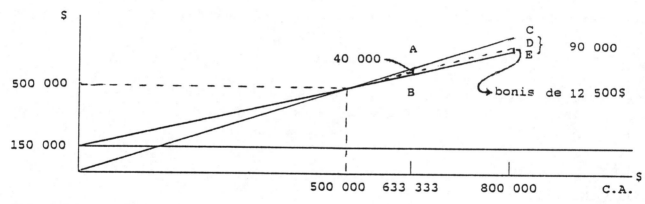

(Adaptation - S.C.M.C.)

Exercice 16-14

1. Graphique tracé au jugé.

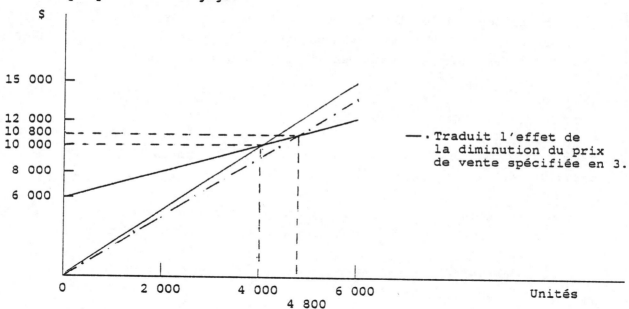

— · Traduit l'effet de la diminution du prix de vente spécifiée en 3.

Preuve arithmétique:

Détermination des frais fixes:

Total des coûts pour 2 000 unités	8 000$
Moins: Total des coûts variables pour 2 000 unités:	
(2 000 [1,50$ X (100/60) - 1,50$]	2 000
	6 000$

	Total des coûts
ou encore,	
4 200 unités	10 200$
2 000 unités	8 000
2 200 unités	2 200$

Frais variables à l'unité: 2 200$/2 200 = 1,00$ l'unité

Coûts totaux pour 4 200 unités	10 200$
Coûts variables pour 4 200 unités: 4 200 X 1$	4 200
	6 000$

2.   Seuil de rentabilité en unités: 6 000$/1,50$ = 4 000 unités

Seuil de rentabilité en C.A.

Prix de vente à l'unité: (1,50$ X 100)/60 = 2,50$

Seuil: 4 000 X 2,50$ = <u>10 000$</u>

Représentation graphique: voir 1.

3.   Seuil de rentabilité en C.A.

6 000$/(1 - 1,00$/2,25$) =   <u>10 800$</u>

Prix de vente à l'unité: 2,50$ - (10% X 2,50$) =   2,25$

Coûts variables à l'unité: (100% - 60%) 2,50$ =   1,00$

Représentation graphique: voir no 1

4.   a)   Bénéfice total: MS en dollars X ratio de la marge sur coûts variables

= [(6 000 X 3/2) - 4 000] 2,50$ X 60%

= <u>7 500$</u>

b)   Bénéfice total:

= [2,25$ (6 000 X 3/2 X 110/100) - 10 800$] (2,25$ - 1$)/2,25$

= 11 475$x (1,25$/2,25$)

= <u>6 375$</u>

Exercice 16-15

1.

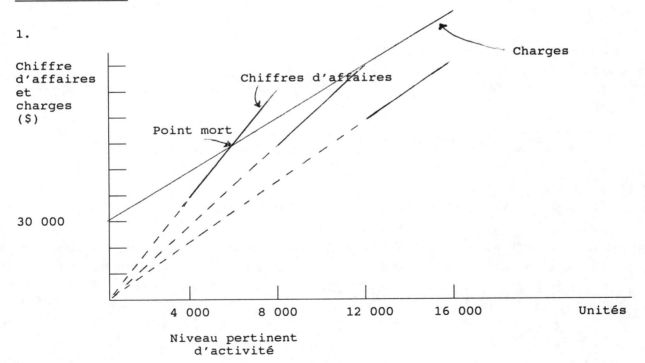

2.   Soit x, le nombre d'unités au point mort.

30 000 + 5x = 10x

d'où x = <u>6 000 unités ou 60 000$</u>

Exercice 16-16

1. Au niveau de 5 000 unités.

2. C'est le point mort qui est situé entre 0 et 5 000 unités.
   Calcul des frais variables par produit:
   (15 000$ - 10 000$)/5 000 unités = 1$
   Calcul du point mort:
   10 000$/(5$ - 1$) = 2 500 unités ou 12 500$

3. Marge de sécurité:
   5 000 unités - 2 500 unités = 2 500 unités ou 12 500$

4. Calcul du bénéfice au niveau de 5 000 unités:
   5 000 (5$ - 1$) - 10 000$ = 10 000$

   Calcul des frais variables par produit:
   (57 000$ - 15 000$)/(11 000 - 5 000) = 7$

   Calcul du point mort:
   5 000 unités + [10 000$/(7$ - 5$)] = 10 000 unités ou 50 000$

Exercice 16-17

Coûts variables à l'unité de 0 à 5 000 unités:

Total des coûts au niveau de 5 000 unités	16 000$
Coûts fixes	10 000
Coûts variables	6 000$

   Coûts variables à l'unité: 6 000$/5 000 unités = 1,20$ par unité

Coûts variables à l'unité de 5 000 à 10 000 unités:
   (21 000$ - 16 000$)/(10 000 - 5 000) = 1$ par unité

Étant donné que les coûts variables à l'unité ne sont pas constants de 1 unité à 10 000 unités, il faut calculer le point mort en unités comme suit:
   5 000 unités + (16 000$ - 15 000$)/(3$ - 1$) = 5 500 unités

   Explications:
   En vendant 5 000 unités:

Ventes	15 000$
Frais	16 000
Frais fixes non couverts	1 000$

Nombre d'unités supplémentaires à vendre pour couvrir ces frais:
1 000$/marge sur coûts variables par unité supplémentaire
= 1 000$/(3$ - 1$) = 500 unités supplémentaires

Preuve:

Ventes: 5 500 unités X 3$			16 500$
Coûts			
Fixes		10 000$	
Variables:			
pour les 5 000 premières unités: 5 000 X 1,20$ = 6 000$			
pour les 500 autres unités: 500 X 1,00$ =	500	6 500	16 500
			0$

Exercice 16-18

Prix de vente moyen:

    A   B

        [(10$ X 2) + (4$ X 1)]/3 = 8$

Coût variable unitaire moyen:

        [(8$ X 2) + (3$ X 1)]/3 = 6 1/3$

Composition des ventes au niveau d'un chiffre d'affaires global de 120 000$:

A: (20$/24$) X 120 000$ =		100 000$
B: (4$/24$) X 20 000$ =		15 000
		95 000$

Marge sur coûts variables au niveau de 120 000$ de chiffre d'affaires:

Ventes	120 000$
Coûts variables	95 000
Marge sur coûts variables	25 000$

Point mort en unités:

$$\frac{\text{Frais fixes}}{\text{Marge moyenne sur coûts variables unitaires}} = (25\ 000\$ - 18\ 000\$)/(8\$ - 6\ 1/3\$)$$

                        = 4 200 unités, soit 2 800 de A
                        et 1 400 de B

Procédé court:

Soit x le nombre d'unités de B au-delà de la quantité de B au point mort.
    2$ (2x) + 1$ (x) - 18 000$
    d'où x = 3 600 unités de B

Soit y le nombre d'unités de B vendues.

$$10\$ (2y) + 4\$ (y) = 120\ 000\$$$

d'où y = 5 000 unités de B

D'où le nombre d'unités de B au point mort 1 400 unités.

Ordre de considération des marges sur coûts variables
en commençant par la gauche: selon l'ordre décroissant des taux de marge

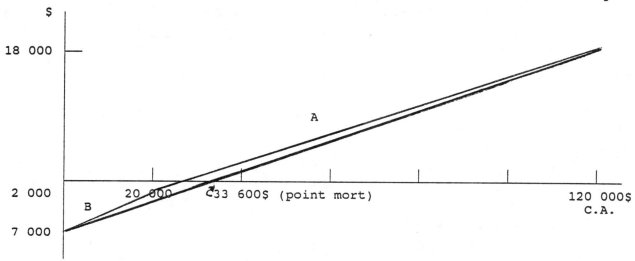

Ordre de considération des marges sur coûts variables
en commençant par la gauche: selon l'ordre décroissant
des marges unitaires en valeur absolue

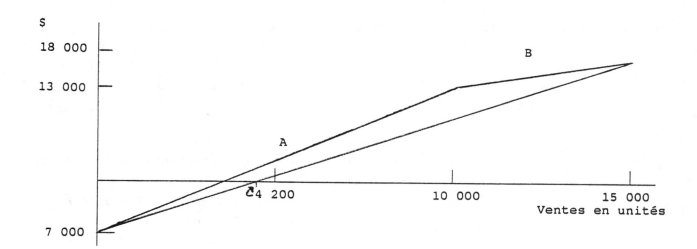

Exercice 16-19

1. Prix de vente unitaire moyen pour le prochain exercice:
    Produit A: 10 000 X 10$ =   100 000$
    Produit B: 10 000 X 10$ =   100 000
    Produit C: 20 000 X 20$ =   400 000
                    40 000   600 000$

    Prix de vente: 600 000$/40 000 = 15$

    Coût variable unitaire moyen pour l'année qui vient:
    Produit A: 10 000 X 7,50$ =   75 000$
    Produit B: 10 000 X 5,00$ =   50 000
    Produit C: 20 000 X 12,00$ =   240 000
                                         365 000$

    Coût variable par unité: 365 000$/40 000 = 9,125$
    Bénéfice prévu pour le prochain exercice:
        Total des ventes   600 000$
        Moins:
        Coûts variables   365 000$
        Coûts fixes   100 000   465 000
                                        135 000$

    Le bénéfice sera donc de 135 000$ et non de 150 000$, car la composition des
    produits vendu sera modifiée.

2. Seuil de rentabilité en unités prévu pour le prochain exercice annuel:
        100 00$/(15$ - 9,125$) = 17 021 unités
    Composition des ventes en unités au seuil de rentabilité:
    Produit A: (10 000/40 000) X 17 021 =   4 255 unités
    Produit B: (10 000/40 000) X 17 021 =   4 255 unités
    Produit C: (20 000/40 000) X 17 021 =   8 511 unités
                                                 17 021

3. Le total des seuils de rentabilité particuliers à chaque type de produit
    égale le seuil global de l'entreprise lorsque les coûts fixes sont répartis
    entre les trois types de produits selon la marge totale sur coûts variables
    générée par chacun. En voici la preuve.

    Ventilation des coûts fixes selon les marges totales sur coûts variables:
    Produit A: (10 000 X 2,50$) = 25 000$; (25 000/235 000) X 100 000$ = 10 638$
    Produit B: (10 000 X 5,00$) = 50 000$; (50 000/235 000) X 100 000$ = 21 276
    Produit C: (20 000 X 8,00$) = 160 000$; (160 000/235 000)X 100 000$ = 68 086
                                  235 000$ 100 000$

Composantes du seuil de rentabilité:

Produit A:	10 638$/2,50$	4 255 unités
Produit B:	21 276$/5$	4 255 unités
Produit C:	68 086$/8$	8 511 unités
		17 021 unités

(Adaptation - S.C.M.C.)

Exercice 16-20

1ère étape: F. gén. de f. fixes absorbés par la vente des 10 000 unités en stock au début:

Ventes: 10 000 X 10$		100 000$
Coûts variables:		
- de fabrication	60 000$	
- de vente:		
(59 678$/106 000) 10 000	5 630	65 630
		34 370$

2e étape: Chiffre d'affaires supplémentaire nécessaire pour atteindre le point mort:

$$= \frac{70\ 000\$ + 100\ 000\$ + 58\ 212\$ - 34\ 370\$}{1 - [(59\ 678\$ - 5\ 630\$) + 650\ 000\$ - 26\ 000\$]/(1\ 060\ 000\$ - 100\ 000\$)}$$

= 660 000$

D'où le point mort est de 760 000$ ou 76 000 unités.

Exercice 16-21

1. Détermination du % des coûts variables de fabrication:

À un niveau de 100 000$ de chiffre d'affaires:

Coût des produits vendus	50 000$
Frais de fabrication fixes inclus	12 000
Coûts variables de fabrication	38 000$
% de coûts variables de fabrication	38%

Détermination du % des frais de vente et d'administration variables:

10 000$/100 000$ = 10%

À un niveau de 50 000$ de chiffre d'affaires:

Ventes		50 000$
Coût des produits vendus:		
Variables: 38% X 50 000$ =	19 000$	
Fixes	6 000	25 000
		25 000
Écart sur volume		1 000
		24 000
Frais de vente et d'administration:		
Variables: 10% X 50 000$ =	5 000$	
Fixes	29 000	34 000
Perte avant impôt sur le revenu		10 000$
Impôt sur le revenu (recouvrement)		4 900
Perte après impôt		5 100$

2. Nous notons d'abord que les chiffres d'affaires au point mort sont identiques quelle que soit la méthode qui fut utilisée, et que ce chiffre d'affaires correspond à 75% du chiffre d'affaires du dernier exercice.

Les frais généraux de fabrication fixes considérés dans le calcul du résultat du dernier excercice ont été:
- inclus dans le C.P.V.	12 000
- écart de volume	1 000
	13 000$

Selon la formule classique du seuil de rentabilité, un montant de 10 000$ aurait été considéré dans le calcul du résultat, soit le montant de F. gén. de F. fixes de l'exercice. Donc, la quantité vendue n'a pas été égale à la quantité fabriquée lors du dernier exercice. Si les seuils sont de 75 000$ selon les deux formules de calcul utilisées, c'est qu'au niveau du chiffre d'affaires de 75 000$, les frais généraux de fabrication fixes affectant les résultats sont identiques, soit 10 000$, quel que soit le système de prix de revient utilisé.

En effet, selon la méthode des coûts complets, les frais généraux de fabrication fixes passés à l'exercice seraient de 10 000$ (au niveau de 75 000$ de ventes):
- inclus dans le C.P.V.: (75 000$/100 000$) 12 000$	9 000$
- écart de volume	1 000
	10 000$

Comme ce montant correspond au total des frais généraux de fabrication fixes engagés au cours de l'exercice, la quantité vendue égale la quantité fabriquée au niveau de 75 000$ de chiffre d'affaires.

Le fait qu'au niveau de 75 000$ de chiffre d'affaires la quantité vendue corresponde à la quantité fabriquée est plutôt exceptionnel. Compte tenu de la politique de production de la firme, cette situation ne se produirait pas dans le cas des autres possibilités de ventes. Donc, la formule utilisée par le comptable conduirait généralement à des résultats erronés.

Exercice 16-22

a) Coût des M.P. utilisées:

Stock au début	9 058$
Achats	132 942
	142 000
Stock à la fin	12 000
	130 000$

b) Frais de vente et d'administration variables:

Ventes	500 000$
Frais variables	
Matières premières utilisées	(130 000)
Main-d'oeuvre directe	(117 500)
Frais généraux de fabrication	(22 500)
Frais de vente et d'administration	(?) = 10 000$
Marge sur coûts variables	220 000$

c) C.P.V. redressé:

Ventes	500 000$
Bénéfice brut	180 000
	320 000$

C.P.V. rationnel:

Comme il n'y a pas eu de variation dans les stock de produits en cours et de produits finis, on peut déterminer le C.P.V. rationnel comme suit:

C.P.V. rationnel (par différence)	? = 330 000$
Écart sur volume	10 000$
C.P.V. redressé	320 000$

Coût des produits fabriqués:

Le C.P.V. rationnel correspond au coût des produits fabriqués qui est forcément un coût rationnel.

d)   Frais généraux de fabrication fixes réels:

Déterminons, dans un premier temps, le montant des frais généraux de fabrication imputés:

Matières premières utilisées	130 000$	
Main-d'oeuvre directe	117 500	
Frais généraux de fabrication variables imputés (il n'y a pas d'écart sur dépenses)	22 500	
Frais généraux de fabrication fixes imputés	_?_	= 60 000$
	330 000$	

Frais généraux de fabrication fixes réels (il n'y a pas d'écart sur dépenses)

Frais généraux de fabrication fixes imputés	60 000$
Écart sur volume	10 000
	50 000$

e)   Frais de vente et d'administration fixes:

Point mort en dollars de vente = Frais fixes/(220 000$/500 000$)
    250 000$ = Frais fixes/0,44
    110 000$ = Frais fixes
    110 000$ = Frais de fabrication fixes + Frais de vente et
                 d'administration fixes

Frais de vente et
d'administration fixes = 60 000$

f)   Bénéfice de l'exercice:

Ventes	500 000$
Coût des produits vendus	320 000
	180 000
Frais de vente et d'administration	70 000
Bénéfice	110 000$

(Adaptation - S.C.M.C.)

Exercice 16-23

Soit x le nombre d'unités vendues, en supposant que ce nombre d'unités est inférieur à 50 000. On peut alors résoudre l'équation suivante:

4 x – 39 800 – 0,50x – [25 000 – (1,10x) (0,50)] = 0
d'où x = 16 000 unités

Autre approche:
Point mort en unités: 64 800$/[10$ – 6$ – 0,50$ + (1,10) (0,50$)]
                    = 16 000 unités

Explication: Les F. gén. de F. fixes passés à l'exercice correspondent à la somme algébrique des deux éléments suivants:

    a)   F. gén. de F. fixes budgétés   25 000$
    b)   Variation du stock de produits finis quant aux F. gén. de F. fixes: [(1,10) (0,50$) – 0,50$] x, x étant le nombre de produits vendus au point mort.

Exercice 16-24

Point mort en unités: 259 750$/(513 750$/160 000) = 80 895 unités
Point mort en chiffre de ventes:
   75 000$ – 11 250$ – 11 800$/[1 – 411 000$/513 750$] = 259 750$
        (1)   (2)   (3)

(1) Taux d'imputation pour les F. gén. de F. fixes: 155 250$/172 500 = 0,90$
     Surimputation: (172 500 – 160 000) 0,90$ = 11 250$

(2) Autres produits moins autres frais: 16 000$ – 4 200$ = 11 800$

(3) Coûts considérés variables:
     (207 000$/172 500) 160 000$ + 75 000$ + (160 000 X 0,90$) = 411 000$

Exercice 16-25

1. (1 – 0,30) 0,40 = 0,28.

2. Soit a le P. de V. du 1er produit, d'où 0,5a pour le second; soit d les coûts variables unitaires du 2e produit.

Dès lors, on peut écrire les trois équations suivantes

1) $[2 (a - 10\$) + 1 (0,5a - d)] \div (2a + 0,5a) = 0,40$
    d'où $1,5a - d = 20$

2) $(20\$ + d) \div (2a + 0,5a) = 0,60$
    d'où $1,5a - d = 20$

3) $\dfrac{a - 10\$}{a} = 2 \dfrac{(0,5a - d)}{0,5a}$
    d'où $4d - a = 10\$$ ou encore $8d - 2a = 20\$$

À partir de 1) et 3) ou de 2) et 3), car il fallait s'attendre à ce que les équations 1) et 2) soient équivalentes, on peut écrire:
    $1,5a - d = 8d - 2a$ d'où $a = \dfrac{18d}{7}$

Revenons à l'équation 1) et remplaçons a par $\dfrac{18d}{7}$

On en déduit que $d = 7\$$.

On trouve aussi la valeur de a à partir de l'équation 1)
    $1,5a - 7 = 20$ d'où $a = 18\$$

Ratio de la marge sur coûts variables unitaires relative au premier produit:
$(18\$ - 10\$) \div 18\$ = \dfrac{4}{9}$

Prix de vente du second produit: $18\$ \div 2 = 9\$$

Ratio de la marge sur coûts variables unitaires relative au second produit:
$\dfrac{9\$ - 7\$}{9\$} = \dfrac{2}{9}$

Exercice 17-1

Résultats comparatifs

	Cafétéria	Machines distributrices	
Produits	12 000$	12 000$ X 140% X 16% =	2 688$
Frais variables	(4 800)		
Frais fixes	(4 700)		
Bénéfice	2 500$		2 688$
Bénéfice différentiel		188$	

(Adaptation - C.M.A.)

Exercice 17-2

Calcul des résultats différentiels concernant les traitements complémentaires:

Chiffre d'affaires supplémentaire:

(15$ - 12$) 15 000	45 000$	
(11$ - 9$) 30 000		60 000$
Coûts des traitements complémentaires	50 000	45 000
Bénéfice (perte)	(5 000$)	15 000$

Dès lors, seuls les produits B doivent subir des traitements complémentaires. Les coûts des traitements complémentaires seraient donc de 45 000$.

(Adaptation - C.M.A.)

Exercice 17-3

Coût net concernant la construction d'un bureau

Matériaux	1 500$
Valeur de revente: 20% X 1 500$	300
	1 200
Main-d'oeuvre	1 000
	2 200$

Durée minimale du projet:

2 200$/100$

= 22 mois

(Adaptation - C.M.A.)

Exercice 17-4

Matières premières		4,00$
Main-d'oeuvre directe		3,00
Frais généraux de fabrication variables		3,60
Prix d'acquisition	11,00$	
	11,00$	10,60$

Gain de la fabrication sur l'acquisition d'un phare: 0,40$

(Adaptation - C.M.A.)

Exercice 17-5

Soit x le chiffre d'affaires par dimanche.

Chiffre d'affaires supplémentaire = 40% x
Bénéfice brut supplémentaire = 20% (40% x)
Coûts supplémentaires par semaine = 24 960$/52 = 480$

On peut écrire:

$$20\% \ (40\% \ x) = 480\$$$
$$0,08 \ x = 480$$
$$x = 6 \ 000\$$$

(Adaptation - C.M.A.)

Exercice 17-6

1.

	U	V	W	TOTAL
Ventes	300 000$	450 000$	250 000$	1 000 000$
Coûts du traitement distinct (1)	50 000	80 000	70 000	200 000
Valeur de vente relative théorique	250 000$	370 000$	180 000$	800 000$
Coût du traitement commun(2)	100 000$	148 000$	72 000$	320 000$
Coût total (1) + (2)	150 000$	228 000$	142 000$	520 000$
Unités fabriquées	6 000	12 000	6 250	
Coût unitaire	25,00$	19,00$	22,72$	
Unités vendues	4 000	9 000	4 250	
Unités en stock	2 000	3 000	2 000	
Stock final au coût	50 000$	57 000$	45 440$	152 440$

2.
Chiffre d'affaires additionnel découlant du traitement distinct:

12 000 unités (37,50$ - 30,00$)	90 000$
Coût du traitement distinct	80 000
Augmentation du bénéfice	10 000$

Donc en acceptant l'offre du client, le bénéfice de la société diminuerait de 10 000$.

3.

En se basant sur le calcul effectué pour la partie (2) de la question, la société ne devrait pas accepter l'offre du client car le chiffre d'affaires additionnel produit par le traitement supplémentaire est supérieur de 10 000$ au coût de ce traitement supplémentaire. Cependant, il y a peut-être des avantages pour la société à vendre son produit V au point de séparation. Ainsi, il est peut-être possible d'utiliser l'outillage nécessaire pour le traitement de produit V pour d'autres activités davantage rentables. Il est aussi possible qu'il y ait une économie au niveau des coûts de possession des stocks.

(Adaptation - C.G.A.)

Exercice 17-7

Monsieur le directeur général,

Vous m'avez demandé un rapport sur le bien-fondé de l'élimination du produit T. J'ai donc préparé et joint à cette lettre un état estimatif des résultats si la fabrication du produit T était abandonnée; cet état est basé sur les renseignements que vous m'avez fournis et indique, aux fins de comparaison, les résultats réels de l'année dernière.

	Produits S et T Résultats de 19X5	Produit S (Résultats estimatifs s'il y avait abandon du produit T)
Bénéfice brut	60 000$	60 000$
Frais d'exploitation	41 500	39 800
	18 500$	20 200$

Cet état comparatif montre que la seule augmentation de bénéfice résultant de l'abandon du produit T vient d'une diminution des frais de 1 700$.

Il n'y a aucun changement dans le bénéfice brut puisque l'augmentation du bénéfice brut provenant de la vente du produit S s'élève à 10 000$ seulement, c'est-à-dire le montant du bénéfice brut du produit T en 19x5.

Les seules économies dans les frais viennent d'une légère diminution dans le loyer et la dotation à l'amortissement. Les frais de publicité et de commissions aux vendeurs demeurent inchangés. Aucune diminution ne peut être obtenue pour les autres frais qui sont en grande partie fixes.

L'augmentation du chiffre d'affaires du produit S étant basée sur une estimation et le bénéfice à retirer étant minime même si les chiffres d'affaires estimatifs étaient réalisés, il ne semblerait pas souhaitable d'éliminer le produit T dans l'immédiat. Le produit T absorbe 10 000$ de frais d'exploitation et son élimination ne réduit ces frais que de 1 700$. Il semblerait souhaitable de retarder l'abandon du produit T jusqu'au moment où l'accroissement du chiffre d'affaires du produit S sera réalisé et que le produit T n'absorbera plus une partie importante des frais d'exploitation.

D LTÉE
État des résultats estimatifs
s'il y avait abandon de la fabrication du produit T

Chiffre d'affaires		200 000$
Coût des produits vendus		140 000
Bénéfice brut		60 000
Frais d'exploitation		
Loyer	2 800$	
Publicité	3 000	
Commissions de vendeurs	20 000	
Dotation à l'amortissement du matériel d'étalage	2 000	
Autres frais	12 000	39 800
Bénéfice d'exploitation		20 200$

(Adaptation - C.A.)

Exercice 17-8

Bénéfice actuel selon l'état des résultats			52 000$
Bénéfice si le rayon A est fermé et l'espace loué:		80 000$	
Bénéfice brut des autres rayons			
Plus:			
Autres produits:			
Loyer	12 000$		
Intérêt sur l'investissement actuel			
dans les stocks: (8% X 10 000$)	800	12 800	
		92 800	
Moins:			
Coûts variables directs-évitables	15 600		
Dotation à l'amortissement	3 400		
Coûts répartis-inévitables	27 000	46 000	46 800
Bénéfice en moins si la superficie occupée			
par le rayon A est louée à un concessionnaire			5 200$

Autre solution possible

	Exploitation du magasin		
	Avec le rayon A	Sans le rayon A	Produits différentiels
Bénéfice brut	110 000$	80 000$	(30 000$)
Produit de location	-	12 000	12 000
Produits d'intérêts	-	800	800
	110 000$	92 800$	
Diminution des produits			(17 200)

Moins:
Économies possibles

Coûts différentiels

Salaires, etc.	27 600$	15 600$	12 000$
Dotation à l'amortissement	3 400	3 400	-
Coûts répartis	27 000	27 000	-
	58 000	46 000	12 000
Bénéfice	52 000$	46 800$	(5 200)

(Adaptation - C.G.A.)

Exercice 17-9

1.

Le critère de décision est le résultat comptable unitaire. Dès qu'il existe une perte, l'entreprise cesse de vendre le produit dans la région concernée. Comme à chaque fois que l'entreprise cesse de vendre un produit dans une région, les frais fixes attribués à chaque unité vendue sont accrus, on aboutit à la situation décrite.

Le comptable n'aurait pas dû tenir compte du coût total, car ce dernier comprend les frais fixes qui ne sont pas modifiés lorsque le volume fluctue à la suite, par exemple, de l'abandon de la fabrication d'un produit ou la cessation de toute activité dans une région donnée. Le comptable aurait dû plutôt utiliser la marge sur coûts variables comme critère de décision.

2.

Si le fait de cesser la vente du produit A dans la région 1 a pour effet d'augmenter le bénéfice de l'entreprise, alors que tous les frais fixes sont communs, c'est que la marge sur coûts variables unitaires est négative.

Si, en abandonnant le produit B dans la région 1, le bénéfice de l'entreprise diminue, c'est que la marge sur coûts variables unitaires est positive. Il en est de même des produits vendus dans les autres régions.

En somme, il y a lieu de cesser la vente du produit A dans la région 1; la vente dans les autres régions doit se poursuivre. Le produit B doit être vendu dans toutes les régions.

3.

La marge sur coûts variables concernant le produit A dans la région 1 peut être déterminée de la façon suivante:

7 500$/10 000 unités = 0,75$

Comme cette marge est négative, ceci signifie que les coûts variables unitaires s'élèvent au prix de vente de 12$ majoré de cette marge négative de 0,75$, soit 12,75$. On en déduit que les frais fixes attribués initialement à chaque unité étaient de:

Coûts à l'unité	14,25$	
Coûts variables unitaires	12,75	1,50$

Compte tenu des frais fixes attribués de 1,50$ l'unité, on peut établir les autres marges sur coûts variables unitaires.

Produit	Région	Bénéfice à l'unité	Frais fixes attribués	Marge sur coûts variables unitaires
A	2	0,70$	1,50$	2,20$
	3	2,60	1,50$	4,10
B	1	(0,05)	1,50$	1,45
	2	0,90	1,50$	2,40
	3	1,10	1,50$	2,60

(Adaptation - C.A.)

Exercice 17-10

1.

Calculs effectués par le directeur des ventes:

Point fort: Avoir tenu compte des frais supplémentaires de vente et d'administration, au montant de 3 000$.

Points faibles: a) Avoir implicitement supposé que les frais fixes de 52 500$ étaient des frais variables.

b) Avoir considéré des ventes de 2 500 unités alors que la capacité ne permet que 1 500 unités supplémentaires.

Calculs effectués par le directeur général:

Points forts: a) Avoir tenu compte de l'augmentation des frais de vente et d'administration au montant de 3 000$.

b) Avoir tenu compte de la limite de la capacité.

Points faibles: a) Avoir attribué une quote-part des frais fixes existants de 52 500$ aux 1 500 unités.

b) Avoir réparti les frais fixes supplémentaires de 3 000$ sur 7 500 unités au lieu de 1 500 unités.

2.

Oui, l'approche marginaliste.

Chiffre d'affaires supplémentaire:

1 500 unités X 20$		30 000$

Coûts variables supplémentaires:

Matières premières: 36 000$/6 000 =	6,00$	
Main-d'oeuvre directe: 24 000$/6 000 =	4,00	
F. gén. de F. variables: 18 000$/6 000 =	3,00	
F. de V. et d'adm. var.: 3 000$/6 000 =	0,50	
1 500 X 13,50		20 250
Marge supplémentaire sur coûts variables		9 750
Frais fixes supplémentaires		3 000
Augmentation totale du bénéfice		6 750$

Cette approche est préférable, en particulier parce qu'elle évite le piège que présente le calcul de coûts unitaires pertinents concernant les frais fixes.

3.

Effet sur le marché et réactions des clients actuels, effet sur les ressources (outillage, M.O.D., vendeurs) de ce type de contrat, durée du contrat.

(Adaptation - C.G.A.)

Exercice 17-11

1.

Comande de JCP Ltée:

Cette commande ne peut être acceptée à cause de la contrainte heures-machine.

Heures nécessaires pour la commande: 20 000 X 0,25	5 000
Heures disponibles: 3 (7 500 - 6 000)	4 500
Heures manquantes	500

Commande de Bijoux Ltée:

Heures nécessaires pour la commande: 7 500 X 0,5		3 750
Heures disponibles		4 500
Heures non utilisées		750

Prix de vente		7,50$
Coûts variables		
M.P.	3,25$	
M.O.D.	3,00	
Frais gén. de F. var.: 0,5 X 1,60$	0,80	7,05
Marge sur coûts variables		0,45$
Marge totale sur coûts variables: 0,45$ X 7 500		3 375$
Frais supplémentaires:		
Frais de mise au point	1 500$	
Frais de préparation de plans spéciaux	2 500	4 000
Perte		625$

La commande de Bijoux Ltée doit être rejetée car elle n'est pas avantageuse.

2.

- Voir s'il n'y a pas possiblité d'accroître la capacité de production pour répondre à la commande de JCP Ltée;

- Voir si JCP Ltée accepterait de réduire sa commande;

- Incertitude concernant les prévisions des coûts;

- Voir si on ne pourrait pas accepter la commande spéciale de JCP en abandonnant ou en réduisant les ventes de produits rapportant une marge sur coûts variables inférieure;

- En refusant les commandes spéciales,

  - on évite les difficultés possibles qui pourraient surgir s'il y avait impossibilité de livrer au moment convenu les produits commandés;

  - on évite les réactions négatives de la clientèle régulière;

  - on évite l'usure accélérée du matériel de fabrication;

  - on évite les problèmes humains avec le personnel;

  - etc.

(Adaptation - C.M.A.)

Exercice 17-12

1.

Option A:	Volumes actuels de A et B, sans raffinage
Option B:	Volumes actuels de A et B, raffinage de A seulement
Option C:	Volumes actuels de A et B, raffinage de B seulement
Option D:	Volumes actuels de A et B, raffinage de A et B
Option E:	Volumes accrus de A et B, sans raffinage
Option F:	Volumes accrus de A et B, raffinage de A seulement
Option G:	Volumes accrus de A et B, raffinage de B seulement
Option H:	Volumes accrus de A et B, raffinage de A et B

2.

Option A

Chiffres d'affaires:

A:	40 000 X 1,20$	48 000$
B:	50 000 X 1,00$	50 000
Sous-produit:	10 000 X 0,10$	1 000
		99 000

Coûts variables: 100 000 X 0,48$	48 000$	
Coûts fixes	24 000	72 000
Bénéfice		27 000$

Option B

Chiffres d'affaires:

A:	40 000 X 1,50$	60 000$
B:	50 000 X 1,00$	50 000
Sous-produit:	10 000 X 0,10$	1 000
		111 000

Coûts variables: (100 000 X 0,48$) + (40 000 X 0,20$)	56 000$	
Coûts fixes	25 000	81 000
Bénéfice		30 000$

Option C (Pas vraiment nécessaire de faire les calculs puisqu'à l'unité le raffinage de B coûte 0,20$ en frais variables alors que le prix de vente n'augmente que de 0,20$)

Chiffres d'affaires:

A:	40 000 X 1,20$	48 000$
B:	50 000 X 1,20$	60 000
Sous-produit:	10 000 X 0,10$	1 000
		109 000

Coûts variables: (100 000 X 0,48$) + (50 000 X 0,20$)	58 000$	
Coûts fixes	25 000	83 000
Bénéfice		26 000$

Option D (Le bénéfice correspond à celui de l'option B car le raffinage de B ne rapporte aucune marge sur coûts variables)

Chiffres d'affaires:

A:	40 000 X 1,50$	60 000$
B:	50 000 X 1,20$	60 000
Sous-produit:	10 000 X 0,10$	1 000
		121 000

Coûts variables: (100 000 X 0,48$) + (90 000 X 0,20$)	66 000$	
Coûts fixes	25 000	91 000
Bénéfice		30 000$

Option E

Chiffres d'affaires:

A:	48 000 X 1,20$	57 600$
B:	60 000 x 0,80$	48 000
Sous-produit:	12 000 X 0,10$	1 200
		106 800

Coûts variables: (120 000 X 0,48$)	57 600$	
Coûts fixes	24 000	81 600
Bénéfice		25 200$

Option F

Chiffres d'affaires:

A:	48 000 X 1,50$	72 000$
B:	60 000 X 0,80$	48 000
Sous-produit:	12 000 X 0,10$	1 200
		121 200

Coûts variables: (120 000 X 0,48$) + (48 000 X 0,20$)	67 200$	
Coûts fixes	25 000	92 200$
Bénéfice		29 000$

Option G (Option à rejeter car implique la raffinage de B dont la marge sur coûts variables est négative de 0,04$ par unité).

Chiffres d'affaires:

A:	48 000 X 1,20$	57 600$
B:	60 000 X 0,96$	57 600
Sous-produit:	12 000 X 0,10$	1 200
		116 400

Coûts variables: (120 000 X 0,48$) + (60 000 X 0,20$)	69 600$	
Coûts fixes	25 000	94 600
Bénéfice		21 800$

Option H (Pas besoin de faire les calculs si on compare cette option à l'option F)

Chiffres d'affaires:

A:	48 000 X 1,50$	72 000$
B:	60 000 X 0,96$	57 600
Sous-produit:	12 000 X 0,10$	1 200
		130 800

Coûts variables: (120 000 x 0,48$) + (108 000 X 0,20$)	79 200$	
Coûts fixes	25 000	104 200
Bénéfice		26 600$

(Adaptation - S.C.M.C.)

Exercice 17-13

1.

Placement supplémentaire	Durée du placement	Pondération
600 000$	3 jours	1 800 000$
400 000	1 jour	400 000
200 000	1 jour	200 000
100 000	1 jour	100 000
-	1 jour	-
	7 jours	2 500 000$

Placement supplémentaire moyen: 2 500 000$/7 jours = 357 142,85$

Économies annuelles: 357 142,85$ X 0,073 = 26 071,43$

2.

Les flux monétaires futurs peuvent différer substantiellement de ceux connu au cours des derniers mois;

Il pourrait se produire des découverts bancaires advenant des virements quotidiens non suffisamment élevés. Ces découverts pourraient entraîner des frais bancaires. De même, il y aurait un coût d'opportunité en intérêts pour l'entreprise si les virements sont trop élevés.

3.

Du côté des avantages, il faut mentionner que les frais bancaires et le manque à gagner en intérêts mentionnés en 2. ne seraient pas possibles, et il ne serait plus nécessaire de surveiller le profil de l'évolution du solde du compte de banque spécial. Un désavantage serait les frais de service réclamés par la banque qui seraient forcément plus élevés.

(Adaptation - C.M.A.)

Exercice 17-14

Analyse différentielle menée pour trois ans

	On ne remplace pas l'outillage actuel	On remplace l'outillage	Montants différentiels
Chiffres d'affaires	180 000$	216 000$(1)	36 000$
Frais:			
Matériaux	90 000$	90 000$	–
M.O.	24 600 (2)	24 600 (2)	–
Frais de fonctionnement des machines	12 000	9 000	(3 000$)
Location	18 000	24 000	6 000
Dépréciation économique de l'outillage	600 (3)	24 000 (4)	23 400
	145 200$	171 600$	26 400$
Bénéfice	34 800$	44 400$	9 600$

(1) 60 000$ X 120% X 3 ans = 216 000$
(2) 7 600$ + 8 200$ + 8 800$ = 24 600$
(3) 3 000$ – 2 400$
(4) 29 000$ – 5 000$

(Adaptation – S.C.M.C.)

Exercice 17-15

1.

Coût d'acquisition par boîte de 24 tubes		0,90$

Coûts évités par boîte de 24 tubes si on cesse
la fabrication du tube:

M.O.D.	0,20$	
M.P.	0,60	
F. gén. de F. variables:		
0,10 [1,50$ – (100 000$/100 000)]	0,05	0,85
Avantage de la fabrication par boîte		0,05$

Avantage de la fabrication pour 100 000 boîtes:
100 000 X 0,05$ 5 000$

2.
0,85$ (voir 1.)

3.

Coûts évités en ne fabriquant pas les tubes nécessaires à 125 000 boîtes:
 (125 000 X 0,85$) + 10 000$ 116 250$

Coûts d'acquisition des tubes nécessaires:
 125 000 X 0,90$ 112 500

Économies si l'entreprise achetait les tubes   3 750$

4.

La décision devrait être de fabriquer les tubes nécessaires à 100 000 boîtes et d'acheter les tubes nécessaires aux 25 000 autres boîtes.

Coûts de l'option:
 D'acquisition de tubes: 25 000 X 0,90$ 22 500$
 De fabrication: 100 000 X 0,85$ 85 000
                      107 500$

Ce serait la meilleure solution car les coûts seraient inférieurs à ceux des deux autres options.

5.

Qualité des tubes achetés versus celle des tubes fabriqués par l'entreprise elle-même.

Autres utilisations pouvant être envisagées concernant la capacité de production non utilisée.

Respect des dates de livraison afin de ne pas entraver la production.

Recherche d'autres sources d'approvisionnement des tubes.

Situation financière du fournisseur de tubes.

(Adaptation - C.M.A.)

Exercice 17-16

1.

Fabrication:

M.P.: 10$ + 8$ + 4$		22,00$
M.O.D.		22,50
F. gén. de F. variables		8,10
Frais à l'unité		52,60$

Coût de fabrication: (52,60$ X 15 000)		789 000$
Achat d'une machine		25 000
Décaissement		814 000$

Achat:

Prix d'achat: 66,30$ X 15 000		994 500$
Moins:		
Profit réalisé à la vente de matière Z: (32$ - 22$) 18 000		180 000
Décaissement		814 500$

L'entreprise ne devrait pas acheter la pièce 98Y de la société Anne.

2.

a) Les renseignements sur la production et les ventes pour les années suivantes ne sont pas fournis. Il est nécessaire de planifier pour une période de plus d'un an.

b) Le nouveau matériel a une durée d'utilisation de 2 ans; on n'a effectué aucun redressement pour tenir compte de sa valeur résiduelle.

c) Autres facteurs (voir solution à l'exercice 17-15, point 5).

(Adaptation - S.C.M.C.)

Exercice 17-17

Service après vente effectué par l'entreprise elle-même.

Coûts variables:

1 000 X 0,3 X 6$		1 800$
2 000 X 0,5 X 6$		6 000
3 000 X 0,2 X 6$		3 600
		11 400
Coûts fixes		12 000
		23 400$

Service après vente effectué par un tiers

Option A)

Prix forfaitaire		18 000$
Frais-débours fixes non éliminés		8 000
		26 000$

Option B)

Coût de base		15 000$
Coût supplémentaire:		
(2 000 - 1 000) (0,5) (4$)	2 000$	
(3 000 - 1 000) (0,2) (4$)	1 600	3 600
Frais-débours fixes non éliminés		8 000
		26 600$

Conclusion: Financièrement, le magasin aurait intérêt à continuer la politique actuelle.

(Adaptation - S.C.M.C.)

Exercice 17-18

Option 1.   Non automatisation. Empaquetage dans un sac coloré

Bénéfice actuel	20 000$
Plus:	
Chiffre d'affaires supplémentaire: (50 000 X 7$)	350 000
	370 000
Moins:	
Coûts variables supplémentaires:	
50 000 [(2 780 000$ - 980 000$)/400 000] + (450 000 X 0,20$)	315 000
Bénéfice de l'option	55 000$

Option 2.   Automatisation seulement

Bénéfice actuel	20 000$
Plus:	
Réduction des coûts en M.O. et des F. gén. de F. var.: 0,60$ X 400 000	240 000
	260 000
Moins:	
Augmentation des F. gén. de F. fixes	250 000
Bénéfice de l'option	10 000$

Option 3.   Automatisation et nouvel empaquetage

Bénéfice actuel		20 000$
Plus:		
Chiffre d'affaires supplémentaire: 50 000 X 7$		350 000
		370 000
Moins:		
Augmentation des F. gén. de F. fixes	250 000$	
Coûts variables supplémentaires:		
50 000 [(2 780 000$ - 980 000$)/400 000]		
+ 450 000 (0,20$ - 0,60$)	45 000	295 000
Bénéfice de l'option		75 000$

Option 4.   Automatisation et diminution du prix de vente

Bénéfice actuel		20 000$
Plus:		
Chiffre d'affaires supplémentaire: (500 000 X 6,50$)		
- (400 000 X 7$)		450 000
		470 000$
Moins:		
Augmentation des F. gén. de F. fixes	250 000$	
Coûts variables supplémentaires:		
100 000 [(2 780 000$ - 980 000$)/400 000]		
+ 500 000 (-0,60$)	150 000	400 000
Bénéfice de l'option		70 000$

Option 5.   Automatisation, diminution du prix de vente et nouvel empaquetage

Bénéfice actuel		20 000$
Plus:		
Chiffre d'affaires supplémentaire:		
(500 000 X 6,50$) - (400 000 X 7$)		775 000
		795 000
Moins:		
Augmentation des F. gén. de F. fixes	250 000$	
Coûts variables supplémentaires:		
150 000 [(2 780 000$ - 980 000$)/400 000]		
+ 550 000 (0,20$ - 0,60$)	455 000	705 000
Bénéfice de l'option		90 000$

Option 6.   Non automatisation et diminution du prix de vente

Bénéfice actuel		20 000$
Plus:		
Chiffre d'affaires supplémentaire: (500 000 X 6,50$) - (400 000 X 7$)		450 000
		470 000

Moins:

Coûts variables supplémentaires:

    100 000 [(2 780 000$ - 980 000$)/400 000]   450 000

Bénéfice de l'option   20 000$

Option 7.   Non automatisation, diminution du prix de vente et nouvel
                empaquetage

Bénéfice actuel   20 000$

Plus:

Chiffre d'affaires supplémentaire: (550 000 X 6,50$) - (400 000 X 7$) 775 000

                                                                 795 000

Moins:

Coûts variables supplémentaires:

    150 000 [(2 780 000$ - 980 000$)/400 000] + 550 000 (0,20$)   785 000

Bénéfice de l'option   10 000$

(Adaptation - S.C.M.C.)

Exercice 17-19

1.

a)   En recourant aux heures supplémentaires

      Heures supplémentaires en   mai   1 000

                                   juin   2 000

                                   juillet   2 000

                                   août   2 500

                                   septembre   2 500

                                   octobre   2 000

                                                                  12 000

      Inefficacité (5%)   600

      Total des heures supplémentaires requises   12 600

      Coût supplémentaire en main-d'oeuvre:

          12 600 X 6$ X 1,5   113 400$

      Avantages sociaux supplémentaires:

          113 400$ X 0,10   11 340

      Coût supplémentaire   124 740$

b)   En embauchant des employés occasionnels

      Heures supplémentaires requises   12 000

      Inefficacité: (25%)   3 000

      Total des heures supplémentaires requises   15 000

      Coût supplémentaire pour ces employés:

          15 000 X 6$ 90 000$

c)   En embauchant de nouveaux employés et en uniformisant la production

	Mensuelle	Annuelle
Production prévue	10 000	120 000
Heures de M.O. requises	5 000	60 000
Contrainte en heures de M.O.	4 000	48 000
Heures régulières supplémentaires requises	1 000	12 000

Coût supplémentaire en M.O.:

Rémunération de base: 12 000 X 6$	72 000$
Avantages sociaux supplémentaires: 72 000$ X 0,20	14 400
	86 400

Frais supplémentaires concernant l'augmentation
des stocks (1):

Stock mensuel moyen selon les options 1 ou 2	14 000	
Stock mensuel moyen en uniformisant la production	16 583	
Différence	2 583	
Frais supplémentaires: 2 583 X 1$		2 583
Coût supplémentaire en uniformisant la production		88 983$

(1)   Le stock moyen concernant un mois correspond à la moyenne des stocks existant au début et à la fin dudit mois. Le tableau suivant traduit les stocks mensuels moyens selon chacune des options.

	Stock actif moyen pour chacune des deux premières options	Stock du début	Pour une production uniforme			
			Production	Vente	Stock à la fin	Stock actif moyen
Janvier	8 000	8 000	10 000	8 000	10 000	9 000
Février	8 000	10 000	10 000	8 000	12 000	11 000
Mars	8 000	12 000	10 000	8 000	14 000	13 000
Avril	8 000	14 000	10 000	8 000	16 000	15 000
Mai	9 000	16 000	10 000	8 000	18 000	17 000
Juin	11 000	18 000	10 000	10 000	18 000	18 000
Juillet	12 000	18 000	10 000	12 000	16 000	17 000
Août	12 500	16 000	10 000	12 000	14 000	15 000
Septembre	13 000	14 000	10 000	13 000	11 000	12 500
Octobre	12 500	11 000	10 000	13 000	8 000	9 500
Novembre	10 000	8 000	10 000	12 000	6 000	7 000
Décembre	8 000	6 000	10 000	8 000	8 000	7 000
	120 000					151 000
Stock actif moyen	10 000					12 583
Stock de sécurité	4 000					4 000
	14 000					16 583

2.

Dans quelle mesure le personnel régulier accepterait-il de faire des heures supplémentaires?

L'option des heures supplémentaires offre un certain degré de flexibilité advenant que le volume des ventes ou de la production s'écarte des prévisions.

Si le personnel s'attend à une rémunération fonction d'heures supplémentaires et que l'entreprise retient l'une des deux dernières options, le moral du personnel peut baisser si ce n'est leur productivité.

Si l'entreprise opte pour la dernière option, elle doit s'assurer que la main-d'oeuvre qualifiée est disponible.

(Adaptation - C.M.A.)

Exercice 17-20

Chiffre d'affaires supplémentaire:		
60 000 X 6,80$		408 000$
Coûts supplémentaires:		
Outillage spécial	20 000	
M.O.D.: [(13 600$ - 6 800$)/4 000)] 1,10 X 60 000	112 200	
Salaires (contremaîtres): (1 500$ - 750$) X 12	9 000	
Force motrice: [(700$ - 400$)/4 000] 60 000	4 500	
M.P.: [(24 000$ - 12 000$)/4 000] 0,96 X 60 000	172 800	
Entretien: [(2 450$ - 1 050$)/4 000] X 60 000	21 000	
Chauffage et éclairage: [(3 465$ - 2 365$)/4 000] X 60 000	16 500	
M.O.I.: [(4 816$ - 3 116$)/4 000] X 60 000	25 500	
Fournitures diverses: [(1 200$ - 700$)/4 000] X 60 000	7 500	
Avantages sociaux: [(590$ - 310$)/4 000] X 60 000	4 200	393 200
Bénéfice supplémentaire		14 800$

(Adaptation - C.A.)

Exercice 17-21

Fabrication:
    Coûts pertinents:
        M.P.: 19$ X 50 000 .... 950 000$
        M.O.D.: 50$ X 50 000 .... 2 500 000
        Salaires - supervision:
            Gérant: 3 500$ X 12 .... 42 000
            Gérants adjoints: 1 500 X 2 X 12 .... 36 000
            Ingénieur en chef: 2 000$ X 12 .... 24 000
            Contremaîtres: 1 500$ X 3 X 12 .... 54 000
        Location de l'outillage: 32 000$ X 12 .... 384 000
    Coûts supplémentaires annuels .... 3 990 000$
    Achat:
        50 000 X 100$ .... 5 000 000$

Conclusion: L'entreprise doit fabriquer car c'est plus économique pour elle.

(Adaptation - S.C.M.C.)

Exercice 17-22

```
1.   Ventes
          Vue sur la mer:      10 X 30 000$                                      300 000$
          Accès à la mer:      40 X 15 000$                                      600 000
                                                                                 900 000

     Moins:  Remboursement à la suite de reprises:
          Vue sur la mer:      10 X 30 000$ X 0,9 X 0,3 =        81 000$
          Accès à la mer:      40 X 15 000$ X 0,9 X 0,3 =        162 000     243 000
                                                                            657 000

     Frais

          De développement:
          Vue sur la mer:      10 X 6 000$ =                     60 000$
          Accès à la mer:      40 X 8 000$ =                     320 000
                                                                 380 000
          Moins:  diminution due aux reprises: 30%    114 000    266 000
          De restauration:
          Vue sur la mer:      10 X 30 000$
                               X 0,4 X 0,3 =                     36 000
          Accès à la mer:      40 X 15 000$
                               X 0,4 X 0,3 =                     72 000     108 000
          Légaux:
          Vue sur la mer:      10 X 2 000$ X 0,3 =               6 000
          Accès à la mer:      40 X 2 000$ X 0,3 =               24 000      30 000
          De publicité directe par courrier                     20 000     424 000
     Bénéfice avant impôt                                                   233 000$
```

2.

Faire en sorte que les clients répondant à la publicité faite par courrier ne puissent acquérir que des terrains donnant accès à la mer ne constituerait pas une action souhaitable. Les ventes générées par la publicité faite par courrier, qu'il s'agisse de terrains avec vue sur la mer ou de terrains donnant accès à la mer, contribuent au profit bien que la vente des terrains avec vue sur la mer aient une meilleure contribution. En limitant les ventes par courrier aux seuls terrains donnant accès à la mer, le bénéfice ne serait que de 98 000$, que l'on peut calculer comme suit:

```
Ventes de terrains donnant accès à la mer                               600 000$
Moins: reprises:  15 000$ X 40 X 0,9 X 0,3                               162 000
                                                                        438 000

Frais
     De développement:  8 000$ X 40 X 0,7 =             224 000$
     De restauration:  15 000$ X 0,4 X 40 X 0,3 =       72 000
     Légaux:  2 000$ X 40 X 0,3 =                       24 000
     De publicité                                       20 000     340 000
Bénéfice avant impôt                                               98 000$
```

(Adaptation - C.M.A.)

Exercice 17-23

1.

1ère politique:

Frais de pièces:

19X6:	4 000 X 0,5 X 150$ X 1,08 X 1,05	340 200$
19X7:	4 000 X 0,5 X 150$ X 1,08 X (1,05)^2	357 210

Main-d'oeuvre:

19X6:	4 000 X 0,5 X 20$ X 1,05	42 000
19X7:	4 000 X 0,5 X 20$ X (1,05)^2	44 100

Frais généraux variables:

(42 000$ + 44 100$) 0,40	34 440
	817 950$

2e politique:

Frais de pièces:

19X6:	4 000 X 0,5 X 150$ X 1,08 X 1,05	340 200$
19X7:	4 000 X 0,5 X 150$ X 1,08 X (1,05)^2	357 210

Main-d'oeuvre:

Premiers 30 jours:	4 000 X 12$	48 000
Contrat prolongé:	1 800* X (50$ - 20$)	(54 000)
		691 410$

*(3 600 X 0,1) + (2 700 X 0,2) + (1 800 X 0,3) - (900 X 0,4) = 1 800

2.

Autres facteurs:

a) justesse des prévisions utilisées;

b) qualité et diligence des services rendus par l'agence;

c) incidence des politiques de garantie sur les ventes du nouveau modèle de
    motocyclette.

(Adaptation - C.M.A.)

Exercice 17-24

1.

Coût espéré:

    D 1: (10 000$ X 0,4) + (20 000$ X 0,5) + (30 000$ X 0,1) = 17 000$

    D 2: (15 000$ X 0,4) + (20 000$ X 0,5) + (25 000$ X 0,1) = 18 500$

Donc, la décision D 1 entraîne un montant plus faible de frais.

2.

Coût espéré si information parfaite:

   (10 000$ X 0,4) + (20 000$ X 0,5) + (25 000$ X 0,1) = 16 500$

Valeur de l'information parfaite:

Coût espéré en 1.	17 000$
Coût espéré si information parfaite	16 500
	500$

3.

On constate que le volume d'unités correspondant à E 2 est le double de celui caractérisant E 1; le volume relatif à E 3 est le triple de celui concernant E 1.

Lorsque le volume de production passe
a)   de 100% à 200%, le total des coûts augmente de 5 000$
b)   de 100% à 300%, le total des coûts augmente de 10 000$

On en déduit que les frais généraux de fabrication fixes s'élèvent à 10 000$.

4.

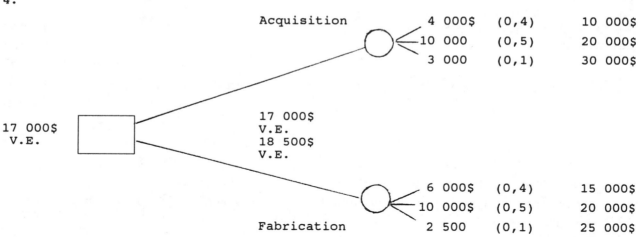

Exercice 17-25

1. et 2.

Probabilité	0,10	0,20	0,40	0,30	Valeur espérée
Achat Vente	10 000	20 000	30 000	40 000	
10 000	2 000$	2 000$	2 000$	2 000$	2 000$
20 000	(1 000)	4 000	4 000	4 000	3 500
30 000	(4 000)	1 000	6 000	6 000	4 000
40 000	(7 000)	(2 000)	3 000	8 000	2 500

L'entreprise devrait acheter 30 000 hot-dogs car en ce faisant le bénéfice espéré serait le plus élevé.

Tout résultat conditionnel a été déterminé à l'aide de la formule suivante:
     (Qté vendue X 0,50$) - (Qté achetée X 0,30$)
Toute valeur espérée a été déterminée à l'aide de la formule suivante:
     (résultat conditionnel X probabilité)

3.
Bénéfice espéré qui serait réalisé si l'entreprise connaissait d'avance le volume des ventes:
(2 000$ X 0,10) + (4 000$ X 0,20) + (6 000$ X 0,40) + (8 000$ X 0,30) = 5 800$
Bénéfice espéré selon la stratégie d'achat déterminée en 2.   4 000
Valeur espérée de l'information parfaite   1 800$
(Adaptation - C.M.A.)

Exercice 17-26

Même en l'absence de contrainte, il ne serait pas avantageux, comme l'indiquent les calculs suivants, de traiter davantage le produit B:

	Produits	
	A	B
Augmentation du prix de vente si on procède au traitement complémentaire	7$	3$
Coûts variables supplémentaires à l'unité s'il y a traitement complémentaire	6	4
Bénéfice (perte) à l'unité	1$	(1$)

Donc, il n'y a pas lieu de traiter davantage les produits B.

Comme il n'existe de contrainte de marché que dans le cas du produit A, les possibilités qui se présentent sont les suivantes:

1. Vente des produits obtenus à partir d'une unité de M.P.X:

   a) Sans traitement complémentaire des produits A:
   Marge sur coûts variables spécifiques tirée de la vente des produits A en l'état au point de séparation:
   (8$ X 3 unités)   24$
   Marge sur coûts variables spécifiques tirée
   de la vente des produits B: (7$ X 2 unités)   14
                                                                       38
   Frais de la M.P.X   2
   Marge sur coûts variables   36$

Ce résultat de 36$ est généré par 1,5 heures, ce qui représente 24$ par heure.

   b) Avec traitement complémentaire des produits A:
   Marge sur coûts variables spécifiques tirée de la vente
   des produits A raffinés: (9$ X 3 unités)   27$
   Marge sur coûts variables spécifiques tirée de la vente
   des produits B: (7$ X 2 unités)   14
                                                                       41
   Frais de la M.P.X   2
   Marge sur coûts variables   39$

Ce résultat de 39$ est généré par 4,5 heures, ce qui représente environ 8,70$ par heure.

2. Vente des produits B obtenus et mise au pilon des produits A obtenus à partir d'une unité M.P.X:
   Marge sur coûts variables tirée de la vente des produits B: (7$ X 2 unités) - 2$ = 12$

Ce résultat de 12$ est généré par 1,5 heure, ce qui représente 8$ par heure.

Ce qui précède indique que l'entreprise devrait d'abord vendre le maximum de produits A en l'état au point de séparation, soit 40 000 unités. Elle devrait ensuite vendre le maximum possible de produits A raffinés, soit 5 000 unités. Ces quantités nécessitent les heures et les quantités de M.P.X suivantes:

Heures de traitement de la M.P.X: (45 000/3) 1,5h =	22 500 h
Heures de traitement complémentaires: 5 000 X 3h =	15 000 h
	37 500 h
Unités de M.P.X: (45 000/3) 1 unité de M.P. =	15 000

L'entreprise peut donc utiliser 25 000 autres unités de M.P.X. Elle obtiendrait alors 75 000 unités de A qu'elle mettrait au pilon et 50 000 unités de B qu'elle vendrait en l'état au point de séparation.

(Adaptation - R.V. Hartley, Decision Making When Joint Products Are Involved, The Accounting Review, octobre 1971, pp. 746-755).

L'auteur de l'article qui est à l'origine de cet exercice a procédé à la résolution de ce problème en recourant à la programmation linéaire.

Exercice 17-27

1. Volume de verres: 120 000/200 - <u>600</u>
Tableau des options possibles

	100 grammes	200 grammes	300 grammes
Oxyde Z	A	B	C
Oxyde Y	D	E	F

A est préférable à B
- moins d'oxyde par verre
- temps plus bref par verre

B est préférable à C
- moins d'oxyde par verre
- temps plus bref par verre

D est préférable à E et à F pour des raisons similaires.

Le choix doit donc être fait entre A et D. Mais quel que soit ce choix, le composé doit comporter 100 grammes.

2.
Coûts en M.O. en moins pour le polissage en optant pour D au lieu de A
Nombre de minutes en moins par verre poli 18 min. - 13 min. = 5 min.

Coût en moins: 27 000$ (135%) (15 min./20 min.) =	9 112,50$
Coût des acquisitions supplémentaires en oxyde en optant pour D au lieu de A (0,0045$ - 0,0025$) 100 grammes X 600 -	120,00
Coûts en moins en optant pour D	8 992,50$

Dès lors, l'entreprise devrait utiliser l'oxyde Y.

(Adaptation - S.C.M.C.)

Exercice 18-1

1ʳᵉ partie:

Fonction objective:

Max z = 2,50 A + 8 B + 11 C

Contraintes:

    1,5 A + 2 B + 2,5 C ≤ 2 000
    6 A + 4 B + 7 C ≤ 20 000
    A, B, C ≥ 0

2ᵉ partie:

Max z =   [25 - 7,50 - 9 - 2(1,5 h)] A + [30 - 10 - 6 - 4 (2 h)] B
       + [40 - 12,50 - 10,50 - 3(2,5 h)]C
       = 5,50 A + 6 B + 9,50 C

3ᵉ partie:

Heures requises pour satisfaire à toute la demande:
    (400 X 1,5 h) + (500 X 2 h) + (500 X 2,5 h) = 2 850

Comme on ne dispose que de 2 000 heures de M.O.D. et qu'il ne subsiste que cette contrainte, il faut d'abord vendre les produits qui génèrent la marge sur coûts variables la plus élevée à l'heure. Ces marges unitaires sont les suivantes:

	Marge/coûts variables par produit	Nombre d'heures par produit	Marge/coûts variables par heure
A	5,50$	1,5	3,67$
B	6,00	2,0	3,00
C	9,50	2,5	3,80

L'entreprise devrait fabriquer 500 unités de C, 400 unités de A et 75 unités de B. Le bénéfice de l'entreprise sera alors le suivant:

    (400 X 5,50$) + (75 X 6$) + (500 X 9,50$) - 5 000$ = 2 400$

(Adaptation - S.C.M.C.)

Exercice 18-2

1. Max z = 36 P + 48 C

Sommet	P	C	Marge totale sur coûts variables
1	0	50	2 400$
2	400	50	16 800
3	400	100	19 300
4	360	160	20 640
5	0	400	19 200

La marge sur coûts variables maximale est de 20 640$, soit lorsque P = 360 et C = 160. Par conséquent, la composition optimale est de produire 360 berceuses Pommair et 160 berceuses Courbet.

2. Le fait de porter le nombre d'heures-machine de 1 200 à 1 500 permettrait d'atteindre les capacités de production maximales de 750 unités de Pommair ou de 500 unités de Courbet. Pour calculer l'effet d'un tel changement sur la composition optimale, il suffit de tracer une nouvelle ligne de contrainte des heures-machine (voir le graphique ci-dessous) pour aboutir à une nouvelle composition optimale: P = 240, C = 340. La marge totale sur coûts variables qui en résulterait se présente comme suit: (240 X 36$) + (340 X 48$) = 24 960$. Cette augmentation de 4 320$ de la marge correspond au montant maximum que la société devrait être disposée à engager afin de faire passer à 1 500 le nombre d'heures-machine.

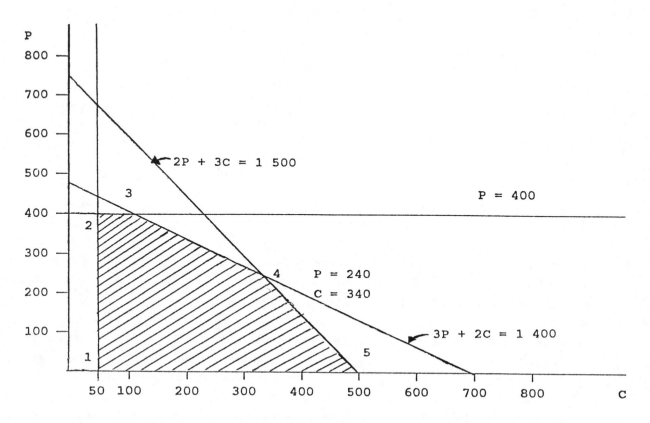

3.   Il n'est pas nécessaire d'effectuer une analyse de programmation linéaire étant donné que la division n'est soumise qu'à une seule contrainte de production (les heures-machine). La composition optimale des produits peut être déterminée simplement en calculant la marge sur coûts variables par heure-machine:

	P	C
Prix de vente	120$	120$
Coûts variables	84	72
Marge sur coûts variables/par unité de produit	36$	48$
Heures-machine requises	/2	/3
	18$	16$

Dans le présent cas, il serait donc plus avantageux de produire des berceuses Pommair et la fabrication doit d'abord s'orienter en ce sens. La production sera limitée par l'offre de matières premières. La composition des produits serait donc la suivante:

400 berceuses Pommair nécessitant   800 heures-machine
* 133 berceuses Courbet nécessitant   400 heures-machine (arrondies)
    Total des heures-machine disponibles   1 200

* Cette quantité est supérieure à celle que la société s'est engagée à fournir (5) en vertu de commandes fermes.

La marge totale sur coûts variables qui serait réalisée dans ces circonstances serait la suivante:

Des berceuses Pommair, 400 @ 36$ 14 400$
Des berceuses Courbet, 133 @ 48$ 6 384   20 784$

(Adaptation - S.C.M.C.)

Exercice 18-3

Détermination des marges sur coûts variables à l'unité:

	Produit A	Produit B
Prix de vente	280$	370$
Matières premières	(60)	(80)
Main-d'oeuvre directe	(120)	(150)
Autres frais variables	(40)	(50)
Marge sur coûts variables unitaires	60$	90$

Fonction économique
    Max Z - 60A +90B

    Tel que

      5A + 4B ≤ 1 800   (1)
      9A + 18B ≤ 4 500   (2)
      4A + 5B ≤ 1 600   (3)
      A ≥ 0,   B ≥ 0   (4)

Détermination de l'aire des solutions réalisables: surface hachurée ci-dessous:

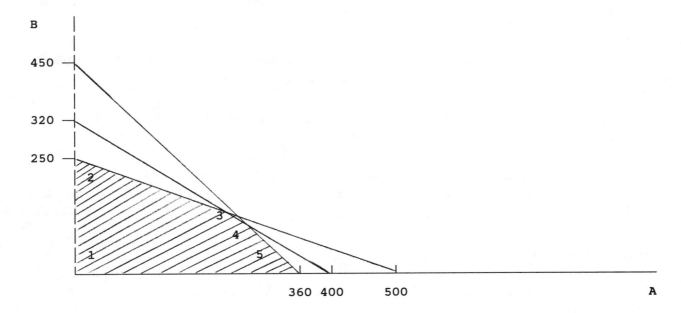

Détermination des points extrêmes et du programme de production optimal:

Points extrêmes	Coordonnées	Z = 60A + 90B
1	(0, 0)	0$
2	(0,250)	22 500
3	(233,133)[1]	25 950
4	(289, 89)[2]	25 200
5	(360, 0)	21 600

[1]   Point de rencontre entre les contraintes (2) et (3):

$$9A + 18B = 4\ 500$$
$$4A + 5B = 1\ 600$$
d'où   A = 233,34 et B = 133,33

[2]   Point de rencontre entre les contraintes (1) et (3):

$$5A + 4B = 1\ 800$$
$$4A + 5B = 1\ 600$$
d'où A = 288,89 et B = 88,89

Programme de production optimal:

233 unités du produit A

133 unités du produit B

pour une marge sur coûts variables de 25 950$

=======

(Adaptation - S.C.M.C.)

Exercice 18-4

a) Max $Z = 4 (A_1 + A_2) + 5(B_1 + B_2) + 4(C_1 + C_2)$

b) Contraintes:

1) $0,5 (A_1 + A_2) + (B_1 + B_2) + 0,25 (C_1 + C_2) \leq 400$

2) $(A_1 + A_2) + (B_1 + B_2) + 4,5 (C_1 + C_2) \leq 800$

3) $A_1 \leq 200$, $B_1 \leq 120$, $C_1 \leq 50$

4) $(6 - 5) A_1 + 4B_1 + 7C_1 + (11 - 5) A_2 + 14B_2 + 20C_2 \leq 3\ 660 - 700$

5) $A_1 \geq 0$, $B_1 \geq 0$, $C_1 \geq 0$, $A_2 \geq 0$, $B_2 \geq 0$, $C_2 \geq 0$

(Adaptation - S.C.M.C.)

Exercice 18-5

1. Maximiser $(30 - 2) A + (14 - 2) B$ Marge sur coûts variables à
    tel que   court terme

$A + B \leq 2\ 400$ Heures-machine

$3 A + B \leq 4\ 800$ Heures de main-d'oeuvre
directe de finition

Donc $A = 1\ 200$ et $B = 1\ 200$, soit la combinaison optimale.

2. Détermination du nombre d'unités de chaque produit qu'il aurait fallu produire la semaine dernière:

Maximiser 28A + 12B
tel que

$$A + B \leq 2\ 000 \qquad \text{Nouvelle contrainte due à l'entretien}$$

$$3A + B \leq 4\ 800$$

$$A,\ B \geq 0$$

Donc   A = 1 400 et B = 600

Détermination du manque à gagner en terme de marge sur coûts variables sacrifiée:

Marge sur coûts variables selon la planification
optimale de l'entretien: (1 400 X 28$) + (600 X 12$) = 46 400$

Marge sur coûts variables selon la planification
réelle de l'entretien: (1 000 X 28$) + (1 000 X 12$) = 40 000

Marge sur coûts variables sacrifiée due au programme de production
établi par le directeur par rapport à celui qu'il aurait dû
établir   6 400$
                                                                    =======

(Adaptation — S.C.M.C.)

Exercice 18-6

1. Max Z = 6x + 10y
    Tel que

        x + y   ≤ 160 000
        x + 2y ≤ 200 000
        x   ≤ 300 000
        y   ≤ 140 000
        x   ≥   0
        y   ≥   0

2.

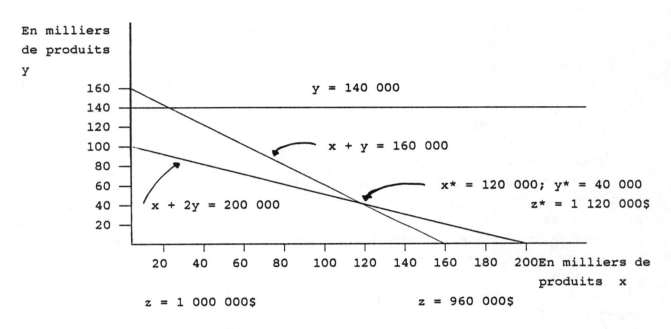

3. La représentation graphique devient alors la suivante.

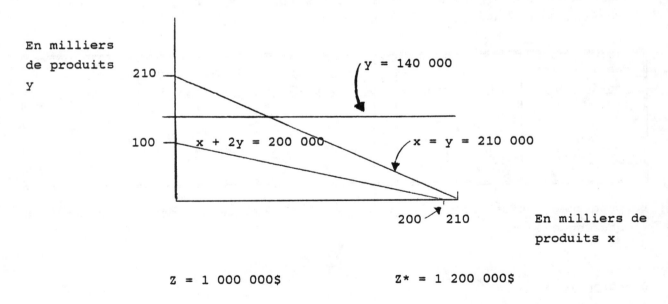

Comme la limite de validité de 200 000 heures n'est pas dépassée et que le prix dual est supérieur à la prime horaire de 1,50$, l'entreprise devrait avoir une deuxième équipe.

4. Comme les coûts supplémentaires de 2,25$ l'heure excèdent le prix dual de 2$, l'entreprise ne devrait pas produire en heures supplémentaires.

5. La contrainte de capacité du deuxième atelier devient
       x + 2y ≤ 200 001
    En solutionnant le système d'équations suivant
       x + 2y = 200 001
       x + y = 160 000

    on obtient:
       x = 119 999 et y = 40 001

    Pour un tel programme, la marge totale sur coûts variables égale 1 120 004$, soit une augmentation de 4$ par rapport au programme optimal.

6. Dans le cas du produit X, la quantité que comprend le programme de production est bien en deçà de la quantité pouvant être vendue. Comme il existe un coussin, le prix dual est nul.

Exercice 18-7

Le tableau suivant présente les résultats pour les différents programmes de production déterminés selon l'approche générale décrite dans le chapitre.

Fabrications considérées	Programme	Marge sur coûts variables	Frais fixes spécifiques	Résultat
A	4	36$	14$	22$
B	4	24	4	20
A,B	A=3 et B=2	39	18	21

Le programme optimal consiste donc à ne fabriquer que des produits A, soit en l'occurrence 4 unités.

Exercice 18-8

Le programme de production optimal comprend 20 000 unités de X et 2 500 unités de Z.

Exercice 18-9

Prix de vente	Ventes en unités	Chiffre d'affaires	Frais fixes	Frais variables	Total des frais	Bénéfice
2,00$	50 000	100 000$	20 000$	58 000$	78 000$	22 000$
1,90	60 000	114 000	20 000	70 200	90 200	23 800
1,80	70 000	126 000	20 000	82 600	102 600	23 400
1,70	80 000	136 000	22 000	95 400	117 400	18 600
1,60	90 000	144 000	22 000	108 800	130 800	13 200
1,50	100 000	150 000	22 000	123 000	145 000	5 000

Le volume le plus rentable est de 60 000 unités à un prix de 1,90$ l'unité.

(Adaptation - S.C.M.C.)

Exercice 18-10

1. Elle devrait établir le prix de 1,98$ le kilogramme. La région de l'ouest constitue une illustration d'un marché de concurrence parfaite, de sorte que l'entreprise doit s'en tenir à ce prix. La demande de l'entreprise est représentée par une droite horizontale au prix de 1,98$ le kilogramme. Elle ne vendrait pas à un prix plus élevé et n'aurait aucune raison de vendre à un prix moindre puisqu'elle peut vendre à 1,98$ le kilogramme tout ce qu'elle peut produire.

2. L'entreprise devrait atteindre une production de 210 000 kilogrammes; à ce volume, le revenu marginal (RM) égal le coût marginal (CM).

Nb de kilogrammes	Augmentation du volume	Coûts	Coûts supplémentaires	Coût marginal
120 000		240 000$		
150 000	30 000	298 000	58 000$	1,933$
180 000	30 000	356 400	58 400	1,947
210 000	30 000	415 800	59 400	1,980
240 000	30 000	476 000	60 200	2,007

(Adaptation - C.M.A.)

Exercice 18-11

1. a) Taux de rendement escompté de l'actif:
   480 000$/2 400 000$ = 20%

   Bénéfice total escompté des ventes d'agrafeuses électriques:
   180 000$ X 0,20 = 36 000$

   Bénéfice unitaire escompté:
   36 000$/12 000 = 3$

   Prix de vente potentiel:

Coût de fabrication prévu à l'unité	10$
Frais de vente et d'administration prévus à l'unité	4
Bénéfice unitaire escompté	3
	17$

   b) Taux de bénéfice brut escompté:
   1 920 000$/4 800 000$ = 40%

   Prix de vente escompté:
   12$/(1-0,4) = 20$

2. Non, car il manque certains renseignements. On ne connaît pas les montants relatifs aux frais de vente et d'administration prévus à l'unité et aux actifs utilisés aux fins de ce type de fabrication.

3. Celle du taux de rendement du capital investi est davantage appropriée puisqu'elle fait appel aux mêmes renseignements que ceux utilisés lorsqu'une entreprise se spécialise dans la fabrication d'une seul produit. De ce fait, elle prend en compte le rendement qui répond aux attentes des investisseurs dans l'entreprise.

4. Se renseigner sur les prix de vente des produits concurrentiels et prévoir leur évolution;

   Effectuer une recherche, ou prendre connaissance d'une recherche déjà effectuée, portant sur l'acquisition des produits par la clientèle;

Effectuer une analyse des risques, y compris une analyse des relations produits - frais - résultats, en considérant les différents prix de vente possibles.

(Adaptation - C.M.A.)

Exercice 18-12

1. Les frais généraux variables sont de 2$ l'heure de main-d'oeuvre directe:

    (750 000$ - 450 000$)/150 000 = 2$/h

    Par conséquent, le coût marginal est:

Matières premières	36 000$
Main-d'oeuvre directe: 8$ X 5 200 heures	41 600
Frais généraux variables: 2$ X 5 200 heures	10 400
	88 000$

    Le bénéfice avant impôt augmenterait de 12 000$, soit 100 000$ - 88 000$.

2. Avantages:

    1. Cette méthode permet de calculer facilement les effets sur le bénéfice de l'acceptation d'une commande "spéciale".

    2. Elle permet également de fixer un prix de vente minimum dans des circonstances spéciales.

    Inconvénients:

    1. À long terme, elle risque de ruiner la stratégie relative à la fixation des prix.

    2. Elle risque de faire oublier que tous les coûts fixes doivent être couverts à long terme.

(Adaptation - S.C.M.C.)

Exercice 18-13

1. Détergent ordinaire:

Prix de vente	18$	20$	21$	22$	23$
Nombre d'unités	120 000	100 000	90 000	80 000	50 000
Coûts variables	16$	16$	16$	16$	16$
Marge sur coûts variables unitaires	2$	4$	5$	6$	7$
Marge sur coûts variables	240 000$	400 000$	450 000$	480 000$	350 000$

Le prix de vente devrait être de 22$.

Détergent à double action:

Prix de vente	25$	27$	30$	32$	35$
Nombre d'unités	175 000	140 000	100 000	55 000	35 000
Coûts variables	21$	21$	21$	26$	21$
Marge sur coûts variables unitaires	4$	6$	9$	11$	14$
Marge sur coûts variables	700 000$	840 000$	900 000$	605 000$	490 000$

Le prix de vente devrait être de 30$.

2. a) Marge sur coûts variables relative au détergent ordinaire   480 000$
Marge sur coûts variables relative au détergent à double action   900 000
                                 1 380 000$
                                ==========

Il s'agit en fait d'une décision à court terme puisque la direction n'envisage pas la cessation de l'exploitation de l'entreprise à long terme, étant persuadée que des bénéfices seront réalisés dès 19X6. Les frais fixes ne sont donc pas pertinents à la prise de la décision. En l'occurrence, il suffit que la marge sur coûts variables d'un produit soit positive pour continuer à le vendre. L'entreprise continuera donc de vendre les deux détergents au cours des six derniers mois puisque leurs marges sur coûts variables sont respectivement de 480 000$ et 900 000$.

b) Effet sur le moral des employés

Effet sur la part du marché suite à la fermeture temporaire

Effet sur la collectivité

Effet sur la production et les ventes découlant de la fermeture temporaire.

(Adaptation - C.M.A.)

Exercice 18-14

1. Chiffre d'affaires qui permet d'obtenir un rendement de 14%:

Valeur comptable nette au début	150 000$
Additions	40 000
Dotation à l'amortissement	(30 000)
Valeur comptable nette - à la fin	160 000
- au début	150 000
	310 000$
	========

Moyenne: 310 000$/2	155 000$
	========

Bénéfice avant impôt: 14% X 155 000$	21 700$
	========

Bénéfice nécessaire avant impôt	21 700$
Frais	210 077
Chiffre d'affaires nécessaire	231 777$
	========

2. Tarif 1 avec le barème variable

Nombre de clients		Chargement léger	Chargement lourd
Court trajet	1 200	360	840
Long trajet	1 800	540	1 260
	3 000	900	2 100
	=====	===	=====

	Tonnes kilomètres	Facteur de pondération	Importance relative
Tarif			
1, court trajet/chargement léger: (360)(0,5) 50=	9 000	100%	9 000
2, court trajet/chargement lourd: 840(5)50 =	210 000	90%	189 000
3, long trajet/chargement léger: 540(0,5)300 =	81 000	90%	72 900
3, long trajet/chargement lourd: 1 260(5)300 =1	890 000	80%	1 512 000
			1 782 900$
			==========
Tarif I: 231 777$/1 782 900 =			0,13$
			=====

(Adaptation - C.A.)

Exercice 18-15

Marge unitaire:

Si le P. de V. est de 3,00$:   3,00$ - 2,00$ = 1,00$

Si le P. de V. est de 3,50$:   3,50$ - 2,00$ = 1,50$

Si le P. de V. est de 4,00$:   4,00$ - 2,00$ = 2,00$

Calculs des valeurs espérées

Événement		Valeur	
Ventes en unités	Probabilité	Conditionnelle @ 1,00$	Espérée
2 000	0,1	2 000$	200$
1 800	0,8	1 800	1 440
1 600	0,1	1 600	160
			1 800$
			======
Ventes en unités	Probabilité	Conditionnelle @ 1,50$	Espérée
1 500	0,4	2 250$	900$
1 200	0,5	1 800	900
1 100	0,1	1 650	165
			1 965$
			======
Ventes en unités	Probabilité	Conditionnelle @ 2,00$	Espérée
1 300	0,1	2 600$	260$
900	0,5	1 800	900$
800	0,4	1 600	640
			1 800$
			======

Le prix de vente optimal est 3,50$. La valeur espérée à ce prix est de 165$ plus élevée que les valeurs espérées aux prix de 3,00$ et 4,00$.

(Adaptation - S.C.M.C.)

Exercice 18-16

Volume (en milliers de litres)	Marge bénéficiaire (en milliers)	Probabilité initiale	Valeur espérée (en milliers)	Probabilité révisée	Valeur espérée (en milliers)
11 500	500$	0,00	$	0,10	30,00$
10 500	2 000	0,10	200,00	0,10	180,00
9 500	2 500	0,15	375,00	0,15	345,00
8 500	2 150	0,25	537,50	0,25	487,50
7 500	1 250	0,25	312,50	0,25	262,50
6 500	100	0,15	15,00	0,15	(15,00)
5 500	(1 100)	0,10	(110,00)	0,00	-
TOTAL			1 330,00$		1 290,00$
			=========		=========

L'entreprise ne devrait pas engager les frais supplémentaires.

(Adaptation - S.C.M.C.)

Exercice 18-17

a)   La détermination du prix de vente des moteurs électriques réguliers dépend à la fois de l'environnement économique (marché de concurrence parfaite ou non) et de la structure des coûts. Cette détermination vise la maximisation de la marge totale sur coûts variables en reconnaissant que les coûts fixes sont des coûts variables à long terme.

À court terme, les coûts fixes communs ne sont pas pertinents lorsqu'il s'agit de déterminer le prix de vente de commandes spéciales. Ce qui importe c'est d'établir un prix de vente qui permet de couvrir les coûts supplémentaires. Aussi, en ce qui concerne le moteur zongrois, les frais généraux de fabrication fixes inclus dans le montant de 18$ ne doivent pas être considérés dans la détermination du prix de vente d'un moteur zongrois. En ignorant cette portion fixe, la marge sur coûts variables par moteur zongrois serait la suivante, compte tenu de l'analyse de régression effectuée:

```
Prix de vente                                                    110,00$
Coûts de fabrication variables
     Matières premières                     23,00$
     Plaquette de circuits                  16,40
     Salaires                               22,12
     Frais généraux (1)                     20,20          81,72
                                                            28,28$
                                                           =======
```

(1)   0,913 X 22,12$ = 20,20$

Aussi, si l'entreprise avait utilisé le bon montant de coûts à l'unité, soit 81,72$, il est possible qu'elle aurait été en mesure de fixer un prix de vente plus élevé que 110,00$ tout en demeurant concurrentielle. Donc, un prix de vente de 110$ peut entraîner pour l'entreprise un manque à gagner.

b)   Le contrôle de l'exploitation consistant à comparer les coûts unitaires d'un mois à ceux du mois précédent n'est pas satisfaisant. L'entreprise devrait plutôt recourir au budget flexible aux fins de contrôle. Quant à l'aspect planification des budgets, le président se prive d'un exercice de réflexion qui ne saurait qu'être bénéfique pour l'entreprise.

c)   Le programme de production optimal peut être trouvé à partir de la formulation suivante:

Fonction objective:

```
     Max = 24,49R + 28,28Z
     Tel que
        1R + 1,5Z  ≤ 13 500
        1R + 2Z    ≤ 15 000
              Z    ≤  6 000
        R          ≤ 12 000
              Z    ≤  8 000
        R, Z       ≥     0
```

Le montant de 24,49$ est chiffré en effectuant le calcul suivant:

75$ - (22,29$ + 14,75 + 0,913 X 14,75$)

Dès lors, le programme optimal consiste à produire 12 000 moteurs réguliers et 1 000 moteurs zongrois.

(Adaptation - S.C.M.C.)

Exercice 18-18

1. Coût marginal: coût supplémentaire en produisant une unité additionnelle

    Coût marginal: augmentation du C.A. en vendant une unité additionnelle

2. $40 Q - 0,04 Q^2$

3. Oui

4. Volume au niveau duquel le coût marginal égale le revenu marginal

Exercice 18-19

Au prix de vente de 24$

Volume	Probabilité	Volume escompté	Marge sur coûts variables unitaires	Marge sur coûts variables
500 000	0,20	100 000	16$	1 600 000$
400 000	0,50	200 000	16$	3 200 000
300 000	0,30	90 000	16$	1 440 000
				6 240 000$
				==========

Au prix de vente de 27$

Volume	Probabilité	Volume escompté	Marge sur coûts variables unitaires	Marge sur coûts variables
400 000	0,25	100 000	19$	1 900 000$
350 000	0,45	157 500	19$	2 992 500
250 000	0,30	75 000	19$	1 425 000
				6 317 500$
				==========

Au prix de vente de 31,50$

Volume	Probabilité	Volume escompté	Marge sur coûts variables unitaires	Marge sur coûts variables
300 000	0,30	90 000	23,50$	2 115 000$
250 000	0,50	125 000	23,50$	2 937 500
200 000	0,20	40 000	23,50$	940 000
				5 992 500$
				==========

Donc, c'est au prix de vente de 27$ que le résultat de l'entreprise est le plus élevé.

Facteurs qualitatifs

1. Dans quelle mesure peut-on se fier aux résultats de l'étude de marché?

2. Peut-on vraiment tenir pour acquis que la demande demeurera la même au cours des cinq ans ou que la vie du produit sera d'au moins cinq ans?

3. Réactions des concurrents?

4. Relations avec les clients actuels et la réputation de l'entreprise auprès de ces derniers?

5. Coûts d'opportunité pour l'entreprise si jamais il y avait contrainte industrielle en produisant le fer à repasser sans fil?

6. Étude de sensibilité?

7. Autres façons d'établir le prix de vente?

(Adaptation - S.C.M.C.)

<u>Exercice 18-20</u>

DATE:
À: Denis Savard, président, Fabrication Samson inc.
DE: Nom, conseiller-ère en comptabilité de management
OBJET: Détermination du prix de vente et composition des produits de
            Fabrication Samson inc. pour 19X6

Vous trouverez ci-joint mon rapport au sujet du système de détermination du prix
de vente, ainsi qu'une analyse et des recommandations relatives au problème de
la composition des produits pour 19X6. J'aborderai l'étude de ces questions clés
dans l'ordre suivant:
1.   Système de détermination du prix de vente
2.   Analyse de la composition des produits pour 19X6

N'hésitez pas à me téléphoner au moment que vous jugerez opportun pour discuter
de ce rapport au besoin.

1.   Système d'établissement des prix de vente

     L'établissement des prix de vente des moteurs réguliers devrait dépendre à
     la fois de l'environnement économique du produit (c'est-à-dire l'offre par
     rapport à la demande, le prix de vente des concurrents, etc.) et des coûts.
     Il devrait se fonder sur la maximisation de la marge totale sur coûts
     variables, et prendre en compte que les coûts fixes sont variables à long
     terme dans la détermination de la marge, c'est-à-dire qu'à long terme, les
     coûts fixes aussi bien que les coûts variables doivent être couverts et le
     rendement du capital investi réalisé doit être raisonnable.

     Dans l'établissement du prix à offrir pour des commandes spéciales à court
     terme, il faut prendre en considération la capacité de production. Si la
     capacité est en partie inutilisée, les coûts fixes ne sont pas pertinents
     et les prix doivent être établis de façon à couvrir au minimum les coûts
     différentiels (c'est-à-dire les coûts marginaux). Tout produit excédant les
     coûts variables, jusqu'à concurrence de la pleine capacité, constitue un
     profit additionnel pour l'entreprise. Au-delà de la pleine capacité, il
     faut tenir compte du coût de renonciation associé au déplacement de la
     production ou des ventes normales en vue d'une commande spéciale (qui n'est
     pas normale). Lorsque plusieurs options se disputent les mêmes ressources,
     les coûts de renonciation de chaque option doivent être mesurés.

Pour le moteur zongrois, la portion fixe du total des frais généraux n'est pas pertinente et ne doit donc pas entrer en ligne de compte dans l'établissement du prix de vente. L'annexe du présent rapport est une analyse des marges sur coûts variables des modèles régulier et zongrois. Cette analyse permet de constater que les moteurs zongrois rapportent des marges de 28,28$ l'unité par rapport à 30,48$ l'unité pour les moteurs réguliers, chiffre sur lequel est basé le prix unitaire de 110$. La différence résulte de l'utilisation arbitraire de frais généraux unitaires de 18,00$ qui ne tiennent pas compte du fait que les frais généraux varient avec la main-d'oeuvre directe et que la fabrication des moteurs zongrois exige 50% plus de main-d'oeuvre directe. Le tableau révèle que la soumission de 110$ l'unité ne permet de réaliser qu'une marge de 25,7%. Si l'on en avait été conscient, on aurait pu soumettre un prix unitaire supérieur qui serait quand même demeuré inférieur aux offres des concurrents. Des profits supplémentaires peuvent échapper à l'entreprise par suite de l'établissement de prix de revient inexacts et, par conséquent, de prix de vente qui ne sont pas optimaux.

Dans le cas de commandes spéciales, l'analyse de la marge sur coûts variables permet aux intéressés de prendre des décisions plus éclairées.

2. Analyse de la composition des produits pour 19X6

La capacité de production étant restreinte par les heures de main-d'oeuvre directe et les heures-machines, la méthode d'analyse faisant appel à la programmation linéaire est appropriée si l'on veut déterminer la composition la plus rentable pour 19X6. L'annexe II du présent rapport contient les détails relatifs à la programmation linéaire faisant appel aux marges unitaires déterminées à l'annexe I. L'analyse indique que la production mensuelle de 12 000 moteurs réguliers et 1 000 moteurs zongrois donnerait la marge mensuelle la plus élevée en 19X6, soit 322 160$.

<u>ANNEXE I</u>
Calcul de la marge sur coûts variables unitaires

	<u>Moteur régulier</u>	<u>Modèle zongrois</u>
Prix de vente unitaire	75,00$	110,00$
Coûts de fabrication variables		
Matières	22,29$	23,00$
Plaquettes de circuits	-	16,40

Salaires	14,75		22,12	
Frais généraux de fabrication	13,47	50,51	20,20	81,72
Marge sur coûts variables unitaires		24,49$		28,28$
		======		======

ANNEXE II

Calcul de la combinaison des produits

La fonction objective est de maximiser la marge totale sur coûts variables:

$$24,49\$ \ R + 28,28\$ \ Z$$

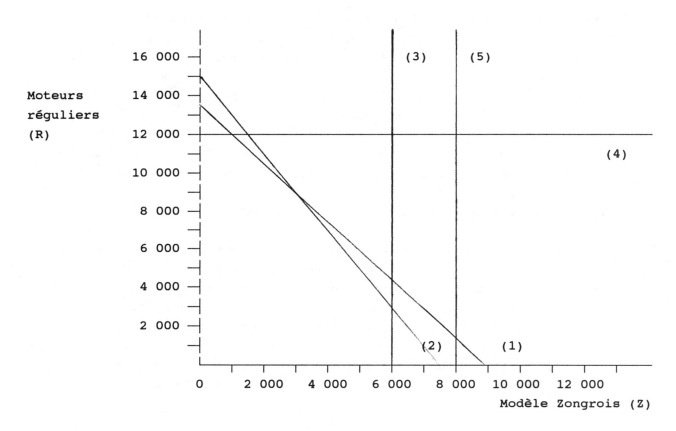

Où

(1):   1R + 2Z   = 15 000;   (4):   R ≤ 12 000;

(2):   1R + 1,5Z = 13 500;   (5):   Z ≤ 8 000.

(3):   1Z   ≤ 6 000;

Points d'intersection relatifs à l'aire des solutions possibles:

Point	R	Z	Marge totale sur coûts variables
A	12 000	- 0 -	293 880$
B	12 000	1 000	293 880 + 28 280 = 322 160$
C	9 000	3 000	220 410 + 84 840 = 305 250$
D	3 000	6 000	73 470 + 169 680 = 243 150$
E	- 0 -	6 000	169 680$
F	- 0 -	- 0 -	- 0 -

(Adaptation - S.C.M.C.)

Exercice 18-21

Calcul du coût unitaire au volume de 150 000 unités:

Matières premières		5,980$
Main-d'oeuvre directe		3,150
Frais généraux de fabrication		
1re catégorie	1,900$	
2e catégorie		
319 000$ ÷ 150 000	2,127	4,027
Commissions sur chiffre d'affaires		2,500
Autres frais de vente		
140 000$ ÷ 150 000		0,933
Frais d'administration		
1re catégorie	1,000	
2e catégorie		
250 000$/150 000	1,667	2,667
		19,257$
		=======

Calcul des montants de bénéfice avant impôt:

Volume	Montant du bénéfice
50 000	50 000 (37$ - 27,81$) = 459 500$
75 000	75 000 (32$ - 23,387$) = 645 975
100 000	100 000 (28$ - 21,16$) = 684 000
125 000	125 000 (26$ - 20,222$) = 722 250
150 000	150 000 (24$ - 19,257$) = 711 450
175 000	175 000 (22$ - 18,562$) = 601 650

Le volume de vente qui maximisera le résultat est donc de 125 000 unités.

(Adaptation - C.A.)

Exercice 19-1

Budget de production
Pour le premier trimestre de 19X5

	Janvier	Février	Mars	Avril
Ventes prévues en unités	10 800	15 600	12 200	10 400
Quantité de produits finis requise à la fin du mois	3 900	3 050	2 600	2 450
	14 700	18 650	14 800	12 850
Quantité de produits finis en main au début du mois	2 700	3 900	3 050	2 600
Production requise	12 000	14 750	11 750	10 250
	======	======	======	======

Budget des achats
Matière A

	Janvier	Février	Mars	
Besoins pour la production: 4 unités de A par produit fini	48 000	59 000	47 000	
Stock requis à la fin du mois	29 500	23 500	20 500	
	77 500	82 500	67 500	
Stock en main au début du mois	24 000	29 500	23 500	
Achats prévus en unités	53 500	53 000	44 000	
	======	======	======	

Matière B

	Janvier	Février	Mars	
Besoins pour la production: 5 unités de B par produit fini	60 000	73 750	58 750	
Stock requis à la fin du mois	36 875	29 375	25 625	
	96 875	103 125	84 375	
Stock en main au début du mois	30 000	36 875	29 375	
Achats prévus en unités	66 875	66 250	55 000	
	======	=======	======	

(Adaptation - S.C.M.C.)

Exercice 19-2

ABC ltée

Budget de caisse

pour le mois se terminant le 31 juillet 19X3

Solde de l'encaisse au 1ᵉʳ juillet 19X3		20 000$
Plus recettes:		
Encaissements sur ventes à crédit (Tableau A)	57 024$	
Ventes au comptant de juillet	33 000	90 024
Encaisse totale disponible		110 024
Moins décaissements:		
Paiements sur achats de marchandises (Tableau B)	35 650$	
Salaires	13 000	
Assurance	1 000	
Autres frais	15 000	64 650
Solde de l'encaisse au 31 juillet 19X3		45 374$
		========

Tableau A: Encaissements sur ventes effectuées à crédit

Mois	Ventes à crédit	1% irrécouvrables	Ventes à crédit recouvrables	% recouvrables en juillet	Montant recouvrable en juillet
Mars	62 000$	620$	61 380$	5	3 069$
Avril	61 000	610	60 390	10	6 039
Mai	64 000	640	63 360	25	15 840
Juin	54 000	540	53 460	60	32 076
Juillet	58 000	580	57 420	–	–
					57 024$
					=======

Tableau B: Paiements à effectuer aux fournisseurs de marchandises

Mois	Achats	% payable en juillet	Montant à payer
Juin	40 000$	20%	8 000$
Juillet	35 000	50% sujet à 2% d'escompte	17 150
		30%	10 500
			35 650$
			=======

(Adaptation - S.C.M.C.)

Exercice 19-3

1.
Ventes prévues pour le troisième trimestre		16 600 u.
Moins: stock de produits finis du début		(5 000)
Plus: stock de produits finis de la fin: 80% de 8 000		6 400
Budget de production pour le troisième trimestre		18 000 u.
		=========

2.   a)

	Matières premières		
	N° 101	N° 211	N° 242
Fabrication	108 000	72 000	36 000
Moins: stock du début	(35 000)	(30 000)	(14 000)
Plus: stock de la fin	48 000	32 000	16 000
Nombre d'unités à acheter	121 000	74 000	38 000
Prix unitaires	2,40 $	3,60 $	1,20 $
Achats de matières premières	290 400$	266 400$	45 600$
	========	========	========

b)

Opérations	Nombre de produits	Heures de M.O.D. par produit fini	Heures totales de M.O.D. requises	Taux horaires	Coût total
Façonnage	18 000	0,8	14 400	8,00$	115 200$
Assemblage	18 000	2,00	36 000	5,50	198 000
Finition	18 000	0,25	4 500	6,00	27 000
			54 900		340 200$
			======		========

c)
Production annuelle prévue	60 000 u.
Production réelle au 30 juin	27 000
Production prévue pour les 6 derniers mois de 19X5	33 000 u.
F. gén. de F. variables unitaires: 148 500$/27 000	5,50$
F. gén. de F. variables budgétés	181 500$
F. gén. de F. fixes budgétés	93 000
Total des F. gén. de F. budgétés	274 500$
	==========

(Adaptation - C.M.A.)

Exercice 19-4

1. Fabrication prévue pour mars et avril:

	Mars	Avril
Ventes prévues	15 000 u.	18 000 u.
Stock de produits finis-fin:		
5 000 + (50% X 18 000)	14 000	14 000
Stock de produits finis-début	(13 000)	(14 000)
Nombre de produits à fabriquer	16 000 u.	18 000 u.
	==========	==========

Stock de matières premières à la fin de mars:

(18 000 + 18 000) 0,5 = 18 000 kg

Nombre de kilogrammes de M.P. devant être achetés durant mars:

Stock requis à la fin mars	18 000 kg
Fabrication prévue pour mars: 16 000 X 0,5	8 000
	26 000 kg
Stock début-mars	16 000
Achats à effectuer en mars	10 000 kg
	=========

Montant non perçu sur les ventes de janvier à la fin de février:

Comptes-clients à la fin de février	162 000$
Montant non perçu à la fin de février sur les ventes de février: 144 000 X 80%	115 200
Montant non perçu sur les ventes de janvier à la fin de février	46 800$
	========

2.

Fleurie ltée

Budget de caisse

Pour le mois se terminant le 31 mars 19X5

Solde de l'encaisse, 1ᵉʳ mars 19X5			4 500$
Plus recettes:			
Perceptions des comptes-clients:			
Ventes de janvier		46 800$	
Ventes de février: 144 000 X 50%		72 000	
Ventes de mars: 180 000$ X 20%		36 000	154 800
Encaisse totale disponible			159 300$
Moins décaissements:			
Achats de matières premières de février		19 500$	
Main-d'oeuvre directe: 16 000 X 0,5 X 8$		64 000	
Frais généraux de fabrication variables:			
16 000 X 1$		16 000	
Frais généraux de fabrication fixes:			
Salaires: 204 000$/12	17 000$		
Services: 36 000$/12	3 000	20 000	
Frais de vente et d'administration:			
180 000$ X 30% X 2/3		36 000	155 500
Solde de l'encaisse, 31 mars 19X5			3 800$
			========

(Adaptation - S.C.M.C.)

Exercice 19-5

1.

Peinture bleue ltée

État des résultats budgétés

pour le mois de janvier 19X6

Ventes: 19 000 unités à 7$		133 000$
Coût des produits vendus standard:		
19 000 unités à 5$	95 000$	
Écart sur volume prévu	1 500	93 500
Bénéfice brut		39 500
Frais de vente: 19 000 unités X 0,50	9 500$	
Frais d'administration	20 000	29 500
Bénéfice avant impôts		10 000$
		========

Notes:

(1) Prix de vente unitaire: 147 000$/21 000 = 7$

(2) Coût standard de décembre   4,90$
     Plus: majoration du standard de prix des M.P.: 1 900$/19 000 =   0,10
                                                                                        5,00$
                                                                                        =====

(3) Écart sur volume de décembre: 1 500$ D pour 1 000 unités en-dessous de la
     capacité normale, soit 1,50$/l'unité
     Frais fixes mensuels budgétés selon le concept d'activité normale de 20 000
     unités: 20 000 X 1,50$ = 30 000$
     La production de janvier 19X6 de 21 000 unités entraînera une surimputation
     de 1 000 X 1,50$ = 1 500$. Donc, on a un écart/volume de 1 500$ F pour
     janvier 19X6.

(4) Frais de vente unitaire: 10 500$/21 000 = 0,50$

2.   Ventes: 19 000 unités X 7$ 133 000$
     Frais variables:
        - de fabrication: 19 000 X (5$ - 1,50$)   66 500$
        - de vente   : 19 000 X 0,50   9 500   76 000
     Marge sur coûts variables   57 000$
     Frais fixes:
        - de fabrication   30 000$
        - d'administration   20 000   50 000
     Bénéfice avant impôts   7 000$
                                                                                     ========

3.   Au 31 décembre 19X5, les frais fixes inclus dans le coût des stocks
     s'élèvent au montant de 3 000 X 1,50$. Ce montant pourrait être radié en
     janvier 19X6 ou inscrit dans un compte particulier pour faire l'objet d'une
     régularisation plus tard. Voir Manuel de l'I.C.C.A., chapitre 1506.

(Adaptation - S.C.M.C.)

<u>Exercice 19-6</u>

W ltée

Prévision des besoins de fonds

Pour la période de quatre mois terminée le 30 novembre 19X5

	<u>Août</u>	<u>Septembre</u>	<u>Octobre</u>	<u>Novembre</u>
Solde de l'encaisse au début du mois	4 400$	4 260$	2 500$	2 500$
Recettes	<u>109 410</u>	<u>9 910</u>	<u>11 410</u>	<u>12 080</u>
	113 810	14 170	13 910	14 580
Décaissements	<u>109 550</u>	<u>14 970</u>	<u>19 650</u>	<u>9 710</u>
Solde (déficit) de l'encaisse à la fin	4 260	(800)	(5 740)	4 870
Solde minimum exigé par la banque	<u>2 500</u>	<u>2 500</u>	<u>2 500</u>	<u>2 500</u>
Montant excédant le montant exigé	1 760$			2 370$
	========			=======
Prêt que devra consentir W ltée		3 300$	8 240$	
		=======	=======	
Somme due au 30 novembre 19X5 – emprunts de septembre et octobre				11 540$
				=======

Recettes:

Sommes perçues en vertu des contrats de vente conditionnelle:

	<u>Août</u>	<u>Septembre</u>	<u>Octobre</u>	<u>Novembre</u>
Août: 10%X12 clientsX1 800$	2 160$			
Sept.: 10%X12 clientsX1 800$		2 160$		
Oct.: 10%X12 clientsX1 800$			2 160$	
10%X10 clientsX2 000$			2 000	
Nov.: 5%X12 clientsX1 800$				1 080$
5%X10 clientsX2 000$				1 000

Sommes perçues sur les ventes d'assaisonnement mélangé:

	<u>Août</u>	<u>Septembre</u>	<u>Octobre</u>	<u>Novembre</u>
Ventes de juin	2 000			
Ventes de juillet	5 250	1 750		
Ventes d'août		6 000	2 000	
Ventes de septembre			5 250	1 750
Ventes d'octobre				8 250
Emprunt bancaire	<u>100 000</u>			
	109 410$	9 910$	11 410$	12 080$
	========	=======	=======	=======

Achat d'assaisonnement et mélange en kg et en $:

	<u>Août</u>	<u>Septembre</u>	<u>Octobre</u>	<u>Novembre</u>
Stock d'assaisonnement mélangé à l'ouverture	640 kg	560 kg	880 kg	760 kg
Ventes prévues	<u>320</u>	<u>280</u>	<u>440</u>	<u>380</u>
	320 kg	280 kg	440 kg	380 kg

	Août	Septembre	Octobre	Novembre
Stock d'assaisonnement mélangé nécessaire à la fermeture:				
Août: 2 X 280 kg	560			
Sept.: 2 X 440 kg		880		
Oct.: 2 X 380 kg			760	
Nov.: 2 X 500 kg				1 000
Achat d'assaisonnement non mélangé	240 kg	600 kg	320 kg	620 kg
Coût de l'assaisonnement non mélangé à 11$ le kilogramme	2 640$	6 600$	3 520$	6 820$
Frais de main-d'oeuvre pour faire le mélange à 2$ le kilogramme	480	1 200	640	1 240
Total à payer le mois suivant	3 120$	7 800$	4 160$	8 060$
Décaissements:				
Règlement des comptes fournisseurs à payer du 31 juillet	8 500$			
Achat de nouveaux appareils	100 000			
Installation des nouveaux appareils		7 500$	7 500$	
Salaires et fournitures d'entretien	*	1 200	1 200	2 400$
Frais généraux	*	2 100	2 100	2 100
Versement d'impôt sur le revenu	300	300	300	300
Intérêt bancaire	750	750	750	750
Achat d'assaisonnement et mélange	*	3 120	7 800	4 160
	109 550$	14 970$	19 650$	9 710$

* Montant d'août inclus dans les comptes fournisseurs à payer au 31 juillet.

(Adaptation - C.A.)

Exercice 19-7

a)   État des résultats et des bénéfices non répartis budgétés
             Pour l'exercice terminé le 31 mai 19X4

Ventes: 3 000 000$ X 140%   4 200 000$

Moins: Frais et charges
    Coût des marchandises vendues: 2 000 000 X 140% = 2 800 000$
    Salaires   :   200 000 X 140% =   280 000
    Salaires   35 000

```
Entrepôt
      Dotation à l'amortissement        165 000$
         Location                       150 000      315 000
      Publicité:   10% X 4 200 000$                  420 000
      Intérêts:    10% X 1 000 000$                  100 000    3 950 000
                                                                  250 000
Impôts sur le revenu:  40% X 250 000$                             100 000
                                                                  150 000
Bénéfices non répartis au 1ᵉʳ juin 19X3                           900 000
                                                                1 050 000
Dividendes:   120% X 50 000$                                       60 000
Bénéfices non répartis au 31 mai 19X4                             990 000$
                                                                ==========
```

b)   Bilan prévu
                          Au 31 mai 19X4

```
Actif à court terme:
      Encaisse (trouvé par différence)                     16 000$
      Comptes clients:  4 200 000$ X 1/6                   700 000
      Stocks:  (2 800 000$ X 140%) 20%                     784 000
                                                          1 500 000
Entrepôt (coût moins amortissement cumulé)
      2 000 000$ - 165 000$                               1 835 000
                                                          3 335 000$
                                                          ==========


Passif à court terme:
      Comptes fournisseurs:  1 484 000$ X 1/3             495 000$
      Intérêts courus à payer:  10% X 1 000 000$          100 000
      Portion à court terme de l'hypothèque               200 000
                                                           795 000
Hypothèque à payer                                         800 000
                                                          1 595 000
Capital-actions                          750 000$
Bénéfices non répartis                   990 000         1 740 000
                                                          3 335 000$
                                                          ==========
```

(Adaptation - C.M.A.)

Exercice 19-8

1.   Budget de caisse
                Pour l'exercice se terminant le 30 juin 19X7

Solde de l'encaisse au 30 juin 19X6   5 000$
Recettes: 45 000$ + 235 000$ - 3 500$ - 18 800$ + 1 500$ 259 200
                                                            264 200

Décaissements:
    Matières, main-d'oeuvre et frais de fabrication,
    à l'exception des assurances (1)   136 300$
    Frais de vente et d'administration
    à l'exception des assurances (2)   78 500
    Intérêts: 70 000$ X 5%   3 500
    Impôts sur le revenu   3 000
    Assurances   .   2 500
    Achat d'immeubles   4 500
    Achat de matériel et d'outillage   6 000
    Remboursement d'obligations   10 000
    Dividendes privilégiés   3 500
    Dividendes ordinaires   5 000   252 800
Solde de l'encaisse au 30 juin 19X7   11 400$
                                                           ========

2.   Bilan prévu
                        Au 30 juin 19X7
Actif à long terme
    Encaisse   11 400$
    Comptes clients: (8% X 235 000$)   18 800$
    Moins: Provision pour créances douteuses:
        3 000$ + 1 500$ + 3 000$ - 3 500$ 4 000   14 800
    Stock - au coût   110 000
    Assurance payée d'avance: 1 500$ + 2 500$ -
        (2 000$ + 500$)   1 500   137 700$

_____

(1) (15 000+62 000-6 200)+(1 000+60 000-1 500)+(23 000-3 000-12 000-2 000)
(2) 50 000+35 000-3 000-1 000-2 000-500

```
Immobilisations
     Terrains                                                  25 000
     Immeubles:  90 000$ + 4 500$                94 500
     Moins:  Amortissement cumulé               19 000      75 500
     Matériel et outillage                      66 000
     Moins:  Amortissement cumulé               49 000      17 000      117 500
                                                                        255 200$
                                                                        ========


Passif à court terme
     Comptes fournisseurs:  62 000$ X 10%                     6 200$
     Items courus:  1 500 + 750 + (1 125 + 3 500 - 3 000)     3 875
     Tranche sur les obligations échéant le 31 mars 19X8     10 000       20 075$
Dette à long terme
     Obligations en série, 5%, remboursables en versements
     annuels de 10 000$ les 31 mars                                       50 000
                                                                          70 075


Capital-actions
     - actions privilégiées, 7%, d'une valeur
       nominale de 100$ chacune, autorisées
       et émises, 500 actions                   50 000
     - actions ordinaires sans valeur nominale,
       autorisées et émises, 10 000 actions     38 000      88 000
Surplus d'apport
     Prime sur émission d'actions privilégiées                2 000
Bénéfices non répartis
     Solde au 1er juillet 19X6                  90 500
     Bénéfice net                               13 125
                                               103 625
     Moins:  Dividendes                          8 500      95 125      185 125
                                                                        255 200$
                                                                        ========
```

(Adaptation - S.C.M.C.)

Exercice 19-9

1.   Barker ltée
                         Budget de caisse
           Pour le mois se terminant le 31 décembre 19X4

Solde de l'encaisse, 1er décembre 19X4   12 000 $
Plus recettes:
    Perceptions sur ventes à crédit:
        Ventes d'octobre: 70 000 X 3$ X 10%   21 000$
        Ventes de novembre: 50 000 X 3$ X 40%   60 000
        Ventes de décembre: 50 000 X 3$ X 50% X 98% 73 500   154 500
    Intérêts créditeurs   500
    Vente d'outillage   7 500
Encaisse totale disponible   174 500
Moins décaissements:
    Main-d'oeuvre directe:
        Temps régulier: (75 000/15) 8$ =   40 000$
        Temps supplémentaire: (15 000/15) 12$ = 12 000   52 000
    Frais généraux de fabrication variables:
        90 000 X 0,30$ 27 000
    F. gén. de F. fixes: (280 000$ - 40 000$)/12 20 000
    Frais de vente variables: 50 000 X 0,20$ 10 000
    Frais de vente fixes: 60 000$/12   5 000
    Frais d'administration fixes: 120 000$/12   10 000
    Paiements sur achats de matières premières   60 000
    Frais payés d'avance: 4 200$ - (4 800$ - 3 600$) 3 000
    Versement effectué sur l'emprunt: 144 000$/24   6 000
    Intérêts sur l'emprunt: 102 000$ X 1%   1 020
    Dividendes versés: 7 000 X 0,20$ 1 400
    Impôt sur le revenu   50 000   245 420
Solde (déficit) de l'encaisse à la fin   (70 920)
Encaisse minimale requise   10 000
Encaisse requise pour satisfaire aux besoins   (80 920)
Vente des titres négociables   40 000
Emprunt nécessaire pour combler le déficit de caisse   (40 920)$
                                                               =========

Si l'on s'appuie sur les prévisions faites, on devra, en plus de vendre les
titres négociables valant 40 000$ au marché, procéder à la négociation d'un
emprunt à court terme pour un montant approximatif de 41 000$.

2.

Les changements que la société devra considérer dans sa façon de faire afin de réduire ou d'éliminer ses besoins d'emprunt à court terme pourraient consister en:

a) une action auprès des clients de la société afin d'accélérer la perception de leurs comptes;

b) une modification dans les procédés de fabrication de manière à réduire les besoins financiers à court terme de la société Barker. Par exemple, l'engagement d'employés à temps partiel afin de diminuer les frais de main-d'oeuvre en temps supplémentaire pourrait être envisagé;

c) la mise en production d'un nouveau produit dont la période de production pourrait correspondre à la période "morte" de production des bâtons de baseball en bois;

d) l'augmentation des capitaux propres et/ou de la dette à long terme;

e) la diminution des frais payés d'avance.

(Adaptation - C.M.A.)

<u>Exercice 19-10</u>

1.
Capacité normale de production utilisée dans l'élaboration du budget initial:
    20 000 heures ou 40 000 unités.

Composantes du taux d'imputation:

T.I. des F. gén. de F.	4,00$
Moins: T.I. des F. gén. de F. variables	<u>1,20</u>
T.I. des F. gén. de F. fixes	2,80$
	=====

Heures standards, trouvées à partir de l'écart/volume:

(HS - HN) T.I. des F. gén. de F. fixes	=	2 800$ F
(HS - 20 000) 2,80$	=	2 800

2,80 HS - 56 000$	=	2 800
2,80 HS	=	58 800
d'où HS	=	21 000 h
		=========

Détermination du taux horaire standard:

Coût standard unitaire: 228 000$/38 000	=	6$
		==

Composantes de ce coût standard unitaire:

M.P.: 1 pièce à 1$	=	1$	
M.O.D.: 0,5 heure au taux horaire standard	=	?	
F. gén. de F.: 0,5 heure à 4$	=	2	6$
			==

Par différence, on trouve que le TS est de 6$.

Taux réel de rémunération en avril, trouvé à partir de l'écart sur taux:

(TS - TR) HR	=	3 150$ F
(6$ - TR) 21 000	=	3 150$
d'où TR	=	5,85$

Écart/prix en avril:

(PS - PR) QA	=	2 000$ F
(1$ - PR) 40 000	=	2 000$
d'où PR	=	0,95$

Production d'avril:

HS = Production X 0,5 heure allouée par produit

21 000 = Production X 0,5

d'où Production = 42 000

Hervé ltée
État des résultats budgétés
pour le mois de mai 19X5

Ventes: 39 000 unités X 7,80$		304 200$
Coût des produits vendus au coût standard		
39 000 unités X 6,00$	234 000$	
Écarts (pour une production de 36 000 unités):		
- sur prix de matières premières:		
[(0,95$ - 1$) + 0,08$] 40 000	1 200 D	
- sur quantité de matières premières:		
(36 000 pièces X 2%) 1$	720 D	
- sur taux de main-d'oeuvre directe:		
[(36 000 X 0,5) + 200] (6$ - 5,85$)	2 730 F	
- sur temps de M.O.D.:		
200 heures X 6$	1 200 D	
- sur volume:		
activité normale 40 000 unités		
activité prévue 36 000 unités		
4 000 unités		
4 000 unités X 0,5 heure X 2,80$	5 600 D	
- sur rendement:		
200 heures X 1,20$	240 D	240 230
Bénéfice brut		63 970$

2.   Parce qu'il s'agit de prévisions établies pour une sous-période de l'exercice annuel. Dès lors, le taux de rémunération prévu pour cette sous-période peut être différent du taux moyen prévu pour l'exercice annuel.

(Adaptation - S.C.M.C.)

Exercice 19-11

1.   La raison tient à l'utilisation d'un système de prix de revient complet. Le bénéfice brut standard, selon les prévisions révisées, est plus élevé de 5 600$, soit une augmentation de 10%; quant aux frais de vente, ils sont également plus élevés de 10%, soit une augmentation de 1 340$. N'eut été l'écart sur volume défavorable de 6 000$, le bénéfice aurait augmenté de 4 260$, soit 5 600$ - 1 340$. L'écart sur volume correspond au calcul suivant: (20 000 heures - 16 000 heures) 30 000$/20 000 heures.

2.   L'entreprise pourrait accroître la production, à la lumière évidemment des possibilités de vente futures.

3.   L'entreprise pourrait utiliser la méthode des coûts variables. Les résultats prévisionnels auraient été les suivants:

	Prévisions au	
	1er janvier 19X5	30 novembre 19X5
Ventes	268 000$	294 800$
Coûts variables		
de fabrication	182 000	200 200
de vente	13 400	14 740
	195 400$	214 940$
Marge sur coûts variables	72 600$	79 860$
Frais fixes		
de fabrication	30 000$	30 000$
d'administration	26 800	26 800
	56 800$	56 800$
Bénéfice, compte non tenu de l'impôt	15 800$	23 060$

(Adaptation - C.M.A.)

Exercice 19-12

Détermination de la quantité à fabriquer en 19X5:

S.P.F. (début)+Fabrication de l'exercice=Ventes de l'exercice+S.P.F. (fin)

3 000 (lot du +   ?   =   24 000   + 7 000 (lot du
01/07/X4)   01/07/X5)

                     ?   =   28 000 unités

Dates de lancement des lots:

   - Lot de 7 000 unités mises en fabrication le 01/10/X4
   - Lot de 7 000 unités mises en fabrication le 01/01/X5
   - Lot de 7 000 unités mises en fabrication le 01/04/X5
   - Lot de 7 000 unités mises en fabrication le 01/07/X5
        28 000 unités

Détermination des achats de matières premières:

Achats des matières premières nécessaires au lancement des lots de production suivants:

Lot du 01/04/X5	7 000 unités
Lot du 01/07/X5	7 000 unités
Lot du 01/10/X5	10 000 unités
Lot du 01/01/X6	<u>10 000 unités</u>
	34 000 unités
	=============

On en déduit que l'entreprise profitera d'un taux d'escompte de 4%, soit 0,06$ l'unité.

Détermination de la production équivalente de l'exercice en ce qui a trait à la main-d'oeuvre directe et aux frais généraux de fabrication:

Production prévue	28 000
Moins: Stock de produits en cours du début: 7 000 unités à	
50% complétées (lot du 01/10/X4)	<u>3 500</u>
	24 500
Plus: Stock de produits en cours de la fin: 10 000 unités à	
50% complétées (lot du 01/10/X5)	<u>5 000</u>
	29 500
	======

B ltée

État du bénéfice brut budgété

pour l'exercice 19X5

Ventes: 24 000 unités X 8,50$			204 000$
Coût des produits vendus:			
Stock de produits finis au 1-1-X5: 3 000 X 6,00$		18 000$	
Plus: Coût de fabrication			
Voir tableau A		<u>174 510</u>	
		192 510	
Moins: Stock de produits finis au 31-12-X5:			
7 000 (1,44$ + 1,50$ + 3,30$)		<u>43 680</u>	<u>148 830</u>
Bénéfice brut			55 170$
			========

Tableau A

Calcul du coût de fabrication

Stock de produits en cours du début:		
Matières premières: 7 000 unités X 1,50$	10 500$	
Main-d'oeuvre directe: 7 000 unités X 0,75$	5 250	
Frais généraux: 7 000 unités X 1,50$	10 500	26 250$
Matières premières utilisées:		
Stock du début: 7 000 unités X 1,50	10 500	
Achats: 34 000 unités X 1,44$	48 960	
	59 460	
Stock de la fin: 10 000 unités X 1,44$	14 400	45 060
Main-d'oeuvre directe: 29 500 unités X 1,50$		44 250
Frais généraux: 29 500 unités X 3,30$		97 350
		212 910
Stock de produits en cours de la fin:		
Matières premières: 10 000 unités X 1,44$	14 400	
Main-d'oeuvre directe: 10 000 unités X 0,75$	7 500	
Frais généraux: 10 000 unités X 1,65$	16 500	38 400
Coût de fabrication		174 510$

(Adaptation – C.A.)

Exercice 19-13

Tableau indiquant la combinaison optimale de volume de production et de prix de vente pour l'article 1970-D:

| | Prix de vente à 0,80$ | | Prix de vente à 0,90$ | |
	Production supérieure à la demande prévue	Production inférieure à la demande prévue	Production supérieure à la demande prévue	Production inférieure à la demande prévue
Unités:				
Unités produites (calcul A)	132 000	128 000	100 000	96 000
Rebuts (5%)	6 600	6 400	5 000	4 800
Unités vendables	125 400	121 600	95 000	91 200
Ventes prévues	122 000	121 600	92 000	91 200
Excédent à liquider	3 400	-	3 000	-
Dollars:				
Chiffre d'affaires	97 600 $	97 280$	82 800 $	82 080 $
Plus invendus liquidés à 0,50$ la pièce	1 700	-	1 500	-
Produit total	99 300	97 280	84 300	82 080
Moins: frais variables				
132 000 @ 0,52$	68 640			
128 000 @ 0,52$		66 560		
100 000 @ 0,55$			55 000	
96 000 @ 0,55$				52 800
Marge sur coûts variables	30 660	30 720	29 300	29 280
Moins: frais fixes et bénéfices (calcul B):				
528 jours @ 60$	31 680			
512 jours @ 60$		30 720		
500 jours @ 60$			30 000	
480 jours @ 60$				28 800
Excédent (insuffisance) de la marge	(1 020)$	-	(700)$	(480)$

Par conséquent, la société doit produire 96 000 unités de l'article 1970-D et vendre les unités vendables à 0,90$ pièce.

Calcul A - Quantités de production:

Le volume prévu des ventes en fonction du prix de vente est donné: 122 000 unités à 0,80$ et 92 000 unités à 0,90$. Chaque lot de production de 4 000 unités comprendra 5% de rebuts, soit 200 unités, c'est-à-dire qu'il ne restera que 3 800 unités vendables.

Comme les lots de production sont exactement de 3 800 unités vendables, la société devra produire un nombre d'unités légèrement supérieur ou inférieur au chiffre de vente prévu:

a)   si 0,80$:

    i) Produire plus (et s'attendre à avoir un excédent)
       production de 33 lots   = 125 400 unités vendables

    ii) Produire moins (et s'attendre à un manque à gagner)
       production de 32 lots   = 121 600 unités vendables

b)   si 0,90$:

    i) Produire plus
       production de 25 lots   = 95 400 unités vendables

    ii) Produire moins
       production de 24 lots   = 91 200 unités vendables

Lots de production bruts:

a)   i) 125 400 X 100/95 =   132 000 unités
     ii) 121 600 X 100/95 =   128 000 unités

b)   i) 95 000 X 100/95 =   100 000 unités
     ii) 91 200 X 100/95 =   96 000 unités

Calcul B - Répartition de la capacité de production:

Comme la capacité de production de la société est limitée et qu'il faut couvrir certains frais fixes pour maintenir la rentabilité de l'entreprise, la production de l'article 1970-D doit contribuer le montant suivant:

```
Frais d'exploitation de l'usine                        60 000$
Frais de vente et d'administration                     58 000
Bénéfices avant impôts                                 50 000
                                                      168 000$
                                                      ========
```

Comme la capacité est de 2 800 jours ouvriers par an, chaque jour ouvrier pour l'article 1970-D doit contribuer à raison de 60$, soit 168 000$/2 800.

Jours ouvriers nécessaires pour produire les unités envisagées dans le calcul A:

```
a)   i)   132 000 unités = 132 000/250 par jour = 528 jours ouvriers
    ii)   128 000 unités = 128 000/250 par jour = 512 jours ouvriers

b)   i)   100 000 unités = 100 000/200 par jour = 500 jours ouvriers
    ii)    96 000 unités =  96 000/200 par jour = 480 jours ouvriers
```

(Adaptation - C.A.)

Exercice 19-14

Première partie:

Il n'existe pas de stock de matières premières au début car on a le poste matières premières utilisées. Il n'existe pas de stock de matières premières à la fin car s'il en existait un, il aurait été présenté au début dans l'état fourni.

Comme il n'y a pas non plus de produit en cours, par stocks, il faut entendre des stocks de produits finis.

Preuve pour les stocks du début:
```
A:   2 000 unités à 44$ =   88 000$
B:   3 000 unités à 35  =  105 000
C:   5 000 unités à 51  =  255 000
                           448 000$
                           ========
```

Preuve pour les stocks de la fin:

A: 4 000 unités à 44$ = 176 000$
B: 4 000 unités à 35 = 140 000
C: 3 000 unités à 51 = <u>153 000</u>
                            469 000$
                            ========

Soient x = le nombre d'articles A fabriqués au cours de l'exercice
       y = le nombre d'articles B fabriqués au cours de l'exercice
       z = le nombre d'articles C fabriqués au cours de l'exercice

(1) $12x + 7y + 13z = 2\ 930\ 000\$$
(2) $18x + 17y + 24z = 5\ 320\ 000\$$
(3) $6x + 4y + 8z = 1\ 640\ 000\$$

Multiplions (3) par 3 et soustrayons de (2)

$5y = 400\ 000$
d'où $y = 80\ 000$

Multiplions (3) par 2, soustrayons (1) et remplaçons y par sa valeur.

$y + 3z = 350\ 000$
$3z = 270\ 000$
$z = 90\ 000$

Considérons (1) et remplaçons y et z par leur valeur respective.

$12x = 1\ 200\ 000$
$x = 100\ 000$

Deuxième partie:

Nombre maximum d'unités
pouvant être fabriquées: <u>5 140 000$</u>   <u>5 140 000$</u>   <u>5 140 000$</u>
                                   18$ 17$ 24$

                                = 285 555   = 302 352   = 214 166

Marge sur coûts variables:

285 555 [60$ - (12$ + 18$ + 6$ + 4$)]	5 711 100$	
302 352 [50 - (7 + 17 + 4 + 3)]		5 744 688$
214 166 [62 - (13 + 24 + 8 + 5)]		2 569 992$

L'entreprise peut espérer réaliser le bénéfice le plus élevé en vendant l'article B.

(Adaptation - Ordre des Experts Comptables et des C.A. français)

Exercice 19-15

1. Budget de caisse

	Avril	Mai	Juin
Encaisse au début	100 000$	100 000$	100 000$
Encaissements sur comptes clients			
Février	800 000		
Mars	1 080 000	720 000	
Avril		1 320 000	880 000
Mai			1 500 000
	1 980 000$	2 140 000$	2 480 000$
	==========	==========	==========
Décaissements			
Sur comptes fournisseurs (1)	1 004 000$	1 156 000$	1 310 000$
Commissions/chiffre d'affaires	440 000	500 000	560 000
Salaires administration	40 000	40 000	40 000
Promotion	55 000	55 000	55 000
Assurance	30 000	30 000	30 000
Services publics	25 000	25 000	25 000
Taxes foncières			60 000
Impôts: 612 000$ (40 ÷ 60)	408 000		
	2 002 000	1 806 000	2 080 000
Surplus (déficit) de caisse	(22 000)	334 000	400 000
Emprunt	122 000		
Placements/remboursements d'emprunts		234 000	300 000
	100 000$	100 000$	100 000$
	==========	==========	==========

(1)

Pour rencontrer les ventes de	Achats nécessaires (en milliers de $)		Règlements des achats à compter de février (en milliers de dollars)						
			Février	Mars	Avril	Mai	Juin	Juil.	Août
Février	Janvier 600$								
		Février 400$		320$	80$				
Mars	Février 540				108				
		Mars 360			288	72$			
Avril	Mars 660				528	132			
		Avril 440				352	88$		
Mai	Avril 750					600	150		
		Mai 500					400	100$	
Juin	Mai 840						672	168	
		Juin 560						448	112$
				320$	1 004$	1 156$	1 310$	716$	112$

2. Le budget de caisse est particulièrement important pour une entreprise qui connaît une expansion rapide car les charges supplémentaires qui sont engendrées doivent généralement être réglées avant la perception des comptes clients, souventes fois longtemps d'avance. L'entreprise doit donc être prête à voir au financement pendant cet intervalle.

Le budget de caisse est dès lors essentiel parce qu'il
- indiquera la situation probable de la trésorerie qui résultera de l'expansion.

- fera ressortir les moments de déficit ou de surplus monétaire permettant ainsi la planification des actions en matière d'emprunt et de placements.

- facilitera l'établissement d'une bonne cote de crédit.

(Adaptation - C.M.A.)

Exercice 19-16

1.   <u>État des résultats budgétés</u>

Chiffre d'affaires   2 100 000$
Coûts variables: 75% X 2 100 000$ <u>1 575 000</u>
Marge sur coûts variables   525 000
Amortissement (usine et outillage)   100 000$
Intérêts   170 000
Autres frais fixes   <u>230 000</u>   <u>500 000</u>
                                                                       25 000
Impôt sur le revenu: 20% X 25 000$ <u>5 000</u>
                                                                       20 000$
                                                                      ==========

Bilan prévu
Au 31 décembre 19X8

Encaisse   50 000$
Clients: 15% X 2 100 000$ 315 000
Stock: 20% X 1 575 000$ 315 000
Usine et outillage: 2 000 000 - 100 000   <u>1 900 000</u>
                                                                   2 580 000$
                                                                   ==========

Fournisseurs   100 000$
Montant de la dette qui devient dû à court terme   90 000
Dette à long terme   1 520 000
Capital-actions   850 000
Bénéfices non répartis   <u>20 000</u>
                                                                   2 580 000$
                                                                   ==========

2.   Soit x le chiffre d'affaires du second exercice

     Recettes du second exercice:
          300 000$ + x - 0,15x

     Décaissements du second exercice:
          100 000$ + 0,20 (0,75x) + 0,75x - 300 000$ - 100 000$ + 90 000$ +
          161 000$ + 230 000$ + 0,2 (x - 0,75x - 100 000$ - 230 000$ - 161 000$)

En somme, 82 800$ + 0,95x

Décaissements - Recettes = 10 000$
(82 800$ + 0,95x) - (300 000$ + 0,85x) = 10 000$
d'où x = 2 272 000$

Augmentation maximum du chiffre d'affaires:
2 272 000$ - 2 000 000$ = 272 000$
                ========

N.B.:   Paiement aux fournisseurs

On sait que Stock au début + achats = stock à la fin + utilisations,
d'où achats = stock à la fin + utilisations - stock au début.

Paiement aux fournisseurs

Comptes fournisseurs au début + achats - comptes fournisseurs à la fin
                            OU
Fournisseurs au début + (stock à la fin + utilisations - stock au début)
- fournisseurs à la fin

(Adaptation - C.M.A.)

Exercice 19-17

1.   Clinique Duchesne
                      Division d'obstétrique
                      Projet de budget de 19X8

Produit (520$ X 20 X 0,9 X 365 jours)		3 416 400$
Frais:		
Coûts variables des services auxiliaires:		
190$ X 20 X 0,9 X 365 jours	1 248 300$	
Coûts fixes des services auxiliaires:		
14 400$ X 20 X 0,9	259 200	
Salaires du personnel infirmier	450 000	
Honoraires des médecins:		
180$ X 20 X 0,9 X 365	1 182 600	
Frais généraux fixes de la division	100 000	3 240 100
Excédent		176 300$
		==========

2. Budget de caisse

Produit (400$ X 15 X 365 jours)		2 190 000$
Frais d'exploitation:		
Coûts variables des services auxiliaires:		
(190$ – 50$) X 15 X 365	766 500$	
Salaires du personnel infirmier et des		
spécialistes	250 000	
Frais généraux fixes	70 000	1 086 500
Contribution au remboursement du coût des		
immobilisations (principal et intérêts)		1 103 500
Paiement de principal et d'intérêt:		
(6 000$ ÷ 6,145)		976 404
Excédent de l'encaisse pour l'exercice		127 096$
		==========

3. L'analyse de corrélation faite par Yves est plus utile que la méthode actuelle pour prédire les coûts qui s'appliquent aux services auxiliaires. Il est plausible que les jours/patients et les coûts soient reliés; par contre, il peut exister d'autres variables qu'Yves n'a pas prises en compte et qui risquent de donner une meilleure corrélation.

Dans son analyse, Yves établit la moyenne du recours aux services auxiliaires par les cinq divisions sans tenir compte des différences d'une division à l'autre. Ainsi, par comparaison aux autres divisions, la division d'obstétrique peut utiliser davantage certains services et moins d'autres. De plus, on peut conserver les inefficacités des coûts des cinq derniers exercices en retenant les résultats des corrélations effectuées par Yves. Enfin, ces résultats ne seraient pas très utiles pour l'analyse des écarts sur les charges d'exploitation, étant donné qu'ils n'identifient pas les divers éléments de coût.

Pour ce qui concerne l'évaluation de l'expansion envisagée, les résultats des corrélations d'Yves risquent de ne pas être très réalistes pour l'estimation des coûts du centre de désintoxication. En effet, celui-ci recourra davantage aux services auxiliaires, modifiant de ce fait les tendances des coûts. De plus, les jours/patients prévus pour la Clinique Duchesne, le nouveau centre compris, peuvent déborder les limites utiles de l'analyse de corrélation; par conséquent, l'addition du centre peut modifier les hypothèses fondamentales de l'analyse initiale d'Yves. Il peut s'ensuivre des économies ou des majorations des coûts variables par jour/patient, selon l'incidence du nouveau centre sur les services auxiliaires, tandis que la demande accrue sur ces derniers risque d'entraîner une hausse des coûts fixes. En conclusion, l'utilisation de données fondées sur des résultats passés en vue d'évaluer de nouvelles immobilisations peut donner lieu à une décision douteuse.

4.   Prix de revient standard

Les prix de revient standards ne conviendraient qu'aux activités hospitalières dont les tâches ont un caractère répétitif et un rendement mesurable. On simplifierait ainsi la tenue des registres tout en facilitant l'établissement du budget. Cette technique améliorerait également le contrôle des coûts, en plus de faciliter l'identification et la correction des écarts d'exploitation. Elle créerait aussi un point de comparaison pour l'appréciation du rendement. En revanche, il faut voir à ce que l'application des prix de revient standards ne diminue pas l'aptitude de la Clinique Duchesne à satisfaire les besoins de ses bénéficiaires ni la qualité des soins de santé qu'elle propose.

Budget variable

L'établissement d'un budget variable serait utile dans les cas où certains coûts varient dans le cadre d'une activité mesurable. Dans ces cas, le recours au budget variable améliore le contrôle des coûts, l'appréciation du rendement et l'analyse des écarts. Il faut toutefois veiller à bien définir les éléments à mesurer. Les jours/patients peuvent s'avérer utiles, mais Yves devrait voir s'il existe une base plus appropriée.

Budget à base zéro

Cette technique favoriserait l'établissement des priorités budgétaires à la Clinique Duchesne en classant les divers niveaux de service par ordre d'importance. Le comité des finances serait alors à même de procéder aux restrictions budgétaires qui s'imposent, sur une base plus équitable. Un budget à base zéro permettrait aussi d'identifier les procédés redondants et il pourrait contribuer à réduire les marges injustifiées ou "coussins" dans les budgets. En revanche, un budget à base zéro prend beaucoup de temps et coûte cher; son utilité serait donc limitée aux analyses périodiques (tous les quatre ou cinq ans, par exemple).

(Adaptation - S.C.M.C.)

Exercice 19-18

DATE: ...
À: M. Bélanger
DE: Comptable en prix de revient
OBJET: <u>Système de budgétisation</u>

Pour faire suite à votre demande concernant l'évaluation de votre système actuel de budgétisation, j'aimerais porter à votre attention ce qui suit.

Si vous adoptiez le budget à base zéro, chaque cadre serait tenu d'analyser en détail chacune des activités dont il est responsable, en y associant un coût prévu sans référence à l'expérience passée et en fixant ensuite un ordre de priorité.

Un budget à base zéro peut fort bien renfermer du mou, étant donné la tendance des cadres à protéger leurs projets ou à prévoir une marge de manoeuvre. Ce mou serait normalement inférieur à celui qui existerait dans un système de budgétisation du type que vous utilisez présentement.

C'est dans les secteurs public et tertiaire qu'on trouve généralement des budgets à base zéro. Ceux-ci ne conviennent pas à des entreprises de fabrication dont les niveaux d'activité sont fonction d'un grand nombre de facteurs. Ils peuvent cependant être adoptés dans certains secteurs d'une entreprise de fabrication tels que le service de recherche et développement.

Le budget à base zéro présente un inconvénient majeur: il peut être extrêmement coûteux et prend énormément de temps. Ce coût en temps et argent risque de l'emporter sur les avantages.

Je recommanderais par conséquent de vous en tenir, pour ce qui est de la budgétisation de vos coûts de production, à votre système actuel puisque vous utilisez une formule de budget flexible.

(Adaptation - S.C.M.C.)

Exercice 19-19

1. a)   Ventes prévues en 19X8
         Tétron: 1 000 000 X 150%   1 500 000 mètres
         Xylon: 1 500 000 + 10 000   1 510 000 mètres

b) Budget de production

	Tétron	Xylon
Ventes prévues	1 500 000	1 510 000
S.P.F. à la fin	150 000	150 000
S.P.F. au début	(50 000)	_____
Production prévue	1 600 000	1 660 000
	==========	=========

c) Budget des achats de matières premières

	Fibres	Produit chimique X
Utilisations prévues		
(1 600 000 + 1 660 000) 1 kg	3 260 000	
1 600 000 X 0,1 kg		160 000
Stock à la fin	20 000	5 000
Stock au début		
100 000$ ÷ 5$	(20 000)	
10 000$ ÷ 10$	_____	(1 000)
	3 260 000	164 000
	=========	========

d) Budget des frais généraux de fabrication

Atelier de préparation

100 000$ + [(1 600 000 X 0,1) + (1 660 000 X 0,2)] 1$ = 592 000$

Atelier de tissage

100 000$ + [(1 600 000 X 0,2) + (1 660 000 X 0,1)] 2$ = 1 072 000$

e) Coûts de production prévus à l'unité (à la lecture du bilan, on observe
que l'entreprise utilise la méthode des coûts variables)

	Tétron		Xylon	
Fibres	1 kg X 5$	5,00$	1 kg X 5$	5,00$
Produits chimiques	0,1 kg X 10$	1,00		
M.O.D.	0,2 h X 5$	1,00	0,1 h X 5$	0,50
F.G.F. variables				
Préparation	0,1 h X 1$	0,10	0,2 h X 1$	0,20
Tissage	0,2 h X 2$	0,40	0,1 h X 2$	0,20
		7,50$		5,90$
		=====		=====

Coût des produits vendus

Tétron:	1 500 000 X 7,50$	11 250 000$
Xylon:	1 510 000 X 5,90$	8 909 000
		20 159 000$
		===========

2.   Résultats budgétés

Chiffre d'affaires

1 500 000 X 15$	22 500 000$	
1 510 000 X 12	18 120 000	40 620 000$
Coût des produits vendus		20 159 000
Bénéfice brut		20 461 000

Frais de vente et d'administration

Commission des vendeurs

5% X 40 620 000$	2 031 000	
Publicité	1 000 000	
Salaires de vendeurs	2 000 000	
Frais de voyage	1 000 000	
Salaires de bureau et d'adm.	2 000 000	
Frais divers: 1% X 40 620 000$	406 200	
	8 437 200	

Frais généraux de fabrication fixes

100 000$ + 100 000$ + 10% (1 800 000$)	380 000	8 817 200
Bénéfice avant impôt sur le revenu		11 643 800
Impôt sur le revenu		4 657 520
Bénéfice net		6 986 280$
		===========

(Adaptation - S.C.M.C.)

Exercice 19-20

Comptes clients au 31 décembre 19X9

Comptes clients au 31 décembre 19X8	825 000$
Ventes à crédit en 19X9: 52 250 000$ - 5 300 000$	46 950 000
Perceptions sur comptes clients	(46 600 000)
	1 175 000$
	===========

Stock de matières premières au 31 décembre 19X9

Stock au 31 décembre 19X8		301 000$
Achats en 19X9		13 320 000
Utilisations en 19X9		
Anneaux: 9 640 000 X 0,80$	7 712 000$	
Couvertures: 9 640 000 X 2 X 0,30$	5 784 000	(13 496 000)
		125 000$
		============

Stock de produits finis au 31 décembre 19X9

Stock au 31 décembre 19X8		608 000$
Coût de la production de 19X9		
Matières premières	13 496 000$	
Main-d'oeuvre directe	21 690 000	
Frais généraux de fabrication	10 604 000	45 790 000
Coût des produits vendus		
9 500 000 X 4,75$		(45 125 000)
		1 273 000$
		============

Comptes fournisseurs et charges à payer au 31 décembre 19X9

Solde au 31 décembre 19X8		690 000$
Achats de matières premières en 19X9		13 320 000
Main-d'oeuvre directe engagée en 19X9		21 690 000
Frais généraux de fabrication engagés en 19X9		
(autres que les amortissements)		9 880 000
Frais de vente et d'administration de 19X9		4 955 000
		50 535 000
Décaissements relatifs:		
Aux matières premières	13 380 000$	
À la main-d'oeuvre directe	21 640 000	
Aux frais généraux de fabrication	9 650 000	
Aux frais de vente et d'administration	4 980 000	49 650 000
		885 000$
		===========

1.   État des résultats budgétés
            Pour l'exercice se terminant le 31 décembre 19X9

Chiffre d'affaires	52 250 000$
Coût des produits vendus	45 125 000
Bénéfice brut	7 125 000

```
Frais d'exploitation
    de vente                          1 875 000$
    d'administration                  3 080 000      4 955 000
Bénéfice d'exploitation                              2 170 000
Intérêts débiteurs                                     250 000
                                                     1 920 000
Impôts sur les bénéfices                               768 000
Bénéfice net                                         1 152 000$
                                                     ==========
```

2.   Bilan prévu
                       Au 31 décembre 19X9

                              Actif

```
Actif à court terme
    Encaisse                          405 000$
    Comptes clients                 1 175 000
    Stock de matières premières       125 000
    Stock de produits finis         1 273 000       2 978 000$
Immobilisations
    Terrain                         1 757 000
    Immeuble et outillage
      12 400 000$ + 1 200 000$   13 600 000$
    Amortissement cumulé
      2 960 000$ + 724 000$        3 684 000       9 916 000      11 763 000
                                                                  14 651 000$
                                                                  ==========
```

                             Passif

```
Passif à court terme
    Comptes fournisseurs et charges à payer    885 000
    Tranche sur les obligations à payer        200 000
    Impôts à payer
      356 000$ + 768 000$ - 860 000$           264 000       1 349 000$
Obligations à payer                                          2 500 000
```

Capitaux propres

Capital-actions   8 820 000

Bénéfices non répartis

   1 150 000$ + 1 152 000$ - 320 000$ 1 982 000   10 802 000

                                                             14 651 000$
                                                             ===========

(Adaptation - C.M.A.)

Exercice 19-21

1. a) S.P.F. au 31 mars 19X8
       = 25% des ventes d'avril
       = 25% (24 000 X 0,2 + 20 000 X 0,5 + 17 000 X 0,3)
       = 4 975

    b) S.P.C. au 31 mars 19X8
       = 40% des ventes d'avril
       = 40% X 19 900
       = 7 960

    c) Stock d'aluminium au 31 mars 19X8

Ventes prévues pour avril	19 900
Nombre de produits en cours au début d'avril	7 960
	11 940
Nombre de produits finis au début d'avril	4 975
	6 965
Stock de produits finis au 30 avril: 25% X 17 400	4 350
	11 315
Stock d'aluminium au 31 mars 19X8: 11 315 X 400	4 526 000
	=========

2. Écart sur les ventes concernant le mois de février

Ventes budgétées: 5 000 + 10 000 + 5 400	20 400
Ventes réelles	22 000
	1 600
	=========

Nombre de produits nécessitant l'achat de plastique en mars

Ventes budgétées pour avril	19 900
Stock de produits finis au 30 avril	4 350
	24 250
Stock de produits finis au 1ᵉʳ avril	4 975
	19 275
Écart sur les ventes concernant février	1 600
	20 875

Quantité de plastique devant être achetée en mars
20 875 X 200 grammes =   4 175 000
=========

Exercice 19-22

État des résultats révisés
Pour le quatrième trimestre ...

Produits

  Honoraires de consultation

    Gestion: 315 000$ X 130% + 50 X 13 X 90$ 468 000$

    Informatique: 421 875$ + 50 X 15 X 75$ 478 125

  Autres   10 000

    956 125

Charges

  Salaires et avantages sociaux

    Conseillers en gestion

      (50 000$ ÷ 4) (10) (110%) (140%)

      + (50 000$ ÷ 4) 3 (140%)   245 000$

    Conseillers en informatique

      (46 000$ ÷ 4) (15) (110%) (140%)   265 650

      510 650

  Frais de déplacement

    [13 (350 + 50) + 15 (375 + 50)] 5$ (voir note)   57 875

  Frais généraux d'administration

    100 000$ X 93%   93 000

  Amortissements   40 000   701 525

Bénéfice   254 600$
========

<u>Note:</u>

Heures de consultation par conseiller prévues initialement:

Conseiller en gestion: 315 000$ ÷ (10 X 90$)   = 350

Conseiller en informatique: 421 875$ ÷ (15 X 75$)   = 375

Frais de déplacement prévus par heure de consultation

45 625$ ÷ (10 X 350 + 15 X 375) = 5$

(Adaptation - C.M.A.)

<u>Exercice 19-23</u>

Chiffre d'affaires		475 000$
Coût des produits vendus		
Matières premières (tableau 2)	58 800$	
Main-d'oeuvre directe (tableau 3)	113 190	
Frais généraux de fabrication (tableau 4)	54 088	
Variation du S.P.F. (tableau 5)	2 185	228 263
Bénéfice brut		246 737$
		========

a)   Tableau 1

Production prévue

Ventes prévues	25 000	
Stock de produits finis à la fin	2 500	27 500
Stock de produits finis au début		3 000
		24 500
		======

b)   Tableau 2

<u>Coût réel des matières premières utilisées par produit</u>

	Premier trimestre		Deuxième trimestre	
	<u>Coût total</u>	<u>Coût unit.</u>	<u>Coût total</u>	<u>Coût unit.</u>
Alpha	23 100$	1,10$	37 510$	1,21$
Oméga	21 000	1,00	31 000	1,00
	44 100$	2,10$	68 510$	2,21$
	======	=====	=======	=====

<u>Coût des matières premières que l'entreprise prévoit utiliser par produit</u>

(troisième trimestre)

	Coût unitaire au cours du 2ᵉ trimestre	Augm. du coût unit. %	Augm. du coût unit. $	Coût unitaire prévu	Facteur de pondération	Coût unitaire prévu
Alpha	1,21$	10%	0,121$	1,331$	0,92	1,224$
Oméga	1,10	5%	0,05	1,05	1,12	<u>1,176</u>
						2,40 $
						======

Coût total des utilisations prévues

    24 500 X 2,40$ =   58 800$
                        =======

c) Tableau 3

<u>Coût prévu de la main-d'oeuvre directe</u>

Coût unitaire en main-d'oeuvre pour le 2ᵉ trimestre:

    130 200$ ÷ 31 000   4,20$

Augmentation de 10%   <u>0,42</u>

Coût unitaire prévu pour le 3ᵉ trimestre   4,62$
                                                           =====

Coût total prévu de la main-d'oeuvre directe:

    24 500 X 4,62$ 113 190$
                                                         ========

d) Tableau 4

<u>Frais généraux de fabrication prévus relatifs au 3ᵉ trimestre</u>

Frais généraux de fabrication fixes   23 463$

Frais généraux de fabrication variables

    24 500 (62 213$ - 23 463$) ÷ 31 000   <u>30 625</u>

                                                          54 088$
                                                          =======

À l'unité, le coût serait d'environ 2,21$, soit 54 088$ ÷ 24 500.

e)   Tableau 5

Variation prévue du stock de produits finis

Stock au début du 3° trimestre	
3 000 (2,21$ + 4,20$ + 2,01$)	25 260$
où 2,01$ = 62 213$ ÷ 31 000	
Stock à la fin du 3° trimestre	
2 500 (2,40$ + 4,62$ + 2,21$)	<u>23 075</u>
Diminution du stock de produits finis	2 185$
	=======

(Adaptation – S.C.M.C.)

Exercice 19-24

1.   a)   Tableau de la production en unités
                              19X1

BON

	Unités produites	Unités livrées	Stock de fermeture
19X0 – 4° trimestre			25 000
19X1 – 1ᵉʳ trimestre	60 000	60 000	25 000
2° trimestre	60 000	45 000	40 000
3° trimestre	60 000	40 000	60 000
4° trimestre	<u>60 000</u>	<u>70 000</u>	50 000
	240 000	215 000	
	=======	=======	

TON

	Unités produites	Unités livrées	Stock de fermeture
19X0 – 4° trimestre			30 000
19X1 – 1ᵉʳ trimestre	50 000	40 000	40 000
2° trimestre	50 000	45 000	45 000
3° trimestre	50 000	55 000	40 000
4° trimestre	<u>50 000</u>	<u>60 000</u>	30 000
	200 000	200 000	
	=======	=======	

Notes:

		Bon	Ton	Total
1.	Ventes prévues	215 000	200 000	
	Augmentation prévue des stocks	25 000	-	
		240 000	200 000	
	Temps prévu par unité	1	2	
	Total des heures pour l'année	240 000	400 000	640 000
	Total des heures par trimestre	60 000	100 000	160 000

2. Contrainte d'entreposage - 100 000 unités

Soldes des stocks	Bon	Ton	Total
1er trimestre	25 000	40 000	65 000
2e trimestre	40 000	45 000	85 000
3e trimestre	60 000	40 000	100 000
4e trimestre	50 000	30 000	80 000

Le tableau de production tient compte de la contrainte d'entreposage.

b) **Tableau des achats et de l'utilisation des matières premières - 19X1**

		T1	T2	T3	T4
Utilisation Bon	60 000 à 3 kg	180 000	180 000	180 000	180 000
Ton	50 000 à 4 kg	200 000	200 000	200 000	200 000
Utilisation totale		380 000	380 000	380 000	380 000
Stock du début		140 000	100 000	100 000	100 000
		240 000	280 000	280 000	280 000
Stock de fermeture minimum désiré		100 000	100 000	100 000	150 000
Quantité commandée ou à commander		340 000*	380 000	380 000	430 000

* Inclut 120 000 kg déjà commandés.

	Commandées	Unités livrées	Utilisation	Stock de fermeture
19X0 - 4e trimestre	120 000			140 000
19X1 - 1er trimestre	220 000	340 000	380 000	100 000
2e trimestre	380 000	380 000	380 000	100 000
3e trimestre	380 000	380 000	380 000	100 000
4e trimestre	430 000	430 000	380 000	150 000
	1 530 000	1 530 000	1 520 000	

```
Conciliation:
Stock d'ouverture        140 000
Unités reçues          1 530 000
                       1 670 000
Moins: utilisation     1 520 000
Stock de fermeture       150 000
                       =========
```

c)   <u>Sommaire des coûts de fabrication - 19X1</u>

	<u>T1</u>	<u>T2</u>	<u>T3</u>	<u>T4</u>	<u>Total</u>
<u>Matières premières</u>					
Par trimestre:					
BON 180 000					
TON <u>200 000</u>					
380 000 X 0,50$	190 000$	190 000$	190 000$	190 000$	760 000$
<u>Main-d'oeuvre directe</u>					
Par trimestre					
BON 60 000 h					
TON <u>100 000</u>					
160 000 h X 1,80$	288 000	288 000	288 000	288 000	1 152 000
<u>Frais généraux de fab. var.</u>					
160 000 heures à 0,60$	<u>96 000</u>	<u>96 000</u>	<u>96 000</u>	<u>96 000</u>	<u>384 000</u>
Total des coûts variables	574 000	574 000	574 000	574 000	2 296 000
<u>Frais généraux de fabrication</u>					
<u>fixes imputés</u>	<u>96 000</u>	<u>96 000</u>	<u>96 000</u>	<u>96 000</u>	<u>384 000</u>
Total des coûts					
de fabrication	670 000$	670 000$	670 000$	670 000$	2 680 000$
	========	========	========	========	==========

<u>Tableau des coûts unitaires</u>

Coûts unitaires	Bon		Ton	
Matières premières	3 kg X 0,50$	1,50$	4 kg X 0,50$	2,00$
Main-d'oeuvre directe	1 h X 1,80	1,80	2 h X 1,80	3,60
Frais généraux variables	1 h X 0,60	<u>0,60</u>	2 h X 0,60	<u>1,20</u>
Coût u. - méthode des coûts var.		3,90		6,80
Frais généraux fixes	1 h X 0,60	<u>0,60</u>	2 h X 0,60	<u>1,20</u>
Coût u. - méthode du coût complet		4,50$		8,00$
		=====		=====

d)
Coût des produits vendus – 19X1
(méthode des coûts variables)
en milliers de dollars

	T1	T2	T3	T4	Total
Stock du début	301,5$	369,5$	463$	506$	301,5$
Coût des produits fabriqués	574,0	574,0	574	574	2 296,0
	875,5	943,5	1 036	1 080	2 597,5
Stock de fermeture	369,5	462,0	506	399	399,0
Coût des produits vendus	506,0$	481,5$	530$	681$	2 198,5$
	======	======	======	======	========

e)
Bon Ton ltée
Budget des résultats – 19X1
(méthode des coûts variables)
en milliers de dollars

	T1	T2	T3	T4	Total
Chiffres d'affaires	820$	765,0$	830$	1 090$	3 505,0$
Coûts variables					
Coûts des produits vendus	506	481,5	530	681	2 198,5
Frais de vente	82	76,5	83	109	350,5
	588	558,0	613	790	2 549,0
Marge sur coûts variables	232	207,0	217	300	956,0
Frais fixes					
Fabrication	96	96,0	96	96	384,0
Vente	30	30,0	30	30	120,0
Administration	25	25,0	25	25	100,0
	151	151,0	151	151	604,0
Bénéfice avant impôts	81$	56,0$	66$	149$	352,0$
	====	======	====	======	========

2. Bénéfice selon la méthode du coût complet:
    Variations des stocks
        Bon Augmentation de 25 000 unités
        Ton   Aucune

Bénéfice selon la méthode des coûts variables	352 000$
Plus: augmentation du stock de Bon	
25 000 à 0,60$ par unité en frais fixes	15 000
Bénéfice selon la méthode du coût complet	367 000$
	========

(Adaptation – S.C.M.C.)

Exercice 20-1

	Chiffres réels	Budget au volume vendu	Budget initial
Ventes	5 040 000$	4 800 000$	5 000 000$
C.P.V.			
M.P.	990 000$	960 000$	1 000 000$
M.O.D.	858 000	720 000	750 000
F.gén.de F. variables	429 000 2 277 000	360 000 2 040 000	375 000 2 125 000
Marge sur coûts variables	2 763 000$	2 760 000$	2 875 000$
	==========	==========	==========

¡Δ/prix et utilisations¡   ¡Δ/volume des ventes¡

3 000$ F   115 000 D

a)   Analyse de l'écart sur prix et utilisations:

Écart sur prix de vente:

(PR-PB)QR

= (210 - 200)24 000   240 000$ F (a)

Écarts sur coûts de fabrication

Sur matières premières:
Écart sur quantité:

= [45 000-(24 000 X 2)]20$ 60 000$ F

Écart sur prix:

= (22$ - 20$) 45 000   90 000 D 30 000 D (b)

Sur main-d'oeuvre directe:
Écart sur temps:

= [130 000-(24 000 X 5)]6$ 60 000$ D

Écart sur taux:

= (6,60$ - 6$) 130 000   78 000 D 138 000$ D (c)

Sur frais généraux de fabrication variables:

	Budgétés (au coût	Budgétés (aux h.	Budgétés (aux h.
Réels	réel de M.O.D.)	réelles de M.O.D.)	prévues de M.O.D.)
	50%(130 000 X 6,60$)	50%(130 000 X 6$)	50%(24 000 X 5h X 6$)
429 000$	429 000$	390 000$	360 000$

|Δ dû à la varia-| |Δ dû au rendement|
|tion du taux de| |de la M.O.D.|
|rémunération|

39 000$ D   30 000$ D

Écart dû à la variation du taux de
rémunération de la M.O.D.   39 000$ D
Écart dû au rendement de la M.O.D.   30 000 D   69 000 D (d)
Total des écarts (a) + (b) + (c) + (d)   3 000$ F
                                                        =======

b) Formulation plus explicite de l'écart sur volume des ventes:

   = (24 000 - 25 000) (200$ - 40$ - 30$ - 15$)   115 000$ D
                                                             ========

Comme le prix de vente prévu est de 200$ et les coûts de fabrication
variables prévus à l'unité sont respectivement de 40$ en matières premières,
de 30$ en main-d'oeuvre directe et de 15$ en frais généraux de fabrication
variables, on peut déterminer un écart dû à la variation du volume des
ventes pour chacun des postes suivants:

       Chiffre d'affaires
       C.P.V. - matières premières
       C.P.V. - main-d'oeuvre directe
       C.P.V. - frais généraux de fabrication variables

Exercice 20-2

État des résultats prévus fondés sur
90 000 unités vendues et 120 000 unités fabriquées

Chiffre d'affaires: (90 000 X 8,50$)	765 000$
Coût standard des produits vendus: (90 000 X 4,625$)	416 250
Bénéfice brut standard	348 750
Frais de vente et d'administration variables	38 250
	310 500

Frais fixes:
- de fabrication   150 000$
- de vente et d'administration   98 000   248 000
Bénéfice prévu selon les activités réelles   62 500$
========

Bénéfice réel	Bénéfice prévu ci-dessus	Bénéfice prévu initialement
(18 500$)	62 500$	28 000$

Δ/prix et utilisations   Δ/volume des ventes

81 000$ D   34 500$ F

a)   Analyse de l'écart sur prix et utilisations:

Aucun écart sur prix de vente car le prix de vente réel ne diffère pas du prix de vente prévu.

Écarts sur coûts de fabrication standards:
    Sur matières premières:
        Écart sur quantité:
          (QR-QS)PS
        = [200 000 - (120 000 X 1,75)] 1$ 10 000$ F
        Écart sur prix:
          (PR-PS)QA
        = (1,25$ - 1$) 200 000   50 000 D   40 000 D
    Sur main-d'oeuvre directe:
        Écart sur temps:
          (HR - HS)TS
        = [51 000 - (120 000 X 0,4)]5$ 15 000$ D
        Aucun écart sur taux car le taux
        réel est égal au taux standard   -0-   15 000 D

Sur frais généraux de fabrication variables:

Chiffres réels	Budgétés (au coût réel des M.P.)	Budgétés (au volume réel des M.P.)	Budgétés (au volume standard des M.P.)
	50%(200 000X1,25$)	50%(200 000X1$)	50%(120 000X1,75 kgX1$)
109 000$	125 000$	100 000$	105 000$
========	========	========	========

```
        |   Δ/dépenses      |   | Δ dû au prix  |   | Δ dû à la quantité |
        |                   |   | des M.P.      |   | des M.P.           |
        |_____|   |_____|   |_____|
              16 000$ F              25 000$ D             5 000$ F
              =======               =======              ======
```

Écart sur dépenses		16 000$ F	
Écart dû au prix des matières premières		25 000 D	
Écart dû à la quantité des matières premières		5 000 F	4 000 D

Écart sur budget relatif aux frais généraux
de fabrication fixes:

Frais réels		157 000$	
Frais prévus		150 000	7 000 D

Écarts sur frais de vente et d'administration:
Écarts sur frais variables:

Chiffres réels	Budgétés (au chiffre d'affaires réel)	Budgétés (au volume vendu)
	5% (90 000 X 8,50$) =	5% (90 000 X 8,50$) =
38 250$	38 250$	38 250$

```
        |   Δ/budget        |   | Δ dû à la variation |
        |                   |   | du prix de vente    |
        |_____|   |_____|
```

Écart sur dépenses		-0-	
Écart dû à la variation du prix de vente		-0-	-0-

Écart sur budget relatif aux frais de vente
et d'administration fixes:

Frais réels		113 000$	
Frais prévus		98 000	15 000 D
Total des écarts			81 000$ D
			=======

b)   Formulation plus explicite de l'écart sur volume des ventes:
     (QR – QB) MUB
  = (90 000 – 80 000)(8,50$ – 1,75$ – 2,00$ – 0,875$ – 0,425$)
  = (10 000 X 3,45$)   34 500$ F
                                                               =======

Comme le prix de vente prévu est de 8,50$ et les coûts variables prévus à l'unité sont respectivement de 1,75$ en matières premières, de 2$ en main-d'oeuvre directe, de 0,875$ en frais généraux de fabrication variables et de 0,425$ en frais de vente et d'administration variables, on peut déterminer un écart dû à la variation du volume des ventes pour chacun des postes suivants:

> Chiffres d'affaires
> C.P.V. – Matières premières
> C.P.V. – Main-d'oeuvre directe
> C.P.V. – Frais généraux de fabrication variables
> Frais de vente et d'administration variables

(Adaptation – C.A.)

Exercice 20-3

Nombre de produits vendus au cours de l'exercice:

Quote-part de l'écart sur le chiffre d'affaires due à une variation de la quantité vendue: 100 000$ D

(QB – QR) PVB   = 100 000$ D
(10 000 – x)50$ = 100 000$
D'où x   =   8 000 unités

Frais variables unitaires réels:

	Chiffres réels	Budget initial
Ventes: 8 000 X 55$	440 000$	10 000 X 50$ = 500 000$
Frais variables	290 000 (3)	10 000 X 30$ = 300 000
Marge sur coûts variables	150 000 (2)	200 000
Frais fixes	50 000	50 000
	100 000$ (1)	150 000$
	========	========

(1) Trouvé par différence: (150 000$ - 50 000$)
(2) Trouvé par différence: (100 000$ + 50 000$)
(3) Trouvé par différence: (440 000$ - 150 000$)

Écarts:

	Chiffres réels	Budget au volume vendu	Budget initial
Ventes	8 000X55,00$ = 440 000$	8 000X50$ = 400 000$	10 000X50$ = 500 000$
Coûts var.	8 000X36,25$ = 290 000	8 000X30$ = 240 000	10 000X30$ = 300 000
Marge/c. var.	150 000$	160 000$	200 000$

|Δ/prix et utilisations| |Δ/volume des ventes|

10 000$ D   40 000$ D

Écart sur prix de vente	40 000$ F	Écart au niveau du chiffre d'affaires	100 000$ D
Écart sur coûts d'acquisition et sur consommation des facteurs de coût variable	50 000 D	Écart au niveau des coûts de production variables	60 000 F
	10 000$ F		40 000$ D

Chiffres réels	Budget fondé sur les intrants		Budget au volume vendu

QR X MUR   QR[PVB - quantité réelle   coût   ]   QR X MUB
                     de consommation   d'acquisition
                     du facteur de   X   prévu par
                     coût variable   unité du facteur

8 000 X (55$ - 36,25$)   (8 000 (50$ - 30$)
150 000$ 170 000$ (1)   160 000$

Δ/prix de vente et sur coûts   Δ/consommation des facteurs
d'acquisition des facteurs de   de coût variable
coût variable
        20 000$ D   10 000$ F

```
        Écart sur prix de vente                           40 000$ F
        Écart sur coûts d'acquisition des facteurs
        de coût variable                                  60 000  D (2)
                                                          20 000$ D
                                                          =======
```

(1) Trouvé par différence: (150 000$ + 20 000$)
(2) Trouvé par différence: (20 000$ D - 40 000$ F)

a)   40 000$ F
b)   60 000$ D
c)   10 000$ F
d)   10 000$ F
e)   60 000$ F
f)   40 000$ D
g)   40 000$ D

(Adaptation - S.C.M.C.)

Exercice 20-4

Écarts sur coûts:
a)
Sur matières premières:
    Écart sur quantité: $(QR - QS)\ PS$
                      $= [223\ 000 - (5 \times 45\ 000)]\ 0,04\$ =$ 80$ F
    Écart sur prix   : $(PR - PS)\ QA$
                      $= (0,05\$ - 0,04\$)\ 223\ 000$ = 2 230 D 2 150$ D
b)
Sur main-d'oeuvre directe:
    Écart sur temps   : $(HR - HS)\ TS$
                      $= [2\ 950 - (45\ 000 \times 1 \div 16)]\ 8\$ =$ 1 100$ D
    Écart sur taux   : $(TR - TS)\ HR$
                      $= (7,80\$ - 8,00\$)\ 2\ 950$ =   590 F   510 D

c)

Sur frais généraux de fabrication:

	Chiffres réels	Budget aux heures allouées	Standards
Variables	13 000$	11 250 X 1,20$ = 13 500$	45 000 X 0,30$ = 13 500$
Fixes	4 900	5 000	4 500
	17 900$	18 500$	18 000$
	=======	=======	=======

```
        |        Δ/budget        |  |        Δ/volume        |
        └────────────────────────┘  └────────────────────────┘

                  600$ F                      500$ D
```

d)

Sur frais de vente et d'administration:

	Chiffres réels	Budget au volume vendu	Budget initial
Fixes	21 000$	20 000$	20 000$
Variables	8 800	9 000	10 000
	29 800$	29 000$	30 000$
	=======	=======	=======

```
        |      Δ/budget       | |Δ/volume des ventes |
        └─────────────────────┘ └────────────────────┘

                  800$ D                 1 000$ F
```

Tableau synthèse d'analyse

	Chiffres réels	Budget flexible	Budget initial
Chiffre d'affaires	92 250$	90 000$	100 000$
C.P.V.			
M.P.	(11 150)	(9 000)	(10 000)
M.O.D.	(23 010)	(22 500)	(25 000)
F. gén. de F.	(17 900)	(18 500)	(20 000)
Bénéfice brut	40 190	40 000	45 000
Frais de vente et d'administration	29 800	29 000	30 000
	10 390$	11 000$	15 000$
	=======	=======	=======

```
        |  Δ/prix et utili-  | |Δ/volume des ventes |
        |  sations           | |                    |
        └────────────────────┘ └────────────────────┘

                  610$ D                 4 000$ D
```

L'écart sur prix et utilisations est constitué des écarts sur M.P., M.O.D., sur budget relatif aux F. gén. de F. et aux frais de vente et d'administration, ainsi que de l'écart suivant sur prix de vente:

$$(2,05\$ - 2,00\$) \ 45\ 000 = 2\ 250\$ \ F$$

L'écart sur volume peut être analysé comme suit:

Écart concernant le chiffre d'affaires:

(50 000 - 45 000) 2$ 10 000$ D

Écart concernant les matières premières:

(50 000 - 45 000) 0,20$ 1 000 F

Écart concernant la M.O.D.:

(50 000 - 45 000) 0,50$ 2 500 F

Écart concernant les F. gén. de F. variables:

(50 000 - 45 000) 0,30$ 1 500 F

Écart concernant les F. de V. et les F. d'adm. var.:

(50 000 - 45 000) 0,20$ <u>1 000</u> F

     4 000$ D

     =======

(Adaptation - S.C.M.C.)

Exercice 20-5

1.

Écarts sur chiffre d'affaires:

Écart sur prix de vente : (24,75$ - 25$) X 11 000	2 750$ D
Écart sur quantité vendue : (11 000 - 10 000) X 25$	<u>25 000</u> F
	22 250$ F
	=======

Écarts sur matières premières:

Écart sur prix: (2$ X 32 500) - 65 340$	340$ D
Écart sur quantité: (33 000 - 32 500) X 2$	<u>1 000</u> F
	660$ F
	======

Écarts sur main-d'oeuvre directe:

Écart sur taux: (20$ X 2 100) - 42 790$	790$ D
Écart sur temps: (2 200 - 2 100) X 20$	<u>2 000</u> F
	1 210$ F
	======

Écarts sur frais généraux de fabrication variables:
Écart sur dépenses: (25$ X 2 100) - 54 120$ 1 620$ D
Écart sur rendement: (2 200 - 2 100) X 25$ 2 500 F
                                                              800$ D
                                                             ======

Écarts sur frais généraux de fabrication fixes:
Écart sur budget: 30 000$ - 30 000$ -0-$
Écart sur volume: (2 200 X 15$) - 30 000$ 3 000 F
                                                            3 000$ F
                                                             ======

2.

Non, l'évaluation du rendement des directeurs des ventes et de la production par le président était erronée.

Le président a utilisé un budget fixe ou statique plutôt qu'un budget variable pour évaluer les résultats réels.

Le rendement du directeur de la production était excellent comme l'indiquent les écarts sur production favorables calculés en 1. Les écarts sur prix défavorables peuvent résulter de la nécessité de produire 10% de plus que le chiffre prévu. Les fournisseurs réguliers de matières premières n'ont peut-être pas pu répondre à cette demande accrue, ce qui a obligé le directeur de la production à acheter à un prix plus élevé chez d'autres fournisseurs. L'écart sur taux de la main-d'oeuvre peut découler des heures supplémentaires rémunérées pour accroître le volume de production. Les écarts sur rendement favorables indiquent peut-être que le directeur de la production a su tirer le meilleur parti possible des ressources disponibles.

Le rendement du directeur des ventes est probablement la raison pour laquelle la marge bénéficiaire est inférieure à la norme. Les frais de vente variables standards par unité s'élevaient à 20 000$/10 000 unités, soit 2$. Les frais de vente variables réels par unité ont été de 29 850$/11 000 unités, soit 2,71$. Ce qui a donné lieu à un écart total défavorable de 7 850$. Il est possible que l'augmentation du chiffre de ventes provienne de la diminution du prix. Par rapport au budget variable, l'écart total pour le directeur des ventes est le suivant:

Écart sur volume des ventes: (11 000 - 10 000) X 8$ 8 000$ F
Écart sur prix de vente: (11 000 X 25$) - 272 250$ 2 750 D
Écart sur frais de vente variables: (11 000 X 2$) - 29 850$ 7 850 D
Total des écarts   2 600$ D
                                                             ======

(Adaptation - S.C.M.C.)

Exercice 20-6

Analyse des écarts:

Déterminons la marge unitaire prévue sur coûts variables relative au produit.

Prix de vente	<u>50,00$</u>
Coûts variables unitaires	
M.P. - Atelier no 1:	
(300 000 kg/60 000) 3$	15,00$
M.O.D. - Atelier no 1:	
(80 000 h/60 000) 6$	8,00
F. gén. de F. variables - Atelier no 1:	
5 kg X 0,50$	2,50
20% X 8$	1,60
M.O.D. - Atelier no 2	10,00
F. gén. de F. variables - Atelier no 2:	
20% X 10$	2,00
Frais d'entreposage	0,50
Divers frais de vente:	
5% X 50$	<u>2,50</u>
	<u>42,10$</u>
Marge prévue sur coûts variables unitaires	7,90$
	======

Déterminons le résultat qui aurait été prévu au niveau des unités vendues:

Marge sur coûts variables prévue:
(48 000 un. X 7,90$)   379 200$

Frais fixes prévus:

de fabrication - atelier no 1	108 000$	
de fabrication - atelier no 2	18 000	
de publicité	60 000	
d'entreposage	24 000	
divers frais de vente	36 000	
d'administration	<u>102 000</u>	<u>348 000</u>
Bénéfice prévu au volume vendu		31 200$
		========

Premier niveau d'analyse:

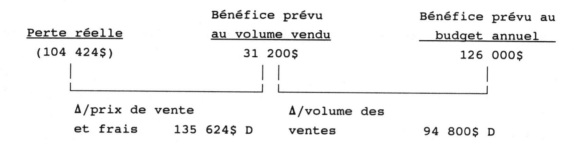

Perte réelle	Bénéfice prévu au volume vendu	Bénéfice prévu au budget annuel
(104 424$)	31 200$	126 000$

Δ/prix de vente
et frais   135 624$ D

Δ/volume des
ventes   94 800$ D

Deuxième niveau d'analyse:

Éléments de l'écart sur volume des ventes:

On pourrait détailler cet écart de 94 800$ en regard du chiffre d'affaires et des
frais variables entrant dans le calcul du bénéfice:

Ventes: (48 000 un. - 60 000 un.) 50$	600 000$	D
M.P. - atelier no 1: (48 000 un .- 60 000 un.) 15$	180 000	F
M.O.D. - atelier no 1: (48 000 un. - 60 000 un.) 8$	96 000	F
F. gén. de F. variables - atelier no 1:		
(48 000 un. - 60 000 un.) 2,50$	30 000	F
(48 000 un. - 60 000 un.) 1,60$	19 200	F
M.O.D. - atelier no 2: (48 000 un. - 60 000 un.) 10$	120 000	F
F. gén. de F. variables - atelier no 2:		
(48 000 un. - 60 000 un.) 2$	24 000	F
Frais d'entreposage variables:		
(48 000 un. - 60 000 un.) 0,50$	6 000	F
Divers frais de vente variables:		
(48 000 un. - 60 000 un.) 2,50$	<u>30 000</u>	F
	94 800$	D
	========	

Éléments de l'écart sur prix de vente et sur frais:

a)   Écart sur prix de vente:
      (55$ – 50$) 48 000 un.   240 000$ F
                                                                ========

b)   Écarts relatifs aux matières premières:
      Écart sur prix:
            Atelier no 1: (3,40$ – 3$) 238 000 kg   95 200$ D
      Écart sur quantité:
            Atelier no 1: (238 000 kg – 240 000 kg) 3$ 6 000 F
                                                                 89 200$ D
                                                                =======

c)   Écarts relatifs à la main-d'oeuvre directe:
      Écarts sur taux:
            Atelier no 1: (5,50$ – 6$) 80 640 h   40 320$ F
            Atelier no 2: (4,90$ – 5$) 110 000 h   11 000 F
      Écarts sur temps:
            Atelier no 1: (80 640 h – 64 000 h) 6$ 99 840 D
            Atelier no 2: (110 000 h – 96 000 h) 5$ 70 000 D
                                                                118 520$ D
                                                                ========

d)   Écarts relatifs aux frais généraux de fabrication variables:
      Atelier no 1:
      Variables (a)

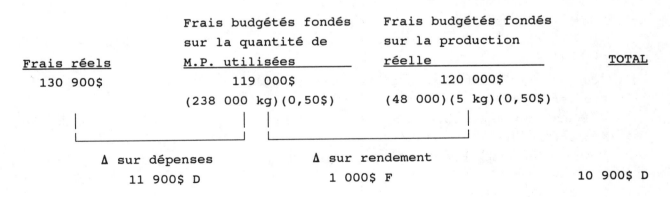

Variables (b):

	Frais réels	Frais budgétés fondés sur le coût réel de la M.O.D.	Frais budgétés fondés sur les heures réelles de M.O.D.	Frais budgétés fondés sur les heures standards de M.O.D.
	88 704$	88 704$	96 768$	76 800$
		(80 640h)(20%)(5,50$)	(80 640h)(6$)(20%)	(64 000h)(6$)(20%)

```
        |_____|  |_____|  |_____|
           Δ sur dépenses     Δ dû à la variation    Δ dû au rendement de
                              du taux de rémunéra-    la M.O.D.
                              de la M.O.D.

             - 0 -                 8 064$ F           19 968$ D          11 904  D
```

Atelier no 2:

	Frais réels	Frais budgétés fondés sur le coût réel de la M.O.D.	Frais budgétés fondés sur les heures réelles de M.O.D.	Frais budgétés fondés sur les heures standards de M.O.D.
	161 700$	107 800$	110 000$	96 000$
		(110 000h)(20%)(4,90$)	(110 000h)(20%)(5$)	(48 000 x 2h) (5$)(20%)

```
      |_____|  |_____|  |_____|
         Δ/dépenses        Δ dû à la variation    Δ dû au rendement
                           du taux de rémunéra-    de la M.O.D.
                           tion de la M.O.D.

         53 900$ D             2 200$ F           14 000$ D          65 700  D
```

Total des écarts relatifs aux frais généraux de fabrication var.   88 504$ D
                                                                     =======

e)   Écarts relatifs aux frais généraux de fabrication fixes:
     Atelier no 1:
        Écart sur dépenses: (120 000$ - 108 000$)   12 000$ D
     Atelier no 2:
        Écart sur dépenses: (18 000$ - 18 000$)   -0-
                                                                     12 000$ D
                                                                     =======

f)   Écarts relatifs aux frais de vente:
     Publicité:
        Écart sur budget: (39 600$ - 60 000$)   20 400$ F

Frais d'entreposage variables:

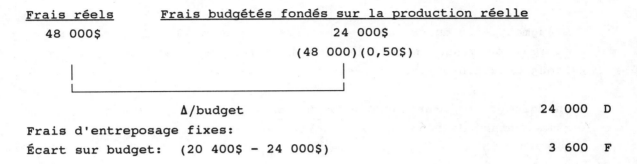

Frais réels	Frais budgétés fondés sur la production réelle
48 000$	24 000$
	(48 000)(0,50$)

Δ/budget   24 000   D

Frais d'entreposage fixes:
Écart sur budget: (20 400$ - 24 000$)   3 600   F

Divers frais de vente variables:

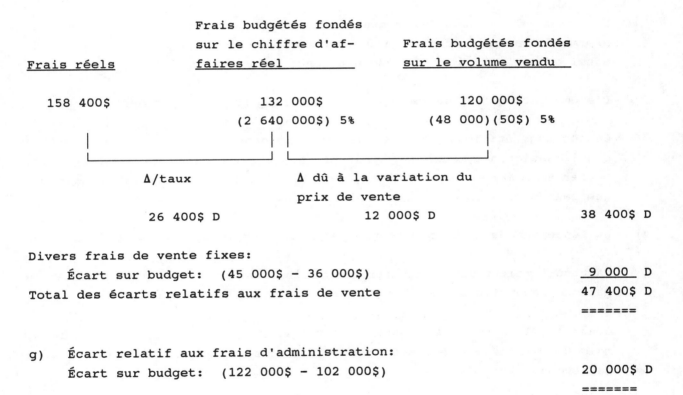

Frais réels	Frais budgétés fondés sur le chiffre d'affaires réel	Frais budgétés fondés sur le volume vendu
158 400$	132 000$	120 000$
	(2 640 000$) 5%	(48 000)(50$) 5%

Δ/taux   Δ dû à la variation du prix de vente

26 400$ D   12 000$ D   38 400$ D

Divers frais de vente fixes:
     Écart sur budget: (45 000$ - 36 000$)   <u>9 000</u>   D
Total des écarts relatifs aux frais de vente   47 400$ D
                                                  =======

g)   Écart relatif aux frais d'administration:
       Écart sur budget: (122 000$ - 102 000$)   20 000$ D
                                                  =======

La somme algébrique des montants trouvés en a), b), c), d), e), f) et g) donne bien 135 624$, l'écart sur prix de vente et sur frais.

Observations:

1)   La raison principale pour laquelle la société n'a pas atteint le bénéfice prévu au budget est qu'elle n'a pas atteint le volume de ventes prévu.

Cet échec relatif peut être attribué à la majoration du prix de vente:
prix de vente: 55$, soit 10% de majoration.

L'augmentation du prix de revient est sans doute la cause de la majoration
du prix de vente, majoration qui toutefois n'a pas absorbée entièrement
l'augmentation du prix de revient.

En fait, la majoration du prix de vente n'a même pas permis d'obtenir le
même montant de bénéfice brut unitaire.

2) Il semble que la demande du produit soit assez élastique puisque les ventes
sont de 20% inférieures au budget.

La baisse du volume des ventes peut être due également à la réduction
anormale des frais de publicité au moment même où les autres frais de vente
ainsi que le prix de vente augmentaient.

3) L'augmentation du prix des matières par rapport au budget dépasse 10%.

Cette augmentation est en partie compensée par l'écart favorable
d'utilisation des matières premières, écart qui indique que peut-être les
matières premières achetées sont de meilleure qualité (et coûtent plus cher)
que celles prévues au budget.

4) Le rendement de la main-d'oeuvre est nettement inférieur aux prévisions.

Particulièrement dans l'atelier no 1, mais la baisse est en partie compensée
par une réduction du salaire horaire.

Dans l'atelier no 2, le rendement est également inférieur aux prévisions,
mais la baisse est également en partie compensée par une réduction du
salaire horaire.

En termes de pourcentages, la baisse de rendement de l'atelier no 1 est plus
considérable que celle de l'atelier no 2.

5) La société semble avoir réellement perdu le contrôle de certains frais,
notamment:
a) des frais généraux de fabrication variables i) de l'atelier no 1;
b) des frais généraux de fabrication fixes de l'atelier no 1;
c) des frais généraux de fabrication variables de l'atelier no 2;
d) des frais variables d'entreposage;

e)   des frais de vente variables;

f)   des frais d'administration.

La répétition du terme "variable" dans la liste ci-dessus nous incite à mettre en doute les critères d'après lesquels on a catalogué ces frais comme variables lors de l'élaboration du budget.

En ce qui concerne les frais, la société semble avoir de sérieuses difficultés afférentes:

a)   aux méthodes de prévisions budgétaires;

b)   aux méthodes de calcul du prix de revient;

c)   au contrôle des coûts sectoriels.

(Adaptation - C.A.)

Exercice 20-7

	Chiffres réels	Budget au volume vendu (composition réelle)	Budget au volume vendu (composition prévue)	Budget initial
Ventes	232 000$	(3 700)40$+1 400 (60$) = 232 000$	5 100(4/5)40$+5 100 (1/5)60$ = 224 400$	220 000$
Coûts var.	181 400	(3 700)32$+1 400 (45$) = 181 400	5 100(4/5)32$+5 100 (1/5)45$ = 176 460	173 000
Marge/c. var.	50 600$	50 600$	47 940$	47 000$

Δ/prix de vente et frais variables

Δ/composition des ventes

Δ réel/ volume des ventes

- 0 - $ 2 660$ F   940$ F

a)

Écart réel sur volume des ventes:

Produit A:	(4 000 - 4 080) 8$ =	640$ F
Produit B:	(1 000 - 1 020) 15$ =	300 F
		940$ F

b)

Écart sur composition des ventes:

Produit A:	(4 080 - 3 700) 8$ =	3 040$ D
Produit B:	(1 020 - 1 400) 15$ =	5 700 F
		2 660$ F

(Adaptation - S.C.M.C.)

Exercice 20-8

État des résultats prévus selon la composition réelle des unités vendues

	Produit A	Produit B	Produit C	Total
Ventes	930 000$	1 162 500$	341 000$	2 433 500$
C.P.V.	465 000	775 000	248 000	1 488 000
Bénéfice brut	465 000$	387 500$	93 000$	945 500$

État des résultats prévus selon la composition prévue des unités vendues

	Produit A	Produit B	Produit C	Total
Ventes	1 085 000$	930 000$	426 250$	2 441 250$
C.P.V.	542 500	620 000	310 000	1 472 500
Bénéfice brut	542 500$	310 000$	116 250$	968 750$

Détermination des différents écarts:

Bénéfice brut réel	Bénéfice brut budgété au volume vendu (composition réelle)	Bénéfice brut budgété au volume vendu (composition prévue)	Bénéfice brut selon le budget initial
930 000$	945 500$	968 750$	950 000$

Δ/prix de vente et frais	Δ/composition des ventes	Δ réel/volume des ventes
15 500$ D	23 250$ D	18 750$ F

a) Analyse de l'écart sur prix de vente et frais:

Écart sur prix de vente:

Produit A:	(19$ – 20$)	46 500	46 500$ D	
Produit B:	(16,50$ – 15$)	77 500	116 250 F	
Produit C:	(11$ – 11$)	31 000	–	69 750$ F

Écart sur frais variables:

Produit A:	(10$ – 10$)	46 500	– $	
Produit B:	(11,50$ – 10$)	77 500	116 250 D	
Produit C:	(7$ – 8$)	31 000	31 000 F	85 250 D
				15 500$ D
				=======

b) Analyse de l'écart sur composition des ventes:

Produit A:	(46 500 – 54 250) 10$	77 500$ D
Produit B:	(77 500 – 62 000) 5$	77 500 F
Produit C:	(31 000 – 38 750) 3$	23 250 D
		23 250$ D
		=======

c) Analyse de l'écart réel sur volume des ventes:

Produit A:	(53 200 – 54 250) 10$	10 500$ F
Produit B:	(60 800 – 62 000) 5$	6 000 F
Produit C:	(38 000 – 38 750) 3$	2 250 F
		18 750$ F
		=======

Exercice 20-9

Situation A:

Oui, car l'importance relative des ventes de produits a été inversée.
Écart global sur composition:

(4,80$ − 5,20$) 10 000   4 000$ D

======

Situation B:

1. Écart sur composition:

(4,80$ − 5,20$) 10 000   4 000$ D

======

2. Écart sur composition par produit:

Ventes (en unités)	Ventes réelles selon la composition réelle	Ventes réelles selon la composition prévue
1er produit	4 000	6 000
2e produit	6 000	4 000

Soit x, la marge unitaire prévue pour le 1er produit et
soit y, la marge unitaire prévue pour le 2e produit.

On peut donc écrire:
(1) 4 000x + 6 000y = 48 000$
(2) 6 000x + 4 000y = 52 000$
d'où x = 6$ et y = 4$

Écart sur composition:
Première solution:

1er produit: (4 000 − 6 000) 6$ 12 000$ D
2e produit: (6 000 − 4 000) 4$ <u>8 000</u> F
                 4 000$ D

=======

Deuxième solution:

1er produit: (4 000 − 3 000) (6$ − 5,20$)   800$ F
2e produit: (6 000 − 2 000) (4$ − 5,20$) <u>4 800</u> D
                 4 000$ D

======

3. Écart réel sur volume des ventes:
    (10 000 - 5 000) 5,20$ =   26 000$ F
    ========

Exercice 20-10

25 X 4$ = 100$	15 X 4$ = 60$
20 X 2 = 40	30 X 2 = 60
140$	120$
====	====

Exercice 20-11

1.

	Chiffres réels	Budget au volume vendu	Budget au volume pour maintenir la part du marché	Budget initial
Nombre d'unités	550 000	550 000	600 000	500 000
Chiffre d'affaires	2 530 000$	2 750 000$	3 000 000$	2 500 000$
C.M.V.	(1 540 000)	(1 622 500)	(1 770 000)	(1 475 000)
F. de v. variables	(440 000)	(440 000)	(480 000)	(400 000)
Marge sur coûts variables	550 000	687 500	750 000	625 000
F. de vente fixes	(150 000)	(125 000)	(125 000)	(125 000)
F. d'adm. fixes	(300 000)	(275 000)	(275 000)	(275 000)
Bénéfice avant impôt	100 000$	287 500$	350 000$	225 000$
	===========	===========	===========	===========

Δ/prix et utilisations	Δ/part du marché	Δ/taille du marché
187 500$ D	62 500$ D	125 000$ F

| Δ/volume des ventes |
| c) 62 500$ F |

Analyse de l'écart sur prix et sur utilisations:

Écart sur prix de vente:

(4,60$ - 5$) 550 000   a) 220 000$ D

Écart sur prix coûtant des marchandises vendues:

(2,80$ - 2,95$) 550 000   b)   82 500 F

Écart sur budget relatif aux frais de vente fixes:
    (150 000$ - 125 000$)   d)   25 000 D

Écart sur budget relatif aux frais d'adm. fixes:
    (300 000$ - 275 000$)   d)   <u>25 000</u> D

                                   187 500$ D
                                   ========

2.

Analyse de l'écart sur part du marché:

Concernant le chiffre d'affaires:
    (550 000 - 600 000) 5$ 250 000$ D

Concernant le C.M.V.:
    (550 000 - 600 000) 2,95$ 147 500 F

Concernant les frais de vente variables:
    (550 000 - 600 000) 0,80$ <u>40 000</u> F

                                     62 500$ D
                                     ========

Analyse de l'écart sur taille du marché:

Concernant le chiffre d'affaires:
    (600 000 - 500 000) 5$ 500 000$ F

Concernant le C.M.V.:
    (600 000 - 500 000) 2,95$ 295 000 D

Concernant les frais de vente variables:
    (600 000 - 500 000) 0,80$ <u>80 000</u> D

                                   125 000$ F
                                     ========

(Adaptation - C.M.A.)

Exercice 20-12

ANALYSE

Marges sur coûts variables unitaires et parts du marché de chacun des produits:

	Chiffres budgétés		Chiffres réels	
	A	B	A	B
Prix de vente	50,00$	65,00$	51,00$	63,00$
Coûts de fabrication variables	27,50	50,50	27,50	50,50
Frais de vente variables	2,50	2,50	1,50	4,00
	30,00$	53,00$	29,00$	54,50$
Marge sur coûts variables	20,00$	12,00$	22,00$	8,50$
Part du marché	2,5%	2,5%	2,1%	2,74%

L'analyse des écarts qui est faite ci-dessous se fonde sur le budget fixe donné et sur un budget flexible basé sur les quantités réelles. Certains de ces écarts aident à expliquer les résultats réels et à évaluer le rendement de Bernard Sicotte.

	Chiffres réels	Budget au volume vendu (composition réelle)	Budget flexible *	Budget initial
Unités de A	106 000	106 000	126 000	120 000
Unités de B	230 000	230 000	210 000	200 000
Nombre total	336 000	336 000	336 000	320 000

Chiffres d'affaires

A	5 406 000$	5 300 000$	6 300 000$	6 000 000$
B	14 490 000	14 950 000	13 650 000	13 000 000
	19 896 000$	20 250 000$	19 950 000$	19 000 000$

```
              |Δ/prix de vente |  |Δ/composition |  |Δ/taille du |
              |                |  |              |  |marché      |
              |_____|  |_____|  |_____|

               354 000$ D          300 000$ F          950 000$ F
                                   |Δ/volume des ventes           |
                                   |_____|

                                        1 250 000$ F
```

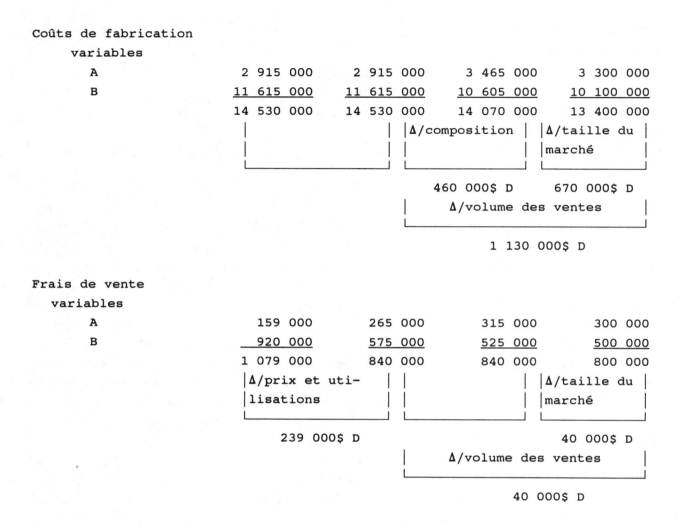

Coûts de fabrication
   variables

A	2 915 000	2 915 000	3 465 000	3 300 000
B	11 615 000	11 615 000	10 605 000	10 100 000
	14 530 000	14 530 000	14 070 000	13 400 000

Δ/composition Δ/taille du marché

460 000$ D   670 000$ D

Δ/volume des ventes

1 130 000$ D

Frais de vente
   variables

A	159 000	265 000	315 000	300 000
B	920 000	575 000	525 000	500 000
	1 079 000	840 000	840 000	800 000

Δ/prix et uti-lisations   Δ/taille du marché

239 000$ D   40 000$ D

Δ/volume des ventes

40 000$ D

*   Deux colonnes auraient dû normalement être utilisées, la première étant un budget fondé sur la composition prévue des unités vendues et la seconde étant un budget fondé sur les unités nécessaires pour maintenir la part du marché total des produits tout en respectant la composition prévue. Mais dans le cas présent, ces deux colonnes auraient été identiques.

Réponse au président

Vous nous avez demandé de faire une évaluation de la performance de M. Bernard Sicotte en tenant compte de l'expansion que connaît le marché et des directives formelles que vous lui aviez transmises. L'écart sur taille du marché indique que la croissance du marché aurait dû produire des bénéfices (marge sur coûts variables) supérieurs de 240 000$ au budget directeur. On a réalisé en fait des bénéfices inférieurs de 513 000$ au budget directeur et inférieurs de 593 000$ au budget flexible. Vous n'aviez pas précisé que vous vouliez que la part du marché soit maintenue pour chaque produit, et il appert que, de l'avis de M. Sicotte, seule la part du marché totale devait l'être.

D'après les renseignements disponibles, M. Sicotte aurait décidé de mettre l'accent sur un accroissement de la part du marché du produit B en réduisant le prix de 2$ l'unité et en augmentant les frais de vente de 1,50$ l'unité. Il a réussi de cette façon à vendre 30 000 unités de plus de B que la quantité budgétée et la part du marché a atteint 2,74%. Cet accroissement du volume de vente n'était pas suffisant toutefois pour compenser l'effet de la diminution de 3,50$ de la marge sur coûts variables unitaires. Pour atteindre la marge sur coûts variables budgétée de 2 400 000$ pour le produit B, il aurait fallu vendre 282 353 unités (c'est-à-dire 2 400 000$/8,50$). On n'a vendu que 230 000 unités, d'où une marge totale sur coûts variables inférieure à la marge budgétée.

Dans le cas du produit A, le prix a été majoré de 1$ l'unité et les frais de vente ont été réduits de 1$ l'unité. L'augmentation de 2$ l'unité de la contribution marginale n'a pas suffi toutefois à compenser l'effet de la diminution de 14 000 unités du volume des ventes. Afin d'atteindre la marge sur coûts variables budgétée de 2 400 000$ pour le produit A, il aurait fallu vendre 109 091 unités (c.-à-d. 2 400 000$/22$), et on n'a vendu que 106 000 unités.

De fait, la stratégie de marketing adoptée par M. Sicotte n'était pas efficiente. Il a fait porter son effort de vente sur le produit dont le marge sur coûts variables unitaires est la plus faible et il a réduit son effort à l'égard du produit donnant la marge sur coûts variables unitaires la plus élevée. Cette commercialisation inefficiente des produits explique que le bénéfice soit inférieur au montant budgété. Si l'on tient compte de l'accroissement de la taille des marchés, le rendement de l'effort marketing se révèle encore plus mauvais. La division Petits produits est un centre de profit; M. Sicotte aurait donc dû axer ses décisions en matière de marketing sur la maximisation des marges sur coûts variables et non sur le maintien de la part du marché totale. Malheureusement, votre promesse d'accorder une prime à M. Sicotte s'il maintenait la part du marché l'a involontairement amené à prendre des décisions inefficientes qui allaient à l'encontre de l'objectif de maximisation du bénéfice. Selon l'état du marché, si M. Sicotte s'était concentré sur les bénéfices plutôt que sur la part du marché, il n'aurait peut-être pas réussi à maintenir la part du marché, mais il aurait pu atteindre ou même dépasser le bénéfice budgété total.

Sans autres renseignements concernant l'état du marché, il semble qu'on ne puisse blâmer M. Sicotte pour le fait que le bénéfice soit inférieur au montant budgété; on devrait même lui verser la prime promise étant donné qu'il a réussi à maintenir la part du marché totale à 2,5%. Il faut observer que la gestion des coûts de fabrication variables a été efficiente puisqu'ils ont atteint précisément la cible ajustée au volume des ventes réel (c.-à-d. aucun écart sur budget flexible).

En conclusion, je recommande que vous modifiez votre base d'évaluation de la performance et que vous n'utilisiez plus seulement la part du marché comme assiette des primes. Le rendement de M. Sicotte devrait être évalué en fonction des trois facteurs suivants: (1) un budget flexible, (2) la maximisation de la marge sur coûts variables et (3) la part du marché atteinte pour chaque produit.

(Adaptation - S.C.M.C.)

Exercice 20-13

Tableau-synthèse d'analyse

	Chiffres réels	Budget au volume vendu	Budget au volume pour maintenir la part du marché	Budget initial
Nombre d'unités	80 000	80 000	96 460	100 000
Chiffre d'affaires	880 000 $	800 000 $	964 600 $	1 000 000$
Coûts variables				
Matières premières	(408 000)	(368 000)	(443 716)	(460 000)
Main-d'oeuvre	(201 600)	(160 000)	(192 920)	(200 000)
F. gén. de fab.	(88 200)	(80 000)	(96 460)	(100 000)
Frais de vente et d'adm.	(56 000)	(56 000)	(67 522)	(70 000)
Marge sur coûts variables	126 200	136 000	163 982	170 000
Frais fixes				
- de fab.	(112 000)	(100 000)	(100 000)	(100 000)
- de vente et d'adm.	(76 000)	(68 000)	(68 000)	(68 000)
Résultat	(61 800)$	(32 000)$	(4 018)$	2 000$

```
                   |Δ/prix et uti- |  |Δ/part du |  |Δ/taille du |
                   |lisations      |  |marché    |  |marché      |
                   └───────────────┘  └──────────┘  └────────────┘
                       29 800$ D          27 982$ D      6 018$ D
                                    |Δ/volume des ventes          |
                                    └─────────────────────────────┘
                                            34 000$ D
```

Analyse de l'écart sur prix et utilisations:

Écart sur prix de vente:

(11$ - 10$) 80 000   80 000$ F

Écart sur prix d'acquisition des M.P.:

(4,9756$ - 4,60$) 82 000   30 800 D

Écart sur quantité:

(82 000 - 80 000) 4,60$ 9 200 D

Écart sur taux:

(7,20$ - 6,00$) 28 000   33 600 D

Écart sur temps:

(28 000 - 26 666 2/3) 6$ 8 000 D

Écart sur dépenses-F. gén. de F. var.:

88 200$ - (28 000 X 4$)   4 200 D

Écart sur rendement:

(28 000 - 26 666 2/3) 3$ 4 000 D

Écart sur dépenses - F. gén. de F. fixes:

112 000$ - 100 000$ 12 000 D

Écart sur budget - frais de vente et d'adm. fixes:

76 000$ - 68 000$ 8 000 D
                                                           29 800$ D
                                                          =======

(Adaptation - C.A.)

Exercice 20-14

1.   Budget flexible

	Chlorine	Bromine	Total
Ventes en kg	768 000	1 152 000	1 920 000
	=======	=========	=========
Chiffre d'affaires	7 680 000$	17 280 000$	24 960 000$
Frais variables			
Fabrication	(4 416 000)	(9 792 000)	(14 208 000)
Vente	(1 920 000)	(4 608 000)	(6 528 000)
Marge/coûts variables	1 344 000$	2 880 000$	4 224 000
Frais fixes			
Fabrication			(550 000)
Vente			(345 000)
Administration			(150 000)
Bénéfice			3 179 000$
			==========

2.

	Chiffres Réels	Budget au volume vendu (composition réelle)	Budget au volume vendu (composition prévue)	Budget au volume pour maintenir la part du marché	Budget initial
Volumes d'unités					
Chlorine	768 000	768 000	1 024 000	768 000	760 000
Bromine	1 152 000	1 152 000	896 000	672 000	665 000
	1 920 000	1 920 000	1 920 000	1 440 000	1 425 000
	=========	=========	=========	=========	=========
Chiffres d'affaires					
Chlorine	7 680 000$	7 680 000$	10 240 000$	7 680 000$	7 600 000$
Bromine	16 992 000	17 280 000	13 440 000	10 080 000	9 975 000
Frais variables					
Fabrication					
Chlorine	(4 800 000)	(3 416 000)	(5 888 000)	(4 416 000)	(4 370 000)
Bromine	(8 640 000)	(9 792 000)	(7 616 000)	(5 712 000)	(5 652 500)
Vente					
Chlorine	(1 920 000)	(1 920 000)	(2 560 000)	(1 920 000)	(1 900 000)
Bromine	(6 048 000)	(4 608 000)	(3 584 000)	(2 688 000)	(2 660 000)
Marge/coûts var.					
Chlorine	960 000	1 344 000	1 792 000	1 344 000	1 330 000
Bromine	2 304 000	2 880 000	2 240 000	1 680 000	1 662 500
Totale	3 264 000$	4 224 000$	4 032 000$	3 024 000$	2 992 500$
Moyenne	1,70$	2,20$	2,10$	2,10$	2,10$

Frais fixes

Fabrication	(565 000)	(550 000)	(550 000)	(550 000)	(550 000)
Vente	(370 000)	(345 000)	(345 000)	(345 000)	(345 000)
Administration	(140 000)	(150 000)	(150 000)	(150 000)	(150 000)
Bénéfice	2 189 000$	3 179 000$	2 987 000$	1 979 000$	1 947 500$
	==========	==========	==========	==========	==========

|Δ/prix et | |Δ/composition | |Δ/part du | |Δ/taille du|
|utilisations | | | |marché | |marché |

          990 000$ D   192 000$ F   1 008 000$ F   31 500$ F

                                           |Δ réel/volume des ventes |

                                           1 039 500$ F

               | Δ/volume des ventes |

                               1 231 500$ F

Analyse de l'écart sur prix et utilisations:
    Écart sur prix de vente:
        Chlorine: (10$ - 10$) 768 000   -0-$
        Bromine: (14,75$ - 15$) 1 152 000   288 000   288 000$ D
    Écart sur coûts de fabrication variables:
        Chlorine: (6,25$ - 5,75$) 768 000   384 000   D
        Bromine: (7,50$ - 8,50$) 1 152 000   1 152 000   F   768 000   F
    Écart sur coûts de fabrication fixes:
               565 000$ - 550 000$ 15 000   D
    Écart sur frais de vente variables:
        Chlorine: (2,50$ - 2,50$) 768 000   -0-
        Bromine: (5,25$ - 4$) 1 152 000   1 440 000   D 1 440 000   D
    Écart sur frais de vente fixes:
               370 000$ - 345 000$ 25 000   D
    Écart sur frais d'administration fixes:
               140 000$ - 150 000$ 10 000   F
                                                                   990 000$ D
                                                                   ==========

Écarts relevant du service des ventes:
    Écart sur prix de vente   288 000$ D
    Écart sur composition   192 000   F
    Écart sur part du marché   1 008 000   F

Écart sur frais de vente variables	1 440 000	D
Écart sur frais de vente fixes	25 000	D
	553 000$	D
	==========	

Écarts relevant du service de production:		
Écart sur coûts fabrication variables	768 000$	F
Écart sur coûts de fabrication fixes	15 000	D
	753 000$	F
	========	

3. Le système de gratification du directeur des ventes devrait être fondé sur le montant total de marge sur coûts variables. Par exemple, un montant préétabli pourrait être attribué si tel montant de marge est obtenu auquel viendrait s'ajouter une gratification représentant un pourcentage donné de toute marge supplémentaire obtenue. Ce système obligerait le directeur des ventes à se préoccuper des coûts tout autant que du chiffre d'affaires généré. Par le fait même, ce système devait favoriser la collaboration et la coordination entre les services de vente et de production.

Le système de gratification du directeur de la production devrait être fondé sur les écarts par rapport au budget flexible, en prenant soin de voir à ce que tout écart relevant de la responsabilité du directeur des ventes soit attribué à ce dernier.

(Adaptation - S.C.M.C.)

Exercice 20-15

1. Résultat déterminé selon la méthode des coûts variables:

Ventes: (6 000 X 16$)		96 000$
Coûts variables: (6 000 X 7,50$)		45 000
Marge sur coûts variables		51 000
Charges fixes		56 000
Perte		5 000$
		=======

Écart sur résultats:	
Bénéfice réel de janvier	10 000$
Perte selon la méthode des coûts variables	5 000
Écart sur résultats	15 000$
	=======

Explication de l'écart sur résultats:

Cette explication tient à la différence entre les montants de frais généraux de fabrication fixes considérés dans les résultats ci-dessus (Bénéfice de 10 000$ et perte de 5 000$).

Dans le calcul de la perte de 5 000$, le montant total des frais généraux de fabrication fixes, soit 40 000$, a été considéré comme charge, alors que seulement 25 000$ ont été considérés dans le calcul du bénéfice de 10 000$. Ce montant de 25 000$ peut être analysé comme suit:

F. gén. de F. fixes inclus dans le coût standard des produits vendus: (6 000 X 5$)	30 000$
Écart sur volume	5 000
	25 000$
	=======

2. Écart sur résultats:

Bénéfice réel de janvier	10 000$
Perte maintenant prévue pour février	4 400
Écart	14 400$
	=======

	Janvier (chiffres réels)	Février (chiffres prévus)
Ventes	6 000	7 600
Production (x et y):		
$(x - 8\ 000)5\$ = 5\ 000\$$ F	9 000	
$(8\ 000 - y)5\$ = 15\ 000\$$ D		5 000
Marge sur coûts variables unitaires	8,50$	8,50$
Frais généraux de fabrication fixes	40 000	40 000
Frais de vente et d'administration fixes	16 000	16 000
Augmentation du stock en janvier	3 000	
Diminution de stock prévue pour février		2 600
Analyse de l'écart de 14 400$:		
Écart sur volume des ventes (7 600) - 6 000)8,50$		13 600$ F
Écart sur niveau d'inventaire relatif aux frais fixes [3 000 - (-2 600)]5$		28 000 D
		14 400$ D
		=======

Autre approche pour l'écart sur niveau d'inventaire
Augmentation des F. gén. de F. fixes passés aux
résultats de l'exercice due à l'augmentation du
volume des ventes:
(7 600 - 6 000)5$ 8 000$ D
Augmentation des F. gén. de F. fixes passés aux
résultats de l'exercice due à l'augmentation du
volume des ventes:
(5 000 - 9 000)5$ 20 000 D
       28 000$ D
       =======

(Adaptation - S.C.M.C.)

Exercice 20-16

Déterminons le bénéfice qui aurait été prévu initialement si on avait connu les niveaux réels d'activité commerciale et industrielle:

État des résultats prévus selon les activités réelles

Niveaux d'activités: a)   ventes   : 20 000 unités
                    b)   fabrication : 20 500 unités

Ventes: (20 000 7$)		140 000$
Coût standard des produits vendus: (20 000 X 5$)		100 000
Bénéfice brut standard		40 000
Plus: écart sur volume		1 050
		41 050
Frais de vente et d'administration		
fixes	20 000$	
variables: (20 000 X 0,50$)	10 000	30 000
Bénéfice prévu selon les activités réelles		11 050$
		========

Le tableau suivant résume l'analyse de la différence de 7 495$ entre le bénéfice réalisé et le bénéfice prévu au budget initial:

Tableau synthèse

	Chiffres réels	Budget (fondé sur la quantité vendue et la quantité fabriquée)	Budget initial fondé sur les ventes prévues et la fabrication prévue)
Unités vendues	20 000	20 000	19 000
Unités fabriquées	20 500	20 500	20 800
Chiffre d'affaires	150 000$	140 000$	133 000$
C.P.V. variable standard	(70 000)	(70 000)	(66 500)
Écarts défavorables sur coûts de fabrication variables	(2 255)		
Frais de vente et d'adm. variables	(9 800)	(10 000)	(9 500)
fixes	(20 500)	(20 000)	(20 000)
Frais généraux de fabrication fixes réels ou prévus	(30 700)	(29 700)	(29 700)
Augmentation du montant de frais généraux de fabrication fixes inclus dans les stocks	750	750	2 700
	17 495$	11 050$	10 000$
	========	========	========

Δ/prix et utilisations

6 445$ F

Δ/niveau d'inventaire relatif aux frais fixes

2 700 - 750 = 1 950$ D

Δ/volume des ventes

(20 000-19 000)3$=3 000$ F

(Adaptation - S.C.M.C.)

Exercice 20-17

	Chiffres réels	Budget (fondé sur la quantité vendue et la quantité fabriquée)	Budget initial
Unités vendues	11 000	11 000	12 000
Unités fabriquées	13 000	13 000	12 000
Chiffre d'affaires	132 000$	143 000$	156 000$
C.P.V. variable(1)	(52 800)	(52 800)	(57 600)
F. de vente et d'adm. variables (2)	(16 500)	(16 500)	(18 000)
Frais généraux de fabrication fixes réels ou prévus	(36 000)	(36 000)	(36 000)
Augmentation du montant de frais gén. de fabrication fixes inclus dans les stocks	6 000	6 000	-
F. de vente et d'adm. fixes (2)	(24 000)	(24 000)	(24 000)
	8 700$	19 700$	20 400$
	========	========	========

Δ/prix de vente

11 000$ D

Δ/niveau d'inventaire relatif aux frais fixes   6 000$ F

Δ/volume des ventes
(12 000 - 11 000)
(6,70$)   6 700 D
                 700$ D
                 ======

---

(1) Détermination des frais généraux de fabrication fixes et variables:

T.I. des F. gén. de F. fixes: 3 000$/(13 000 - 12 000)
                                  = 3$/unité

T.I. des F. gén. de F. variables: 4,80$ - 3,00$ = 1,80$/unité.

503

(2) Détermination des frais de vente et d'administration fixes et variables:

Nombre d'unités vendues	Total des frais de vente et d'adm.
11 000	40 500$
12 000	156 000$ − 93 600$ − 20 400 = 42 000

Soient a le montant des fixes et b le montant des variables.

On a donc:

a + 11 000b = 40 500

a + 12 000b = 42 000

d'où a = 24 000$ et b = 1,50$/unité vendue

Exercice 20-18

1. Calculs préliminaires:

Répartition des coûts de production variables standards de 128,75$ entre 10 bons produits selon les valeurs marchandes:

Yac: (140$/245$) (36,35$ + 61,60$ + 30,80$) =		73,57$
Zac: (105$/245$) (128,75$) =		55,18
		128,75$
		=======

Coût de production variable standard par produit:

Yac: 73,57$/7 kg = 10,51$

Zac: 55,18$/3 kg = 18,39 1/3$

	Chiffres réels	Budget au volume vendu (composition réelle)	Budget volume vendu (composition prévue)	Budget initial
Volume des ventes				
Yac	7 100	7 100	7 210	7 000
Zac	3 200	3 200	3 090	3 000
Volume de production				
Yac	7 900	7 900	7 900	7 000
Zac	3 500	3 500	3 500	3 000
Chiffre d'affaires				
Yac	136 320$	142 000$	144 200$	140 000$
Zac	108 800	112 000	108 150	105 000

```
C.V.P. variable
standard
    Yac                  (74 621)      (74 621)        (75 777)     (73 570)
    Zac                  (58 859)      (58 859)        (56 835)     (55 180)
Écarts/coûts
variables
    M.P.                     764
    M.O.D.                  (616)
    F.G.F.                 1 012
    Composition de
    la production           630           630             630
F.G.F. fixes
a) réels ou budgétés     (55 000)      (55 000)        (55 000)     (55 000)
b) portés au stock         5 950         5 950           5 950
F. de vente et
d'adm. fixes             (38 600)      (36 400)        (36 400)     (36 400)

                          25 780$       35 700$         34 918$      24 850$
                         ========      ========        ========     ========
                          |       |     |    |  | Δ global/comp. |  |       |
                          |       |     |    |  | des ventes     |  |       |
                          └───────┘     └────┘  └────────────────┘  └───────┘
                                             782$ F
```

Δ/prix de vente	8 880$ D		Δ/volume des
Δ/coûts variables	1 160 F		ventes 3 488$ F
Δ/frais de vente et			Δ/niveau
d'adm. fixes	2 200 D		d'inventai-
	9 920$ D		re relatif
			aux frais
			fixes 5 950 F
			Δ/compos.
			de la pro-
			duction 630 F
			10 068$ F
			=======

Analyse de l'écart global de 1 160$ favorable sur coûts variables.

a)   Matières premières:

     Écart sur composition des matières premières:

	Quantités réelles selon la composition réelle	Quantités réelles selon la composition standard	Différence dans les quantités	Prix standard	Écart	
Amac	7 500	6 900	600 D	2,40$	1 440,00$	D
Bitoc	4 050	4 600	550 F	4,20	2 310,00	F
Capoc	1 100	1 150	50 F	5,15	257,50	F
	12 650	12 650	0		1 127,50$	F
	======	======	===		=========	

Écart sur rendement:

	Quantités réelles selon la composition réelle	Quantités réelles selon la composition standard	Différence dans les quantités	Prix standard	Écart	
Amac	6 900	6 840	60 D	2,40$	144,00$	D
Bitoc	4 600	4 560	40 D	4,20	168,00	D
Capoc	1 150	1 140	10 F	5,15	51,50	D
	12 650	12 540			363,50$	D
	======	======			=======	

b)   Main-d'oeuvre directe:

Écart sur temps

Coût standard en M.O.D. par kg: 61,60$ ÷ 10 kg =	6,16$
Coût réel	70 840$
Coût standard: 6,16$ X 11 400 kg =	70 224
	616$ D
	=======

c)   F.G.F. variables:

F.G.F. variables standards par kg: 30,80$ ÷ 10 kg = 3,08$

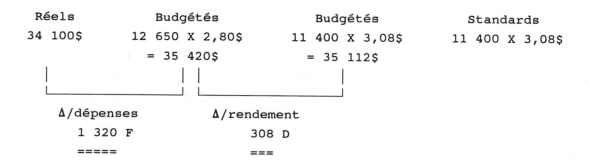

	Réels	Budgétés	Budgétés	Standards
	34 100$	12 650 X 2,80$ = 35 420$	11 400 X 3,08$ = 35 112$	11 400 X 3,08$

Δ/dépenses   Δ/rendement

1 320 F   308 D

=====   ===

Écart sur composition de la production:

Yac:	(7 900 - 7 980) 10,51$ =	841$	D
Zac:	(3 500 - 3 420) 18,39 =	1 471	F
		630$	F
		======	

Écart sur niveau d'inventaire relatif aux frais fixes:

Yac:	800 X 4,49$ =	3 592$	F
Zac:	300 X 7,86 =	2 358	F
		5 950$	F
		======	

2. Si on fait exception du montant important de 5 950$ de frais généraux de fabrication qui a été porté au stock de clôture, l'écart sur résultats est attribuable à la fonction vente qui a donné un écart défavorable de 4 610$, soit 8 880$ D + 782$ F + 3 488 F, à la fonction fabrication dont l'écart est de 1 790$ F et à l'écart sur budget des frais de vente et d'administration qui s'élève à 2 200$ D.

Bien que le volume des ventes de chacun des deux produits ait augmenté, l'écart défavorable relatif à la baisse des prix de vente 8 880$ D est loin d'être compensé par les écarts favorables sur volume des ventes et sur composition des ventes. Il n'est pas possible de dire ici si la réduction des prix de vente était une réaction au marché ou si elle visait à accroître les volumes de ventes. D'un autre côté, la production a été efficiente en avril, sauf en ce qui touche la main-d'oeuvre directe. En effet, la division a utilisé plus de main-d'oeuvre que le standard pour atteindre la production réelle.

(Adaptation - S.C.M.C.)

Exercice 20-19

1.

	Bénéfice brut redressé des écarts	Bénéfice brut budgété (composition réelle des ventes)	Bénéfice brut budgété (composition prévue des ventes)	Bénéfice brut budgété initialement
Ventes - P	260 000	260 000	312 000	300 000
- M	260 000	260 000	208 000	200 000
C.A. - P	1 560 000$	1 560 000$	1 872 000$	1 800 000$
- M	2 470 000	2 600 000	2 080 000	2 000 000
C.P.V. var. standard*				
- P	(676 000)	(676 000)	(811 200)	(780 000)
- M	(1 690 000)	(1 690 000)	(1 352 000)	(1 300 000)
Écart/coûts var.				
- M.P.	(70 000)			
- M.O.D.	(19 000)			
- F.G.F.	-0-			
F.G.F. fixes réels				
- at. 1	(130 000)			
- at. 2	(200 000)			
F.G.F. fixes budgétés				
- at. 1		(120 000)	(120 000)	(120 000)
- at. 2		(200 000)	(200 000)	(200 000)
B.B. redressé	1 245 000$	1 474 000$	1 468 800$	1 400 000$

           Δ/prix et   Δ/composition   Δ réel/volume
           utilisations   des ventes   des ventes
           229 000$ D   5 200$ F   68 800$ F

* Coût de production variable standard à l'unité:
  P = 0,80$ + 1,50$ + 0,30$ = 2,60$
  M = 2,80$ + 3,00$ + 0,70$ = 6,50$

Analyse de l'écart global sur prix et utilisations:
Écart sur prix de vente relatif au produit métal
    (10,00$ - 9,50$) 260 000   130 000$ D

Écarts sur matières premières:

    Produit Plastique

        Écart sur prix

           (0,45$ − 0,40$) 620 000   31 000$ D

        Écart sur quantité

           [600 000 − (260 000 X 2)] 0,40$ <u>32 000</u> D

                                           63 000 D

    Produit Métal

        Écart sur quantité

           [525 000 − (260 000 X 2)] 1,40$ <u> 7 000</u> D   70 000 D

Écart sur main-d'oeuvre directe:

Atelier 1

    Écart sur taux

        (6$ − 5,75$) 72 000   18 000$ F

    Écart sur temps

        [72 000 − (260 000 X 0,25)] 6$ <u>42 000</u> D

                                       <u>24 000$</u> D

Atelier 2

    Écart sur taux

        (6,20$ − 6$) 125 000   25 000$ D

    Écart sur temps

        [(260 000 X 0,5) − 125 000] 6$ <u>30 000</u> F

                                      <u> 5 000</u> F   19 000 D

Écarts sur les frais généraux de fabrication:

(sauf les écarts sur volume)

F.G.F. fixes

    Écart sur dépenses (at. 1)

        130 000$ − 120 000$ 10 000 D

F.G.F. variables

    Écart sur dépenses (at. 1)

        80 000$ − (72 000 X 1,20$)   6 400$ F

    Écart sur dépenses (at. 2)

        180 000$ − (125 000 X 1,40$)   <u> 5 000</u> D   1 400 F

Écart sur rendement (at. 1)

[72 000 - (260 000 X 0,25)] 1,20$ 8 400$ D

Écart sur rendement (at. 2)

[125 000 - (260 000 X 0,5)] 1,40$ 7 000 F   1 400 D

                229 000$ D

                ========

Alternative au tableau présenté au début de la solution

	Bénéfice brut redressé des écarts	Bénéfice brut budgété (composition réelle des ventes)	Bénéfice brut budgété (composition prévue des ventes)	Bénéfice brut budgété initialement
Ventes - P	260 000	260 000	312 000	300 000
- M	260 000	260 000	208 000	200 000
C.A. - P	1 560 000$	1 560 000$	1 872 000$	1 800 000$
- M	2 470 000	2 600 000	2 080 000	2 000 000
C.P.V. complet standard				
- P	(780 000)	(780 000)	(936 000)	(900 000)
- M	(1 950 000)	(1 950 000)	(1 560 000)	(1 500 000)
Écart/coûts var.				
- M.P.	(70 000)			
- M.O.D.	(19 000)			
- F.G.F.	-0-			
Écarts/coûts fixes				
- dépenses	(10 000)			
- volume	44 000 *	44 000 *	12 800 **	
	1 245 000$	1 474 000$	1 468 800$	1 400 000$

(même écarts globaux que selon l'approche précédente)

*   At. 1: [75 000 - (260 000 X 0,25)] 1,60$ 16 000$ D

     At. 2: [100 000 - (260 000 X 0,5)] 2$ 60 000 F   44 000$ F

**   At. 1: [75 000 - (312 000 X 0,25)] 1,60$ 4 800$ F

     At. 2: [100 000 - (208 000 X 0,5)] 2$ 8 000 F   12 800$ F

2.

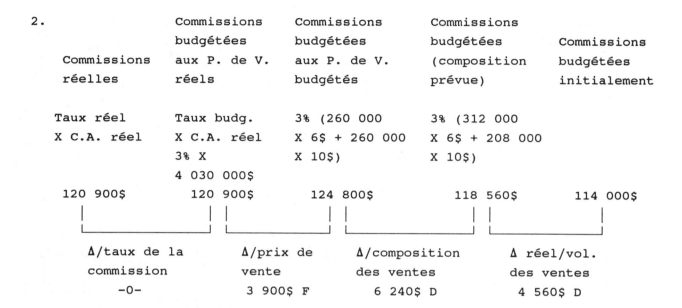

	Commissions réelles	Commissions budgétées aux P. de V. réels	Commissions budgétées aux P. de V. budgétés	Commissions budgétées (composition prévue)	Commissions budgétées initialement
	Taux réel X C.A. réel	Taux budg. X C.A. réel 3% X 4 030 000$	3% (260 000 X 6$ + 260 000 X 10$)	3% (312 000 X 6$ + 208 000 X 10$)	
	120 900$	120 900$	124 800$	118 560$	114 000$

Δ/taux de la commission -0-

Δ/prix de vente 3 900$ F

Δ/composition des ventes 6 240$ D

Δ réel/vol. des ventes 4 560$ D

(Adaptation - C.M.A.)

Exercice 20-20

a) Écart sur prix de vente
    (21$ - 20$) 9 000   9 000$ D
                                                               ======

b) Écart sur prix des matières premières
    X: 4 200$ - 2 362 500 (0,40$/225)
         = 4 200$ - 4 200$ -0- $
    Y: 7 200$ - 1 687 500 (0,80$/225)
         = 7 200$ - 6 000$ 1 200 D
    Z: 4 800$ - 135 000 (8$/225)
         = 4 800$ - 4 800$ -0-
                                                              1 200$ D
                                                              ======

c) Écart sur quantité de matières premières
    X: [2 362 500 - (9 000 X 253,125)] (0,40$/225)
         = (2 362 500 - 2 278 125) (0,40$/225)   150$ D
    Y: [1 687 500 - (9 000 X 182,8125)] (0,80$/225)
         = (1 687 500 - 1 645 312,5) (0,80$/225)   150 D
    Z: [(135 000 - (9 000 X 14,0625)] (8$/225)
         = (135 000 - 126 562,5) (8$/225)   300 D
                                                              600$ D
                                                              ====

d) Écart sur temps
    a) Mélange
        [4 500 - (9 000 X 0,5)] 4$ -0-$
    b) Mixage manuel
        [5 300 - (9 000 X 1 X 60%)] 5$ 500   F
        Mixage mécanisé
        [2 700 - (9 000 X 1 X 40%)] 5$ 4 500   F
        Mixage - temps mort
        (900 - 0) 5$ 4 500 D
                                       500$ F
                                     ======

e) Écart sur rendement
    [13 400 h - (9 000 X 1,5)] 2,10$ 210$ F
                                      ====

f) Écart sur dépenses (F.G.F. variables)
    30 900$ - (13 400 X 2,10$)   2 760$ D
                                    ======

g) Écart sur volume des ventes
    (9 000 - 8 000) 9,25$ 9 250$ F
                                    ======

    Écart sur part du marché:
      (9 000 - 8 100) (21$ - 1,60$ - 7$ - 3,15$) =   8 325$ F
                                      ======

    Écart sur taille du marché:
      (81 000 - 80 000) 10% (21$ - 1,60$ - 7$ - 3,15$) =   925$ F
                                      ====

(Adaptation - C.M.A.)

Exercice 20-21

À: La présidente
DE:
OBJET: Analyse d'écarts

Voici l'analyse de l'écart sur composition des produits, des écarts sur quantité, de l'écart sur prix relatifs aux repas et de l'écart sur démarcation relatif aux produits.

a)   Écart sur composition des produits

   L'écart sur composition des produits est dû au fait que l'importance des
   jours/cours qui ont donné lieu au rabais a été de 45% au lieu de 30%.
   Sachant que les droits d'inscription prévus étaient respectivement de
   150$ par jour cours, en l'absence de rabais, et de 135$ en tenant compte
   de rabais, on peut chiffrer ainsi l'écart sur composition des produits:

   (45% - 30%) 1 280 jours/cours (150$ - 135$) = 2 880$ D

b)   Écarts défavorables sur quantité au montant de 10 400$

   L'écart sur quantité relatif aux repas

   Comme le nombre de jours/cours a été de 1 280 au lieu de 1 000, et que
   le coût budgété des repas par jour/cours est de 27$, cet écart peu être
   calculé comme suit:

   (1 280 - 1 000) 27$ = 7 560$ D

   L'écart sur quantité relatif au matériel didactique

   À la suite d'une augmentation du nombre de participants, les besoins en
   matériel didactique ont augmenté de façon proportionnelle. Dès lors,
   l'écart peut être chiffré comme suit:

   (530 - 425) 8$ = 840$ D

   L'écart sur quantité relatif aux honoraires des animateurs

   L'embauche d'un autre animateur, pour une durée de 2 jours, a fait
   croître les charges d'honoraires de 2 000$ puisque les honoraires prévus
   sont de 1 000$ par jour.

c)   Écart sur prix relatif aux repas

   Le coût des repas par jour/cours s'est élevé à 25$ soit 32 000$ ÷ 1 280
   jours/cours. De sorte que l'écart sur prix relatif aux repas peut être
   calculé ainsi:

   (27$ - 25$) 1 280 jours/cours = 2 560$ F

d) Écart sur démarcation relatif aux produits

Cet écart correspond à des droits d'inscription encaissés en novembre relativement à des cours devant être dispensés en décembre. L'écart peut être établi de la façon suivante:

Inscriptions sans rabais: 140 X 150$ =   21 000$
Inscriptions avec rabais: 60 X 135 =   8 100
                                                29 100$
                                                =======

Exercice 20-22

L'écart sur composition calculé selon l'une des deux méthodes correspond à celui calculé selon l'autre méthode lorsque les deux ratios suivants sont égaux:

1er ratio: Unités vendues du 1er produit + Unités vendues du 2e produit
              ÷ Ventes totales prévues en unités

2e ratio :   [(Unités vendues du 1er produit) (Prix de vente prévu)
              + (Unités vendues du 2e produit) (Prix de vente prévu)]
              ÷ Chiffre d'affaires budgété

L'écart sur composition calculé selon l'une ou l'autre des méthodes est nul lorsque l'importance relative des unités vendues de chacun des produits correspond à ce qui avait été prévu.

L'écart sur composition calculé selon la 1re méthode est nul lorsque les deux produits ont la même marge budgétée sur coûts variables unitaires, alors que l'écart sur composition calculé selon la 2e méthode est nul lorsque les deux produits ont le même ratio budgété sur coûts variables.

Exercice 20-23

	Chiffres réels	Budget au volume vendu	Budget initial
Nombre d'unités	4 000	4 000	4 200
Chiffre d'affaires	560 000$	600 000$[1]	630 000$
Coût standard des produits vendus	(400 000)	(400 000)[2]	(420 000)
Écart sur quantité	(4 000)	(3 600)[3]	(3 780)
Écart sur prix	(1 000)		
Bénéfice brut	155 000$	196 400$	206 220$
	=========	=========	=========

Δ/prix de vente   40 000 D   Δ/volume des ventes 9 820$
Δ/quantité budgétée   400 D
Δ/prix   1 000 D

[1] 630 000$ (4 000/4 200)
[2] 420 000$ (4 000/4 200)
[3]   3 780$ (4 000/4 200)

Il ressort du tableau précédent que la quantité utilisée (qr) par produit a excédé la quantité prévue (qb) par produit laquelle est elle-même supérieure à la quantité standard (qs) par produit. L'écart sur quantité budgétée au montant de 400$ D pourrait être calculé comme suit:

    (qr - qb) (4 000) (prix standard à l'unité de matière première)

si on connaissait les données chiffrées relatives à qr, qb et prix standard à l'unité de matière première.

Exercice 20-24

a)   Écart sur prix de vente: le seul écart sur prix de vente est dû au fait que le prix réel facturé à l'unité de ménage du secteur Commercial a été inférieur au prix budgété.

      Écart sur composition des travaux de ménage: ceux-ci indiquent que des ménages effectués par l'entreprise au cours de l'exercice, l'importance relative des ménages du secteur Commercial a été plus élevée que celle prévue.

<u>Écart sur quantité des travaux de ménage</u>: ils indiquent qu'en l'absence de variation dans la composition des travaux effectués et les marges sur coûts variables unitaires, le bénéfice se serait accru de 48 750$.

<u>Écart sur produits d'entretien</u>: cet écart peut avoir été causé par des quantités vendues plus élevées ou une modification dans la composition des ventes.

<u>Écarts sur parts du marché</u>: de tels écarts peuvent indiquer que l'entreprise a su accroître sa part relative du marché des travaux de ménage dans le secteur Commercial et qu'il s'est produit le contraire dans le cas des travaux de ménage résidentiel.

<u>Écarts sur tailles de marché</u>: ces écarts indiquent que la taille du marché du secteur Commercial a baissé alors que celle du marché du secteur Résidentiel a augmenté. Si ABC avait conservé ses parts de marché, ceci aurait réduit son bénéfice d'un montant de 14 500$, compte non tenu des produits d'entretien.

<u>Écart sur taux de main-d'oeuvre directe</u>: cet écart traduit le fait que les employés préposés aux travaux de ménage du secteur Commercial ont reçu un taux de rémunération supérieur à celui prévu.

<u>Écarts sur temps de main-d'oeuvre directe</u>: ils indiquent que les employés préposés aux travaux de ménage du secteur Commercial ont consacré moins de temps à l'unité de ménage que celui alloué, et que l'inverse s'est produit dans le cas du secteur Résidentiel.

<u>Écarts sur prix relatifs aux frais généraux</u>: ici, les prix d'acquisition relatifs aux éléments (fournitures, transports, etc.) entrant dans les frais généraux et qui ont été requis pour effectuer les travaux de ménage ont été inférieurs à ceux prévus.

<u>Écarts sur utilisation relatifs aux frais généraux</u>: ces écarts indiquent que les travaux de ménage effectués ont nécessité une quantité moindre d'éléments de frais généraux à l'unité de ménage dans le secteur Commercial et une quantité plus grande dans le secteur Résidentiel.

<u>Écart sur frais de vente et d'administration fixes</u>: on observe ici que le montant réel de tels frais a été supérieur à celui prévu. Ceci peut être la résultante de l'accroissement du volume de travaux de ménage effectués dans le secteur Commercial.

En conclusion, on se rend compte que l'écart défavorable sur le prix par unité de ménage dans le secteur Commercial a eu le plus d'incidence sur le bénéfice budgété dudit secteur. Les écarts défavorables sur le taux de la main-d'oeuvre directe dans le secteur Commercial et sur le temps de cette dernière dans le secteur Résidentiel ont largement contribué à réduire le bénéfice de l'entreprise. On observe également que les attentes concernant le secteur Résidentiel n'ont pas été satisfaites.

b) i) Le prix facturé à l'unité de ménage du secteur Commercial a été moindre d'un montant de 0,25$ par rapport au prix budgété. Cette réduction a été consentie en vue de porter la part de marché au pourcentage cible de 25%. En fait, l'entreprise a même réussi à dépasser ce pourcentage mais au prix d'une marge sur coûts variables unitaires négative de 0,01$, soit 3,25$ - 3,06$ - 0,20$. En effet, le coût unitaire en main-d'oeuvre directe s'est élevé à 3,06$, donc une augmentation de 0,06$ alors que les frais généraux variables ont diminué de 0,05$ par unité de ménage. Comme le prix facturé de 3,25$ correspond au coût variable standard, il aurait donc fallu réaliser des économies dans les coûts variables.

Heureusement, la vente de produits d'entretien a permis d'éviter, au secteur Commercial, de subir, dans son ensemble, une perte.

Facturer un prix uniforme de 25$ pour tous les types de travaux du secteur Résidentiel semble fort discutable. En effet, les statistiques de l'industrie indiquent que les concurrents facturent un prix fort différent dans le cas des travaux occasionnels. Bien plus, ce prix de 25$ correspond au prix le plus bas facturé par les concurrents.

Mais cela était sans compter que les travaux de ménage occasionnels allaient nécessiter plus de temps et d'éléments de frais généraux à l'unité de ménage. Ne pas avoir consacré suffisamment de temps aux travaux réguliers a fait perdre plusieurs clients.

L'écart défavorable de 25 000$ concernant la taille de marché du secteur Commercial est de mauvais augure. C'est peut-être le signe avant-coureur d'une chute des prix. Les clients pourraient dorénavant demander une meilleure qualité de service à un prix moindre. Aussi, il se pourrait que l'entreprise ait pris la bonne décision en sacrifiant des profits à court terme, car ceci pourrait peut-être lui assurer une part plus importante du marché à long terme.

ii) Des standards temps de main-d'oeuvre directe et utilisation de frais généraux par unité de ménage commercial basés sur les chiffres réels de l'année précédente ne sont pas appropriés car les manques de productivité s'y trouvent intégrés. Ainsi, le fait que le temps consacré par unité du ménage a été de 7,2 minutes en 19X8 alors que le standard est de 7,5 minutes peut indiquer que le standard temps n'est pas suffisamment exigeant. De même, l'écart favorable d'utilisation relatif aux éléments de frais généraux peut signifier que les standards d'utilisation ne sont pas suffisamment exigeants. En pareil cas, les écarts déterminés ne présentent aucun intérêt.

Quant à l'écart défavorable de 0,50$ sur le taux horaire de la main-d'oeuvre dans le secteur Commercial, il se peut qu'il tienne au fait qu'il n'a pas été tenu compte dans le budget de l'augmentation prévue dans le taux de rémunération.

Tous les écarts sur prix relatifs aux éléments de frais généraux de fabrication peuvent provenir d'économies d'échelle non anticipées, précisément à cause des volumes accrus.

Quant aux standards relatifs au secteur Résidentiel, ils pèchent par défaut. En effet, les standards ont été dérivés, sans trop d'étude, des standards relatifs au secteur Commercial. De plus, s'en tenir à des standards uniques de temps de main-d'oeuvre directe et d'utilisation de frais généraux alors que deux types de travaux existent (travaux réguliers et travaux occasionnels) peut engendrer des écarts sans grande signification.

iii) L'évaluation du rendement demeure peu valable pour les raisons suivantes:

- elle est trop peu fréquente; une évaluation mensuelle ou encore trimestrielle conviendra davantage;

- il n'y a pas de suivi qui est exercé à partir des évaluations semestrielles faites par la clientèle; ces dernières ne sont pas considérées dans l'évaluation du rendement des équipes;

- les chefs d'équipe mettent l'accent sur la qualité des services rendus; tout indique que l'on ne se préoccupe pas du réalisme des standards en matière de productivité.

L'analyse menée en a) et b) ci-dessus fait bien ressortir que les causes expliquant la faiblesse du bénéfice d'exploitation de 19X8 tiennent au manque de contrôle des coûts et aux stratégies trop agressives en matière de fixation des prix par unité de ménage.

Exercice 21-1

Énoncés qui sont faux:
a, c, d, e, f et g

Exercice 21-2

	Mars 19X5	Avril 19X5
Fabrication	10 000 unités	11 000 unités
Coûts contrôlables:		
Matières premières	20 000$	21 450$
Main-d'oeuvre directe	33 000	36 850
	53 000$	58 300$
	=======	=======

Théoriquement, ne devraient paraître au rapport de rendement destiné au chef de la section ni dotation à l'amortissement-outillage et ni quote-part de frais communs. On pourrait, en pratique, les y faire figurer à condition de les présenter comme éléments non contrôlables par le chef de section; le but poursuivi serait de sensibiliser le chef de la section à l'existence de tels frais et à la nécessité pour tous de voir à contribuer à leur couverture.

Bien qu'on ne demande pas d'évaluer le rendement de la section, nous en profitons pour faire les commentaires suivants:

Le point de comparaison ici est le mois de mars 19X5. Il est difficile d'affirmer à coup sûr que les données de mars traduisent une bonne productivité.

Toutefois, on peut dire que si le coût unitaire en matière première de mars (soit 2$) est valable comme point de comparaison, le coût total en matières aurait dû être de 22 000$ en avril. Le coût en avril ne s'est élevé qu'à 21 450$. La section aurait donc eu un meilleur rendement à cet égard; elle aurait utilisé moins de matière première à l'unité fabriquée puisque le prix unitaire de la matière est stable.

Toutes choses égales par ailleurs, les coûts en M.O.D. auraient dû s'élever à 36 300$; ils se sont élevés à 36 850$. La section a donc consacré plus de temps à la fabrication de chaque unité en avril puisqu'on nous dit que tous les employés de la section reçoivent la même rémunération horaire et que le temps d'inaction est à peu près nul et que le taux de rémunération n'a pas varié dans le temps.

En conclusion, si on prend les coûts en mars 19X5 comme normes, il y aurait eu en avril:

> Un écart sur quantité de matières premières de 550$ et un écart sur temps de main-d'oeuvre directe de 550$.

Donc, dans l'ensemble, il semble bien que le rendement du chef de la section fut aussi bon en avril qu'en mars.

Exercice 21-3

a) Non, la charge attribuée a été déterminée arbitrairement. Le responsable du centre de profit n'est pas celui qui est le premier responsable de ces frais.

b) Oui et non. D'une part, le responsable du centre de profit peut faire plus ou moins appel au système centralisé de traitement des données. D'autre part, les frais à l'unité d'oeuvre dépendent à la fois de la productivité du système et de la quantité de services rendus aux autres centres de profit. En somme, la charge attribuée à un centre de profit n'est contrôlable que partiellement par le responsable dudit centre.

(Adaptation - C.M.A.)

Exercice 21-4

1. L'évaluation devrait être fondée sur un budget flexible (c'est-à-dire un budget des coûts fondé sur l'activité atteinte) afin de bien distinguer entre le rendement et l'atteinte de l'objectif défini en termes d'unités de production. Le fait que la production réelle ait été de 1 000 unités inférieure à celle prévue est probablement une conséquence de la grève qui a sévi; ceci ne saurait être considéré comme contrôlable par le responsable de la section "XON".

L'évaluation devrait porter sur les coûts contrôlables en totalité ou en grande partie par le responsable de la section "XON". En conséquence, il faudrait évacuer du rapport de rendement les éléments de frais généraux de fabrication qui échappent à son contrôle, tels que son salaire et la dotation à l'amortissement, à moins de les présenter sous une rubrique de frais intitulée Frais non contrôlables.

2.

	Chiffres réels	Chiffres budgétés	Écarts
Unités produites	24 000	25 000	1 000 D
		Au volume de 24 000 unités	
Matières premières	69 120$	69 000$	120$ D
Main-d'oeuvre directe	204 800	205 920	1 120 F
Frais généraux de fabrication variables	52 560	52 800	240 F
	326 480$	327 720$	1 240$ F

À noter que selon le tableau précédent, le responsable doit répondre de l'écart défavorable sur prix relatif à la quantité de matière première utilisée en trop mais il se trouve en même temps à bénéficier de l'écart favorable sur taux relatif à l'économie dans les heures de main-d'oeuvre directe. En ne considérant pas ces deux derniers écarts, les écarts relatifs aux coûts variables auraient été de 104,35$ D, 1 018,19$ F et 240$ F.

En conséquence, on peut affirmer, toutes choses étant égales par ailleurs, que l'ancien responsable n'aurait pas dû être congédié.

(Adaptation - S.C.M.C.)

Exercice 21-5

1. Les coûts à inclure dans un rapport de rendement au niveau d'un magasin devraient être idéalement ceux sur lesquels le gérant du magasin a le contrôle, à savoir:

Le coût des marchandises vendues correspondant au prix coûtant pour l'entrepôt ou fonction d'un prix standard par gamme de produits;

Tous les coûts directs associés au magasin, tels que:

Loyer, salaires, services, etc.; ceux-ci devraient inclure les coûts pour les services directement demandés par le gérant de magasin, e.g., publicité locale, étalages, etc.

2. a) Le coût des catalogues devrait être réparti sur la base du volume du chiffre d'affaires ou d'après les demandes de catalogues de la part des magasins. Cependant, un gérant pourrait rejeter le montant attribué en coûts et ne pas demander de catalogues. Étant donné que ceci pourrait avoir certains effets sur les chiffres d'affaires futurs, l'autre option est de traiter les coûts du catalogue comme des frais communs, pour éviter des malentendus possibles.

    b) La publicité devrait être classifiée, soit comme charge pour toute la chaîne et traitée comme charge commune, soit comme charge locale si demandée par un magasin, e.g. publicité dans des journaux locaux.

    c) L'exploitation d'un service centralisé des achats tient sa raison d'être des économies réalisées dues à des achats en grande quantité, donc à des prix inférieurs. En conséquence, le coût des marchandises pourrait inclure une certaine majoration pour les frais d'exploitation du service préposé aux achats et à l'entreposage tout en demeurant inférieur au prix d'achat unitaire si chaque magasin achetait indépendamment.

    d) Les frais du siège social pourraient être traités comme frais communs, étant donné qu'on ne peut retirer que peu d'avantages de leur répartition. Ceci éviterait bien des questions de la part des gérants de magasin.

(Adaptation - S.C.M.C.)

Exercice 21-6

Rapport de performance
pour le mois de mars 19X5

	Budget pour le mois	Chiffres réels	Écarts (déf.) favorables
Essence	6 300,00$	6 000$	300,00$
Huile, entretien normal, etc.	932,40	891	41,40
Assurance	588,00	588	–
Salaires et avantages sociaux	3 000,00	3 000	–
Dotation à l'amortissement	3 885,00	3 885	–
	14 705,40$	14 364$	341,40$
	==========	=======	=======
Nombre de kilomètres parcourus	126 000	126 000	
Nombre de véhicules	21	21	
Coût par kilomètre	0,116$	0,114$	

Calculs à l'appui:

Essence:	(126 000 kilomètres X 0,50$)/10 kilomètres	6 300$
		======
Huile, entretien, etc.:	126 000 kilomètres X 0,0074$	932,40$
		=======
Assurance:	Frais annuels pour un véhicule: 6 720$/20	336$
	Frais annuels pour 21 véhicules: 21 X 336$	7 056$
	Frais mensuels: 7 056$/12 mois	588$
		====
Salaires, etc. 36 000$/12 mois		3 000$
		======
Dotation à l'amortissement	Par véhicule par année: 44 400$/20 véh.	2 220$
	Annuel pour 21 véhicules: 2 220$ X 21	46 620$
	Mensuel pour 21 véh.: 46 620$/12 mois	3 885$
		=======

Meilleur budget: On compare les chiffres réels à ceux d'un budget flexible établi au niveau de l'activité réelle. La comparaison est alors valable. Le budget qui fut utilisé est un budget statique, fixe, objectif, correspondant au douzième du budget annuel.

(Adaptation - C.M.A.)

Exercice 21-7

1. Le budget établi pour le mois d'été est un budget fixe parce qu'il représente le quart du budget annuel et ne tient aucunement compte de l'activité intense qui caractérise les mois d'été.

    Les frais prévus n'ont pas été déterminés adéquatement:

    ils reposent strictement sur les coûts passés redressés à la baisse au moyen d'un taux apparemment sans relation avec les méthodes de réduction des coûts ou avec les variations des prix dues à l'inflation.

    Les responsables de service n'ont pas été invités à participer à l'élaboration du budget de 19X5:

    les budgets auraient probablement été plus adéquats;
    les budgets auraient pu motiver les responsables de service à travailler conjointement avec la direction en vue de l'atteinte des objectifs fixés par le budget.

2. Le rapport ne peut servir à mesurer le rendement du responsable du service du blanchissage, car on y procède à la comparaison de coûts réels et de coûts budgétés qui se situent à des niveaux d'activité différents. On aurait dû recourir au budget flexible.

    L'analyse des écarts sur coûts n'est pas suffisamment élaborée. Il aurait fallu subdiviser ces écarts en écarts sur prix et écarts sur utilisations.

    On peut s'interroger sur l'à-propos d'inclure dans le rapport le salaire du responsable, les frais d'administration et la dotation à l'amortissement du matériel étant donné que ces éléments échappent au contrôle du responsable du service.

(Adaptation - C.M.A.)

Exercice 21-8

1. Le fait que Berwin inc. ait maintenant un système budgétaire constitue une amélioration par rapport à la situation prévalant antérieurement. Ceci est le signe que l'organisation a atteint un certain degré de maturité.

La distinction des frais selon leur comportement - distinction entre frais variables et frais fixes - permet une analyse davantage significative et conduit à des décisions plus éclairées. La présentation sous forme comparative - chiffres réels versus chiffres budgétés - de même que l'indication de l'écart global concernant chacun des éléments vont dans le sens d'une gestion par exception.

Le rapport tel que présenté ne respecte pas le concept d'une comptabilité par sections responsables. Selon ce concept, le rendement d'un responsable n'est évalué qu'à l'égard des éléments qui sont contrôlables par ce dernier. Bien que l'indication des frais répartis du siège social puisse le sensibiliser à l'existence de tels frais, il n'en reste pas moins qu'il ne peut pas vraiment influer sur leur importance. Ces frais ne devraient pas normalement figurer dans le rapport de rendement. S'ils y figurent, ils devraient être présentés comme des éléments non contrôlables.

La comparaison est faite entre les chiffres réels et les données d'un budget statique. En ce faisant, on ne distingue pas entre le contrôle de la production et le contrôle des coûts qui doit être exercé par le responsable de l'atelier. Le contrôle des coûts consiste à s'assurer que la production obtenue l'a été au moindre coût tout en respectant les critères de qualité établis. Le fait que le rapport n'indique que des valeurs monétaires, on n'est pas en mesure de se prononcer sur le bien-fondé et l'efficacité des mesures prises pour contrôler les coûts variables.

Les coûts budgétés figurant au rapport sont en regard d'une production de 3 000 unités alors que les coûts réels l'ont été pour 3 185 unités. Les coûts budgétés qui devraient être utilisés sont ceux relatifs à 3 185 unités.

Plusieurs des éléments paraissant comme frais généraux de fabrication fixes ne sont pas contrôlables par le responsable de l'atelier et devraient être présentés comme tels. Par contre, ceux qui sont contrôlables par ce dernier devraient figurer dans le rapport de rendement. Dans le cas qui nous concerne, le degré de contrôle de ces frais par le responsable de l'atelier n'est pas précisé.

2.

	Budget		Réel		Écart favorable (défavorable)		
	A l'unité	Total	A l'unité	Total	A l'unité	Total	%
Coûts contrôlables:							
Matières premières	8,00$	25 480$	7,80$	24 843$	0,20$	637$	2,5
Main-d'oeuvre directe	9,25	29 461	9,20	29 302	0,05	159	0,5
Frais généraux de fabrication	11,10	35 354	11,00	35 035	0,10	319	0,9
	28,35$	90 295$	28,00$	89 180$	0,35$	1 115$	

Frais généraux de fabrication
   fixes non nécessairement contrôlables à 100% par le responsable de l'atelier:

	Budget	Réel	Écart	
Main-d'oeuvre indirecte	3 300$	3 334$	(34)$	1,0
Amortissement	1 500	1 500	–	
Taxes	300	300	–	
Assurances	240	240	–	
Autres	930	1 027	(97)	10,4
	6 270$	6 401$	(131)$	
Total	96 565$	95 581$	984 $	

(Adaptation - C.M.A.)

Exercice 21-9

1.

Activité confiserie (seulement)
(en milliers de dollars)

	Pourcentage du C.A.	Résultats réels	Budget	Au-dessus (en-dessous) du budget
Chiffre d'affaires	100%	1 200$	1 200$	– $
Frais variables:				
Achats	60%	780$	720$	60 $
Salaires payés à l'heure	5%	60	60	–
Frais de franchise	3%	36	36	–
Électricité et chauffage	7%	76	84	(8)

Total des frais variables	952$	900$	52 $
Marge sur coûts variables	248$	300$	(52)$
Frais fixes:			
Publicité	100$	100$	– $
Dotation à l'amortissement	50	50	–
Location	30	30	–
Salaires	30	30	–
Total des frais fixes	210$	210$	– $
Bénéfice avant impôt sur le revenu	38$	90$	(52)$

2. Oui, un rapport complet, comparant le budget flexible aux résultats réels de chacune des deux sphères activité, permettrait de repérer plus facilement les problèmes de l'unité de Montréal.

Si l'activité réelle de la période diffère de l'activité budgétée au départ, le budget flexible pour le niveau d'activité atteint est plus utile aux fins de contrôle que le budget statique. L'utilisation du budget flexible rend la direction capable de comparer les résultats réels aux résultats prévus pour le même niveau d'activité.

De plus, comme le contrôle des frais d'exploitation du restaurant doit être effectué séparément de celui des frais des activités de la confiserie, les coûts budgétés et réels concernant le restaurant et la confiserie doivent être montrés séparément. Ainsi, les écarts constatés par élément de coût pour chaque sphère d'activité (restaurant et confiserie) serviront à repérer les coûts qu'il y a lieu de contrôler davantage. Cette séparation entre les sphères d'activité élimine la possibilité qu'un écart défavorable d'un élément de coût d'une sphère ne soit camouflé par un écart favorable de l'autre sphère pour le même élément de coût.

Le tableau ci-dessous montre des exemples d'écarts concernant les achats, les salaires payés à l'heure, les frais de franchise, les frais d'électricité et de chauffage de la confiserie. Ces écarts sont non représentatifs si l'on compare les résultats réels avec le budget statique. Par contre, les écarts résultant de la comparaison entre budget flexible et résultats réels sont significatifs.

	Résultats réels	Budget statique	Budget flexible	Écart défavorable (fav.) Budget statique Montant	%	Budget flexible Montant	%
Achats	780$	600$	720$	180$	30	60$	8
Salaires payés à l'heure	60	50	60	10	20	-	-
Frais de franchise	36	30	36	6	20	-	-
Électricité et chauffage	76	70	84	6	9	(8)	(10)

De plus, on remarque que les écarts concernant les achats et les frais d'électricité et de chauffage de la confiserie sont camouflés dans le rapport global qui a été présenté par l'entreprise pour l'unité de Montréal.

3.   a)   Oui, une comparaison entre les budgets flexibles et les résultats réels devrait faire partie du système régulier de comptes rendus sur une base annuelle. Ceci permettrait d'y référer:

1)   pour l'élaboration des budgets des exercices futurs;

2)   pour l'évaluation de la performance concernant l'exercice terminé;

3)   pour repérer les éléments sur lesquels on doit exercer un contrôle plus rigoureux.

b)   Oui, ceci permettrait de procéder de façon davantage continue à l'évaluation du rendement et de pouvoir dès lors remédier plus rapidement aux problèmes repérés.

(Adaptation - C.M.A.)

Exercice 21-10

1.   Les caractéristiques qui différencient centre de coûts, centre de profit et centre d'investissement dépendent de ce que l'on entend par le concept de responsabilité. Pour travailler efficacement, les directeurs de service doivent être tenus responsables des seuls résultats pour lesquels ils détenaient un degré substantiel de contrôle, i.e. pour lesquels ils avaient le choix de la décision à prendre. En se basant sur cette conception de la comptabilité par centre de responsabilité, voici les caractéristiques différenciant les trois types de centres de responsabilité précités.

- Un centre de coûts est une entité organisationnelle dont le directeur a le contrôle sur plusieurs frais mais n'a aucun contrôle sur les produits ou les dépenses d'investissement.

- Le directeur d'un centre de profit est responsable à la fois de frais et de produits. Il n'est toutefois pas responsable de dépenses d'investissement.

- Le directeur d'un centre d'investissement est à la fois responsable de produits, de frais et de dépenses d'investissement.

2.   Le directeur du service d'informatique devra gérer son service différemment selon que celui-ci est considéré comme centre de coûts, centre de profit ou centre d'investissement.

Actuellement, le directeur du service d'informatique recherche à minimiser les frais d'exploitation. Les moyens mis à sa disposition pour y arriver sont:

- réduire le personnel
- donner un service tout juste acceptable
- ne permettre aucun travail supplémentaire pour en arriver finalement à une sous-utilisation de l'équipement du service.

S'il lui était donné d'être responsable d'un centre de profit, il serait motivé à maximiser les bénéfices de son service, à offrir un service plus spécialisé, et à rechercher des méthodes efficientes de réduction de coûts.

Si le service devenait un centre d'investissement, le directeur deviendrait responsable de l'acquisition de l'équipement le plus économique pouvant accomplir le travail du service en vue d'une maximisation du rendement sur investissement. En plus, le directeur viserait à augmenter la performance de son service en offrant un service plus spécialisé et à trouver des méthodes efficientes de réduction des coûts.

Le centre de profit et le centre d'investissement sont ceux qui rendent, selon plusieurs, les directeurs de service plus motivés et satisfaits parce qu'ils ont ni plus ni moins le contrôle de leur propre "affaire".

(Adaptation - C.M.A.)

Exercice 21-11

1. Coûts variables par commutateur:

Matières premières	2,40$
Main-d'oeuvre directe: (20 min. X 0,16$)	3,20
Frais généraux de fabrication variables: (20 min. X 0,06$)	1,20
Expédition/livraison: (162 000$/270 000)	0,60
Commissions: (216 000$/270 000)	0,80
	8,20$

    Marge sur coûts variables aux différents prix de vente:

Prix de vente	Marge sur coûts variables
12,00$	60 000 (12,00$ − 8,20$) = 228 000$
11,50	90 000 (11,50 − 8,20) = 297 000
11,00	130 000 (11,00 − 8,20) = 364 000
10,50	150 000 (10,50 − 8,20) = 345 000
10,00	170 000 (10,00 − 8,20) = 306 000

    Le volume des ventes optimal correspond donc à 130 000 unités.

    Le volume de production nécessaire est le suivant:

Ventes	130 000
Stock de fermeture désiré	10 000
	140 000
Stock d'ouverture	50 000
	90 000

    On peut produire 90 000 unités puisque la capacité maximale de production est de 105 000 unités, soit 35 000 unités X 3 mois.

2. Oui, la division Aigle devrait être considérée comme centre de profit puisque chaque responsable de division doit répondre à la fois des produits et des charges.

3. Critique:

Les rapports de rendement consistent à comparer les chiffres réels aux données d'un budget fixe; de sorte que les écarts ne reflètent pas l'habileté du responsable à contrôler les frais lorsque le niveau de l'activité a différé de celui qu'implique le budget fixe.

De plus, les rapports de rendement font état de frais incontrôlables (ex.: des frais d'administration attribués en fonction des chiffres d'affaires budgétés) par le responsable de division.

Les rapports de rendement reposent sur la méthode des coûts complets laquelle fait problème, et aux fins de l'évaluation du rendement et aux fins de la prise de décisions, si le coût des produits vendus n'est pas détaillé quant à ses composantes fixe et variable.

Recommandations:

a) Faire usage de budgets flexibles aux fins d'évaluation de rendement;

b) Présenter les rapports de rendement en dégageant les marges sur coûts variables;

c) Évaluer le rendement du responsable de division en fonction des aspects de l'exploitation de la division sur lesquels ce dernier peut agir.

(Adaptation - S.C.M.C.)

Exercice 21-12

1. Un code numérique à 6 chiffres pourrait satisfaire les besoins de Daigle ltée.

| a | pour indiquer la division et le siège social.

| b | pour indiquer les 5 principaux types de comptes: actif, passif, capitaux propres, produits, frais.

| c | pour indiquer les classifications principales concernant chaque type de compte,
- compte de bilan: pour préciser s'il s'agit d'actif à court terme, d'immobilisations, etc.
- comptes de produits: pour préciser la gamme de produits.
- comptes de frais: pour préciser la gamme de produits.

Remarque: Un seul chiffre est suffisant puisque le nombre de subdivisions des comptes de bilan n'excédera pas 8 et que le nombre total de gammes de produits (incluant celle concernant les frais généraux de fabrication) est de 6.

| d | pour indiquer les comptes spécifiques ou centres de coûts,
- pour les comptes du bilan, il s'agira des comptes de contrôle.
- pour les comptes de frais, il s'agira des centres de coûts.

Remarque: Un seul chiffre est suffisant puisque le nombre de comptes de contrôle pour chaque catégorie ne pourra excéder 10 et le nombre maximum de centres de responsabilité en matière de coûts concernant une gamme de produits est de 6.

| e | et | f | pour indiquer les comptes auxiliaires et les comptes des frais selon leur nature,
- pour les comptes du bilan, il s'agira des comptes auxiliaires aux comptes de contrôle.
- pour les comptes de frais, les comptes auxiliaires représenteront les comptes de frais selon leur nature.

Remarque: Deux chiffres suffiront car le nombre de subdivisions d'un compte de contrôle ne pourra excéder 100 et le nombre de comptes de frais de nature différente est d'environ 44.

2. a) | a | Division du façonnage des petites pièces

| b | Frais

| c | Gamme de manettes

| d | Section polissage

| e | et | f | Fournitures de nettoyage

b)

| a | Division du décapage

| b | Actifs

| c | Immobilisations

| d | Équipement

| e | et | f | Service de l'entretien-décapage

(Adaptation - C.M.A.)

Exercice 21-13

1. L'approche consistant à déterminer des contributions est ici une approche appropriée en matière d'évaluation de rendement.

   Il faut cependant faire observer, que selon l'approche classique, il faudrait présenter séparément les frais fixes des frais variables de même que les marges sur coûts variables et possiblement les taux de ces marges. Enfin, il n'est pas normal que les frais engagés par un centre de coûts pour le compte d'un service ne soient pas attribués audit service.

2. Les postes individuels de produit et de frais d'un service n'ont pas été ajustés pour tenir compte de l'inflation de sorte qu'on ne peut juger de l'ampleur du phénomène.

   Dans le cas des centres de coûts, l'administration s'est servie du même indice pour ajuster l'ensemble des frais de ces centres.

   Le fait de ne pas indiquer les ajustements pour tenir compte de l'inflation particulière à chacun des centres de coûts nécessite que l'on procède à la révision des chiffres budgétés aux fins d'analyses comparatives avec les chiffres réels.

   Les responsables des services doivent être conscients que les montants des produits doivent permettre de couvrir les frais des centres de coûts, y compris les ajustements pour tenir compte de l'inflation. La méthode utilisée par l'administrateur de l'hôpital ne semble pas contribuer à cette sensibilisation.

(Adaptation - C.M.A.)

Exercice 21-14

1.

(En milliers de dollars)
Secteurs

	Registrariat	Journal	Études de recherche	Formation continue	Total
Produits					
Cotisations de membres	1 600,0$	400,0$			2 000$
Abonnement des non-membres		75,0			75
Publicité		100,0			100
Études de recherche			700$		700
Cours de formation continue				400,0 $	400
	1 600,0$	575,0$	700$	400,0 $	3 275$
Charges					
Salaires	210,0$	150,0$	300$	180,0 $	840$
Avantages sociaux	52,5	37,5	75	45,0	210
Taxes foncières, etc.	46,0	46,0	119	46,0	257
Cotisations versées aux chapitres régionaux	600,0				600
Services aux membres	500,0				500
Papeterie et impression		157,5	112	50,5	320
Expédition		90,0	56		146
Honoraires des professeurs				80,0	80
	1 408,5$	481,0$	662$	401,5 $	2 953$
Contribution du secteur	191,5$	94,0$	38$	(1,5)$	322$
Charges communes					
Salaires de la direction générale					80$
Avantages sociaux					20
Taxes foncières, etc.					23
Expédition					30
Administration					3
					191$
Excédent des produits sur les charges					131$

2.   a)   Pour mesurer la contribution de chaque secteur à la couverture des charges communes.

b) Pour procéder à une meilleure analyse par suite de la ségrégation faite dans le rapport même.

3. a) Les responsables des centres de produits peuvent réagir négativement aux répartitions des frais indirects, en ignorant les rapports qui leur sont soumis.

b) Selon ces mêmes responsables, ils ne devraient pas être tenus de rendre compte des frais incontrôlables par eux.

c) À toutes fins utiles, les avantages retirés de telles répartitions sont annulés par la lourdeur des répartitions elles-mêmes.

4. a) Lorsqu'il existe des clés de répartition raisonnables.

b) Lorsqu'il devient nécessaire de sensibiliser les responsables à l'existence des frais communs.

c) Lorsque les montants en cause ne sont pas importants.

(Adaptation - C.M.A.)

Exercice 22-1

Cas I:

Oui, dans le cas par exemple où la capacité de la division cédante n'est pas totalement utilisée.

Cas II:

Oui, car en cédant au plus offrant, la marge nette sur coûts variables pour l'ensemble de l'entreprise peut très bien ne pas être optimale.

Exemple:

Division cédante	Divisions/clientes		
		Division B	Division C
Division A			
Coûts variables unitaires 10$	Prix de vente	25$	40$
	Coûts variables		
	exclusifs	8	20
		17$	20$
		===	===
	Prix offert à		
	la division A	13$	12$
		===	===

La division A cédera normalement à la division la plus offrante, soit la division B. Pourtant, il serait plus avantageux pour l'entreprise si le bien était cédé à la division C. En effet, la marge sur coûts variables unitaires serait alors de 10$ au lieu de 7$.

Exercice 22-2

Si l'on élimine la vente du deuxième produit, le profit de la division va augmenter au détriment du profit global de l'entreprise, comme le démontrent les calculs suivants:

Actuellement	1er produit	2e produit	Total
Ventes	30 000$	20 000 $	50 000$
Coûts variables	18 000	14 000	32 000
Marge sur coûts variables	12 000	6 000	18 000
Frais du siège social	9 900	6 600	16 500
	2 100$	(600)$	1 500$
	=======	========	=======

Toutes choses étant égales par ailleurs, si l'on abandonne le deuxième produit, le résultat de la division sera le suivant.

	Total
Chiffres d'affaires	30 000$
Coûts variables	18 000
Marge sur coûts variables	12 000
Frais du siège social: (33% X 420 000) (30 000)/ (420 000 - 20 000)	10 395
	1 605$

Exercice 22-3

1. La commande ne devrait pas être acceptée à moins qu'elle puisse se substituer à une commande moins rentable. La Division Lumière fonctionne à pleine capacité et l'acceptation d'une commande qui rapporte moins que la marge normale sur coûts variables unitaires normale va réduire son profit et, en conséquence, le boni du directeur de la division.

2. L'acceptation de la commande permettrait aux divisions de fonctionner à un plus fort pourcentage de leur capacité. Cependant, le prix offert de 43,60$ ne permet pas de réaliser une marge sur coûts variables unitaires supérieure à celle réalisée en vendant aux clients habituels.

Prix offert par Domar	43,60$
Coûts variables pour Strom: (47,80$ - 7,60$)	40,20
Marge sur coûts variables unitaires	3,40$

Marge normale sur coûts variables unitaires pour la Division Lumière sur une dynamo:
34,80$ - (25$ - 2,20$)   12$

Donc, la commande devrait être refusée car la marge sur coûts variables unitaires par ensemble de pièces (3,40$) serait nettement inférieure à la marge sur coûts variables unitaires réalisée sur la vente d'une simple dynamo à un client régulier.

3.   Autres facteurs:

   a)   Effet sur la motivation s'il impose une commande;

   b)   Réactions des clients réguliers;

   c)   L'acceptation d'un bas prix peut faire du tort au prix des commandes futures;

   d)   Réactions des concurrents;

   e)   Autres utilisations (coûts d'opportunité) de la capacité excédentaire dans les autres divisions;

   f)   La possibilité de réduire les coûts fixes dans les divisions qui ont de façon chronique une capacité non utilisée.

(Adaptation - S.C.M.C.)

Exercice 22-4

1.

Recettes nettes
pour l'entreprise

   a)   Si la division des Coques
        cède la coque à l'interne
           3 000 $ - 1 700 $ - 500 $ =   800$

   b)   Si la division des Coques vend la
        coque à l'extérieur et si la division des Bateaux
        achète la coque à l'extérieur
           2 600 $ + 3 000 $ - 2 600 $ - 1 700 $ - 500 $ =   800$

        Écart   -0-
                                                                              ======

Étant donné que le montant en a) est égal à celui en b), le prix de cession interne à utiliser devrait correspondre au prix du marché, c'est-à-dire être de 2 600$.

Comme la marge sur coûts variables unitaires serait négative pour la division cliente, il n'y aura pas de cession à ce prix:
           3 000$ - 2 600$ - 500$ =   - 100$
                                                                              ======

De plus, il serait désavantageux pour l'entreprise dans son ensemble de vendre des bateaux au lieu de vendre des coques car la marge sur coûts variables d'un bateau est de 100$ de moins que celle d'une coque (3 000$ - 1 700$ - 500$ = 800$, au lieu de 2 600$ - 1 700$ = 900$).

		Recettes nettes unitaires pour l'entreprise
a)	Si la division des Coques fabrique et cède le bien intermédiaire à la division des Bateaux	3 000$ - 1 700$ - 500$ = 800$
b)	Si la division des Bateaux achète le bien intermédiaire à l'extérieur	3 000$ - 2 600$ - 500$ = - 100$
	Écart	900$
		======

2. Comme la capacité de production de la division des Coques n'est pas totalement utilisée faute de commandes externes, il est dans l'intérêt global de l'entreprise que les 200 coques soient cédées à la division des Bateaux. D'une part, pour inciter la division des Coques à produire, il faudrait que le prix de cession interne soit supérieur au coût variable. D'autre part, pour inciter la division des Bateaux à acheter de la division des Coques, il faudrait que le prix de cession interne soit inférieur au prix du marché. À défaut pour les divisions de s'entendre sur un prix de cession, le siège social pourrait accorder un subside égal à 900$ l'unité, soit 2 600$ - 1 700$, à la division des Coques. Ainsi, la division des Bateaux serait facturée à 1 700$ l'unité et la division des Coques aurait un produit total de 2 600$ l'unité, soit 900$ + 1 700$.

Prix de cession interne à utiliser	=	PVI - écart favorisant la cession interne
	=	2 600$ - 900$
	=	1 700$
		======
Subside accordé par le siège social	=	900$
		======

(Adaptation - S.C.M.C.)

Exercice 22-5

1.   Décaissements
                                                                          pour l'entreprise

    Achat des chemises auprès de fournisseurs
    extérieurs:
       Coût d'achat: 150 000 X 3,75$ 562 500$
       moins:
       Épargne sur la confection des autres
       chemises   50 000   512 500$
    Confection des chemises par la division confection:
       Coûts variables: 150 000 X 3,25$ 487 500
    Écart   25 000$
                                                                          ========

Il est donc préférable que la société confectionne elle-même les chemises.

2. Le prix de cession interne pourrait être de 3,583$, soit un prix correspondant aux frais variables et au manque à gagner s'il y a vente interne:

        coûts variables +   coûts d'opportunité pour l'entreprise
        unitaires   s'il y avait cession à l'intérieur

  =   3,25$ +   (50 000$ / 150 000)

  =   3,583$
        ======

À la rigueur, le prix de cession pourrait se situer entre 3,583$ et 3,75$.

(Adaptation - S.C.M.C.)

Exercice 22-6

1. Marge sur coûts variables par système d'horlogerie:

Prix de vente du système d'horlogerie		7,50$
moins:		
Coûts variables de production:		
Circuits intégrés - IC 378: 5 X 0,15$	0,75$	
Pièces provenant de l'extérieur	2,75	
Gravure des circuits	0,40	
Assemblage, vérification, empaquetage	1,35	5,25
		2,25$

Marge sur coûts variables sacrifiée par ensemble
de cinq circuits intégrés parce qu'on ne les vend
pas à l'extérieur:

Prix de vente d'un circuit intégré	0,40$	
moins:		
Coûts variables de production	0,15	
Marge sur coûts variables par circuit	0,25$	
Nombre de circuits par système d'horlogerie	X 5	1,25
Avantage net pour l'entreprise à la fabrication		
d'un système d'horlogerie		1,00$

Oui, il serait plus avantageux financièrement d'obliger la division I à
fournir des circuits à la division II.

2. Cette politique éviterait certes les interventions de la vice-présidence.
Par contre, elle comporterait des inconvénients qui risquent de dépasser
l'avantage que présente le non-arbitrage:

- cette politique affecterait le moral du directeur de la division
cédante, le profit n'étant plus possible sur les cessions internes,
- l'entreprise s'expose à perdre, à avoir des "manques à gagner", car
aucune analyse économique ne serait effectuée pour évaluer l'usage le
plus rentable pour l'entreprise.

Compte tenu des considérations précédentes, la société pourrait plutôt
adopter une politique où le prix d'acquisition pour la division acheteuse
serait le coût variable et où le prix de cession interne pour la division
cédante pourrait être au moins égal au prix de vente du bien intermédiaire.
La différence entre le prix de cession interne et les coûts variables

constituerait un subside accordé par le siège social afin d'amener la division cédante à privilégier la vente de ses circuits à l'intérieur de l'entreprise.

(Adaptation - C.M.A.)

Exercice 22-7

1. En tant que responsable de la section A, je m'objecterais à ce que

   a) des frais découlant du manque de productivité du service d'informatique me soient attribués (c'est ce qui peut se produire si on ventile des frais réels au lieu d'imputer en fonction d'une formule budgétaire).

   b) la portion des frais qui m'est attribuée soit influencée non seulement par mon utilisation mais par celle de la section B (c'est en particulier ce qui se produit dans le cas des frais fixes puisque ceux-ci sont ventilés en fonction des heures réelles).

2. Méthode de la double attribution:

   a) attribution de frais fixes budgétés fondée sur les utilisations escomptées à long terme du service d'informatique;

   b) attribution de frais variables budgétés fondée soit sur l'utilisation standard eu égard au travail accompli.

	Service A	Service B
Frais fixes:		
60% X 258 000$	154 800$	
40% X 258 000$		103 200$
Frais variables:		
624 h X 245$	152 880	
285 h X 245$		69 825
	307 680$	173 025$

Autre solution possible relative aux frais variables (cette solution est tout de même moins valable que celle ci-dessus):

	Service A	Service B
630 h X 245$	154 350$	
315 h X 245$		77 175$

(Adaptation - S.C.M.C.)

Exercice 22-8

1. a) Bénéfice de la division des bouteilles (en milliers de dollars)

Ventes	10 000$
Coûts	7 200
Bénéfice	2 800$
	=======

   b) Bénéfice de la division du parfum (en milliers de dollars)

Ventes	63 900$
Coûts: (48 400 + 10 000)	58 400
	5 500$
	=======

   c) Bénéfice de la société (en milliers de dollars)

Ventes	63 900$
Coûts: (48 400 + 7 200)	55 600
	8 300$
	=======

2. a) Oui

	Volumes		
Nombre de caisses (en milliers)	2 000	4 000	6 000
	=====	=====	=====
Ventes (en milliers)	4 000$	7 000$	10 000$
Coûts (en milliers)	3 200	5 200	7 200
Bénéfice (en milliers)	800$	1 800$	2 800$
	======	======	=======

b)   Non

Ventes (en milliers)	25 000$	45 600$	63 900$
Coûts (en milliers)	20 400	39 400	58 400
Bénéfice (en milliers)	4 600$	6 200$	5 500$
	=======	=======	=======

c)   Oui

Ventes (en milliers)	25 000$	45 600$	63 900$
Coûts (en milliers)	19 600	37 600	55 600
Bénéfice (en milliers)	5 400$	8 000$	8 300$
	=======	=======	=======

3.   Les conditions sont les suivantes:

attitude propice de l'organisation face à des opérations décentralisées;
autonomie et liberté d'action (possibilité pour le secteur d'acheter de
l'extérieur ou de vendre à l'extérieur quand c'est à son avantage);
possibilité d'identification des produits et des coûts relevant du secteur.

Il se pourrait que le secteur de la fabrication des bouteilles ne remplisse
pas toutes les conditions précitées. En effet, on peut se demander si les
bouteilles fabriquées pourraient être vendues en dehors de l'entreprise.

(Adaptation - C.M.A.)

Exercice 22-9

1.   Salaisons C et P ltée
                              État des résultats
                     Pour l'exercice terminé le 31 décembre 19X5
                            (en milliers de dollars)

	Division 1	Division 2
Ventes	400$	1 400 $
Cessions internes	1 120	
	1 520$	
Coût des produits vendus		
Stock du début	-0- $	-0- $
Coûts de la production:		
Matières premières	500$	1 120$

Main-d'oeuvre directe	300		350	
Frais généraux	200	1 000	100	1 570
Coût des produits disponibles pour la vente		1 000		1 570
Stock de la fin - au coût		-0- 1 000		120 1 450
Bénéfice (perte) brut(e)		520		(50)
Frais de vente et d'administration		110		120
Bénéfice (perte) avant impôt		410$		(170)$
		======		=======

2. Le prix de cession interne est basé sur le prix du marché. C'est le meilleur choix car la division 1 peut vendre toute sa production et la division 2 peut acheter à l'extérieur à ce prix. Le prix du marché tient compte du coût d'opportunité de la viande non traitée.

(Adaptation - S.C.M.C.)

Exercice 22-10

1.

Prix maximum par machine		650$
Coûts variables autres que ceux du Q-32:		
Matières premières	100$	
Main-d'oeuvre directe	50	
Frais généraux de fabrication variables	35	185
Marge pouvant être affectée à l'achat du Q-32		465$
		====

2. Comme la division Roc dispose d'une capacité non utilisée lui permettant de produire 5 000 unités supplémentaires de Q-32, le directeur de cette division devrait accepter de céder ces 5 000 unités au coût variable de 300$ du Q-32. Une fois la capacité maximum atteinte de cette façon, toute unité supplémentaire cédée à la division Choc comporterait un coût d'opportunité.

Prix de cession unitaire minimum moyen:	
Coûts variables du Q-32:	
10 400 X 300$	3 120 000$
Coût d'opportunité:	
5 400 (450$ - 300$)	810 000
	3 930 000$

Prix de cession unitaire minimum moyen:
3 930 000$/10 400   377,88$
                                                            =========

3. Si réduction du prix de vente du Q-32
       Ventes: 26 000 (450$ X 0,95)   11 115 000$
       Coûts de production variables:
          26 000 X 300$ 7 800 000
       Marge sur coûts variables   3 315 000$
                                                          ===========

    Si cession interne
       Ventes: (15 600 X 450$) + (10 400 X 650$)   13 780 000$
       Coûts de production variables
          - sur vente de machines
             10 400 (300$ + 185$)   5 044 000$
          - sur vente de pièces
             15 600 X 300$ 4 680 000   9 724 000
       Marge sur coûts variables   4 056 000$
                                                          =========

En se fondant sur les calculs précédents, toutes choses étant égales par
ailleurs, la division Roc devrait céder 10 400 unités à la division Choc
puisque le bénéfice annuel de l'entreprise serait plus élevé d'un montant
de 741 000$. Toutefois, les facteurs qualitatifs suivants doivent être
considérés dans la prise de la décision finale:

a)   réaction du marché à la suite de la diminution de l'offre de Q-32
     (danger que naisse un produit substitut);

b)   existence ou non de possibilités d'accroître la capacité de production
     de Q-32;

c)   existence ou non d'une autre façon d'accroître de façon encore plus
     substantielle le bénéfice de l'entreprise;

d)   possibilité ou non que le client potentiel de la division Choc soit
     déjà un client régulier d'une autre division de l'entreprise, d'où la
     possibilité de perdre d'autres ventes advenant que la division Choc
     refuse de vendre à ce client lesdites machines.

(Adaptation - S.C.M.C.)

Exercice 22-11

1. En acceptant de ne fournir que 76 000 pièces TX au client extérieur sur les 100 000 pièces TX que ce dernier serait prêt à acheter, afin de satisfaire d'abord les besoins internes (56 000 appareils ménagers X 4 pièces TX par appareil), le directeur de la "Division Génie" sacriefierait une marge sur coûts variables de (100 000 − 76 000)(5$ − 4,50$) = 12 000$.

   Donc, le directeur de la division devrait vendre 100 000 pièces TX à l'extérieur.

2. L'acceptation de l'offre d'achat que la "Division Génie" a reçue de l'extérieur priverait l'entreprise de la vente de 6 000 appareils ménagers (soit 100 000 − 76 000)/4).

   Donc, on a:

   Recettes en moins:
   Produit de la vente de 6 000 appa-
   reils ménagers: 6 000 X 80$ 480 000$ D
   Décaissements en moins:
   Coûts variables concernant les
   6 000 appareils en moins:
   Pièce TX: 6 000 (4 X 2$)   48 000$
   Autres frais variables:
   6 000 X 37$ 222 000   270 000 F   210 000$ D
   Recettes nettes supplémentaires con-
   cernant la vente de pièces TX:
   (100 000 − 76 000)(5$ − 2$)   72 000 F
   Désavantage net   138 000$
                                                                ========

3. L'intervention du président pourrait mettre en danger la nouvelle politique de gestion décentralisée. Le président créerait un précédent en décidant à la place des deux directeurs concernés.

   Cependant, face à la perte importante prévue pour l'ensemble de l'entreprise, le président devrait au moins attirer l'attention des directeurs des deux divisions sur ce point. Il pourrait même leur demander de s'entendre pour que l'entreprise ne subisse pas de perte. Si ceci lui répugne, il pourrait envisager la formule du subside; en effet, l'entreprise pourrait accorder un subside unitaire à la Division Génie correspondant à la différence entre 5$ et 4,50$.

(Adaptation - C.A.)

Exercice 22-12

Approche utilisée: analyse différentielle.

1. Diminution du chiffre d'affaires concernant les ventes prévues: (15 000 unités)

15 000 (400$ X 5%)   300 000$

moins:

Augmentation de la marge sur coûts variables due à l'augmentation des ventes de 2 400 unités:

Nouveau prix de vente unitaire: 400$ - 20$ 380$

Moins:

Coûts variables:

Compresseur	70$	
Autres matières premières	37	
Main-d'oeuvre directe	30	
Frais généraux de fabrication variables	45	
Frais de vente variables	18	200

180$

X 2 400 u. 432 000

Avantage net pour la division Windair s'il y a diminution du prix de vente   132 000$ F

2. Marge sur coûts variables s'il y a cession interne:

Prix de vente   50,00$

Moins:

Coûts variables:

Matières premières	10,50$	
Main-d'oeuvre directe	8,00	
Frais généraux de fabrication variables	10,00	28,50

21,50$ X 17 400 u. 374 100$ F

```
         Moins:
         Marge sur coûts variables sacrifiée sur les ventes à l'extérieur:
         Prix de vente                        100,00$
         Moins:
         Coûts variables:
              Matières premières        12,00$
              Main-d'oeuvre directe      8,00
              Frais généraux de fa-
              brication variables       10,00
              Frais de vente variables   6,00   36,00
                                     64,00$ X 6 400* u.   409 600  D
Désavantage net pour la division des compresseurs s'il y a
cession interne                                           35 500$ D
                                                          =======


       *  Ventes, compte non tenu des besoins de Windair      64 000 unités
          Ventes extérieures maintenant possibles s'il y a cession:
              75 000 - 17 400                                 57 600
          Ventes en moins à l'extérieur                      6 400 unités
```

3.   S'il y a cession interne des 17 400 compresseurs
      Marge sur coûts variables des climatiseurs vendus
      17 400 [380$ - (10,50$ + 8$ + 10$ + 37$ + 30$ + 45$ + 18$)]= 3 854 100$

      Marge sur coûts variables des compresseurs vendus à
      l'extérieur de l'entreprise
      57 600 [100$ - (12$ + 8$ + 10$ + 6$)]   = 3 686 400
                                                                 7 540 500$
                                                                 ==========

      S'il n'y a pas de cession interne des 17 400 compresseurs

      Marge sur coûts variables des climatiseurs vendus
      17 400$ [380$ - (70$ + 37$ + 30$ + 45$ + 18$)]   = 3 132 000$

      Marge sur coûts variables des compresseurs vendus à
      l'extérieur de l'entreprise
      64 000 [100$ - (12$ + 8$ + 10$ + 6$)]   = 4 096 000
                                                                 7 228 000$
                                                                 ==========

Avantage pour l'ensemble de l'entreprise de transiger à
l'interne: 7 540 500$ - 7 228 000   = 312 500$
                                                       ========

4. Ventes, compte non tenu des besoins de Windair   64 000 unités
    Ventes extérieures maintenant possibles, compte
    tenu de la nouvelle proposition: 75 000 - 15 000   60 000
    Ventes en moins à l'extérieur   4 000 unités
    Marge sur coûts variables s'il y a cession
    interne:
        Prix de vente   55,00$
        Coûts variables: (10,50$ + 8$ + 10$) 28,50
                                              26,50$ X 15 000   397 500$
        Marge sur coûts variables sacrifiée sur les
        ventes à l'extérieur
        Prix de vente   100,00$
        Coûts variables: (12$ + 8$ + 10$ + 6$) 36,00
                                              64,00$ X 4 000 u. 256 000
    Avantage net pour la division des Compresseurs
    s'il y a cession interne   141 500$
                                                               ========

5. Détermination du coût pour l'entreprise dans son ensemble concernant la
    nouvelle proposition de Windair:

    a)
    Coût des 15 000 compresseurs obtenus de la
    division des Compresseurs:
    15 000 X (10,50$ + 8,00$ + 10,00$)   427 500$

    Coût des 2 400 compresseurs achetés de l'ex-
    térieur: 2 400 X 70,00$ 168 000
                                                                595 500
    Plus:
    Coût d'opportunité pour l'entreprise dû à une
    diminution des ventes extérieures de 4 000
    compresseurs:
        4 000 [100$ - (12$ + 8$ + 10$ + 6$)]   256 000
    Coût de la nouvelle proposition   851 500$
                                                               ========

Achat de 17 400 compresseurs à l'extérieur:
17 400 X 70$ 1 218 000$
moins:
Coût de la proposition formulée par Windair   851 500
Avantage pour l'entreprise dans son ensemble
si la nouvelle proposition de Windair est
acceptée   366 500$
                                                                  ==========

b)
Achat des 17 400 compresseurs de la division des Compresseurs:

Coûts variables de fabrication:
17 400 (10,50$ + 8,00$ + 10,00$)   495 900$
Plus:
Coût d'opportunité pour l'entreprise dû à
une diminution des ventes extérieures
6 400 [100$ - (12$ + 8$ + 10$ + 6$)]   409 600   905 500$
Moins:
Coût de la proposition formulée par Windair   851 500
Avantage pour l'entreprise dans son ensemble
si la nouvelle proposition est acceptée   54 000$
                                                            ========

(Adaptation - C.M.A.)

Exercice 22-13

1. L'évaluation des réalisations à partir de plusieurs critères permet à la
    direction de l'entreprise d'établir des objectifs convenant davantage aux
    organisations complexes actuelles basées sur la décentralisation. En plus,
    la détermination d'objectifs multiples élimine la tendance à trop rechercher
    la maximisation à court terme, situation qui peut arriver lorsqu'une
    pression excessive est exercée en vue de l'atteinte d'un objectif
    spécifique.

2. a) L'expression "harmonisation des objectifs" est souvent utilisée
        lorsqu'il est question des relations existant entre les objectifs
        individuels et ceux de l'organisation. Dans cet exemple, il s'agit
        plutôt des relations entre les objectifs d'une division et ceux de

l'entreprise globale. Il y a harmonisation des objectifs lorsque l'atteinte des objectifs globaux de l'entreprise est bénéfique tant pour la division que pour l'entreprise.

b) Dans la plupart des cas, l'utilisation de plusieurs critères contribuera à parvenir à une harmonisation des objectifs parce que ceci facilitera la compréhension, l'acceptation et le travail en vue de l'atteinte d'objectifs communs. Au contraire, lorsque l'évaluation est fonction de la réalisation d'un seul objectif, il y a risque qu'un groupe de l'organisation maximise ses réalisations aux dépens d'un autre groupe.

(Adaptation - C.M.A.)

Exercice 22-14

1. Pour l'entreprise, le volume optimal est de 24 000 unités comme l'indique le tableau suivant:

Nombre d'unités	Coût de prod. de M	Coût de N	Coût total	Chiffre d'affaires	Bénéfice
12 000	74 000$	92 000$	166 000$	216 000$	50 000$
16 000	82 000	96 000	178 000	248 000	70 000
20 000	90 000	100 000	190 000	270 000	80 000
24 000	98 000	104 000	202 000	300 000	98 000
28 000	106 000	108 000	214 000	309 120	95 120
32 000	114 000	112 000	226 000	309 120	83 120

2. Pour N, le volume optimal est plutôt de 12 000 ou 16 000 unités.

Nombre d'unités	Coût exclusif à N	Prix de cessions	Coût total	Chiffre d'affaires	Bénéfice (perte)
12 000	92 000$	84 000$	176 000$	216 000$	40 000$
16 000	96 000	112 000	208 000	248 000	40 000
20 000	100 000	140 000	240 000	270 000	30 000
24 000	104 000	168 000	272 000	300 000	28 000
28 000	108 000	196 000	304 000	309 120	5 120
32 000	112 000	224 000	336 000	309 120	(26 880)

3. Le volume devrait être de 16 000 unités. La division M montrerait un meilleur résultat si le volume était de 16 000 unités au lieu de 12 000.

Exercice 22-15

S'il n'y a pas de cession interne, l'entreprise pourra accepter la commande du client potentiel car:

1) la division A fabriquera les 1 000 unités supplémentaires qu'exige le client.
2) la division B pourra acheter les 1 600 pièces qui lui manquent pour satisfaire l'augmentation des commandes régulières (1 000 produits) et la demande de 600 produits formulée par le client potentiel.

Vérifions donc s'il est préférable ou non de procéder à la cession interne.

S'il n'y a pas de cession interne		S'il y a cession interne	
Recettes;			
Division A: 1 000 X 16$	16 000$		
Division B: 1 600 X 30$	48 000	1 000 X 30$	30 000$
Décaissements:			
Division B - Achat:			
1 600 X 16$	(25 600)		
Division A - Fabrication:			
1 000 X 10$	(10 000)	1 000 X 10$	(10 000)
Division B - Fabrication:			
1 600 X 11$	(17 600)	1 000 X 11$	(11 000)
Excédent des recettes sur les décaissements	10 800$		9 000$

Il faudrait donc ne pas favoriser la cession interne. Pour ce faire, il faut établir le prix de cession de façon à ce que la division B décide d'acheter les pièces à l'extérieur.

Prix de cession interne	=	Coûts variables unitaires	+	Coûts d'opportunité (à l'échelle de l'entreprise s'il y avait cession interne) ramenés sur une base unitaire	

	=	Coûts variables unitaires	+	Coûts d'opportunié à l'unité des ventes manquées	+ Coûts d'opportunité à l'unité des ventes manquées

				Division A	Division B
	=	10,00	+	$\dfrac{(16 - 10) \times 1\ 000}{1\ 000}$	+ $\dfrac{600\ [30 - (16 + 11)]}{1\ 000}$
	=	10,00	+	6	+ 1,80
	=	17,80$			

Exercice 22-16

1.

	Frais réels du 1er trimestre	Non répartis	Répartis			
			Services utilisateurs			Clients externes
			Registres	Réclamations	Finances	
Reliés au matériel	155 000	5 000	45 000(1)	75 000(5)	22 500 (9)	7 500(13)
Reliés au développement de logiciels	130 000	2 500	12 750(2)	51 000(6)	51 000(10)	12 750(14)
Reliés à l'exploit.						
- ordinateur	187 000	3 000	110 400(3)	36 800(7)	27 600(11)	9 200(15)
- entrée/sortie	78 000	(1 000)	15 800(4)	55 300(8)	3 950(12)	3 950(16)
	550 000	9 500	183 950	218 100	105 050	33 400

(1)150 000$ X 0,30 (5)150 000$ X 0,50 (9)150 000$ X 0,15 (13)150 000$ X 0,05
(2)425 X 30$ (6)1 700 X 30$ (10)1 700 X 30$ (14)425 X 30$
(3)552 X 200$ (7)184 X 200$ (11)138 X 200$ (15)46 X 200$
(4)1 580 X 10$ (8)5 530 X 10$ (12)395 X 10$ (16)395 X 10$

2. a) Oui, puisque le service d'informatique ne pourra transférer aux secteurs utilisateurs les écarts défavorables sur ses coûts. Le service d'informatique sera incité à contrôler ses coûts.

b) Oui, puisque les services utilisateurs sauront à quoi s'en tenir dès le début de l'exercice quant aux montants qui leur seront facturés pour les services reçus.

c) Oui, puisque les frais engagés pour rencontrer les besoins d'un secteur utilisateur n'ont aucune incidence sur les montants attribués aux autres secteurs utilisateurs. De plus, le fait d'utiliser des taux variables selon la nature du service rendu est plus équitable qu'un taux unique.

(Adaptation - C.M.A.)

Exercice 22-17

1. a) La pratique actuelle de Durst consiste à établir les prix de cession interne en fonction du coût pour l'usine productrice, ce qui a comme conséquence de rendre l'usine acheteuse responsable des erreurs commises par l'usine pourvoyeuse. De cette façon, cette dernière n'est pas incitée à avoir un bon rendement et l'usine acheteuse doit prendre à sa charge des inefficacités qui échappent à son contrôle. Si le prix de cession est égal au coût complet, il se pourrait que Durst n'obtienne pas un rendement optimal.

L'addition d'une marge de profit raisonnable au coût pour en arriver au prix de cession interne suscite des difficultés en ce qui a trait à la détermination objective de cette marge qui d'ailleurs pourrait être différente pour chaque gamme de produits, pour chaque usine et pour l'entreprise tout entière.

Dans l'ensemble, la politique actuelle pourrait susciter des difficultés quant à la détermination du prix des produits finis en raison de l'accumulation des coûts et des profits d'une usine à une autre. Il se pourrait que la mise en marché soit perturbée, ce qui pourrait être la cause de la perte à laquelle plusieurs contrats importants ont donné lieu.

Les prix de cession interne déterminés en fonction de la valeur marchande ou du coût complet accru d'une marge de profit raisonnable pourraient ne pas permettre à Durst d'atteindre ses objectifs. Il faudrait analyser les opérations de la société afin de déterminer les effets de la politique actuelle de prix de cession interne sur l'ensemble de l'exploitation. Il est possible que l'on en arrive à la conclusion que la même pratique ne convienne pas pour toutes les usines.

Des prix de cession interne égaux aux coûts standards variables, compte tenu d'un partage de la marge globale sur coûts variables permettraient d'éviter que le rendement inefficace d'une usine soit pris en charge par l'usine acheteuse. Cette méthode permettrait peut-être de maximiser les profits et d'amener les responsables à travailler ensemble en vue d'atteindre les objectifs fixés par la direction.

b) L'objectif de la décentralisation est de permettre aux dirigeants de prendre des décisions. Dans une entreprise décentralisée, les décisions sont prises par ceux qui sont en mesure d'évaluer localement les coûts engagés et toute information relative au marché. Les dirigeants devraient pouvoir exercer un contrôle sur les éléments susceptibles d'influer sur leur rendement. L'établissement de centres de profit est un excellent moyen de faire connaître les objectifs poursuivis, de motiver les responsables et d'évaluer leur rendement.

La décentralisation peut toutefois être plus ou moins grande. Parfois, très peu de contraintes seront imposées aux responsables qui jouiront d'une latitude presque totale tandis que, dans d'autres cas, le contrôle sera très centralisé. La décentralisation peut être mauvaise s'il existe une grande interdépendance entre les différentes unités de l'entreprise.

Les centres de profit de Durst sont très interdépendants en raison du très grand nombre de transferts de pièces entre les usines. Même si les directeurs d'usines sont évalués en fonction des bénéfices réalisés, c'est le siège social qui établit les prix de cession interne.

Il serait peut-être préférable que les usines soient des centres de frais. Toutefois, si l'établissement de centres de frais peut amener ces derniers à mieux contrôler les coûts, il se pourrait que cette structure ne les incite pas à tirer parti des opérations qu'ils pourraient conclure avec des tiers.

2. a) Si l'usine de l'Ouest a un potentiel de production non utilisé, le coût de renoncement qu'entraînerait la production du X-30 modifié est nul et elle pourrait accepter de vendre ce carburateur à un prix quelque peu supérieur au total de ses coûts variables de 224$.

    b) Si l'usine de l'Ouest ne peut en même temps fabriquer le X-30 modifié et le X-30 non modifié, elle devrait fabriquer d'abord le X-30 modifié et le céder à un prix de cession interne égal au total des coûts variables accrus de la marge sur coûts variables réalisée sur la vente d'un X-30 non modifié. Dans ce cas, un prix de 447$ l'unité (voir les calculs faits dans le tableau 1) serait juste et équitable pour l'usine de l'Ouest.

Tableau 1

Durst inc.

Prix de cession interne du carburateur X-30 modifié

Coûts fixes	
X-30 modifié: 40% de 374$	150$
X-30 non modifié: 40% de 237$	95
Coûts variables	
X-30 modifié: 60% de 374$	224$
X-30 non modifié: 60% de 237$	142
Coût total	
X-30 modifié: 65% de 575$	374$
X-30 non modifié: 65% de 365$	237
Prix de cession interne du X-30 modifié	
Coûts variables du X-30 modifié	224$
Plus: Marge sur coûts variables du X-30 non modifié: (365$ - 142$)	223
Prix de cession interne	447$

(Adaptation - C.A.)

Exercice 22-18

Au sujet des coûts fixes:

Quote-part des charges fixes attribuée à une division utilisatrice

Choix entre:

a) $\dfrac{\text{Budget des charges fixes} \quad X \quad \text{Consommations annuelles prévues de la division}}{\text{Total des consommations annuelles prévues de la part de tous les utilisateurs}}$

b) $\dfrac{\text{Budget des charges fixes} \quad X \quad \text{Besoin exprimé par la division à la date de la création du centre}}{\text{Total des besoins exprimés de la part de tous les secteurs utilisateurs}}$

c) $\dfrac{\text{Budget des charges fixes} \quad X \quad \text{Consommations annuelles réelles ou prévues}}{\text{Capacité du centre}}$

Au sujet des coûts variables:

Charge unitaire standard $\quad X \quad$ Consommations annuelles réelles de la division

Exercice 22-19

a) <u>Division Énergie</u>

Comparons les options prix de cession au coût complet et prix de cession au coût complet majoré de 50%:

	Prix de cession de 5$	Prix de cession de 7,50$
Impôt sur le bénéfice unitaire au pays de Manana		(7,50$ - 5$) 15% = 0,375$

Douane	5,00$ X 30%	1,5000$	7,50$ X 30%	= 2,250
Impôt canadien				
différentiel	(7,50$ - 5$ +			
	2,25 - 1,50$) 45% =	1,4625		
		2,9625$		2,625$
		=======		======

Le prix de cession au coût majoré donne un meilleur résultat pour l'entreprise. Le résultat de l'entreprise est plus élevé d'un montant de 16 875$.

Comparons maintenant les options prix de cession au coût majoré et prix de cession au prix de marché.

	Prix de cession de 7,50$	Prix de cession de 5,70$
Impôt sur le bénéfice unitaire au pays de Manana	(7,50$ - 5$) 15% = 0,375$	(5,70$ - 5$) 15% = 0,105$
Douane	7,50$ X 30% = 2,25	5,70$ X 30% = 1,710
Impôt canadien différentiel		(7,50$ - 5,70$ + 2,25 - 1,71$) 45% 1,053
	2,625$	2,868$
	======	======

Le prix de cession de 7,50$ permet à l'entreprise de réaliser le meilleur résultat. L'excédent de ce résultat sur celui réalisé lorsque le prix de cession est le prix du marché correspond à 12 150$.

b)   Division Endurance

Comparons les options prix de cession au coût complet et prix de cession au coût complet majoré de 50%:

	Prix de cession de 5$	Prix de cession de 7,50$
Impôt sur le bénéfice unitaire au pays de Manana		(7,50$ - 5$) 15% = 0,375$
Douane	5$ X 27% = 1,3500$	7,50$ X 27% = 2,025

```
Impôt américain
  différentiel          (7,50$ - 5$ +
                        2,025$ - 1,35$) 30% =   0,9525                 _____
                                                2,3025$                2,40$
                                                =======                =====
```

Le prix de cession au coût complet donne un meilleur résultat pour l'entreprise. Le résultat de l'entreprise est plus élevé d'un montant de 19 500$.

Comparons maintenant les options prix de cession au coût complet et prix de cession au prix du marché:

	Prix de cession de 5$	Prix de cession de 5,70$
Impôt sur le bénéfice unitaire au pays de Manana		(5,70$ - 5$) 15% = 0,105$
Douane	5$ X 27% = 1,3500$	5,70$ X 27% = 1,539
Impôt américain différentiel	(5,70$ - 5$ + 1,539$ - 1,35$) 30% = 0,2667	_____
	1,6167$	1,644$
	=======	======

Le prix de cession de 5$ permet donc effectivement à l'entreprise de réaliser le meilleur résultat.

Exercice 22-20

1. La confection des housses peut être réalisée soit par la division Tissus, soit par la division Ameublement. Comme il s'agit d'une commande spéciale, les coûts fixes ne sont pas pertinents quant à savoir laquelle de ces deux options est à l'avantage de l'entreprise. Les coûts de main-d'oeuvre, pour tailler et coudre le tissu, et les frais généraux variables s'élèveraient à 20$ la housse si la division Tissus confectionnait cette dernière, alors qu'ils seraient de 24$ si la division Ameublement effectuait le travail. Toutefois, pour réaliser une housse, le tissu nécessaire peut provenir de deux sources. Voici ces sources et le coût de revient variable du tissu dans le cas de chacune de ces sources:

	Division Tissus	Division Yamalie
Matières premières	15,00$	10,00$
Main-d'oeuvre pour tisser	30,00	8,00
Frais généraux variables	5,00	6,00
Droits de douane et taxes d'accise		15,50
Frais de transport		5,50
	50,00$	45,00$

Il s'ensuit qu'il est préférable que l'entreprise produise elle-même les housses car, dans tous les cas, le coût de revient variable d'une housse serait inférieur au prix du fournisseur externe qui s'élève à 75$. En outre, il serait à l'avantage de l'entreprise que le tissu nécessaire à la confection d'une housse vienne de la division Yamalie et que la confection soit réalisée par la division Tissus.

2. La division Châssis est totalement dépendante de la division Ameublement. Elle présente toutes les caractéristiques d'un centre de coûts. Le rendement de cette division devrait dès lors être évalué en termes de contrôle de la qualité des produits et de contrôle des coûts.

3. La politique existante en matière de prix de cession interne conduirait la division Ameublement à se procurer la housse auprès du fournisseur externe. Mais ceci irait à l'encontre de l'intérêt global de l'entreprise. Des prix de cession selon la méthode du double prix assureraient à l'entreprise des résultats optimaux. De plus, si la division Châssis devait être traitée comme centre coûts, les produits cédés par cette dernière pourraient l'être au coût complet standard. Toutefois, si l'on se soucie de l'intérêt global de l'entreprise, les parties fixe et variable de chacun de ces prix de cession par la division Châssis devraient être connues par les divisions clientes.

4. a) Les taux d'imposition différents. Il pourrait y avoir tentative d'abaisser le prix de cession du tissu en provenance de la division Yamalie, au point même d'approcher le coût variable, cela afin de profiter du fait que les taux d'imposition sont plus faibles au Canada. Advenant que la concurrence soit sévère au sein du marché canadien, cela pourrait davantage inciter à agir ainsi. Reste à savoir si la chose ne contrevient pas à des lois canadiennes, par exemple en matière de "dumping" et de concurrence.

b) Les fluctuations du taux de change. Fabrication Eden pourrait tirer avantage de telles fluctuations.

(Adaptation - S.C.M.C.)

Exercice 22-21

1. États sectoriels comparatifs de bénéfices bruts établis
    selon quatre politiques de prix de cession interne

| | Politique en matière de prix de cession | | | |
	Prix du marché	Prix négocié	Coûts déboursés	Double Prix
Service des autos neuves				
Produits:				
Somme reçue	8 000$	8 000$	8 000$	8 000$
Valeur marchande (auto usagée no 1)	3 500	3 500	3 500	3 500
Total des produits	11 500	11 500	11 500	11 500
Coût d'acquisition de l'auto neuve	10 000	10 000	10 000	10 000
Bénéfice brut	1 500$	1 500$	1 500$	1 500$
	=======	=======	=======	=======
Service des autos usagées				
Produits:				
Autos usagée no 1:				
Somme reçue	3 300$	3 300$	3 300$	3 300$
Valeur marchande (auto usagée no 2)	1 100	1 100	1 100	1 100
Total relatif à l'auto usagée no 1	4 400	4 400	4 400	4 400
Vente aux enchères de l'auto usagée no 2	1 600	1 600	1 600	1 600
Total des produits	6 000	6 000	6 000	6 000
Coût des autos usagées vendues				
Auto usagée no 1:				
Valeur de reprise	3 500	3 500	3 500	3 500
Pièces (prix de cession)	200	180	150	150
Main-d'oeuvre (prix de cession)	150	120	100	100
Coût total de l'auto usagée no 1	3 850	3 800	3 750	3 750
Auto usagée no 2:				
Valeur de reprise	1 100	1 100	1 100	1 100

Débosselage et peinture (prix de cession)	275	240	200	200
Coût total de l'auto usagée no 2	1 375	1 340	1 300	1 300
Coût total des autos usagées vendues	5 225$	5 140$	5 050$	5 050$
Bénéfice brut	775$	860$	950$	950$
	======	======	======	======

Service des pièces et accessoires

Produit interne (auto usagée no 1)	200$	180$	150$	200$
Coûts déboursés	150	150	150	150
Bénéfice brut	50$	30$	-0-	50$
	====	====	====	====

Service d'entretien

Produit interne (auto usagée no 1)	150$	120$	100$	150$
Coûts déboursés	100	100	100	100
Bénéfice brut	50$	20$	-0-	50$
	====	====	====	====

Service de débosselage et peinture

Produit interne (auto usagée no 2)	275$	240$	200$	275$
Coûts déboursés	200	200	200	200
Bénéfice brut	75$	40$	-0-	75$
	====	====	====	====
Excédent du montant des produits internes sur les coûts afférents portés aux états sectoriels				(175)
BÉNÉFICE BRUT TOTAL	2 450$	2 450$	2 450$	2 450$
	======	======	======	======

2. Le fait d'utiliser la méthode du double prix a pour effet d'accroître de 175$ le montant total des bénéfices bruts à raison de 50$ pour le Service des pièces et accessoires, de 50$ pour le Service d'entretien et de 75$ pour le Service de débosselage et peinture.

   Dès lors, le coût supplémentaire pour l'entreprise s'élève à 17,50$, soit 10% X 175$.

3. Le coût annuel associé au recours du double prix peut être chiffré relativement facilement. Il est fonction du taux de la prime, de l'écart entre les prix du marché et les coûts déboursés et du nombre de cessions internes.

Par contre, le calcul du coût annuel associé au recours à la politique de cession au prix du marché ou à celle du prix négocié n'est pas de tout repos. Ainsi, si le prix de cession est le prix du marché, le Service client sera porté à faire affaire avec l'extérieur s'il peut trouver un meilleur prix. Il n'en demeure pas moins que si les coûts déboursés sont moindres que le prix extérieur, le bénéfice de l'ensemble de l'entreprise sera sous optimal. De même, si le prix de cession est le prix négocié, et que les responsables des services sont tenus d'acquérir de l'intérieur, l'entreprise laisse aller des occasions d'acheter à meilleur compte à l'extérieur, d'où encore des résultats d'ensemble sous optimaux.

Que dire maintenant du manque à gagner par suite des ventes qui n'ont pu être menées à terme à cause de la méthode de prix de cession utilisée. Ainsi, des ventes d'autos usagées peuvent être ratées parce que des prix de cession au prix du marché ou au prix négocié sont utilisés. Les coûts ainsi facturés aux Services clients incluent des bénéfices que l'on reconnaît aux Services fournisseurs. Ces bénéfices artificiels ne permettent pas toujours aux responsables des Services de prendre des décisions dans le meilleur intérêt de l'entreprise.

Enfin, mentionnons qu'outre les coûts déjà indiqués, d'autres coûts résultent des conflits qui peuvent naître entre les responsables des Services, coûts encore plus difficile à chiffrer puisqu'ils peuvent se traduire en termes de qualité de travail, de priorités à établir.

Exercice 22-22

1. Point de vue de la Division B:

   a) Au sujet de la commande en provenance de la Division C

Prix de cession:	3 000 X 1 500$		4 500 000$
Coûts variables			
Pièces:	3 000 X 600$	1 800 000$	
Autres coûts			
variables:	3 000 X 500$	1 500 000	3 300 000
			1 200 000$
			==========

b)   Au sujet de la commande de la Société Gauthier

Chiffre d'affaires:	3 500 X 1 250$			4 375 000$
Coûts variables				
Pièces:	3 500 X	500$	1 750 000$	
Autres:	3 500 X	400$	1 400 000	3 150 000
				1 225 000$
				==========

La Division B devrait donc accepter la commande de la Société Gauthier.

2.   Point de vue de l'entreprise:

	Si la Div. B satisfait la commande de la Div. C	Si la Div. B ne satisfait pas... d'où la Div. B remplira la commande de Gauthier, et la Div. C achètera de Latour	
Encaissements de l'entreprise		3 000 X 400$	1 200 000 $
		3 500 X 1 250$	4 375 000
Décaissements de l'entreprise	3 000 X 300$ = (900 000)$	3 000 X 1 500$	(4 500 000)
	3 000 X 500$ = (1 500 000)	3 000 X 200$	(600 000)
		3 500 X 250$	(875 000)
		3 500 X 400$	(1 400 000)
	(2 400 000)$		(1 800 000)$
	============		============

Il ressort donc clairement que la décision de la Division B d'accepter la commande de la Société Gauthier va dans le sens du meilleur intérêt de Produits Roberto ltée.

(Adaptation - C.M.A.)

Exercice 22-23

Le tableau suivant indique le montant de bénéfice (perte) pour l'entreprise au regard de chacune des possibilités de cession interne du produit EXO:

| Cessions possibles | | Chiffres d'affaires | | Coûts | | Résultat |
A Bruno	A Carla	Bruno	Carla	Eskot	Bruno et Carla	de l'entreprise
4 000		2 000$	$	2 000$	800$	(800)$
	4 000		2 900	2 000	800	100
1 000	3 000	800	2 400	2 000	800	400
2 000	2 000	1 300	1 600	2 000	800	100
	5 000		3 300	2 250	1 000	50
1 000	4 000	800	2 900	2 250	1 000	450
2 000	3 000	1 300	2 400	2 250	1 000	450
3 000	2 000	1 700	1 600	2 250	1 000	50
	6 000		3 600	2 500	1 200	(100)
1 000	5 000	800	3 300	2 500	1 200	400
2 000	4 000	1 300	2 900	2 500	1 200	500
3 000	3 000	1 700	2 400	2 500	1 200	400
4 000	2 000	2 000	1 600	2 500	1 200	(100)
1 000	6 000	800	3 600	2 750	1 400	250
2 000	5 000	1 300	3 300	2 750	1 400	450
3 000	4 000	1 700	2 900	2 750	1 400	450
4 000	3 000	2 000	2 400	2 750	1 400	250
2 000	6 000	1 300	3 600	3 000	1 600	300
3 000	5 000	1 700	3 300	3 000	1 600	400
4 000	4 000	2 000	2 900	3 000	1 600	300
3 000	6 000	1 700	3 600	3 250	1 800	250
4 000	5 000	2 000	3 300	3 250	1 800	250
4 000	6 000	2 000	3 600	3 500	2 000	100

La meilleure option pour l'ensemble de l'entreprise consiste en la fabrication de 6 000 unités EXO, dont 2 000 seront cédées à la division Bruno et 4 000 à la division Carla.

(Adaptation - S.C.M.C.)

Exercice 23-1

Avantages de la mesure préconisée par le président:

Cette mesure inciterait particulièrement les directeurs divisionnaires
à suggérer que l'on évite les frais inutiles;

Les directeurs divisionnaires doivent tenir compte des frais du siège
social au moment où ils déterminent les prix des produits fabriqués par
leur division.

Inconvénients de la mesure préconisée par le président:

La ventilation suggérée ne peut se faire que d'une façon arbitraire.

La mesure préconisée par le président est loin d'être parfaite en raison
du peu de contrôle que les directeurs divisionnaires exercent sur les
coûts que le président souhaiterait qu'il leur soient imputés ou les
quotes-parts de l'actif du siège social qu'il souhaiterait leur
attribuer. Cette façon de procéder pourrait amener les directeurs
divisionnaires à perdre confiance dans le système d'évaluation du
rendement.

(Adaptation - C.A.)

Exercice 23-2

1. Dans le cas présent,

    a) le capital investi ne comprend aucun actif réparti par le siège social.
        Tous les actifs considérés sont sous le contrôle de la division.

    b) quant aux éléments de produits et de frais, le directeur divisionnaire
        semble apparemment les contrôler, d'autant plus que chaque division a
        son propre territoire de ventes;

    c) Donc, c'est une situation idéale puisque les éléments du RCI ont bien
        été définis et les directeurs divisionnaires peuvent apparemment
        contrôler ces éléments.

2. Même un RCI correctement défini peut conduire à un comportement sous-optimal advenant qu'il soit le seul critère utilisé pour juger du rendement. Ainsi, si on met trop d'emphase sur le RCI divisionnaire, ceci pourrait conduire au rejet d'un projet d'investissement dont le taux de rendement (comptable) serait inférieur au RCI actuel, même si ce projet était de nature à accroître le bénéfice de l'entreprise.

Pour atténuer ceci, le critère pourrait être le résultat résiduel divisionnaire au lieu du RCI, c'est-à-dire le résultat divisionnaire diminué du montant représentant le coût du capital employé par la division. L'emphase serait placée sur un résultat exprimé en dollars plutôt qu'un résultat exprimé en pourcentage.

On pourrait utiliser le RCI ou le résultat résiduel mais en cernant davantage la performance à l'aide d'autres critères tels:

a) taux de bénéfice par rapport au chiffre d'affaires

b) croissance du bénéfice

c) croissance des ventes

d) part du marché

e) gestion du fonds de roulement

f) développement de nouveaux produits

g) perfectionnement du personnel-cadre

h) type de leadership

i) état des relations avec le personnel

Tous ces éléments devraient donner lieu à des comparaisons dans le temps afin d'aider à porter un jugement mieux éclairé même si le RCI est censé refléter l'effet net de ces éléments.

3. Les statistiques fournies indiquent que les deux divisions ont un bon rendement:

a) augmentation du bénéfice d'une année à l'autre;

b) diminution des coûts par rapport aux chiffres d'affaires.

La candidature de chaque individu peut être retenue, mais les facteurs suivants semblent favoriser le directeur de la division F:

a)   taux de croissance des ventes par rapport au taux de croissance des ventes du secteur.

	19X3	19X4
Division F	33%	25%
Division A	10	10
Secteur	20	8

b)   taux d'augmentation du bénéfice par rapport à l'année précédente:

	19X3	19X4
Division F	400%	140%
Division A	100%	90%

c)   la division F est relativement en pleine expansion car elle ne fut créée qu'en 19X0. Le directeur de F a su surmonter les difficultés des premières années d'existence. De plus, le directeur de la division F a l'expérience de deux divisions.

Il faut considérer d'autres facteurs comme la personnalité de chacun, le type de leadership, l'état des relations avec le personnel, etc.

(Adaptation - C.M.A.)

Exercice 23-3

1. a)
Capacité maximale de la Division York		144 000 h
Capacité normale actuelle: 180 000 X 0,75 h		135 000 h
Capacité excédentaire		9 000 h

Nombre maximum de composants pouvant être produits et cédés à la Division Essex:

9 000 h X 4 = 36 000

Économies annuelles de la fabrication sur l'achat des composants:

    Coût d'acquisition des composants: 36 000 X 7,50$ 270 000$

    Coûts variables:

        coûts de production des composants:

            (1,50$ + 2,25$ + 0,75$) 36 000   (162 000)

        coûts des modifications apportées:

            36 000 (5 min./60 min.) (9$ + 3$)   (36 000)

                                          72 000$

                                        ==========

Le bénéfice annuel de l'entreprise augmenterait donc de 72 000$.

b)   La Division Essex a besoin de 60 000 composants qui nécessiteraient 15 000 heures de travail au sein de la Division York et 5 000 heures au sein même de la Division Essex.

Comme la Division York ne dispose que de 9 000 heures excédentaires, il faudrait, pour satisfaire à la demande de la Division Essex, que la Division York procède à une réallocation des heures totales disponibles en veillant à ce qu'il y ait 6 000 heures de moins pour les régulateurs et 6 000 heures de plus pour les composants. Ce faisant, la production de régulateurs de la Division York diminuerait de 8 000, soit 6 000 h (4/3).

Économies pour l'entreprise qui résulteraient de la cession interne:

    Coût d'acquisition des composants:

        60 000 X 7,50$ 450 000$

    Coûts économisés en produisant 8 000 régulateurs

    en moins: 8 000 (4$ + 6,75$ + 2,25$)   104 000

    Chiffre d'affaires en moins: 8 000 X 21$ (168 000)

    Coûts de production variables des composants:

        60 000 X 4,50$ (270 000)

    Coûts des modifications apportées:

        5 000 X 12$ (60 000)

                                          56 000$

                                        =========

Le bénéfice annuel de l'entreprise augmenterait donc de 56 000$.

2. Coûts de production variables d'un composant:

    1,50$ + 2,25$ + 0,75$ 4,50$

    Prix de cession interne: 4,50$/(1 - 0,25)   6,00$

                                                      =====

3. Coûts de production variables de 60 000 composants:

                  60 000 X 4,50$ 270 000$

    Coûts d'opportunité de la Division York:

                  8 000 (21$ - 13$)   <u>64 000</u>

    Prix de cession minimal pour l'ensemble des cessions   334 000$

                                                       ========

    Prix de cession unitaire minimal: 334 000$/60 000   5,57$

                                                       =====

4. Coût d'acquisition des composants:

                  60 000 X 7,50$ 450 000$

    Coûts des modifications apportées par la Division Essex   <u>60 000</u>

    Coût maximum des cessions acceptable par Essex   390 000$

                                                       ========

    Prix de cession unitaire maximal: 390 000$/60 000   6,50$

                                                       =====

5.

a) Division Essex:

    Bénéfice en l'absence d'entente: 60 000 (34$ - 32,50$)   90 000$

                                                       =======

    Capital investi en l'absence d'entente:

        400 000$ + (10% X 60 000 X 34$)   604 000$

                                                        ========

    Rendement du capital investi: 90 000$/604 000$ 14,9%

                                                       =====

    Bénéfice, s'il y a entente: 90 000$ + (60 000 X 0,25$*)   105 000$

                                                       ========

    Capital investi, s'il y a entente: (aucune modification)   604 000$

                                                       ========

    Rendement escompté: 105 000$/604 000$ 17,4%

                                                       =====

Le rendement du capital investi de Essex augmenterait donc.

  * Diminution des coûts variables unitaires de Essex:

        7,50$ - 6,25$ - 60 000$/60 000

b)   Division York:

    Bénéfice en l'absence d'entente: 180 000 (21$ - 19$)   360 000$

                                                                ========

    Capital investi en l'absence d'entente:

        2 000 000$ + (10% X 180 000 X 21$)   2 378 000$

                                                             =========

    Rendement du capital investi: 360 000$/2 378 000$ 15,1%

                                                             =====

    Bénéfice, s'il y a entente: 360 000$ + 41 000$*   401 000$

                                                                 ========

    Capital investi, s'il y a entente:

              2 000 000$ + (10% X 3 987 000$**)   2 398 700$

                                                           =========

    Rendement escompté: 401 000$/2 398 700$ 16,7%

                                                            =====

Le rendement du capital investi de York augmenterait donc.

* Marge sur coûts variables relatifs à 60 000 composants:

                60 000 (6,25$ - 4,50$)   105 000$

    Coût d'opportunité de la Division York   64 000

    Augmentation du bénéfice   41 000$

                                                             ========

** Chiffre d'affaires, s'il y a entente:

              (172 000 X 21$) + (60 000 X 6,25$)

c)   Entreprise:

    Bénéfice en l'absence d'entente:

      Marge sur coûts variables

        de 180 000 régulateurs: 180 000 (21$ - 13$) 1 440 000$

        de 60 000 minuteries: 60 000 (34$ - 24$) 600 000 2 040 000$

      Frais fixes: (180 000 X 6$) + (60 000 X 8,50$)   1 590 000

                                                            450 000$

                                                            =========

    Capital investi en l'absence d'entente:

                      604 000$ + 2 378 000$ 2 982 000$

                                                            =========

    Rendement du capital investi: 450 000$/2 982 000$ 15,1%

                                                            =====

    Bénéfice, s'il y a entente: 450 000$ + 56 000$ 506 000$

                                                                 ========

Capital investi, s'il y a entente:

400 000$ + 2 000 000$ + (10% X 5 652 000$*)   2 965 200$

==========

Rendement escompté   17,1%

=====

Le rendement du capital investi de l'entreprise augmenterait également.

* (6 000 X 34$) + (172 000 X 21$)

(Adaptation - S.C.M.C.)

Exercice 23-4

1. Méthode de détermination du prix de cession utilisée

    Prix de cession = coût de production réel +   10% de la valeur comptable
        interne   nette de l'actif

    Lacunes d'un tel prix de cession:

    . les manques d'efficacité, de productivité de la division cédante sont
      imputés aux divisions clientes;

    . la division cliente peut être amenée à prendre des décisions qui vont à
      l'encontre de l'intérêt global de l'entreprise;

    . la division cédante n'a pas intérêt à suggérer le désinvestissement dans
      le cas d'actifs non utilisés et non appelés à l'être;

    . la division cédante est incitée à suggérer de nouveaux investissements.

    Prix de cession suggéré:

    a) Prix de cession = Prix du marché,

        En autant que la relation suivante est vérifiée

        Coûts variables de   + Coûts d'opportunité pour
        la division cédante   l'entreprise d'une ces-   = Prix du marché
                                 sion à l'intérieur

b)   Raison à l'appui de ce choix: l'intérêt global de l'entreprise est
      alors sauvegardé.

2.   Produits Malléables ltée
                             État des résultats
                    Pour l'exercice terminé le 31 décembre 19X6

	Division du plastique	Division du moulage et des ventes	Montant des frais non répartis aux divisions	Situation globale
Ventes		6 400$		6 400$
Cessions interne au prix du marché	2 500$			
Coûts variables				
Achats interdivisionnaires		2 500$		
Matières premières	1 200$			(1 200)
Main-d'oeuvre directe	850	1 400		(2 250)
Autres	200	300		(500)
	2 250$	4 200$		
Marge sur coûts variables divisionnaires	250$	2 200$		2 450$
Charges fixes contrôlables divisionnaires	90	1 110	70$	(1 270)
Bénéfice contrôlable divisionnaire	160$	1 090$		
Charge fixe non contrôlable mais directement imputable:				
Dotation à l'amortissement (outillage)	(50)	(100)		(150)
Charge fixe non contrôlable et non directement imputable mais ventilée:				
Dotation à l'amortissement (immeuble)	(100)	(170)	100	(370)
Bénéfice d'exploitation divisionnaire	10$	820$		
Frais d'administration non ventilés			250	(250)
Bénéfice de l'entreprise				410$

(Adaptation - S.C.M.C.)

Exercice 23-5

1. Prix de cession interne: (1 125 000$ / 12 000) X 1,12

                              = 93,75$ X 1,12

                              = 105$

    Prix du marché: [(1 350 000$ - (105$ X 6 000)] / 6 000

                              = 720 000$ / 6 000

                              = 120$

Division Bleue

Ventes: (10 800 X 105$) + (1 200 X 120$)	1 278 000$
Coûts de production	1 125 000
Bénéfice brut	153 000$
Frais de vente et d'administration	140 000
Bénéfice	13 000$
	==========

RCI: 13 000$ / 500 000$

     = 2,6%

Division Rouge

Ventes: (10 800 X 350$)		3 780 000$
Matières premières: [105 + (300 000$/6 000)		
X 10 800]	1 674 000$	
Main-d'oeuvre: [(300 000$/6 000) X 10 800]	540 000	
Frais généraux de fabrication variables:		
[(150 000$/6 000) X 10 800]	270 000	
Frais généraux de fabrication fixes	600 000	3 084 000
		696 000
Frais de vente et d'administration		370 000
Bénéfice		326 000$
		==========

RCI: 326 000$/(900 000$ + 600 000$)

     = 21,73%

2.　a)　La division Bleue a besoin d'un bénéfice de 60 000$ pour réaliser un RCI de 12%.

Division Bleue

Bénéfice	60 000$
+ Frais de vente et d'administration	140 000
+ Coûts de production	1 125 000
Total des ventes	1 325 000
- Ventes à des clients de l'extérieur (1 200 X 120$)	144 000
Ventes à la division Rouge	1 181 000$
	/10 800 unités
Minimum acceptable comme prix de cession unitaire	109,35$
	=======

　　b)　La division Rouge a besoin d'un bénéfice de 180 000$ pour réaliser un RCI de 12%.

Division Rouge

Bénéfice	180 000$
+ Frais de vente et d'administration	370 000
+ Main-d'oeuvre directe	540 000
+ Frais généraux de fabrication variables	270 000
+ Frais généraux de fabrication fixes	600 000
+ Coûts des matières directes autres que la matière X:	
(50$ X 10 800)	540 000
	2 500 000
- Ventes	3 780 000
Coût total de la matière directe X	1 280 000$
	/10 800 unités
Minimum acceptable comme prix de cession interne	118,52$
	=======

3.　a)　Le directeur de la division Bleue ne serait aucunement incité à agir efficacement ou à envahir le marché avec son produit puisqu'il n'aura aucune décision à prendre. La division Rouge héritera des inefficacités de la division Bleue. De même, le directeur de la division Rouge ne sera pas encouragé ni habilité à trouver un autre fournisseur susceptible de lui offrir un produit de meilleure qualité à un prix concurrentiel.

b)   Le directeur de la division Bleue ne voudra pas vendre à la division Rouge parce qu'il peut réaliser un RCI plus élevé en vendant toute sa production à des clients de l'extérieur. Le directeur de la division Rouge désirera s'approvisionner en matière X uniquement auprès de la division Bleue puisque cela maximisera son RCI.

c)   Le directeur de la division Bleue désirera fixer un prix de cession interne égal à celui du marché, tandis que le directeur de la division Rouge voudra que ce prix soit le plus bas possible. Pour l'ensemble de l'organisation, il sera probablement nécessaire de faire appel à un arbitre qui réduira l'autonomie dont jouissent certains directeurs.

(Adaptation - S.C.M.C.)

Exercice 23-6

Le principal problème à considérer est l'établissement de la meilleure mesure du rendement des usines et de leurs directeurs.

La situation actuelle:

La structure actuelle, étant donné l'éloignement dans l'espace des usines et la différence des contextes d'exploitation où elles se situent, garantit la décentralisation. Cependant, des conflits risquent de se produire entre les objectifs des directeurs d'usine et ceux de l'entreprise ainsi qu'entre les deux directeurs d'usine. Ces derniers y sont particulièrement vulnérables puisqu'ils visent tous deux la présidence.

Le bénéfice est un critère raisonnable de mesure du rendement, étant donné que les deux directeurs d'usine contrôlent à la fois le marketing et la production. Il est moins évident toutefois si l'on doit ou non considérer les usines comme des centres d'investissement. D'une part, on peut facilement repérer l'investissement dans chaque usine. D'autre part, il existe sans aucun doute des problèmes de contrôle et de mesure de la base d'investissement. Le bénéfice résiduel constitue une solution de rechange valable.

Comme on le sait, l'emploi du taux de rendement du capital investi comme mesure du rendement présente des lacunes, car il est unidimensionnel, axé sur le court terme et facilement manipulable.

Le rendement de chaque usine:

La mesure du rendement des deux usines se heurte à la difficulté que ces dernières ne sont pas directement comparables. En effet, les secteurs où les usines ont un bon rendement sont très différents. Ainsi, Toronto fonctionne à pleine capacité tandis qu'Edmonton n'en est qu'à 40% de la sienne. Toronto a un équipement ancien alors qu'Edmonton possède des installations neuves et modernes. Le marché torontois est restreint à cause de la vive concurrence qui y règne, tandis que le marché d'Edmonton possède un potentiel de croissance considérable.

Edmonton affiche actuellement un taux de marge bénéficiaire supérieure, qui est sans doute attribuable à des coûts variables plus faibles (18% au lieu de 23%). Cela peut signifier que la nouvelle usine est plus efficiente que l'ancienne. Toronto possède cependant un taux de RCI plus élevé, partiellement redevable à l'utilisation de la valeur comptable de l'actif dans le calcul du capital investi et au coût d'origine moins élevé des éléments d'actif plus anciens. En termes de dollars absolus, Toronto rapporte un bénéfice plus élevé sans doute parce qu'elle est une usine déjà établie. Un autre point notable de comparaison est que Toronto semble devoir assumer tous les coûts du siège social ainsi que ceux de la recherche et du développement. Cela pourrait expliquer l'ampleur des charges fixes, même si l'usine est plus petite et plus ancienne.

Le bénéfice avant impôt constitue une meilleure mesure de rendement car les impôts ne sont pas contrôlables au niveau de l'usine.

Recommandation:

On devrait instituer des mesures pour évaluer le rendement des usines en tant qu'entités économiques qui soient distinctes de celles servant à évaluer le rendement des directeurs d'usine. Ces évaluations devraient reposer sur des critères multiples.

En ce qui concerne les usines, elles devraient continuer comme centres d'investissement, mais on devrait veiller à tenir compte des éléments d'actif non utilisés. Chaque usine devrait se doter d'objectifs qui lui sont particuliers, en fonction de son propre marché, et on devrait instituer des systèmes de contrôle des coûts dans les deux usines.

Les directeurs devraient être évalués selon les résultats obtenus par rapport aux chiffres budgétés en plus de l'être suivant le taux de rendement du capital investi. Pour le directeur de l'usine de Toronto, on mettra l'accent sur l'utilisation optimale de la capacité restreinte et pour celui de l'usine d'Edmonton, ce seront la croissance de la part de marché ou les utilisations possibles de la capacité inutilisée des installations qui primeront.

(Adaptation - S.C.M.C.)

Exercice 23-7

Pharaon:

La proposition avantage la division canadienne: elle paiera moins cher les pistons qu'elle achète. Ainsi, le bénéfice et la prime versés aux gestionnaires augmenteront.

La division canadienne croit prendre une bonne décision pour le compte de la société mère parce qu'elle n'a sous les yeux que les renseignements figurant sur le relevé du tableau I de cette question. Pour la division canadienne, il s'agit d'un comportement cohérent.

Du point de vue de la société mère Sullair, l'offre n'est pas conforme aux objectifs de l'entreprise. L'analyse des coûts pertinents indique que les coûts marginaux déboursés que suppose la cession interne sont inférieurs au coût de l'offre allemande. La comparaison est la suivante:

Facture	1 502 867$
Droits (10%)	150 287
Total	1 653 154$
	==========

Offre interne

Matières	807 042$
Main-d'oeuvre	86 544
Frais généraux variables	156 655
Conditionnement	83 370
Droits (10%)	207 115
Total	1 340 726$
	==========

L'offre interne est moins dispendieuse pour l'ensemble de l'entreprise de 1 653 154$ - 1 340 726$ = 312 428$. Il convient de noter toutefois que ce chiffre peut varier selon les hypothèses posées.

Il appartient sans doute à la division canadienne, conformément aux pouvoirs qui lui sont délégués, d'évaluer la proposition d'approvisionnement extérieur. En rejetant cette proposition, la société mère compromettrait l'autonomie de la division et réduirait l'efficacité de la mesure du rendement du capital investi pour inciter la direction de la division à poursuivre les objectifs de l'entreprise. Les cadres ne peuvent être évalués en fonction du RCI si la décision d'approvisionnement, qui peut influer sur l'ampleur de la mesure de façon significative, leur est retirée.

Le système actuel fonctionne de façon adéquate. La division canadienne a communiqué l'offre à la société mère, même si la décision lui appartient. Le système de contrôle est efficace.

Division des compresseurs d'air:

La division des compresseurs d'air agit correctement en s'opposant à la proposition de la division canadienne. L'application de cette proposition réduirait l'apport total à la division et à l'entreprise.

L'incorporation de bénéfices dans le prix de cession entre la division des compresseurs d'air et la division canadienne impose une charge à la société mère qui doit verser des droits au gouvernement canadien.

Le système de prix de cession de l'entreprise peut être établi de façon à ramener les profits à l'extérieur du Canada. D'autre part, il peut servir, de façon informelle, aux opérations qui interviennent entre la division des compresseurs d'air et celle des composants. Ainsi utilisait-on le même mécanisme de cession pour les opérations internationales et les opérations intérieures.

La division des compresseurs d'air pourrait ne pas vouloir céder son droit exclusif de distribuer le produit. Elle a certainement un intérêt acquis à maintenir le système tel qu'il est. La division prend une marge sur le produit en majorant de 10% le prix de cession que lui demande la division des composants.

Le système de prix de cession entre la division des composants et celle des compresseurs d'air invite cette dernière à sous-estimer le volume de pistons requis chaque année. Le prix de cession des pistons étant fondé sur les coûts complets majorés de 10% sur les éléments d'actif utilisés, une sous-estimation du volume permet à la division des compresseurs d'air de s'assurer qu'elle n'aura pas à verser des frais généraux non couverts à la division des composants à la fin de l'année et qu'elle réalisera simultanément une marge sur les coûts unitaires plus élevée.

Cette influence pourrait nuire à l'utilisation efficace des ressources productives dans la fabrication des pistons.

Division des composants:

La division des composants n'est pas incitée à produire ses pistons de façon efficace. Elle réalise invariablement une marge de 10% sur les coûts complets de fabrication; cela peut l'encourager à se munir du matériel le plus récent et à fabriquer un produit de qualité supérieure, sans égard au coût. Cette façon de faire ne respecte pas les intérêts de l'entreprise dans son ensemble.

Les chiffres indiquent, à partir des coûts pertinents, que la division des composants peut fabriquer les pistons à un coût comparable à celui de l'entreprise allemande. De plus, elle peut probablement le faire mieux, puisqu'elle fabrique ces pistons depuis plusieurs années déjà.

En ce qui a trait à la proposition, il serait avantageux pour la division des composants de conserver la commande. Si la division canadienne devait s'approvisionner à l'extérieur, la division des composants perdrait un volume et un apport appréciables.

La division des composants ne devrait pas céder ses plans exclusifs à la société allemande et courir le risque de perdre davantage de volume d'affaires sur les marchés internationaux. Le coût de ce sacrifice est trop élevé par rapport à l'avantage qu'il représente pour l'entreprise canadienne.

Recommandations:

La proposition de l'entreprise canadienne doit être rejetée. Le coût marginal déboursé est supérieur au coût interne.

Le prix de cession des pistons à la division canadienne devrait correspondre à celui de la soumission externe; cela encouragerait la division canadienne à s'approvisionner à l'intérieur et elle ne serait pas pénalisée quant à la mesure de son rendement.

Pour correspondre à la soumission externe, le système de prix de cession devra être repensé. On pourrait par exemple faire en sorte que la division canadienne achète les pistons directement de la division des composants plutôt que de passer par la division des compresseurs d'air. La chose serait possible si la commande du Canada représentait une quantité modérée d'unités vendues par la division des compresseurs.

(Adaptation - S.C.M.C.)

Exercice 23-8

Le rapport demandé devrait faire état des éléments suivants:

La solution au problème que pose la détermination des prix de cession interne dépend de la perspective dans laquelle on se place. Des prix de cession fondés sur les coûts complets peuvent aller à l'encontre de l'intérêt global de Belle. Par contre, des prix de cession au coût variable préservent cet intérêt.

Ainsi, du point de vue de Belle, les sources d'approvisionnement les plus économiques sont d'abord la division Electronique (280$) puis As Electronique (320$). Face au prix de 320$ d'As Electronique, les divisions Electronique et Consommation pourraient négocier entre elles un prix de cession se situant entre 280$ et 320$.

À remarquer que si la division Electronique était transformée en centre de coûts, puisqu'elle est totalement dépendante des autres divisions, une cession au coût variable, soit 280$ + 20$, permettrait à la division Consommation de réaliser une marge sur coûts variables de 20$ advenant que cette dernière cède la supercommande au prix d'As Electronique. Une cession à un coût variable standard serait évidemment préférable. S'il était permis à Produits de négocier directement avec la division Electronique, le coût pertinent serait de 280$ au lieu de 300$, soit 280$ + 20$.

La présidente doit décider s'il y a lieu d'imposer un prix de cession, compte tenu de tous les désagréments que cela peut causer, ou de laisser les parties libres d'agir à leur guise compte tenu du coût d'opportunité que cela représente, 500 (320$ - 280$). Même si Belle était prête à en payer le prix, elle pourrait, dans un premier temps, sensibiliser les divisions Electronique et Consommation à la possibilité pour elles de s'entendre sur un prix de cession fondé sur le partage de la marge sur coûts variables de 500$ (320$ - 280$).

(Adaptation - S.C.M.C.)

Exercice 23-9

1. L'inflation a davantage d'incidence sur les taux de rendement de capital investi relatifs aux divisions manufacturières, si on compare ces derniers à ceux des divisions de services. La raison tient au fait que les charges d'une division manufacturière sont davantage tributaires du coût d'origine (dotation à l'amortissement et coût des produits vendus). Les frais de

main-d'oeuvre ont tendance à primer dans le cas des divisions de services, ce qui fait que leurs bénéfices sont moins affectés par l'inflation.

2. Les bénéfices peuvent être surévalués alors que l'actif au coût d'origine aura tendance à être sous-évalué; il s'ensuit que les taux de rendement du capital investi seront surévalués. Ceci peut fausser les comparaisons intersectorielles et peut conduire à privilégier l'expansion de secteurs présentant des taux nominaux de rendement élevés alors que les taux réels de rendement du capital investi sont plutôt faibles.

(Adaptation - C.M.A.)

Exercice 23-10

1. Capital investi moyen

Solde au 31 déc. de l'exercice courant	12 600 000$
Solde au 31 déc. de l'exercice précédent:	
12 600 000$ ÷ 1,05	12 000 000
	24 600 000$
	==========
D'où capital investi moyen: 24 600 000$ ÷ 2 =	12 300 000$
	==========

a) Calcul du taux de rendement du capital investi:
    2 460 000$ ÷ 12 300 000$ = 20%

b)
Bénéfice d'exploitation avant impôt	2 460 000$
Rendement minimum escompté du capital	
investi moyen: 15% X 12 300 000$	1 845 000
	615 000$
	==========

2. Le RCI du projet est de 18% alors que le RCI de la Division a été de 20%. Comme le boni que reçoit le responsable est davantage élevé au fur et à mesure que le RCI réalisé est supérieur à 15%, le responsable n'avait pas intérêt à réaliser l'investissement sous examen.

Si le boni avait été calculé sur le résultat résiduel, le responsable aurait réalisé le projet.

(Adaptation - C.M.A.)

Exercice 23-11

La première division se caractérise probablement par une marge bénéficiaire faible et une rotation élevée du capital investi, alors que c'est l'inverse qui se produit dans le cas de la seconde. Lorsqu'on multiplie la marge par la rotation pour obtenir le taux de rendement du capital investi, il se peut qu'une marge plus faible soit contrebalancée par une rotation plus élevée, et inversement.

Exercice 23-12

1. Marges sur coûts variables unitaires relatives aux modèles de radars fabriqués par la division Génie:

	Modèles	
	Régulier	Luxueux
Prix de vente	1 500$	10 000$
Coûts variables		
M.P.	(1 000)	(4 000)
M.O.D.	(200)	(2 000)
F.G.F.	(100)	(1 000)
	200$	3 000$
	=======	=======

Heures consacrées actuellement à la fabrication de radars réguliers

Total des heures disponibles à la fabrication de radars	100 000
Heures réservées à la fabrication de radars luxueux	50 000
Heures consacrées aux radars réguliers	50 000
	=======

Options au sujet de l'utilisation des radars dans la fabrication des blindés lourds

Marge sur coûts variables par blindé		
	Si radar importé d'Allemagne	Si radar luxueux de la division Génie
Prix de vente	100 000$	100 000$
Coûts variables		
M.P.	(50 000)	(44 000)[1]
M.O.D.		
- Génie		(2 200)
- Blindés	(2 000)	(2 100)[2]

```
F.G.F.
   - Génie                                            (1 000)
   - Blindés                   (8 000)                (8 400)³
                               40 000$                42 500$
                               ========               ========
```

¹   (50 000$ - 10 000$) + 4 000$

²   2 000$ + (10 h X 10$)

³   8 000$ + (10 h X 40$)

Marges totales sur coûts variables pour l'ensemble de l'entreprise, compte tenu des options possibles

```
   Si radar importé d'Allemagne
      Vente de 500 radars luxueux
            500 X 3 000$                              1 500 000$
      Vente de 5 000 radars réguliers
            5 000 X 200$                              1 000 000
      Vente de 100 blindés lourds
            100 X 40 000$                             4 000 000
                                                      6 500 000$
                                                      ==========


   Si radar fabriqué par la division Génie
      Vente de 500 radars luxueux
            500 X 3 000$                              1 500 000$
      Vente de 4 000¹ radars réguliers
            4 000 X 200$                               800 000
      Vente de 100 blindés lourds
            100 X 42 500$                             4 250 000
                                                      6 550 000$
                                                      ==========
```

¹   [50 000 h - (100 X 100 h) ÷ 10 h

Conclusion: Il devrait y avoir cession de 100 radars luxueux à la division Blindés.

2.   Calcul des RCI selon les deux options

	Si radar importé	Si radar de la division Génie
Bénéfice	5 000 X 200$ + 500 X 3 000$	4 000 X 200$ + 500 X 3 000$
	− 1 000 000$	+ 100 (7 000$ − 4 000$ − 2 000$ − 1 000$)
	= 1 500 000$	− 1 000 000$
		= 1 300 000$
RCI	15%	13%

Conclusion: Elle ne devrait pas céder des radars luxueux à la division Blindés.

(Adaptation - S.C.M.C.)

Exercice 23-13

Septembre 19X2

Monsieur Michel Roy
Gagnon Automobiles Limitée (GAL)

Monsieur,

    Vous trouverez ci-joint le rapport que j'ai préparé au sujet des problèmes de rentabilité de GAL.

    Dans mon rapport, j'ai mis l'accent sur la façon d'améliorer la rentabilité à long terme de GAL.

    N'hésitez pas à communiquer avec moi si vous avez des questions au sujet du rapport ou si je puis vous être utile d'une autre façon.

    Je vous prie d'agréer mes salutations distinguées.

        Rapport sur les problèmes de rentabilité à long terme de GAL

GAL a besoin d'un système de gestion qui motive les gestionnaires à mettre l'accent sur les facteurs essentiels au succès de leurs affaires.   Les gestionnaires doivent être responsables de tous les facteurs dont ils ont le contrôle, et être récompensés en conséquence. Les coûts dont ils n'ont pas le contrôle, comme les amortissements, ne devraient pas être pris en compte dans l'évaluation de leur rendement.

On trouvera ci-dessous une analyse des problèmes relevés dans chacune des divisions.

Division Voitures neuves

Le système actuel qui consiste à récompenser les responsables de la division Voitures neuves, uniquement en vue de maximiser le profit, nuit au succès à long terme de GAL. Dans ce système, les responsables ne sont pas incités à contrôler l'argent investi dans les actifs, comme les stocks et les créances. On peut améliorer cette situation en imputant à la division des intérêts théoriques pour l'utilisation des actifs, ou en récompensant les responsables de la division lorsqu'ils ont maximisé le rendement des actifs de la division. De cette manière, les responsables s'efforceront de ne pas investir exagérément dans les actifs comme les stocks, qui représentent probablement l'actif le plus important et dans lesquels sont principalement mobilisés les fonds de la division.

Les responsables de la division devraient envisager de rémunérer les vendeurs au moyen de commissions basées sur les marges bénéficiaires brutes, de sorte que ceux-ci essayent de maximiser le prix de vente et fassent des efforts pour vendre les produits qui présentent des marges bénéficiaires élevées, comme les programmes de protection.

La division Voitures neuves ne devrait pas avoir droit aux profits découlant de la vente de voitures par la division Location, puisque ces ventes ne résultent pas de ses propres efforts. Ce changement permettrait à la division Location d'établir ses prix de façon plus compétitive, ce qui représente un élément clef de succès dans ce genre d'activité.

Si les achats effectués auprès du fabricant américain sont libellés en dollars américains, GAL devrait prévoir une couverture pour ses comptes fournisseurs; elle éviterait ainsi les pertes susceptibles de résulter d'une fluctuation défavorable des taux de change.

Division Location

GAL devrait récompenser les responsables de la division Location selon un mode semblable à ce qui a été proposé pour la division Voitures neuves. Ainsi, les responsables devraient être récompensés lorsqu'ils maximisent le rendement des actifs de leur division, ou bien on devrait imputer à la division des intérêts théoriques pour ses actifs. Ces mesures inciteraient les responsables à établir un équilibre entre l'investissement dans les créances et les produits.

Actuellement, les responsables sont incités à surestimer le montant qu'ils pourront recevoir de la vente d'une voiture à la fin du contrat de location. C'est ce que l'on constate si l'on considère la différence qui existe à la fin du contrat de location entre la valeur de revente utilisée pour le calcul des loyers et le prix effectivement tiré de la vente de la voiture à la fin du contrat. Cette différence devrait être considérée comme faisant partie du coût du contrat de la location. Sinon, les responsables seront encouragés à accepter des pertes à long terme en vue de réaliser des gains à court terme qui augmentent leur prime. Une autre façon d'éviter ces pertes consisterait à prévoir une valeur résiduelle garantie pour les voitures, dans les conditions du contrat de location.

Atelier de carrosserie et de mécanique

Il n'existe rien actuellement qui incite ces ateliers à maximiser les profits. Vous devriez envisager de faire fonctionner ces ateliers indépendamment l'un de l'autre de sorte que des responsabilités puissent être attribuées. Actuellement, ces ateliers ne préparent pas d'information financière. Par conséquent, le coût du travail imputé aux comptes des autres divisions est estimatif. Très probablement, ce coût n'est pas adéquat et il se peut qu'il fausse les profits de ces ateliers. Il faudrait déterminer un coût exact de manière à assurer qu'un juste prix est demandé pour les prestations interdivisions. Il pourrait s'avérer que les autres divisions sont en mesure d'obtenir des services à un prix moindre d'un atelier externe, ce qui améliorerait les résultats. Cette question doit être examinée avec soin.

Division Voitures d'occasion

La division Voitures d'occasion est actuellement incitée à vendre en gros aux ferrailleurs les voitures qui ne se vendent pas à un prix avantageux du fait que la division n'est pas responsable des pertes. Cette stratégie a peut-être pour effet de réduire les pertes de la division; cependant, elle ne permet pas de maximiser la rentabilité de la société dans son ensemble. Cette division devrait avoir la responsabilité de la totalité des achats et des ventes des voitures d'occasion.

Cessions et prestations internes

Chacune des divisions interagit avec les autres, aussi est-il nécessaire de déterminer une politique adéquate d'établissement des prix pour les cessions et prestations internes. Étant donné que chacune peut fonctionner indépendamment, du fait qu'il existe des marchés pour les produits et services des divisions, la politique la plus adéquate consisterait à utiliser la valeur marchande.

(Adaptation - C.A.)

Exercice 23-14

Nous ne présentons ici ni le rapport dans son ensemble, ni le mémo de transmission du rapport au président. Le mémo doit lister sommairement les recommandations auxquelles vous êtes arrivé.

Nous ne présentons ici que les annexes qui devraient normalement étayer le rapport qui vous est demandé par le président.

ANNEXE 1

Programme de production optimal, bénéfice résiduel et prime prévue

Capacité de production nécessaire pour rencontrer les ventes prévues et capacité excédentaire:

	19X1	19X2
Heures-machines nécessaires pour produire les plaquettes standards		
90 000 X 0,01	900	
98 000 X 0,01		980
Heures-machines nécessaires pour produire les plaquettes de luxe		
180 000 X 0,04	7 200	
190 000 X 0,04		7 600
	8 100	8 580
Heures-machines disponibles	10 000	10 000
Capacité excédentaire	1 900	1 420

Rentabilité comparée des plaquettes:

	De luxe		Standard		Spéciale
	Cession interne	Vente	Cession interne	Vente	
Prix de vente (cession)	44,00$	44,00$	11,00$	11,00$	29,00$
Coût var. unitaire					
M.P.	12,00	12,00	3,50	3,50	7,00
M.O.D.	4,00	4,00	1,00	1,00	1,80
F.G.F.	12,00	12,00	3,00	3,00	5,40
F. de vente (cession)	0,50	2,50	0,50	2,50	2,50
	28,50	30,50	8,00	10,00	16,70
Contribution marginale (CM)	15,50$	13,50$	3,00$	1,00$	12,30$
	÷ 0,04h	÷ 0,04h	÷ 0,01h	÷ 0,01h	÷ 0,018h
CM à l'heure-machine	387,50$	337,50$	300,00$	100,00$	683,33$

Programme de production des plaquettes, BR cible et prime divisionnaire prévue

Le meilleur programme de production consiste à les produire d'abord pour répondre au contrat que propose Automobiles DORF ltée. Il faut ensuite en produire de façon à rencontrer non seulement les ventes prévues pour les DC mais également celles qu'il est possible de réaliser en plus (car c'est la plaquette de luxe qui est en fait la plus rentable, après la plaquette spéciale).

À noter qu'il faudra, selon cette option, acheter les plaquettes standards afin de rencontrer les ventes prévues pour les radios.

Programme en 19X1:
Spéciales	100 000
De luxe, pour cession interne	180 000
De luxe, pour vente: [10 000 − (1 800 + 7 200)] ÷ 0,04	25 000

N.B.: Il faudrait donc acheter 90 000 plaquettes standards.

BR cible et prime divisionnaire prévue:

	DC	Radios	Plaquettes	Total
		(en milliers de dollars)		
Marge sur coûts variables				
180 000 X 311,00$	55 980$			55 980$
90 000 X 157,00		14 130$		14 130
100 000 X 12,30			1 230$	1 230
25 000 X 13,50			338	338
Coûts fixes-amort.				
+ coût du capital	(37 245)	(8 010)	(1 283)	(46 538)
BR cible	18 735$	6 120$	285$	25 140$
	========	=======	=======	========
Prime prévue	375$	122$	6$	503$
	========	=======	=======	========

Programme en 19X2:

Spéciales	100 000
De luxe, pour cession interne	190 000
De luxe, pour vente: [10 000 - 1 800 + 7 600)] ÷ 0,04	15 000

N.B.: Il faudrait donc acheter 98 000 plaquettes standards.

BR cible et prime divisionnaire prévue:

	DC	Radios	Plaquettes	Total
		(en milliers de dollars)		
Marge sur coûts variables				
190 000 X 311,00$	59 090$			59 090$
98 000 X 157,00		15 386$		15 386
100 000 X 12,30			1 230$	1 230
15 000 X 13,50			203	203
Coûts fixes-amort.				
+ coût du capital	(37 245)	(8 010)	(1 283)	(46 538)
BR cible	21 845$	7 376$	150$	29 371$
	========	=======	=======	========
Prime prévue	437$	148$	3$	588$
	========	=======	=======	========

ANNEXE 2

Structure organisationnelle, fixation des prix de cession interne et système d'évaluation du rendement

L'annexe 3 déjà présentée repose sur des prix de cession au coût variable. C'est ce qui explique que la Division des plaquettes a un BR cible négatif. Ce faisant, les BR de la Division des lecteurs de disques compacts et de la Division des radios sont davantage élevés et les primes des directeurs de ces divisions sont donc davantage élevées. Pour que le résultat de l'entreprise soit maximisé, il faudrait que la division des plaquettes ne soit pas traitée comme un simple centre de coûts, statut qui ne convient que lorsque cette dernière ne doit produire qu'à des fins internes.

Dans un objectif de maximisation du bénéfice de l'entreprise, les prix de cession devraient être établis comme suit:

	Plaquette de luxe	Plaquette standard
Coûts variables	28,50$	8,00$
Coûts d'opportunité		
44$ – 30,50$	13,50	
(44$ – 30,50$) (0,01 ÷ 0,04)	_____	3,38
	42,00$	11,38$
	======	======

Les prix de cession étant ainsi établis, un prix inférieur au prix de vente dans le cas de la plaquette de luxe et un prix supérieur au prix de vente dans le cas de la plaquette standard, la Division des lecteurs des disques compacts va être incitée à se procurer les plaquettes de luxe auprès de la division des plaquettes, alors que la Division des radios sera portée à acheter les plaquettes standards à l'extérieur.

Le système d'évaluation du rendement pourrait dès lors consister à traiter chacune des trois divisions comme un centre d'investissement, à établir les prix de cession en tenant compte des coûts d'opportunité et à évaluer le rendement en fonction du bénéfice résiduel. De plus, dans le calcul du bénéfice résiduel, il y aurait lieu de se servir d'un coût du capital qui tienne compte des risques technologique et d'exploitation particuliers à chacune des divisions. Car l'utilisation d'un coût du capital uniforme de 15% n'est probablement pas des plus raisonnable.

Exercice 23-15

1.

	Option 1	Option 2	Option 3
Prix du marché d'un bateau à moteur en-bord	25 900$	28 500$	30 000$
Coûts variables unitaires			
Moteur	2 200	2 200	2 200
Bateau	10 000	10 000	10 000
Commission (15% X prix de vente)	3 885	4 275	4 500
	16 085	16 475	16 700
Marge sur coûts variables unitaires	9 815$	12 025$	13 300$
Volume des ventes[a] - bateau à moteur en-bord	1 000	650	500
Marge totale			
Bateau à moteur en-bord	9 815 000$	7 816 250$	6 650 000$
Vente externe de moteurs[b]	6 870 000	7 671 500	8 015 000
	16 685 000$	15 487 750$	14 665 000$

[a] Degré d'utilisation de la capacité de 200 000 heures de main-d'oeuvre dans la division Bateaux:

        Option 1 -   1 000 bateaux X 200 heures = 200 000 heures
        Option 2 -   650 bateaux X 200 heures = 130 000 heures
        Option 3 -   500 bateaux X 200 heures = 100 000 heures

[b] Vente externe de moteurs

Prix de vente		5 000$
Coûts variables unitaires		
Matières premières	800$	
Main-d'oeuvre directe	1 000	
Frais généraux variables	400	
Commissions de vente	510	2 710
Marge sur coûts variables unitaires		2 290$

        Marge totale
        Option 1 -   2 290$ X 3 000 = 6 870 000$
        Option 2 -   2 290$ X 3 350 = 7 671 500$
        Option 3 -   2 290$ X 3 500 = 8 015 000$

Le total du bénéfice avant impôts est donc maximisé lorsque le prix du marché du bateau à moteur en-bord s'élève à 25 900$ et que le volume de vente prévu est de 1 000 bateaux.

2.

Problèmes inhérents aux méthodes actuelles en matière de prix de cession interne, de source d'approvisionnement et d'évaluation du rendement.

- Dans le passé, la division Moteurs n'a pas toujours été en mesure de vendre toute sa production sur le marché externe, ce qui pouvait l'inciter à céder des moteurs à la division Bateaux à un prix inférieur à leur valeur marchande. Mais en 19X1, la division Moteurs pourra tout écouler sur le marché externe et la cession de moteurs à la division Bateaux à un prix de faveur ne l'intéressera donc plus.

Si la division Ventes avait atteint son objectif de vente de 950 bateaux, la division Bateaux aurait réalisé le rendement de l'actif qu'elle s'était fixé:

Prix de cession interne	21 000$
Coûts variables (4 100 + 3 800 + 4 200 + 2 000)	14 100
Marge sur coûts variables unitaires	6 900
X Volume des ventes	950
Marge sur coûts variables	6 555 000$
Moins frais fixes (3 600 000 + 2 400 000)	6 000 000
Bénéfice avant impôts	555 000$
	==========
Rendement de l'actif (555 000$ / 4 500 000$)	12,3%
	=====

Il semble donc que le prix de cession interne était égal au coût entier plus une majoration suffisante pour réaliser le taux de rendement de l'actif fixé pour un volume de 950 bateaux. Comme le prix de cession interne n'a pas été rajusté en fonction du volume réel, la division Bateaux a subi une perte pendant l'exercice. Dans le système actuel, la division Bateaux est injustement pénalisée pour la baisse de ses ventes; or, elle n'a aucun pouvoir sur les ventes de ses bateaux. C'est plutôt la division Ventes qui en a la responsabilité.

- La division Ventes aurait avantage à concentrer tous ses efforts sur le bateau Fujiama au détriment du bateau à moteur en-bord de BSL:

	Fujiama		Bateau à moteur en-bord	
Prix de vente		25 260$		28 500$
Coûts variables unitaires				
Coût du bateau et du moteur	18 000$		21 000$	
Commission de vente	3 789	21 789	4 275	25 275
Marge sur coûts variables				
unitaires		3 471$		3 225$
		=======		=======

La marge globale sur coûts variables de la société est plus élevée dans le cas du bateau à moteur en-bord de BSL que dans celui du bateau Fujiama (voir la section 1). Mais le système actuel d'établissement des prix de cession interne incite la division Ventes à centrer ses efforts sur d'autres produits qui ont un impact plus favorable sur son rendement.

Voici un système de prix de cession qui maximiserait le bénéfice avant impôts de BSL.

Division Moteurs: Comme elle fonctionne à pleine capacité et qu'elle peut vendre toute sa production sur le marché externe, elle devrait céder des moteurs à la division Bateaux au prix de 4 490$ soit le prix du marché de 5 000$ diminué du montant de la commission.

Division Bateaux: Elle devrait céder ses bateaux à la division Ventes au coût variable standard. Étant évaluée comme un centre de coûts, sa performance devrait être évaluée en fonction du contrôle des coûts et de la qualité grâce à un budget flexible et à l'analyse des écarts. Il faudrait également tenir compte de la qualité du service offert à la division Ventes. Si les prix de cession interne sont basés sur les coûts standards, les efficacités et les inefficacités de la division Bateaux ne seront pas transférées à la division Ventes.

Conclusion: En appliquant les méthodes d'établissement des prix de cession interne recommandées, on incite la division Ventes à choisir la combinaison prix du marché/volume qui permet de dégager un bénéfice avant impôts maximum pour BSL, comme le montre le tableau suivant:

	Option 1	Option 2	Option 3
Prix du marché	25 900$	28 500$	30 000$
Coûts variables unitaires			
Bateau[c]	14 490	14 490	14 490
Commissions	3 885	4 275	4 500
	18 375	18 765	18 990
Marge sur coûts variables unitaires	7 525$	9 735$	11 010$
X Volume	1 000	650	500
	7 525 000$	6 327 750$	5 505 000$
	==========	===========	==========

[c] Le prix de cession interne des bateaux est basé sur les coûts variables de la division Bateaux, en supposant que les moteurs sont cédés à un prix qui couvre le coût déboursé plus le coût de renonciation, soit 4 490$ par moteur:

Moteur reçu	4 490$
Autres coûts variables d'un bateau	10 000
Prix de cession interne	14 490$
	=======

L'option 1 serait la plus rentable pour la division Ventes et pour BSL dans son ensemble. De plus, la marge sur coûts variables de 7 525$ par unité qu'offre cette option est plus élevée que la marge dégagée par le bateau Fujiama (3 471$); la division Ventes cherchera donc à concentrer ses efforts de vente sur le bateau à moteur en-bord.

(Adaptation - S.C.M.C.)

Exercice 24-1

1.

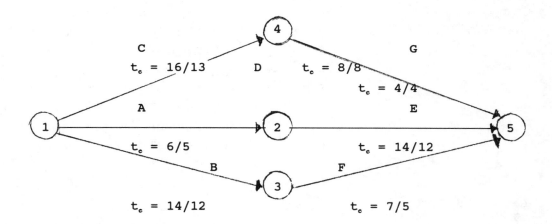

NOTE: Le premier ensemble de t_c répond à la partie 1., le deuxième répond à la partie 2.

Le chemin critique est constitué des activités B et F et sa durée est de 21 jours.

2. Tous les chemins sont critiques et d'une durée de 17 jours.

Activité	Réduction en nombre de jours	Frais de réduction
A	1	300$
B	2	500
C	3	450
E	2	300
F	2	600
		2 150$
		======

(Adaptation - S.C.M.C.)

Exercice 24-2

1. La première étape est de calculer les durées espérées t_c en utilisant la formule

$$t_c = (t_c + t_p + t_1)/6$$

Les t_e sont les suivants

Tâches	t_e en jours
A	1
B	3
C	4
D	2
E	2
F	3
G	1
H	2
I	1

Le réseau PERT

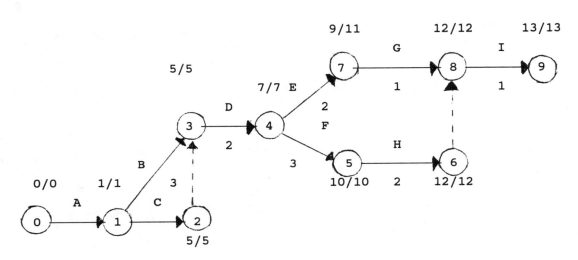

Le chemin critique est représenté par les tâches A, C, D, F, H et I. Sa durée prévue est de 13 jours.

2. L'étude des données relatives aux coûts supplémentaires nous amène à conclure que la durée de la tâche C devrait être réduite de 2 jours au coût total de 50$. Ceci nécessitera la réduction d'une journée de la tâche B au coût de 50$. La tâche D devrait également être réduite d'une journée au coût de 60$. La durée du projet serait dès lors réduite de 3 jours au coût total de 160$. On peut vérifier que toute autre façon de réduire de 3 jours la durée du projet entraînerait des coûts totaux plus élevés.

(Adaptation - S.C.M.C.)

Exercice 24-3

1.

Chemins	Durée
A C E H J L	14,5 jours
A C D G J L	11,7 jours
A C D G K L	11,5 jours
A B D G J L	17,2 jours
A B D G K L	17,0 jours
A B F K L	14,8 jours

Le chemin critique est donc A B D G J L.

2. 17,2 jours

3. a)

Réduction de la tâche J-L de 0,2 jour au coût de	15,00$
Réduction de la tâche D-G de 2,2 jours au coût de	165,00
Réduction de la tâche A-B de 0,5 jour au coût de	37,50
	217,50
Réduction de la pénalité: 2,9 jours X 100$	290,00
Économie nette	72,50$
	=======

D'autres solutions sont également possibles; elles présentent chacune une économie nette de 72,50$. Par exemple, on peut réduire la tâche A-B de 2,5 jours, celle de B-D de 0,2 jour et celle de J-L de 0,2 jour.

b) Pour réduire davantage la durée totale d'exécution du travail, il faudrait affecter au moins deux activités (appartenant à des chemins critiques différents) à un coût total de 2 X 7,50$ par dixième de jour alors que la pénalité n'est que 10$ par dixième de jour.

(Adaptation - S.C.M.C.)

Exercice 24-4

1.

Chemins	Durée
A C D E I L	30
A C F J K L	34
A C G H K L	32
A B D E I L	29
A B F J K L	33
A B G H K L	31

La durée minimale du projet est de 34 jours. Les activités critiques sont A, C, F, J, K et L.

La durée minimale du projet est de 34 jours. Les activités critiques sont A, C, F, J, K et L.

2.   Durée réduite: 25 jours

3.   Activités réduites: A, B, C, E, F, H, J, K et L
      Frais de réduction: 300 + 500 + 600 + 500 + 1 000 + 200 + 400 + 1 400 + 250
      =   5 150$
           ======

4.   Tous les chemins sont alors critiques.

(Adaptation - S.C.M.C.)

Exercice 24-5

1.

Selon le réseau PERT, on constate que les activités A, D, F, H et I font partie du chemin critique. La durée normale d'exécution correspond à la somme des temps normaux des activités du chemin critique = 6 + 7 + 8 + 10 + 8 = 39 semaines. Afin d'accomplir le projet en 36 semaines, il faut accélérer de 3 semaines la durée d'exécution normale. Il faut tenir compte des frais supplémentaires quand on décide des activités à accélérer. Les frais supplémentaires se calculent ainsi:

Activité	Durée normale Total des coûts variables	Durée accélérée Total des coûts variables	Frais suppl.
A	6 600$	7 500$	900$
B	12 000	13 500	1 500
C	14 400	15 400	1 000
D	10 500	12 000	1 500
E	11 700	12 800	1 100
F	7 200	8 400	1 200
G	17 000	19 200	2 200
H	8 000	9 000	1 000
I	8 800	9 800	1 000
	96 200$[1]		
	=======		

[1]   Total des coûts variables du projet dans des conditions normales.

obtient deux chemins critiques: les activités A, D, F et G; et les activités A, D, F, H et I. Si l'on accélère les deux activités H et I, il sera également nécessaire d'accélérer l'activité G pour un coût total de 1 000 + 1 000 + 2 200 = 4 200$. Ce serait moins onéreux d'accélérer l'une des activités H et I plus l'activité F pour un coût total de 1 000 + 1 200 = 2 200$.

Le prix total de la soumission se calcule comme suit:

Coût de l'activité A (accélérée)	7 500$
Coût de l'activité B (normale)	12 000
Coût de l'activité C (normale)	14 400
Coût de l'activité D (normale)	10 500
Coût de l'activité E (normale)	11 700
Coût de l'activité F (accélérée)	8 400
Coût de l'activité G (normale)	17 000
Coût de l'activité H (accélérée)	9 000 *
Coût de l'activité I (normale)	8 800 **
Total des coûts variables	99 300
Profit minimal désiré	30 000
Prix de soumission	129 300$**

*   On peut accélérer l'activité I au lieu de l'activité H. Les coûts demeurent les mêmes: 8 000 + 9 800 = 17 800$ et 9 000 + 8 800 = 17 800$.

**   Les coûts fixes ne sont pas pertinents étant donné que la société a suffisamment de capacité inexploitée pour englober le projet.

2.

D'après le graphique, la soumission de 108 000$ a une probabilité d'acceptation de 90% alors que celle de 129 300$, calculée selon la méthode normale du réseau PERT, a une probabilité de seulement 50%. Avec une soumission de 108 000$, on obtient encore une marge totale de 8 700$, ce qui vaut mieux que rien du tout advenant le rejet de la soumission.

3.

Autres facteurs:

1. Quelles sont les marges prévues aux divers niveaux de soumission, selon les probabilités d'acceptation prévues pour chacun? Quel prix de soumission donne la marge prévue la plus élevée?

2. Y a-t-il d'autres travaux disponibles qui donneraient une marge prévue plus intéressante et ayant une plus grande probabilité de rencontrer du succès?

3. Est-ce que la capacité inexploitée comprend des ouvriers spécialisés que l'on désire maintenir sur la liste de paye pour qu'ils ne passent pas chez des concurrents?

4. Quelle est la politique de la société en matière de risque?

5. Est-ce que ce contrat ajoute à la crédibilité de l'entreprise?

(Adaptation - S.C.M.C.)

Exercice 24-6

1. Numéro du cheminement	Contenu des cheminements	Durée (en mois)
1	(0,1), (1,3), (3,6), (6,8)	31
2	(0,1), (1,4), (4,6), (6,8)	37
3	(0,1), (1,4), (4,7), (7,8)	43 (cheminement critique)
4	(0,4), (4,6), (6,8)	23
5	(0,4), (4,7), (7,8)	29
6	(0,2), (2,4), (4,7), (7,8)	31
7	(0,2), (2,5), (5,7), (7,8)	28
8	(0,2), (2,4), (4,6), (6,8)	25

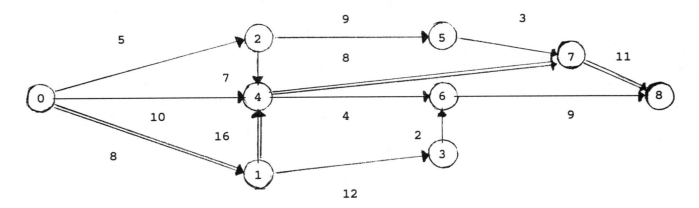

2. Recette du gouvernement: 32 800 000$ + 3 000 000$

                               - (43-36) 200 000$

                               = 34 400 000$

                               ===========

3.

Contenu des cheminements	Durée prévue	Durée révisée
(0,2), (2,5), (5,7), (7,8)	8 + 10 + 5 + 11 = 34	34
(0,2), (2,4), (4,7), (7,8)	8 + 10 + 8 + 11 = 37	37
(0,2), (2,4), (4,6), (6,8)	8 + 10 + 8 + 12 = 38	8 + 10 + 7 + 12 = 38
(0,4), (4,7), (7,8)	15 + 8 + 11 = 34	34
(0,4), (4,6), (6,8)	15 + 8 + 12 = 35	15 + 7 + 12 = 34
(0,1), (1,4), (4,7), (7,8)	8 + 16 + 8 + 11 = 43	43
(0,1), (1,4), (4,6), (6,8)	8 + 16 + 8 + 12 = 44	8 + 16 + 7 + 12 = 43
(0,1), (1,3), (3,6), (6,8)	8 + 14 + 5 + 12 = 39	39

Activité	Économies de coûts		
(0,2)	3 X 20 000$	=	60 000$
(2,5)	1 X 40 000	=	40 000
(5,7)	2 X 35 000	=	70 000
(2,4)	3 X 25 000	=	75 000
(4,6)	3 X 10 000	=	30 000
(6,8)	3 X 20 000	=	60 000
(0,4)	5 X 10 000	=	50 000
(1,3)	2 X 30 000	=	60 000
(3,6)	3 X 15 000	=	45 000
			490 000$
			========

(Adaptation - S.C.M.C.)

Exercice 24-7

Graphique traduisant la solution optimale:

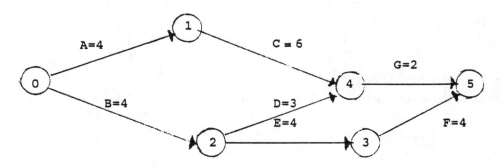

1er cas:

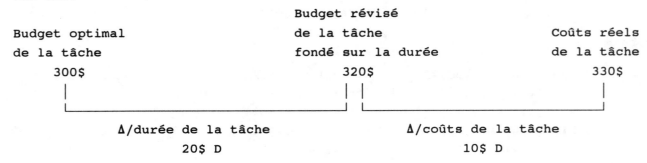

Budget optimal de la tâche — 300$

Budget révisé de la tâche fondé sur la durée — 320$

Coûts réels de la tâche — 330$

Δ/durée de la tâche — 20$ D

Δ/coûts de la tâche — 10$ D

2e cas:

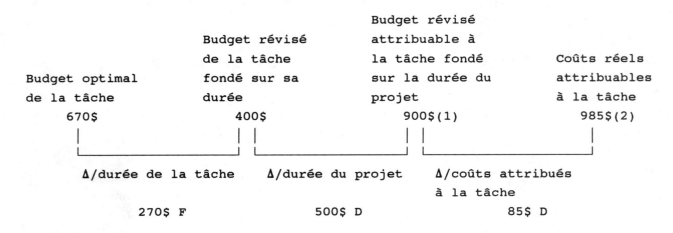

Budget optimal de la tâche — 670$

Budget révisé de la tâche fondé sur sa durée — 400$

Budget révisé attribuable à la tâche fondé sur la durée du projet — 900$(1)

Coûts réels attribuables à la tâche — 985$(2)

Δ/durée de la tâche — 270$ F

Δ/durée du projet — 500$ D

Δ/coûts attribués à la tâche — 85$ D

(1) 400$ + Pénalité de 500$; (2) 485$ + Pénalité de 500$

3e cas:

Tâche A

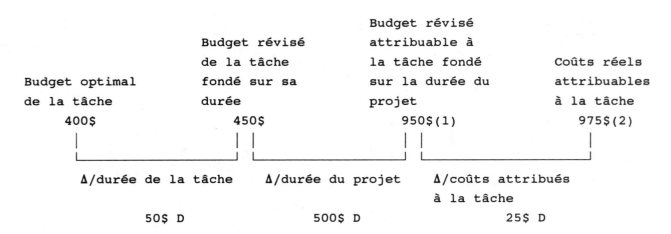

Budget optimal de la tâche — 400$

Budget révisé de la tâche fondé sur sa durée — 450$

Budget révisé attribuable à la tâche fondé sur la durée du projet — 950$(1)

Coûts réels attribuables à la tâche — 975$(2)

Δ/durée de la tâche — 50$ D

Δ/durée du projet — 500$ D

Δ/coûts attribués à la tâche — 25$ D

(1) 450$ + Pénalité de 500$; (2) 475$ + Pénalité de 500$

Tâche C

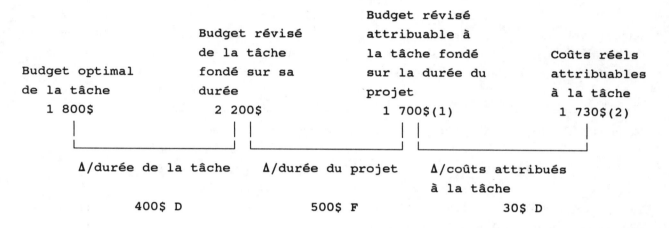

(1) 2 200$ - Pénalité évitée de 500$; (2) 2 230$ - Pénalité évitée de 500$

4e cas

Tâche F

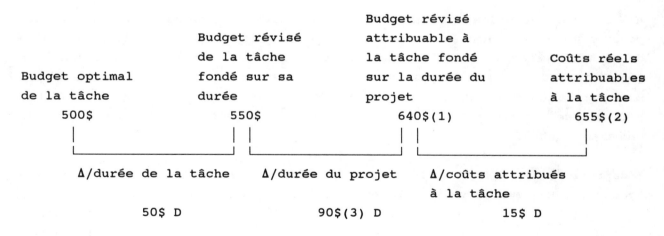

(1) 550$ + 90$; (2) 565$ + 90$;
(3) -50$ + 50% (500$ - 270$ + 50$)

Tâche G

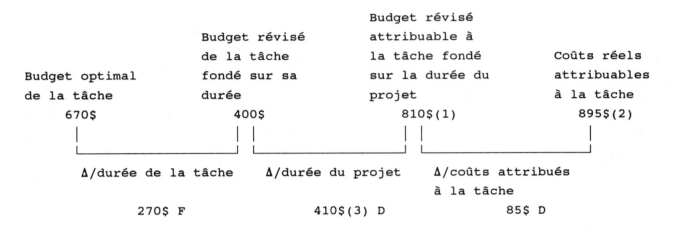

	Budget optimal de la tâche	Budget révisé de la tâche fondé sur sa durée	Budget révisé attribuable à la tâche fondé sur la durée du projet	Coûts réels attribuables à la tâche
	670$	400$	810$(1)	895$(2)

Δ/durée de la tâche   Δ/durée du projet   Δ/coûts attribués à la tâche

270$ F   410$(3) D   85$ D

(1) 400$ + 410$; (2) 485$ + 410$;
(3) 270$ + 50% (500 - 270$ + 50$)

Remarque: La pénalité de 500$ est d'abord compensée en partie par l'écart global net favorable sur les durées des tâches (270$ F - 50$ D). Le solde du montant de la pénalité a été réparti (arbitrairement) également entre les tâches F et G.

Alors que la solution optimale comporterait plus d'un chemin critique et que, pour un même délai de réalisation du projet, le délai apporté à la réalisation de la tâche F appartenant à un chemin critique équivaut à celui apporté à la réalisation de la tâche G appartenant à un autre chemin critique, nous avons opté pour répartir également entre les tâches F et G le montant de la pénalité (500$) diminuée de l'écart global net favorable (270$ - 50$) sur les durées concernant ces deux tâches.

(Adaptation - F. Elikai et S. Moriarity, Variance Analysis with Pert-Cost, The Accounting Review, janvier 1982, pp. 161-170)

Exercice 24-8

Tous les chemins doivent être analysés lorsqu'il s'agit d'une réduction de la durée totale d'un projet. Toutefois, nous devons, en vue du choix des tâches dont il faut réduire la durée, partir du chemin critique initial, soit ici ABGEFJK, en réduisant la durée des tâches selon l'ordre croissant des coûts supplémentaires par journée en moins. Comme le fait voir le tableau suivant, en procédant ainsi le chemin ABGEFJK passe de 65 à 55 jours et cesse d'être critique. Le chemin qui devient alors critique est ABCDEFJK dont la durée totale est de 57 jours. Ce qui oblige à diminuer de 2 jours la durée de la tâche CD afin que la durée du projet soit de 55 jours au lieu de 57. Les frais supplémentaires que devrait payer Aircargo inc. s'élèveraient donc à 11 600$.

Tâche dont la durée est réduite	Nombre de jours	Coût suppl. par jour	Coût suppl.	ABGEFJK	ABGHJK	ABEFJK	ABCDEFJK
				65	53	45	64
FJ	1	400$	400$	64	53	44	63
EF	1	800	800	63	53	43	62
JK	1	900	900	62	52	42	61
BG	2	1 000	2 000	60	50	42	61
AB	4	1 200	4 800	56	46	38	57
GE	1	1 300	1 300	55	46	38	57
CD	2	700	1 400	55	46	38	55
			11 600$				

Exercice 25-1

Dette à long terme	:	0,03	(45 000 000$)	1 350 000$
Actions privilégiées	:	0,07	(15 000 000)	1 050 000
Fonds propres	:	0,09	(60 000 000)	5 400 000
			120 000 000$	7 800 000$

Coût du capital moyen pondéré : 7 800 000$/120 000 000$ = 6,5%

(Adaptation - C.G.A.)

Exercice 25-2

	Montant (en millions)	Importance relative	Coût après impôt	Coût pondéré
Obligations	20	20%	3,42%	0,68%
Actions ordinaires	25	25%	9,26%	2,32%
Bénéfices non répartis	55	55%	9,00%	4,95%
	100	100%		7,95%

Coût concernant les obligations: (6,5 / 95)(1 - 0,5) = 3,42%

Coût du capital relatif aux actions ordinaires:

$$\frac{Dividende}{Prix} + croissance$$

4$ / 94$ +   0,05   = 9,26%

Coût du capital concernant les bénéfices non répartis:

$$\frac{Dividende}{Prix\ de\ l'action} + croissance$$

4$ / 100$ +   0,05   = 9%

(Adaptation - C.M.A.)

Exercice 25-3

1. Taux de rendement interne:
    a) Projet E
        Facteur de valeur actualisée:
                1 000$ / 1 300$ = 0,769
                d'où taux de 30%

    b) Projet F
        Facteur de valeur actualisée:
                1 000$ / 1 690$ = 0,592
                d'où taux de 30%

2. Valeur actualisée nette au taux de 16%:
    a) Projet E:
        - 1 000$ + (1 300$ X 0,862) = 120,60$

    b) Projet F:
        - 1 000$ + (1 690$ X 0,743) = 225,68$

    Donc, il faudrait, toutes choses égales par ailleurs, réaliser le projet F.

Exercice 25-4

1.   Flux monétaires (en milliers de dollars)

	19X2	19X3	19X4	Total
Achat de l'équipement	(1 290)$			(1 290)$
Installation	(20)			(20)
Essais	(10)			(10)
Marge sur coûts variables (60%)	540	840$	450$	1 830
Location d'espace pour entreposage	(50)	(50)	(50)	(150)
Valeur de récupération			120	120
Impôt sur le revenu - Annexe 1	(64)	(118)	(10)	(192)
Flux monétaire net	(894)$	672$	510$	288 $
	========	=====	====	======

Annexe 1
Calcul de l'impôt sur le revenu (en milliers de dollars)

	19X2	19X3	19X4
Marge sur coûts variables	540$	840$	450$
Moins frais:			
Location d'espace pour l'entreposage	50$	50$	50$
Amortissement fiscal - Annexe 2	330	495	375
	380$	545$	425$
Revenu imposable	160$	295$	25$
Impôt (40%)	64$	118$	10$
	====	====	====

Annexe 2
Calcul de l'amortissement fiscal (en milliers de dollars)

	19X2	19X3	19X4
Solde d'ouverture	- $	990$	495$
Achat, installation et essais	1 320		
Moins: valeur de récupération			(120)
	1 320	990	375
Amortissement fiscal	330	495	375
Solde reporté	990$	495$	- $
	======	====	====

2.   Calcul de la période de récupération (en milliers de dollars)

Flux monétaires nets:
    Année 1   (894)$
    Année 2   672
Déficit net de caisse à la fin de l'année 2   222 $
                                                       ======

Donc, le projet ne rencontre pas l'exigence d'une récupération sur deux ans.

3.   Valeur actualisée nette

Coûts initiaux   (1 320 000)$
Flux monétaires nets 19X2: (540 000$ - 50 000$ - 64 000$)0,806 343 356
Flux monétaires nets 19X3: 672 000$ X 0,65   436 800
Flux monétaires nets 19X4: 510 000$ X 0,524   267 240
Valeur actualisée nette (négative)   (272 604)$
                                                 ============

(Adaptation - S.C.M.C.)

Exercice 25-5

1.   Soit x le montant de l'investissement net.   On peut écrire l'équation suivante:

$$x [(0,40 \times 0,30) / (0,15 + 0,30)][1 + 0,075) / (1 + 0,15)] = \quad 12\ 463,77$$
d'où x = 50 000$

2.

Année	Recettes nettes d'exploitation avant impôt	Valeur actualisée
1	y	0,870y
2	y	0,756y
3	y	0,658y
	58 536,23$ =	2,284y

Économie d'impôt provenant de
l'amortissement: 12 463,77
                                             71 000,00
Moins: prix d'acquisition   50 000,00
Valeur actualisée nette   21 000,00$
                                           ==========

La valeur de y s'élève donc à: 58 536,23$ / 2,284, soit 25 628,28$.
Les recettes nettes d'exploitation annuelles avant impôt sur le revenu sont
de 25 628,82$ / (1 - 0,40) = 42 714,70$.

(Adaptation - S.C.M.C.)

Exercice 25-6

Économie réalisée sur chaque pièce fabriquée:
Prix d'achat actuel de la pièce AA   2,040$
Coût de fabrication marginal prévu, calculé en fonction
  d'une production annuelle de 100 000 unités:
    Main-d'oeuvre directe   0,700$
    Matières premières   0,600
    Frais généraux divisionnaires variables   0,240   1,540$
Économie réalisée sur chaque pièce fabriquée   0,500$
                                                                    ======

Division Industrielle W
Valeur actualisée des rentrées nettes de fonds

		Facteur d'actualisation au taux de 10%	Valeur actualisée
Économies:			
100 000 X 0,500$ =	50 000$		
Moins impôts à 40%	20 000		
	30 000$	3,79	113 700$
Augmentation du fonds de roulement:			
Stocks: 50 000 X 0,60$ = 30 000$		1,00	(30 000)
Recouvrement ultérieur		0,62	18 600
Nouvelle machine:			
Coût			(50 000)
Réduction d'impôt: 50 000 [0,40 (0,2/0,3)(1,05/1,10)			
= 50 000$ X 0,25454			12 727
Valeur de rebut:	5 000$	0,62	3 100
Redressement de la réduction d'impôt ci-dessus dû à l'encaissement de la valeur de rebut: 5 000$ X 0,25454 X 0,62			(789)
			67 338$
			========

Étant donné que la valeur actualisée des rentrées et des sorties de fonds est positive, la division industrielle W devrait fabriquer la pièce AA au lieu de l'acheter.

(Adaptation - C.A.)

Exercice 25-7

L'entreprise devrait acheter la machine X9 car la V.A.N. est positive.

Tableau des flux monétaires différentiels

	1er janvier	31 décembre					
	19X5	19X5	19X6	19X7	19X8	19X9	Total
Chiffre d'affaires		6 000$	6 000$	6 000$			18 000$
Coûts variables		(1 000)	(1 000)	(1 000)			(3 000)
Impôt sur le revenu		(1 680)	(1 424)	(1 619)	305$	244$	(4 174)
Coût d'acquisition, X9	(10 000)$						(10 000)
Valeur résiduelle, X5	2 000						2 000
Valeur résiduelle, X9				1 000			1 000
Flux monétaires différentiels	(8 000)$	3 320$	3 576$	4 381$	305$	244$	3 826$
	========	======	======	======	====	====	=======
Valeur actualisée à 10%	(8 000)$	3 018$	2 955$	3 291$	208$	152$	1 624$

Tableau des impôts sur le revenu différentiels

	19X5	19X6	19X7	19X8	19X9	Total
Revenu imposable compte non tenu de l'amortissement fiscal	5 000$	5 000$	5 000$	- $	- $	15 000$
Amortissement fiscal	800	1 440	952	762	609	4 563
Revenu imposable	4 200$	3 560$	4 048$	(762)$	(609)$	10 437$
	======	======	======	======	======	=======
Impôt sur le revenu, 40%	1 680$	1 424$	1 619$	(305)$	(244)$	4 174$

Tableau des amortissements fiscaux différentiels

Augmentation nette du solde de la catégorie en janvier 19X5	8 000$
Amortissement fiscal en 19X5: (20% X 8 000$ X 50%)	800
	7 200
Amortissement fiscal en 19X6: (20% X 7 200$)	1 440
	5 760
Valeur résiduelle de X9 en 19X7	1 000
	4 760
Amortissement fiscal en 19X7: (20% X 4 760$)	952
	3 808
Amortissement fiscal en 19X8: (20% X 3 808$)	762
	3 046
Amortissement fiscal en 19X9: (20% X 3 046$)	609
Coût en capital non amorti le 31 décembre 19X9	2 437$

(Adaptation - C.G.A.)

Exercice 25-8

1.   La dépense initiale de remplacement:

achat de 3 nouveaux camions:	3 X 25 000$ = 75 000$
moins: vente de 5 vieux camions:	5 X 4 000$ = 20 000
	55 000$

2.   L'augmentation annuelle du bénéfice d'exploitation, avant dotation à l'amortissement et imposition, attribuable au remplacement des vieux camions peut être obtenue de la façon suivante:

Rémunérations en moins:	2 X 15 000$ = 30 000$
plus: les frais concernant les vieux camions:	5 X 2 000$ = 10 000
moins: les frais relatifs aux nouveaux camions:	3 X 800$ = 2 400

Ainsi, l'augmentation annuelle du bénéfice d'exploitation serait:

    30 000$ + 10 000$ - 2 400$ = 37 600$

3. Valeur actualisée nette (V.A.N.):
   0,6 X 37 600$ X 2,798 + [(55 000$ X 0,4 X 0,3)/0,46](1,08/1,16) - 55 000$
   = 63 123$ + 13 358$ - 55 000$
   = 21 481$
   Conclusion: le remplacement est justifié.

(Adaptation - C.G.A.)

Exercice 25-9

Valeur actualisée des déboursés: (après impôt, à 16%)
                200 000$ + 100 000$ + 50 000$ (0,862) = 343 100$

Valeur actualisée des rentrées nettes (après impôt):
   a) de la production:
       20 000$ (5,575) - 20 000$ (1,605) = 20 000$ (3,970) = 79 400$

   b) de la vente du terrain:
       200 000$ (4,177) (0,108) = 90 223$
       Impôt actualisé: 50% (835 400$ - 200 000$) X 50% X 0,108 = 17 156$

   c) Valeur actualisée des réductions fiscales provenant des amortissements
       fiscaux sur l'édifice:
       [(100 000$ X 0,10 X 0,50)/0,26] (1,08/1,16) = 17 905$

   d) Valeur actualisée des réductions fiscales provenant des amortissements
       fiscaux du coût en capital sur la machinerie:
       [(50 000$ X 0,30 X 0,50)/0,46] (1,08/1,16) X 0,862 = 13 085$

Valeur actualisée nette:
   -343 100$ + 79 400$ + 90 223$ - 17 156$ + 17 905$ + 13 085$ = -159 643$

Conclusion: le projet n'est pas acceptable.

(Adaptation - C.G.A.)

Exercice 25-10

1. Projet B
2. Projet B
3. Projet A
4. a) Projets mutuellement exclusifs

b)   Hypothèses différentes quant au taux de réinvestissement

5.   En désaccord: L'indice de rentabilité ne donne qu'une rentabilité relative
            alors que la méthode de la valeur actualisée nette indique
            les contributions économiques prévues.

(Adaptation - S.C.M.C.)

Exercice 26-1

Elle préférera le projet A.

(Adaptation - S.C.M.C.)

Exercice 26-2

1.   Projet A

Flux monétaires		Probabilité		Valeur espérée
(40$)	X	0,25	=	(10,00)$
30	X	0,50	=	15,00
70	X	0,25	=	17,50
				22,50 $
				======

Projet B

Flux monétaires		Probabilité		Valeur espérée
(50$)	X	0,30	=	(15,00)$
30	X	0,40	=	12,00
150	X	0,30	=	45,00
				42,00 $
				=======

2.   Coefficients de variation:

$$\frac{\sigma A}{V.E. (A)} = 42,00\$/22,50\$$$

$$= 1,87$$

$$\frac{\sigma B}{V.E. (B)} = 78,00\$/42,00\$$$

$$= 1,86$$

Le projet A comporte un risque de flux monétaires plus élevé.

3. Valeur actualisée si on tient compte du risque:

Projet A: 22,50$ ($a_{3\rceil 12}$) − 50$

$$= \quad 54,04\$ - 50\$$$
$$= \quad 4,04\$$$

Projet B: 42,00$ ($a_{3\rceil 12}$) − 100$

$$= \quad 100,88\$ - 100\$$$
$$= \quad 0,88\$$$

Le projet A a donc une plus grande valeur actualisée nette si on tient compte du risque.

4. Les facteurs créant un équivalent à certitude peuvent être calculés en comparant les flux monétaires correspondant à l'équivalent à certitude avec les flux monétaires actualisés à un taux d'actualisation tenant compte du risque pour la même période.

$$\frac{22,50\$}{(1,10)} \quad = \quad 22,50\$/1,12$$

$$\sigma_1 \quad = \quad (1,10)^1/(1,12)^1$$
$$= \quad 0,982$$

$$\sigma_2 \quad = \quad (1,10)^2/(1,12)^2$$
$$= \quad 0,965$$

$$\sigma_3 \quad = \quad (1,10)^3/(1,12)^3$$
$$= \quad 0,947$$

5. Augmenter arbitrairement le taux d'actualisation revient à poser l'hypothèse que le risque augmente dans le temps.

(Adaptation − S.C.M.C.)

Exercice 26-3

1.

Recettes nettes d'exploitation actualisées	Probabilité	Valeur espérée
10$ millions	0,10	1$ million
20 millions	0,25	5 millions
30 millions	0,40	12 millions
40 millions	0,15	6 millions
50 millions	0,10	5 millions
		29$ millions

Tableau des valeurs actualisées nettes

État Action	Du pétrole Prob. = 0,40	Pas de pétrole Prob. = 0,60
Investir Ne pas investir	19$ millions –	–10$ millions –

E (Investir) = P (du pétrole existe) X (valeur actualisée nette si du pétrole existe)

+ P (pas de pétrole) X (valeur actualisée s'il n'existe pas de pétrole)

= 0,40 X 19$ millions + 0,60 X (–10$ millions)

= 1,6$ millions

Comme E (Investir) = 1,6$ millions > 0, il faut investir dans la location d'un puits de pétrole.

2. L'information parfaite sur l'existence ou la non existence de pétrole implique que Calgary ltée investirait dans la location seulement si l'information indiquait la présence de pétrole. Cependant, comme la probabilité que l'information parfaite indique la présence de pétrole est de 0,40, la valeur espérée nette de l'investissement est de 0,40 X 19$ millions = 7,6$ millions.

Le montant maximum que Calgary ltée devrait payer pour l'information parfaite est la valeur espérée compte tenu de l'information parfaite moins la valeur espérée basée sur l'information existante:

Paiement maximum = 7,6$ millions – 1,6$ millions = 6$ millions

Autre approche:

La valeur espérée de l'information correspond à la réduction de
l'investissement découlant d'une information parfaite car les recettes
nettes d'exploitation ne sont pas modifiées pour autant.

L'investissement serait: 0,40 X 10$ millions	4,0$	millions
La valeur actualisée des recettes nettes d'exploitation:		
0,40 X 29$ millions	11,6	millions
V.A.N.	7,6	millions
V.A.N. sans information parfaite	1,6	
Valeur espérée de l'information	6,0$	millions
	=====	

(Adaptation - S.C.M.C.)

Exercice 26-4

Année	Amortissement 50% du solde	Bénéfice avant impôt	Rentrées de fonds (R.F.)	Après impôts (1 - t) R.F.	Facteur d'équivalence de certitude	Rentrées de fonds ajustées	Facteur de V.A, 6%	Valeur actualisée
1	125 000$	60 000$	185 000$	111 000$	0,90	99 900$	0,94340$	94 246$
2	187 500	60 000	247 500	148 500	0,80	118 800	0,89000	105 732
3	93 750	60 000	153 750	92 250	0,70	64 575	0,83962	54 218
4	46 875	60 000	106 875	64 125	0,70	44 888	0,79209	36 555
5	23 438	60 000	83 438	50 063	0,60	30 038	0,74726	22 446
								313 197$
								========

1. La valeur actualisée de l'économie d'impôt relative aux amortissements fiscaux est:

   (1,03/1,06) [(500 000) (0,50) (0,40)] /0,56, soit 173 518$

2. 313 197$.

3. Les rentrées totales du projet sont: 313 197$ + 173 518$ = 486 715$, et la valeur actualisée nette est 486 715$ - 500 000$ = (13 285$).
   Comme la valeur actualisée nette est négative, le projet ne devrait pas être accepté.

(Adaptation - S.C.M.C.)

Exercice 26-5

1. Madame Smith devrait interrompre la mise au point du produit étant donné que la valeur espérée relative à la mise au point (12 225$) est inférieure à la valeur espérée dans le cas de l'abandon du produit (20 000$), comme l'indique l'arbre de décision suivant.

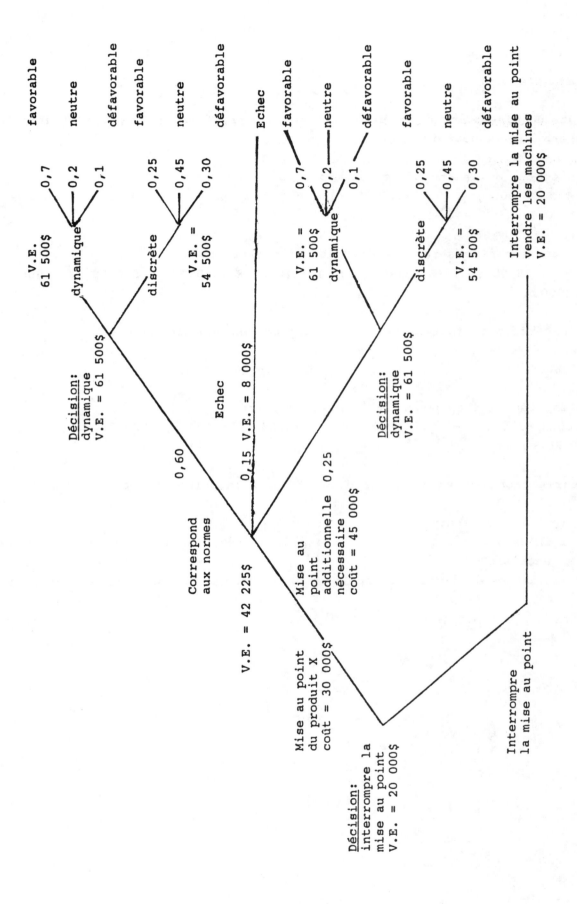

Calculs à l'appui:

Les coûts de mise au point imputés à l'exercice précédent (100 000$) n'influent aucunement sur la décision.

Valeur espérée de la stratégie dynamique en marketing:
   [(0,7 X 35 000$) + (0,2 X 25 000$) + (0,1 X 10 000$) - 10 000$)] X 3 ans
   = 61 500$

Valeur espérée de la stratégie discrète en marketing:
   [(0,25 X 35 000$) + (0,45 X 25 000$) + (0,30 X 10 000$) - 5 000$] X 3 ans
   = 54 000$

Valeur espérée s'il faut effectuer des recherches additionnelles:
   61 500$ - 45 000$
   = 16 500$

Valeur espérée si l'on poursuit la mise au point:
   [(0,60 X 61 500$) + (0,15 X 8 000$) + (0,25 X 16 500$)] - 30 000$
   = 12 225$

2.   Autres facteurs susceptibles d'influer sur la prise de décision:

   - le temps et l'argent
   - l'incertitude qui plane sur les prévisions relatives aux mouvements de l'encaisse
   - les autres utilisations possibles des ressources du service de recherche.

(Adaptation - S.C.M.C.)

Exercice 26-6

	Demande actuelle	Augmentation modérée	Forte augmentation	Ventes supplémentaires prévues
Probabilité:	0,15	0,50	0,35	
Actions:				
Pas d'expansion	-	-	-	-
Expansion partielle	-	5 000	5 000	4 250
Vaste expansion	-	6 000	10 000	6 500

Valeur espérée:

Pas d'expansion :		- $
Expansion partielle:	4 250 unités X 60$ - 200 000$ =	55 000$
Vaste expansion :	6 500 unités X 60$ - 300 000$ =	90 000$

Kébec ltée devrait procéder à une vaste expansion en vue de porter la capacité à 10 000 unités.

(Adaptation - S.C.M.C.)

Exercice 27-1

Considérons le cas d'une entreprise qui impute les frais généraux de fabrication en fonction de la main-d'oeuvre directe. L'ajout de nouveaux produits peut entraîner des frais de main-d'oeuvre relativement peu élevés et des frais fixes relativement importants. Ces frais fixes supplémentaires sont donc imputés en grande partie aux anciens produits. Ces derniers subventionnent en quelque sorte les nouveaux produits parce qu'ils requièrent davantage de main-d'oeuvre directe.

Exercice 27-2

1. Des auteurs ont fait état de statistiques à l'effet que les frais de matière première et de main-d'oeuvre directe représenteraient respectivement quelque 55% et 10% du coût de revient alors que les frais indirects seraient de l'ordre de 35%. La diminution notable de l'importance des frais de main-

d'oeuvre directe vient en particulier de l'automatisation des procédés de fabrication. La sous-traitance a le même effet.

2. Il importe de voir à attribuer directement toute charge directe autre que celles relatives aux matières premières et à la main-d'oeuvre directe. Il importe aussi de repérer les véritables déterminants des frais; ainsi, il pourrait arriver que l'on puisse classer dans les frais variables des frais qui autrement auraient été considérés dans les frais fixes.

Exercice 27-3

Certains frais généraux de fabrication tiennent à la complexité de certaines fabrications (ex.: usage de pièces non standardisées, non interchangéabilité des équipements) et à la différenciation des produits (ex.: finition personnalisée). Ces caractéristiques des fabrications entraînent des activités, donc des coûts, qui seraient autrement évitées. De tels coûts ne sont pas correlés avec une quelconque mesure du volume de production.

Exercice 27-4

1.

Il importe que l'entreprise voit à éliminer, à réduire ou à redéfinir les activités dans la mesure où elles n'ajoutent pas de valeur en termes de satisfaction des besoins de la clientèle ou encore de l'entreprise elle-même. La comptabilité des coûts par activité facilite le repérage de ces activités problématiques. Ce faisant, elle contribue à une amélioration de la productivité.

À titre indicatif, on peut penser que la présentation des comptes rendus de rendement n'ajoute pas de valeur en termes de satisfaction des besoins de la clientèle. Mais, à vrai dire, la présentation de tels comptes rendus est essentielle à l'entreprise et peut indirectement avoir une incidence sur la satisfaction des besoins de la clientèle. Il n'y a donc pas lieu d'éliminer cette activité mais plutôt de voir s'il n'est pas possible de restreindre (en temps et énergie) ou de redéfinir l'activité de façon à s'en tenir à l'essentiel sans que la satisfaction de la clientèle soit compromise et le besoin d'information de l'entreprise soit nié.

2.

Les écarts de volume découlant de l'emploi de la capacité théorique aux fins du calcul du taux d'imputation des frais généraux de fabrication ne génèrent pas de valeur ajoutée puisqu'il s'agit de coûts relatifs à la capacité inutilisée. En effet, une capacité inutilisée ne saurait générer de valeur ajoutée.

Exercice 27-5

Emploie généralement une seule unité d'oeuvre par atelier de production laquelle peut maintenant être totalement inadaptée au nouveau contexte. Il en est ainsi lorsque l'entreprise utilise l'heure ou le coût de la main-d'oeuvre directe comme unité d'oeuvre, alors que la main-d'oeuvre ne représente qu'un faible pourcentage de l'ensemble des coûts de production.

Met trop peu d'emphase sur l'analyse à long terme portant sur les produits, alors que les frais fixes deviennent variables dans une telle optique.

Oblige les gestionnaires qui sont conscients des distorsions à procéder de façon intuitive à des ajustements des coûts traditionnels avec tous les risques que cela peut comporter.

(Adaptation - C.M.A.)

Exercice 27-6

1. L'augmentation du taux d'imputation ne saurait avoir d'effet négatif sur la rentabilité car l'augmentation des frais généraux a été plus que compensée par la diminution du coût de la main-d'oeuvre directe.

2. L'usage d'un seul taux d'imputation ne conduit probablement pas à des coûts de revient exacts.

   L'entreprise devrait plutôt regrouper ses frais généraux de fabrication en catégories pour mieux les imputer aux produits.

   Par exemple, certains outillages pourraient donner lieu à la création de sections comptables, de sorte que les frais reliés à chacun de ces outillages puissent être imputés aux seuls produits nécessitant l'usage de tels outillages.

3. Une comptabilité par activité pourrait être bénéfique à l'entreprise en ce qu'elle

. fait ressortir le coût des activités non génératrices de valeur ajoutée (ex.: les coûts des mises en route); ce faisant, l'entreprise prend conscience de l'importance de tels coûts et peut décider de prendre des mesures pour mieux les contrôler;

. permet d'établir le coût des produits en se fondant sur les coûts des activités qu'ont nécessité leur production; en ce faisant, l'entreprise sera mieux informée pour faire face à la concurrence;

. considère tous les frais d'une entreprise comme des frais variables; en ce faisant, elle donne une meilleure idée du coût véritable des produits et de leur rentabilité, ce qui est en mesure d'aider l'entreprise à définir de meilleures stratégies.

(Adaptation - C.M.A.)

Exercice 27-7

1. Le calcul de l'écart sur volume incite le directeur de la production à produire le plus grand nombre d'unités possible alors que l'état de la demande ne le justifie pas ou que les produits sont de mauvaise qualité. Ceci va à l'encontre de la recherche de la qualité totale et de la philosophie du juste-à-temps.

2. Le directeur de la production ne peut pas suivre cette stratégie durant plusieurs périodes sans que l'entreprise ne réagisse. Une production excédentaire aura inévitablement une incidence sur les stocks qui ne manquera pas de préoccuper la direction de l'entreprise.

Au sujet de la qualité, presque toutes les entreprises ont des normes de qualité, même si elles n'ont pas adopté l'approche de la qualité totale.

Finalement, l'affirmation laisse croire qu'à défaut de calculer l'écart de volume, l'entreprise ne chercherait pas à expliquer l'écart entre la capacité atteinte et celle servant de point de référence. C'est faire peu de cas de ce qui préside réellement à l'établissement des responsabilités en matière d'écart sur volume, sujet qui a été traité au chapitre 12.

3. - Ne pas tenir le directeur de la produciton responsable de l'écart sur volume;
   - Utiliser la méthode des coûts variables;

- Utiliser la comptabilité par activité afin de mieux contrôler les frais généraux de fabrication fixes et faire en sorte que l'imputation de ces derniers soit moins arbitraire.

(Adaptation de la solution préparée par Helen McDonough, professeure)

Exercice 27-8

1.

DESTINATAIRE:	Président, Horlogeries Éclair
EXPÉDITEUR:	CMA indépendant
OBJET:	Recommandations pour modifier le système d'établissement des coûts de revient

Rapport à la direction

En bref, j'ai constaté que la comptabilité des coûts de revient impute mal les frais aux différentes gammes de produits. À cause de ces erreurs, nos prix ne sont plus concurrentiels. L'éventail des produits vendus a donc été modifié entraînant une baisse des bénéfices,

Le système actuel est inadéquat. Il faudrait envisager d'inclure les coûts fixes dans le modèle d'établissement des prix, en raison de l'écart important entre les coûts fixes unitaires des différentes gammes de produits. Le service du Marketing devrait aussi surveiller étroitement les prix pratiqués par les compétiteurs pour s'assurer que la société demeure concurrentielle.

Enfin, la mauvaise répartition des coûts peut aussi mener à de mauvaises décisions en matière de planification de la production et de marketing.

Mon analyse de la situation actuelle figure ci-dessous. Les calculs sur lesquels elle se fonde sont présentés dans les annexes au présent rapport.

a)   Identification des bases de répartition des coûts fixes et réattribution des coûts fixes (voir l'annexe 1)

Après m'être entretenu avec certains employés clés de l'entreprise, j'ai identifié les bases de répartition suivantes:

Ingénierie

Les coûts sont directement reliés au temps consacré à l'estimation des travaux et à l'ordonnancement des commandes. Il semble raisonnable de les répartir entre les modèles "de base", "de luxe" et "sur mesure", selon un ratio de 5:20:75. La proportion la plus élevée est donc attribuée au modèle "sur mesure", celui qui exige le plus de travail.

Contrôle de la qualité

Les coûts du contrôle de la qualité varient selon le nombre de mises en route à effectuer pour chaque lot de production. Les modèles "de base" et "de luxe" étant produits en grande quantité, on devrait leur attribuer une moindre part du coût total. Pour les besoins de l'analyse, j'ai utilisé un ratio de 2:2:6 afin de faciliter ce traitement des coûts sous-jacents.

Amortissement, impôts fonciers et salaires du personnel d'entretien

Ces frais sont répartis en parts égales entre les différentes gammes de produits, car il semble que ce soit davantage approprié.

Frais de fabrication divers

Tout indique que la méthode actuelle de répartition est appropriée. Ces coûts semblent être en fonction du nombre de commandes.

Frais de vente et d'administration

Les frais de vente et d'administration fixes sont actuellement répartis selon le nombre de commandes et rien n'indique qu'il faudrait procéder autrement.

b)   Révision des prix estimatifs

En établissant les prix en fonction des coûts variables, on ne peut dégager des renseignements précis ou utiles lorsque les coûts fixes unitaires varient d'un produit à l'autre. Je recommande donc d'utiliser la méthode du coût de revient complet, majoré d'un pourcentage approprié.

Compte tenu des coûts fixes révisés et en prévoyant un rendement minimum de 10% pour chaque gamme de produits, j'ai révisé les prix des produits "de base", "de luxe" et "sur mesure" (voir l'annexe 2):

Produit	Ancien prix	Nouveau prix	Variation en %
"de base"	42,00$	39,00$	-7,1%
"de luxe"	63,00$	65,00$	3,2%
"sur mesure"	105,00$	480,00$	357,1%

Lorsque les prix sont fixés en fonction des coûts, la direction doit faire preuve de jugement. Le changement de prix modifie le volume des ventes, ce qui a un impact sur le montant des coûts fixes à attribuer aux diverses gammes de produits. Ces coûts fixes influencent à leur tour le total des coûts et, par conséquent, les prix suggérés. Il est donc essentiel que la direction revoie les prix suggérés par la modèle arithmétique pour s'assurer qu'ils sont concurrentiels et qu'ils permettront de réaliser le volume prévu de commande.

Il faut noter deux faits intéressants. D'abord, étant donné l'impact appréciable que les nouveaux prix auront sur le volume des produits fabriqués et vendus, il fallait modifier la répartition des coûts fixes. Ces nouveaux coûts fixes, qui divergent sensiblement des coûts établis selon le système actuel, ont servi à dresser l'annexe 2.

J'ai aussi remarqué que le nouveau prix du modèle "de luxe" n'est pas très différent du prix actuel. Une baisse du prix du modèle "de base" ramènera le volume à son niveau d'il y a trois ans, soit 74 000 unités par an. Quant aux produits "sur mesure", il faut en augmenter sensiblement le prix. Le prix actuel est très inférieur au coût réel de fabrication; cela explique leur grande popularité. Il faudrait d'autre part s'attendre à ce que le marché n'accepte pas une hausse de prix si forte.

c)   Présentation de l'information

Il est évident que la marge sur coûts variables est un concept utile dans cette entreprise, étant donné l'importance des coûts variables (le ratio des coûts variables par rapport aux coûts fixes dépasse 2:1). Mais le service du contrôleur doit écouter davantage le personnel de fabrication et de marketing. Les quatre personnes que j'ai interviewées pour mon rapport se sont plaintes de la qualité ou de la pertinence de l'information comptable qu'elles reçoivent. En ne tenant pas compte de ces plaintes, on a porté atteinte au système comptable interne dont l'intégrité sera détruite si on ne corrige pas immédiatement la situation. Les comptables en management doivent collaborer avec le personnel pour bien saisir les réalités du travail en usine et le contexte dans lequel évolue le personnel de vente.

ANNEXE 1

État révisé des résultats de 19X8
compte tenu d'une répartition modifiée des coûts fixes

	De base	De luxe	Sur mesure	Total
Volume	50 000	25 000	5 000	80 000
Prix de vente	42,00$	63,00$	105,00$	
Chiffre d'affaires	2 100 000$	1 575 000$	525 000$	4 200 000$
Coûts variables:				
Matières premières	400 000	300 000	100 000	800 000
Main-d'oeuvre	600 000	450 000	150 000	1 200 000
Frais généraux	300 000	225 000	75 000	600 000
Commissions de vente	105 000	78 750	26 250	210 000
Total des coûts variables	1 405 000	1 053 750	351 250	2 810 000
Marge sur coûts variables	695 000	521 250	173 750	1 390 000
Coûts fixes:				
Ingénierie	4 000	16 000	60 000	80 000
Contrôle de la qualité	26 000	26 000	78 000	130 000
Amort., impôts fonciers et salaires d'entretien	230 000	230 000	230 000	690 000
Frais de fabrication divers	125 000	62 500	12 500	200 000
Frais de vente et d'administration	78 125	39 063	7 812	125 000
Total des coûts fixes	463 125	373 563	388 312	1 225 000
Bénéfice net	231 875$	147 687$	(214 562$)	165 000$
Bénéfice net/C.A.	11,04%	9,38%	-40,87%	3,93%

2.

ANNEXE 2

État des chiffres d'affaires requis en 19X9

	De base	De luxe	Sur mesure
Nouveau volume	74 000	25 000	1 000
Coûts variables:			
Matières premières	592 000$	300 000$	20 000$
Main-d'oeuvre	888 000	450 000	30 000
Frais généraux	444 000	225 000	15 000
Total des coûts variables	1 924 000	975 000	65 000
Coûts fixes:			
Ingénierie (voir note 2)	20 000	20 000	40 000
Contrôle de la qualité (voir note 2)	39 000	39 000	52 000
Amort., impôts fonciers et salaires d'entretien (voir annexe 1)	230 000	230 000	230 000
Frais de fabrication divers (voir annexe 1)	125 000	62 500	12 500
Frais de vente et d'administration (voir annexe 1)	78 125	39 063	7 812
Total des coûts (a)	2 416 125	1 365 563	407 312
Marge bénéficiaire et commissions (a)/0,85 – (a)	426 375	240 982	71 879
Chiffre d'affaires requis	2 842 500$	1 606 545$	479 191$
	==========	==========	========
Volume	74 000	25 000	1 000
Prix de vente (chiffre d'affaires/ volume)	38,41$	64,26$	479,19$
Prix de vente (arrondi au dollar près)	39,00$	65,00$	480,00$
Prix suggéré	39,00$	65,00$	480,00$
Prix actuel	42,00$	63,00$	105,00$
Variation du prix	(3,00$)	2,00$	375,00$
Variation en pourcentage	-7,1%	3,2%	357,1%

Notes

1. Cette analyse fait appel à un modèle basé sur les coûts de revient complets.

2. Les frais fixes d'ingénierie de 80 000$ sont répartis à raison de 25%, 25% et 50%. Les frais du contrôle de la qualité de 130 000$ sont répartis à raison de 30%, 30% et 40%.

Exercice 27-9

1.

Voici le tableau qui illustre le calcul des coûts de revient des produits A et B selon le système de coûts de revient utilisé par le passé (l'ancien) et le système de coûts de revient par activité élémentaire (le nouveau).

Produit A (4 000 unités)

Nouveau système de coûts de revient	Total	Par unité
Matières premières	200 000$	50,00$
Frais d'approvisionnement (200$ X 70)	14 000	3,50
Mise en route (1 700$ X 14)	23 800	5,95
Développement (4 200$ X 1)	4 200	1,05
Fabrication (79,50$ X 2 400)	190 800	47,70
Prévention (4,03$ X 4 000)	16 120	4,03
Évaluation (4,57$ X 4 000)	18 280	4,57
Défaillances internes (26,05$ X 4 000)	104 200	26,05
Défaillances externes (7,37$ X 4 000)	29 480	7,37
Coût total - nouveau système	600 880$	150,22$
	========	=======

Ancien système de coûts de revient		
Matières premières	200 000$	50,00$
Main-d'oeuvre directe	48 000	12,00
Frais généraux	676 756	169,19
Coût total - ancien système	924 756$	231,19$
	========	=======

Produit B (2 000 unités)

Nouveau système de coûts de revient		
Matières premières	150 000$	75,00$
Frais d'approvisionnement (200$ X 380)	76 000	38,00
Mise en route (1 700$ X 20)	34 000	17,00
Développement (4 200$ X 48)	201 600	100,80
Fabrication (79,50$ X 600)	47 700	23,85
Prévention (4,03$ X 2 000)	8 060	4,03
Évaluation (4,57$ X 2 000)	9 140	4,57
Défaillances internes (26,05$ X 2 000)	52 100	26,05
Défaillances externes (7,37$ X 2 000)	14 740	7,37
Coût total - nouveau système	593 340$	296,67$
	========	=======

Ancien système de coûts de revient

Matières premières	150 000$	75,00$
Main-d'oeuvre directe	20 000	10,00
Frais généraux	281 981	140,99
Coût total - ancien système	451 981$	225,99$

Les différences entre les coûts unitaires qui en résultent pour le premier trimestre de 19Y1 sont come suit:

	Produit A	Produit B
Aucien système de coûts	231,19$	225,99$
Nouveau système de coûts	150,22	296,67
Diminution (augmentation)	80,97$	(70,68$)

Le nouveau système de coûts de revient modifie considérablement les coûts unitaires des produits. Les comparaisons suivantes peuvent aider à expliquer pourquoi les changements sont aussi importants.

	Moyenne de tous les produits	Produit A	Produit B
Nombre moyen d'unités produites par lot	214	286	100
Nombre moyen d'expéditions des fournisseurs par lot	14	5	19
Nombre moyen d'heures de main-d'oeuvre par unité	0,36	0,6	0,3
Nombre de modèles conçus	S.O.	1	48

Selon l'ancien système de coûts de revient, les frais généraux étaient entièrement imputés aux produits en fonction des heures de main-d'oeuvre directe. Par conséquent, les produits nécessitant plus d'heures de main-d'oeuvre directe par unité devaient supporter un pourcentage plus élevé des frais généraux. Par exemple, le produit A requiert un nombre d'heures de main-d'oeuvre directe par unité qui est supérieur à la moyenne, de sorte que les frais généraux qui lui sont imputés sont élevés.

Un examen des déterminants de coûts du produit A révèle que le nombre d'expéditions de matières premières par lot est moins élevé, que la taille moyenne des lots est plus grande (le nombre de lots mis en production est donc moins élevé) et qu'un seul modèle a été conçu au cours des 36 derniers mois. Si les frais généraux sont imputés d'après ces données réelles, les coûts du produit A diminuent considérablement.

La situation est inversée dans le cas du produit B. Nécessitant un nombre moyen d'heures de main-d'oeuvre directe moins élevé par unité, le produit B se trouvait à supporter une proportion des frais généraux inférieure à la moyenne selon l'ancien système de coûts de revient. Par contre, on constate que le nombre d'expéditions de matières premières par lot est plus élevé, que la taille moyenne des lots est plus petite (il faut donc mettre plus de lots en production) et que 48 nouveaux modèles ont été conçus au cours des 36 derniers mois. Si l'on impute les frais généraux d'après ces données réelles, les coûts du produit B se trouvent à augmenter considérablement.

Par conséquent, le nouveau système de coûts de revient entraîne une diminution du "financement réciproque", les profits d'un produit compensant les coûts d'un autre produit.

Le nouveau système se traduit par une plus grande exactitude des coûts de revient des produits. On peut alors mieux définir la stratégie de l'entreprise en matière de prix de vente. Par exemple, l'analyse coût/volume/bénéfice et les études de marché peuvent démontrer qu'une augmentation du prix du produit B aura peu d'effet sur la demande, mais aura une incidence importante sur la marge bénéficiaire de la société, tandis qu'une diminution du prix du produit A est susceptible de faire augmenter considérablement la demande et par conséquent les marges bénéficiaires.

L'ancien système de coûts de revient mettait l'accent sur la main-d'oeuvre directe, laquelle représente une très faible proportion de l'ensemble des coûts. Le nouveau système répartit plus équitablement les frais d'approvisionnement, les coûts de mise en route et les frais de développement entre les facteurs qui les déterminent. Les quatre coûts de la qualité - prévention, évaluation, défaillances internes et défaillances externes - sont basés sur le nombre d'unités produites, ce qui ne constitue peut-être pas la meilleure façon d'imputer ces coûts. Il faudrait définir des déterminants de coût plus exacts (par exemple lier directement les coûts d'inspection des matières premières aux matières utilisées dans la fabrication d'un produit et affecter les coûts de réfection aux produits d'après le nombre d'unités à refaire). En outre, on pourrait calculer les frais généraux de fabrication d'après les heures-machines plutôt que selon les heures de main-d'oeuvre directe.

Ni l'un ni l'autre des systèmes de coût de revient ne tient compte des frais de vente et d'administration. Un système fondé sur les activités élémentaires complet devrait les prendre en considération.

Dans l'ensemble, le système de coûts de revient par activité élémentaire est beaucoup plus efficace que l'ancien système de coûts.

2.
Les effets des modifications apportées aux systèmes sont traités ci-après:

Chiffre d'affaires: au cours de 1991, le chiffre d'affaires moyen par unité vendue a progressé régulièrement.

	Premier trimestre	Deuxième trimestre	Troisième trimestre	Quatrième trimestre
Chiffre d'affaires	28 013 000$	28 932 000$	30 552 000$	31 970 000$
Unités vendues	150 000	148 000	152 000	150 000
Prix moyen par unité	186,75$	195,49$	201,00$	213,13$
	=======	=======	=======	=======

De toute évidence, ou les prix ont été majorés et le volume des ventes n'a pas été touché ou la composition des ventes a changé pendant l'année, autrement dit on a vendu plus de produits au prix supérieur et moins de produits au prix inférieur. Cette situation peut découler des modifications apportées au prix pour tenir compte des coûts des produits calculés par le système de coûts de revient par activité élémentaire.

Matières premières utilisées: Les coûts des matières premières ne semblent pas avoir été vraiment touchés par les modifications apportées.

Frais d'approvisionnement: Avec l'implantation d'un système d'approvisionnement juste-à-temps, le nombre d'expéditions des fournisseurs a augmenté considérablement au cours de l'année; au quatrième trimestre, il était 2,5 fois plus élevé qu'au premier trimestre. Toutefois, le total des frais d'approvisionnement n'a guère augmenté. Les économies réalisées par la forte diminution du stock de matières premières ont compensé l'augmentation des frais d'administration causée par l'accroissement des commandes traitées. La diminution du coût par expédition le démontre clairement.

Mise en route: Les coûts de mise en route augmentent graduellement pendant l'année. Cela résulte en partie de l'augmentation du nombre de lots mis en production, conséquence de l'implantation du système de fabrication juste-à-temps. Autrement dit, des lots plus petits sont mis en production à des intervalles plus courts, ce qui a fait augmenter le total des coûts de mise en route. La moyenne des coûts de mise en route par lot a également augmenté, ce qui surprend à première vue.

Développement: Les frais de développement ont augmenté régulièrement pour chaque modèle. Ce résultat s'explique probablement par l'importance plus grande que l'on a accordé à la qualité du produit, plutôt qu'à tout autre changement.

Fabrication: Dans l'ensemble, ces coûts ont baissé légèrement en raison probablement de la diminution du nombre d'heures de main-d'oeuvre directe travaillées, grâce à une utilisation plus efficiente de la main-d'oeuvre directe.

Coûts de la qualité: Les modifications apportées en matière de qualité comprennent vraisemblablement l'inspection de toutes les matières premières avant le début de l'opération; par le passé, les matières premières utilisées pouvaient être défectueuses. On a probablement également enseigné à tous les employés comment repérer les défauts d'un produit ou d'un procédé et à les corriger aussitôt, au lieu de laisser continuer des procédés déréglés et de permettre que des produits défectueux soient acheminés au poste de travail suivant. Il en est résulté une augmentation des coûts de prévention et d'évaluation et une baisse des coûts de défaillances internes et externes.

Dans l'ensemble, les changements apportés aux systèmes ont entraîné une diminution des frais généraux, accompagnée d'une augmentation du chiffre d'affaires et du bénéfice.